中国文库
哲学社会科学类

财政学

何廉 李锐 著

中国出版集团
商务印书馆

图书在版编目(CIP)数据

财政学/何廉,李锐著. -北京:商务印书馆,2011
(中国文库·第5辑)
ISBN 978-7-100-08382-9

Ⅰ.①财… Ⅱ.①何…②李… Ⅲ.①财政学-研究-中国
Ⅳ.①F812

中国版本图书馆 CIP 数据核字(2011)第093846号

责任编辑:宋 伟
整体设计:翁 涌 李 梅
责任印制:王铁生

财政学

Caizheng Xue

何 廉 李 锐 著

商务印书馆 出版
http://www.cp.com.cn
北京市王府井大街36号 邮编:100710
北京瑞古冠中印刷厂印刷 新华书店经销
2011年11月第1版 2011年11月第1次印刷
开本:880毫米×1230毫米 1/32 印张:16.875
字数:367千字 印数:1-4500
ISBN 978-7-100-08382-9

定价:37.00元

何　廉

(1895—1975)

何廉与夫人，1928年拍于南京

何廉，1930年拍于南开大学

何廉，20世纪60年代拍于哥伦比亚大学

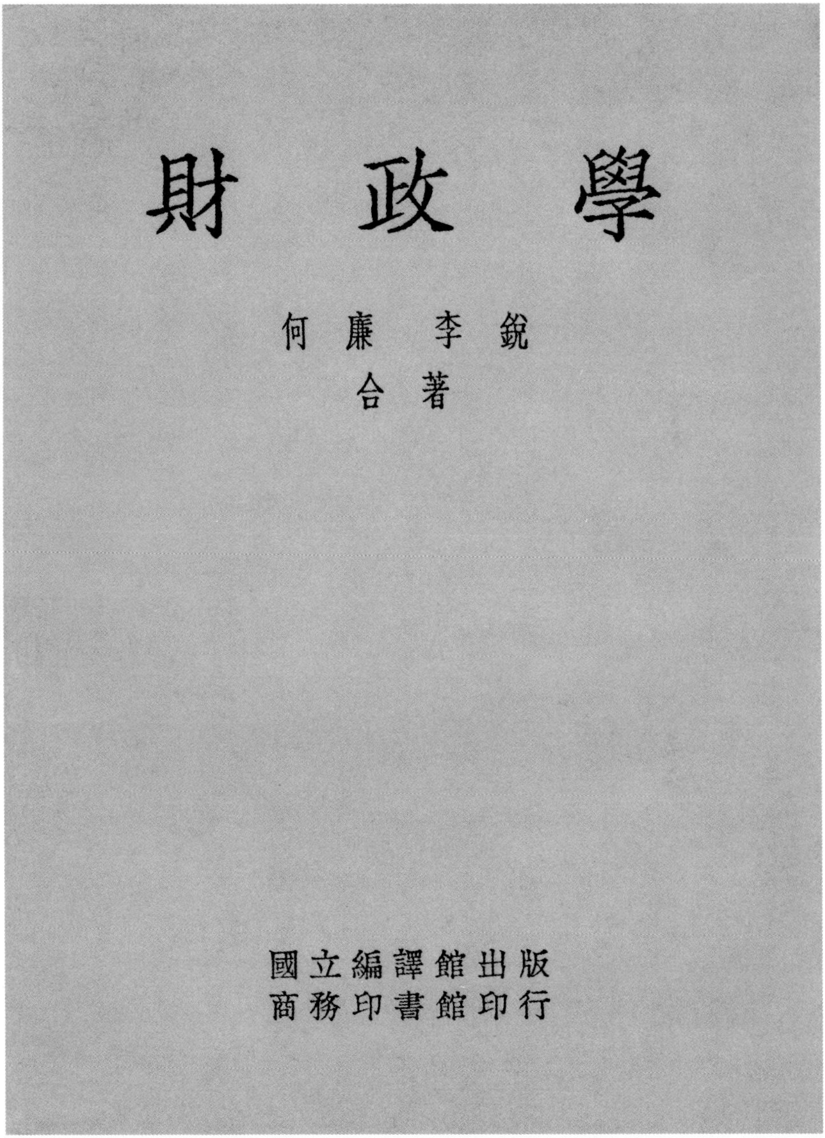
財政學

何廉 李銳
合著

國立編譯館出版
商務印書館印行

1935年版封面，由国立编译馆出版、商务印书馆印行

“中国文库”出版前言

“中国文库”主要收选20世纪以来我国出版的哲学社会科学研究、文学艺术创作、科学文化普及等方面的优秀著作。这些著作，对我国百余年来的政治、经济、文化和社会的发展产生过重大积极的影响，至今仍具有重要价值，是中国读者必读、必备的经典性、工具性名著。

大凡名著，均是每一时代震撼智慧的学论、启迪民智的典籍、打动心灵的作品，是时代和民族文化的瑰宝，均应功在当时、利在千秋、传之久远。“中国文库”收集百余年来的名著分类出版，便是以新世纪的历史视野和现实视角，对20世纪出版业绩的宏观回顾，对未来出版事业的积极开拓，为中国先进文化的建设，为实现中华民族伟大复兴做出贡献。

大凡名著，总是生命不老，且历久弥新、常温常新的好书。中国人有“万卷藏书宜子弟”的优良传统，更有当前建设学习型社会的时代要求，中华大地读书热潮空前高涨。“中国文库”选辑名著奉献广大读者，便是以新世纪出版人的社会责任心和历史使命感，帮助更多读者坐拥百城，与睿智的专家学者对话，以此获得丰富学养，实现人的全面发展。

为此，我们坚持以邓小平理论和“三个代表”重要思想为指导，深入贯彻落实科学发展观，坚持贯彻“百花齐放、百家争鸣”的方针，坚持按照“贴近实际、贴近生活、贴近群众”的要求，以登高望远、海纳百川的广阔视野，披沙拣金、露钞雪纂的刻苦精神，精益求精、探赜索隐的严谨态度，投入到这项规模宏大的出版工作中来。

“中国文库”所收书籍分列于6个类别，即：(1)哲学社会科学类

（哲学社会科学各门类学术著作）；(2)史学类（通史及专史）；(3)文学类（文学作品及文学理论著作）；(4)艺术类（艺术作品及艺术理论著作）；(5)科技文化类（科技史、科技人物传记、科普读物等）；(6)综合·普及类（教育、大众文化、少儿读物和工具书等）。计划出版约1000种，分辑出版。自2004年以来，已先后出版四辑，每辑约100种，分精平装两类。2011年时值辛亥革命100周年，特将“中国文库”第五辑作为“纪念辛亥革命100周年”特辑推出，主要收选民国时期原创性人文社科类名著。

“中国文库”所收书籍，有少量品种因技术原因需要重新排版，版式有所调整，大多数品种则保留了原有版式。一套文库，千种书籍，庄谐雅俗有异，版式整齐划一未必合适。况且，版式设计也是书籍形态的审美对象之一，读者在摄取知识、欣赏作品的同时，还能看到各个出版机构不同时期版式设计的风格特色，也是留给读者们的一点乐趣。

“中国文库”由中国出版集团发起并组织实施。收选书目以中国出版集团所属出版机构出版的书籍为基础，并邀约其他数十家出版机构参与，共襄盛举。书目由“中国文库”编辑委员会审定，中国出版集团与各有关出版机构按照集约化的原则集中出版经营。编辑委员会特别邀请了我国出版界德高望重的老专家、领导同志担任顾问，以确保我们的事业继往开来，高质量地进行下去。

“中国文库”，顾名思义，所收书籍应当是能够代表中国出版业水平的精品。我们希望将所有可以代表中国出版业水平的精品尽收其中，但这需要全国出版业同行们的鼎立支持和编辑委员会自身的努力。这是中国出版人的一项共同事业。我们相信，只要我们志存高远且持之以恒，这项事业就一定能持续地进行下去，并将不断地发扬光大。

“中国文库”编辑委员会

中国文库

（第五辑）

【哲学社科类】

孙中山著作选编　　陈铮选编……………………………中华书局
黄兴集　　湖南省社会科学院编……………………………中华书局
宋教仁集　　陈旭麓主编……………………………………中华书局
廖仲恺集　　广东省社会科学院历史研究所编……………中华书局
朱执信集　　广东省哲学社会科学研究所历史研究室编…中华书局
中国政治思想史　　陶希圣著……………中国大百科全书出版社
民国政制史　　钱端升等著…………………………上海人民出版社
民国政党史　　谢彬撰　章伯锋整理………………………中华书局
经学历史　　皮锡瑞著　周予同注释………………………中华书局
清代学术概论　　梁启超著　朱维铮校订…………………中华书局
新唯识论　　熊十力著………………………………上海书店出版社
逻辑　　金岳霖著………………………………中国人民大学出版社
科学与玄学　　罗家伦著…………………………………商务印书馆
中国古代经济史稿　　李剑农著…………………武汉大学出版社
中国近代经济史　　汪敬虞主编……………………………人民出版社
中国交通史　　白寿彝著…………………………………团结出版社
中国经济原论　　王亚南著……………中国大百科全书出版社
中国经济思想史　　唐庆增著……………………………商务印书馆
财政学　　何廉、李锐著　………………………………商务印书馆
货币与银行　　杨端六著…………………………武汉大学出版社
刑法学　　蔡枢衡著……………………………中国民主法制出版社
乡土中国　　费孝通著………………………………………人民出版社
文化人类学　　林惠祥著…………………………………商务印书馆
优生概论　　潘光旦著……………………………北京大学出版社
西洋文化史纲要
　　雷海宗撰　王敦书整理导读………………上海古籍出版社
西学东渐记　　容闳著　徐凤石　恽铁樵等译
　　钟叔河导读、标点　………………生活·读书·新知三联书店
中国现代语法　　王力著…………………………………商务印书馆
语言学史概要　　岑麟祥编著　岑运强评注……世界图书出版公司

蔡元培教育论著选　高平叔编 …………………… 人民教育出版社
陶行知教育论著选　董宝良主编 ………………… 人民教育出版社
中国报学史　戈公振著 ……………… 生活·读书·新知三联书店
陆费逵文选　陆费逵著 …………………………………… 中华书局
张元济论出版　张元济著　张人凤　宋丽荣选编 …… 商务印书馆
韬奋文录　邹韬奋著 ……………… 生活·读书·新知三联书店

【史学类】

国故论衡　章太炎撰　庞俊　郭诚永疏证 ……………… 中华书局
国史大纲　钱穆著 ……………………………………… 商务印书馆
通史新义　何炳松著 …………………………………… 商务印书馆
台湾通史　连横著 ………………… 生活·读书·新知三联书店
武昌革命史　曹亚伯著 ………………… 中国大百科全书出版社
辛亥革命与袁世凯　黎澍著 …………… 中国大百科全书出版社
北洋军阀史　来新夏等著 ………………………… 东方出版中心
中国国民党史稿　邹鲁编著 ……………………… 东方出版中心
中华民国外交史　张忠绂编著 ……………………… 华文出版社
西洋史　陈衡哲著 ……………………… 中国大百科全书出版社
欧化东渐史　张星烺著 ……………………………… 商务印书馆
清末立宪史　高放著 ………………………………… 华文出版社

【文学类】

秋瑾诗文选注　郭延礼　郭蓁编选 …………… 人民文学出版社
邹容集　张梅编注 ……………………………… 人民文学出版社
陈天华集　刘晴波　彭国兴编　饶怀民补订 …… 湖南人民出版社
于右任诗词选　杨中州选注 ……………………… 河南文艺出版社
南社诗选　林东海　宋红选注 …………………… 人民文学出版社
鸳鸯蝴蝶派作品选　范伯群编选 ………………… 人民文学出版社
文学研究会小说选　李葆琰编选 ………………… 人民文学出版社
创造社作品选　刘纳编选 ………………………… 人民文学出版社
太阳社小说选　李松睿　吴晓东编选 …………… 人民文学出版社
湖畔社诗选　刘纳编选 …………………………… 人民文学出版社
浅草－沉钟社作品选　张铁荣编选 ……………… 人民文学出版社
《语丝》作品选　张梁编选 ……………………… 人民文学出版社
未名社作品选　黄开发编选 ……………………… 人民文学出版社
新月派诗选　蓝棣之编选 ………………………… 人民文学出版社

象征派诗选　　孙玉石编选 …………………… 人民文学出版社
新感觉派小说选　　严家炎编选 …………………… 人民文学出版社
现代派诗选　　蓝棣之编选 …………………… 人民文学出版社
论语派作品选　　庄钟庆编选 …………………… 人民文学出版社
京派小说选　　吴福辉编选 …………………… 人民文学出版社
东北作家群小说选　　王培元编选 …………………… 人民文学出版社
七月派作品选　　吴子敏编选 …………………… 人民文学出版社
西南联大文学作品选　　李光荣编选 …………………… 人民文学出版社
九叶派诗选　　蓝棣之编选 …………………… 人民文学出版社
荷花淀派小说选　　冯健男编选 …………………… 人民文学出版社
山药蛋派作品选　　高捷编选 …………………… 人民文学出版社
红楼梦辨　　俞平伯著 …………………… 商务印书馆
中国诗史　　陆侃如、冯沅君著　…………………… 百花文艺出版社
中国文学发展史　　刘大杰著 …………………… 复旦大学出版社

【艺术类】

万木草堂论艺　　康有为著 …………………… 荣宝斋出版社
中国绘画史　　潘天寿著 …………………… 团结出版社
中国绘画理论　　傅抱石著 …………………… 江苏教育出版社
中国雕塑艺术史　　王子云著 …………………… 人民美术出版社
中国陶瓷史　　吴仁敬　辛安潮著 …………………… 团结出版社
中国戏剧史　　徐慕云著 …………………… 东方出版中心
洪深戏剧论文集　　洪深著 …………………… 东方出版中心
焦菊隐戏剧论文集　　焦菊隐著 …………………… 华文出版社
中国古代乐论选辑　　吴钊　伊鸿书　赵宽仁　古宗智
　　吉联杭编 …………………… 人民音乐出版社
素月楼联语　　张伯驹编著 …………………… 华文出版社
中国书法理论体系　　熊秉明著 …………………… 人民美术出版社
夏衍电影论文集　　夏衍著 …………………… 东方出版中心
银幕形象创造　　赵丹著　赵青整理 …………………… 东方出版中心

【科技文化类】

自然辩证法在中国　　龚育之著 …………………… 北京大学出版社
科学家谈 21 世纪　　李四光等著　………… 中国大百科全书出版社
继承与叛逆——现代科学为何出现于西方
　　陈方正著 …………………… 生活·读书·新知三联书店

中国医学史　　陈邦贤著……………………………………团结出版社
化学史通考　　丁绪贤著……………………中国大百科全书出版社
科学概论　　王星拱著…………………………………武汉大学出版社
竺可桢科普创作选集　　竺可桢著…………中国大百科全书出版社

【综合普及类】

书林清话　　叶德辉著……………………………………华文出版社
文坛五十年　　曹聚仁著………………生活·读书·新知三联书店
张菊生先生七十生日纪念论文集
　　胡适　蔡元培　王云五等编……………………………商务印书馆
佛教常识问答　　赵朴初著………………………………华文出版社
词心笺评　　邵祖平著…………………………………复旦大学出版社
西潮与新潮　　蒋梦麟著…………………………………东方出版社

出版说明

百年前，张之洞尝劝学曰："世运之明晦，人才之盛衰，其表在政，其里在学。"是时，国势颓危，列强环伺，传统频遭质疑，西学新知亟亟而入。一时间，中西学并立，文史哲分家，经济、政治、社会等新学科勃兴，令国人乱花迷眼。然而，淆乱之中，自有元气淋漓之象。中华现代学术之转型正是完成于这一混沌时期，于切磋琢磨、交锋碰撞中不断前行，涌现了一大批学术名家与经典之作。而学术与思想之新变，亦带动了社会各领域的全面转型，为中华复兴奠定了坚实基础。

时至今日，中华现代学术已走过百余年，其间百家林立、论辩蜂起，沉浮消长瞬息万变，情势之复杂自不待言。温故而知新，述往事而思来者。"中华现代学术名著丛书"之编纂，其意正在于此，冀辨章学术，考镜源流，收纳各学科学派名家名作，以展现中华传统文化之新变，探求中华现代学术之根基。

"中华现代学术名著丛书"收录上自晚清下至20世纪80年代末中国大陆及港澳台地区、海外华人学者的原创学术名著（包括外文著作），以人文社会科学为主体兼及其他，涵盖文学、历史、哲学、政治、经济、法律和社会学等众多学科。

出版“中华现代学术名著丛书”，为本馆一大夙愿。自 1897 年始创起，本馆以“昌明教育，开启民智”为己任，有幸首刊了中华现代学术史上诸多开山之著、扛鼎之作；于中华现代学术之建立与变迁而言，既为参与者，也是见证者。作为对前人出版成绩与文化理念的承续，本馆倾力谋划，经学界通人擘画，并得国家出版基金支持，终以此丛书呈现于读者面前。唯望无论多少年，皆能傲立于书架，并希冀其能与“汉译世界学术名著丛书”共相辉映。如此宏愿，难免汲深绠短之忧，诚盼专家学者和广大读者共襄助之。

商务印书馆编辑部

2010 年 12 月

凡　例

一、“中华现代学术名著丛书”收录晚清以迄20世纪80年代末，为中华学人所著，成就斐然、泽被学林之学术著作。入选著作以名著为主，酌量选录名篇合集。

二、入选著作内容、编次一仍其旧，唯各书卷首冠以作者照片、手迹等。卷末附作者学术年表和题解文章，诚邀专家学者撰写而成，意在介绍作者学术成就，著作成书背景、学术价值及版本流变等情况。

三、入选著作率以原刊或作者修订、校阅本为底本，参校他本，正其讹误。前人引书，时有省略更改，倘不失原意，则不以原书文字改动引文；如确需校改，则出脚注说明版本依据，以“编者注”或“校者注”形式说明。

四、作者自有其文字风格，各时代均有其语言习惯，故不按现行用法、写法及表现手法改动原文；原书专名（人名、地名、术语）及译名与今不统一者，亦不作改动。如确系作者笔误、排印舛误、数据计算与外文拼写错误等，则予径改。

五、原书为直（横）排繁体者，除个别特殊情况，均改作横排简体。其中原书无标点或仅有简单断句者，一律改为新式标点，专名号从略。

六、除特殊情况外，原书篇后注移作脚注，双行夹注改为单行夹注。文献著录则从其原貌，稍加统一。

七、原书因年代久远而字迹模糊或纸页残缺者，据所缺字数用“□”表示；字数难以确定者，则用“（下缺）”表示。

目　录

引言 …… 1

序 …… 2

绪论

第一章　财政学之定义及范围 …… 5

第一节　财政学之定义 …… 5

第二节　财政之基本原则 …… 7

第三节　政府理财与私人理财之比较 …… 9

第四节　财政学与其他社会科学之关系 …… 11

第五节　财政学之范围 …… 12

第二章　财政学之发达 …… 14

第一节　欧美财政学之发达略述 …… 14

第二节　欧美现代财政学界之著作 …… 19

第三节　中国古昔之财政论说略述 …… 21

第四节　民国以来之财政资料及著述 …… 24

第一编　支出

第一章　概论 …… 31

第一节　公共支出之意义 …… 31

第二节　国家职务之范围 ………………………………… 34
第三节　公共支出与工商业及政治情形之关系 ……………… 35
第二章　公共支出之分类 ……………………………………… 38
第一节　分类之功用 ………………………………………… 38
第二节　分类之方法 ………………………………………… 39
第三章　公共支出膨胀及分配之趋势 ………………………… 47
第一节　公共支出增加之趋势 ……………………………… 47
第二节　公共支出分配之趋势 ……………………………… 55
第三节　公共支出增加之原因 ……………………………… 59
第四节　公共支出节制之方法 ……………………………… 63
第四章　公共支出之经济性质及影响 ………………………… 65
第一节　专门名词之诠释 …………………………………… 65
第二节　公共支出之经济性质 ……………………………… 67
第三节　公共支出对于生产及分配之影响 ………………… 69
第五章　中央支出与地方支出之划分 ………………………… 74
第一节　中央支出与地方支出划分之原则 ………………… 74
第二节　欧西各国中央与地方之财政关系 ………………… 76
第三节　吾国中央及地方收支之划分 ……………………… 80

第二编　收入

第一章　公共收入之分类 ……………………………………… 87
第一节　公共收入之意义 …………………………………… 87
第二节　公共收入之分类 …………………………………… 88
第三节　本书所采用之分类 ………………………………… 92
第二章　公产收入 ……………………………………………… 97

第一节　公产之意义及范围 …………………………… 97
第二节　农地之处置 ………………………………… 97
第三节　林地与矿地 ……………………………… 102
第四节　欧西各国公产之概况 …………………… 103
第五节　中国公产之现状 ………………………… 104
第三章　公业收入 ………………………………… 109
第一节　公业之选择 ……………………………… 109
第二节　公业之经营 ……………………………… 111
第三节　欧西各国国有营业之概况 ……………… 113
第四节　欧西各国市有营业之发达 ……………… 119
第五节　中国公业经营之历史及现情 …………… 121
第四章　行政收入 ………………………………… 131
第一节　罚款 ……………………………………… 131
第二节　规费 ……………………………………… 132
第三节　特许金 …………………………………… 135
第四节　特征 ……………………………………… 137

第三编　租税

第一章　租税之意义及发达 ……………………… 143
第一节　租税之意义 ……………………………… 143
第二节　中国税制之沿革 ………………………… 147
第三节　租税术语之解释 ………………………… 153
第二章　健全税制应具之要素 …………………… 157
第一节　单一税制与复税制之利弊 ……………… 157
第二节　健全税制应具之其他要素 ……………… 160

第三章　租税负担之分配 …………………………………… 164
第一节　斯密亚丹氏之四大租税原则 ……………… 164
第二节　租税分配之原则 ……………………………… 165
第三节　租税分配之方法 ……………………………… 172
第四章　租税行政及租税影响 …………………………… 178
第一节　租税之行政问题 ……………………………… 178
第二节　租税之影响 …………………………………… 186
第五章　租税之转嫁与归著 ……………………………… 193
第一节　转嫁与归著之意义及种类 ………………… 193
第二节　租税转稼之原则 ……………………………… 196
第三节　就主要税种讨论税负之归著 ……………… 206
第六章　消费税概论 ……………………………………… 210
第一节　消费税之类别 ………………………………… 210
第二节　消费税课征之原则 …………………………… 211
第三节　消费税之归著 ………………………………… 213
第四节　欧西各国之物品消费税 …………………… 214
第七章　关税 ……………………………………………… 221
第一节　概论 …………………………………………… 221
第二节　关税征课之原则及归著 …………………… 224
第三节　吾国税关制度之沿革 ……………………… 226
第四节　关税之沿革与现情 …………………………… 228
第五节　关税之财政结果 ……………………………… 239
第八章　盐税 ……………………………………………… 242
第一节　盐法之沿革 …………………………………… 242
第二节　盐税之现情 …………………………………… 245

第三节　盐务行政 …… 253
第四节　新盐法中之重要改革 …… 255
第九章　烟酒税 …… 258
第一节　烟酒税在各国财政上之重要 …… 258
第二节　吾国烟酒税捐征收之方法 …… 259
第三节　吾国烟酒公卖制之采行 …… 260
第四节　近年吾国烟酒税之改革 …… 262
第十章　裁厘及统税之举办 …… 265
第一节　厘金之沿革及弊害 …… 265
第二节　裁厘之范围及其抵补之方法 …… 267
第三节　统税 …… 269
第四节　特种消费税 …… 274
第十一章　印花税 …… 277
第一节　印花税之沿革 …… 277
第二节　印花税课征之方法 …… 278
第三节　吾国现行印花税条例及收入 …… 279
第四节　印花税之归著 …… 282
第十二章　营业税 …… 284
第一节　营业税之性质 …… 284
第二节　营业税课征之标准及方法 …… 285
第三节　各国近年营业税之概况 …… 290
第四节　吾国营业税之沿革 …… 295
第五节　新营业税法与各省现行之营业税 …… 300
第六节　营业税之归著 …… 305

第十三章　田赋 …… 307
第一节　田赋之种类 …… 307
第二节　田赋之积弊 …… 312
第三节　民国以来关于田赋之改革 …… 320
第十四章　地价税 …… 324
第一节　地价税之性质及理论的根据 …… 324
第二节　地价税之种类 …… 326
第三节　各国已实行之地价税制 …… 329
第四节　吾国之土地税法 …… 335
第十五章　所得税 …… 341
第一节　概论 …… 341
第二节　所得税课征之原则 …… 342
第三节　吾国采行所得税之沿革 …… 350
第四节　英美之所得税制 …… 354
第十六章　遗产税 …… 370
第一节　概论 …… 370
第二节　遗产税之理论 …… 371
第三节　遗产税课征之方法 …… 375
第四节　中国前后拟办遗产税之条例 …… 382

第四编　公债

第一章　公债之性质及用途 …… 389
第一节　收支不能适合之弥补方法 …… 389
第二节　公债之性质 …… 391
第三节　国家为债务人所具有之特点 …… 392

第四节　公债之起源及其增加甚速之原因 …………… 393
第二章　募举公债之原则 …………………………… 397
第一节　概论 ………………………………………… 397
第二节　募举公债之标准 …………………………… 398
第三节　募举公债之限度 …………………………… 399
第四节　募集公债之用途 …………………………… 400
第五节　募集公债之影响 …………………………… 405
第三章　公债之种类 ………………………………… 410
第一节　公债之分类 ………………………………… 410
第二节　公债募集之方法 …………………………… 415
第三节　公债发行之方法 …………………………… 416
第四章　公债之偿还及转换 ………………………… 419
第一节　公债偿还之重要 …………………………… 419
第二节　公债偿还之方法 …………………………… 421
第三节　公债之转换 ………………………………… 425
第五章　吾国公债之历史及现情 …………………… 429
第一节　内债之沿革 ………………………………… 429
第二节　外债之沿革 ………………………………… 433
第三节　交通事业之债务 …………………………… 435
第四节　吾国内外债之特征及影响 ………………… 438
第五节　地方公债 …………………………………… 441

第五编　财务行政与立法

第一章　预算 ………………………………………… 447
第一节　概论 ………………………………………… 447

第二节　预算之发达 …………………………………………… 448
第三节　预算之编制及种类 ………………………………… 450
第四节　预算之议决 …………………………………………… 456
第五节　预算之实行 …………………………………………… 459
第六节　预算之监督 …………………………………………… 462
第二章　英美之预算制度 ……………………………………… 464
第一节　英国预算制度发达之历史 ………………………… 464
第二节　英国预算之编制及议决 …………………………… 466
第三节　英国预算实行之监督 ……………………………… 471
第四节　美国预算制度之沿革 ……………………………… 474
第五节　1921 年前美国之预算制度 ………………………… 476
第六节　美国联邦政府现行之预算制度 …………………… 477
第三章　吾国预算之编制及监督 ……………………………… 483
第一节　预算之编制程序及审议 …………………………… 483
第二节　财政监督制度之概要 ……………………………… 485

何廉先生学术年表 …………………………… 杨敬年、关永强 491
财政思想与民国实践的创新结合
——何廉、李锐《财政学》导读 ……… 杨敬年、关永强 498

引　言

社会科学之教本，欲期详明，贵能撮述理论之概要，而以实际事实印证之。第实际事实，各国不同，故教本之编著，亦贵能相体裁衣，具有国别。近十余年来，吾国社会科学，渐已发达，然国内各大学中，所采用之教科书，仍多为西籍，即有用中文本者，亦大都取材外国事实。夫采用外籍，固不足病，第以之为讲授之教本，则承学之士，所学与所见迥殊，结果思想易陷于纷歧，而所学易感觉隔膜。

编辑社会科学教本，在今日中国，需要甚切，已为一般所共认。本所年来研究工作，除实地调查及统计编制外，兼由各教授致力于教科书之编辑。本书之成，即此项编辑工作之一也。

著述发达，非可一蹴而几，竭力以赴之，亦须循阶渐进，始能达于成熟之境。执教鞭者，怀矜持自重之心，不肯轻于著述，固足以矫正滥于出版之弊，然习用外籍，因循不变，终难使吾国学术，脱附庸而进于独立。居尝谓欲促进今日中国学术，应先提倡本国化之社会科学，拳拳服膺，矢志进行有年矣。惟本所同人，学识浅陋，编著教本，必多挂漏，第欲披榛觅路，自居于荷戈走卒之列。成熟之巨著，特创之贡献，是所望于国内贤达也。

何廉识于南开大学经济研究所

中华民国二十三年六月

序

本书编辑，始于民国十九年。初稿完成之后，已用作讲义三年矣。吾国财政情形，年来频有更改，因之本书内容，在此三年之中，亦屡有所修正。

本书编辑之始，得同事华君文煜之协助，至深感激。在用作讲义中，同学诸君读是书者，亦多极有价值之建议及纠正，甚可感也。此次付印之前，承马寅初、陈铎士、皮皓白、赵乃搏、陈岱孙、魏颂唐诸先生展读一通，多所指正。又承杨学通、方才英、王文钧、吴石城、梁卫汉诸君详细对校，均深感动，特此志谢。

何廉　李锐

民国二十三年六月

绪　　论

第一章　财政学之定义及范围

第一节　财政学之定义

财政学者,讨论政府为执行职务所需资财之取得,使用,及管理之科学也。此种科学,包括之主要部分有三:一曰支出,研究国家财用上之需要;二曰收入,研究政府治理公共事务所需财用之源泉;三曰财务行政,研究公共支出与收入之预决算,及公款之征收管理与使用。

财政学为经济学支流之一,亦以研究人类欲望之满足为前提,盖人为社会之动物,社会逐渐发展,人类之欲望,亦日趋复杂,欲求满足,非各个人之力所能企及,必赖共营团体生活,分工合作以图之,始可获得经济与效率。且和平秩序安全,为个人生存于社会之要素,向使吾人各须自求所以安全之法,则必终日忙碌,无余力以及他事。况此非个人之力所能单独维持,必须仰托政府为之,始能事半而功倍。政府为社会织组,其所以自然发达之原因,即在于此。

现代政府之事务中,有多数为从前私人所自营者,时代日进,私人所营之事,逐渐变为政府之职务,昔者夜行必携灯,今则政府有路灯之装设;昔者旅行必携兵器,挟武士,以防不测,今则政府有警政之制；昔者小康之家，须延师课其子女，今则学校林立，政府办有公众之教育。近世以来，政府职务之范围，逐渐扩张，即私人易办之事，亦多移之政府矣。

政府之事务，种类甚多，有处于独占地位者，有许人民与之竞争者，例如政府设立警察及法庭，以同一法律判决全体人民之诉讼是非，而不容人民私定是非之标准。货币之铸造及发行，所含成色之规定，数量之多少，其权亦操之政府，而不许人民有私自铸发之权。此属于独占性质也。煤气电力、自来水与电车等公用事业，政府与私人皆可经营，亏盈得失，一视经营方法之善否为断。此属于竞争事业之性质也。此外政府尚可规定或监察私人之经济事业，例如食物之制造与销售，本为私人经营之事业，然因事关民食，政府亦有规定与监察之权。此皆为政府职务之范围，至发达程度之高低，则视各国之国情而异。

近世人口增多，社会生活日繁，各种共同欲望之满足，皆有仰赖政府之趋向，故今日政府之行动，亦日就繁剧。凡公共卫生之举办，安全与道德之维持等，几皆为政府之所有事。商业凋敝之时，人民请求政府救济，竞争剧烈之时，人民请求政府制裁，此外如稳定利率及物价之责，人民亦属望政府，故政府之事务，常感过度之繁赜，而各种职务之扩张，遂有日多一日之势。

由上所述，国家欲使人民之共同欲望，获得满足，则有赖于资财之取得及使用。但此资财取得与使用之时，不可不循一定之途径，为之管理，故财政学讨论之要点，即在于资财之取得，使用，与管理。

第二节 财政之基本原则

政府一切行动,均与人民有密切之关系,何者应为政府所有,何者非政府所宜营,似应加以研究。惟此项研究,涉及国家之性质及职权之学说,系关于政治学范围之内,非治财政学者所宜越俎。吾人但取政治学者公认之成说,以为财政学研究之基础足矣。

近代政治学者,从国家之性质及职权方面之研究,发见国家之特点有三:第一,国家之生命,可视为永存的;第二,国家非为本身而存在,乃为执行某种受托之职务而存在;第三,国家为历史的产物,各国之历史之同,故其国家之形式亦异。美国财政学家亚当士氏即根据此项国家之特点,创立三条财政之基本原则,兹略述之如下①。

(一)宜不斫丧国家之富源 此条原则,系根据国家生命可视为永存之一点而成立。按之事实,国家之盛衰兴亡,史不绝书,殊无永存不亡之理。然其事难于逆睹,经国之士,不愿预度国运之危亡,而定一适于此项事实之政策。政治家讨论时政之际,亦决不认国家之倾颓为当前之事实,即史家秉笔直书一国之兴亡及因果,亦不过供当时存在诸国之龟鉴耳。国家之生命,既可视为无尽期,谋国者自不能因一时之需要,横征暴敛,浪费公产,使国家之富源,斫丧无余,收入之财源,枯竭净尽,致陷国家于贫亡之域。因此之故,财政上以国家富源不可斫丧为第一基本原则。

① Adams, H. C., Finance, pp. 3—14.

所谓国家富源,究何所指?此则视一民族发展之时期及一时期中政治生活与实业生活之关系为转移。封建之世,国家富源以君主之产业为首要,近代实行私产法与个人权利学说之国家,则以私有实业之繁盛,为国家之富源。私有实业愈盛,国家之税源愈富饶,故近世各国之财政家,对于公共收入之征取,率以不损害私有实业之生产效率为要务。

(二)宜确立政治之制裁 此项原则,系根据国家为执行受托职务而存在之一点所成立。国家既非为本身而存在,则其本身无目的。自无居积资财之必要。然国家所营之事业,大都含有独占性质,若非确立政治之制裁,则办理国营事业者,往往高其价格,剥削人民,至失公平之道。补救之法,不能适用竞争之原则,端赖确立政治之制裁。且健全之财政制度,须使政府执行职务时之支出,为可能范围以内最低之费用。

不特此也,国家有唯一之强制权,政府为实行受托之职务而用强制力,为道德及法律所许。然使执政者滥用国家强制权,侵夺人民财产及身体自由之权,则必民不堪命,殊与政府保障人民利益之旨不符。故政治制裁,必须确立。举凡政府之各财政权,或明载宪法,或养成不易之习惯,须有一定之范围,庶人民利益,可得相当之保障。

(三)宜明认现有之政治组织 此条原则,系根据国家为历史的产物而成立。各国之历史不同,故其国家之形式,亦随之而变。政府之存在,为永久之事实,然关于组织政府之根本学说,则时时变迁。同一时期,各民族之所有者不同,同一民族,各时期之所有者亦异,要皆与其当时人民之企求及文明之程度相反映。故良善之财政制度,须与当时支配社会之政治思想相吻合;不第如是,且须与实行此种制度之社会的政治组织相宜，始能行之无弊。

欧洲上古之世，军治盛行，个人权利义务之学说，尚未确立。国家处于万能地位，诛求任意，工商地位，甚为低微，当时国家之收入，惟恃贡物、战利器及没收之民产，及乎中古封建之世，细民臣事诸侯，诸侯臣事君主，国家收入，惟恃土地之出产。自近世立宪政体民治主义与私产制度渐渐发展，个人的权利及政府在社会的地位之观念，遂已根本改变。财政家规定财政制度，为国家开辟财源时，先决问题，须以不侵扰人民政治的、社会的及实业的权利为先务。此政治思想与财政制度之关系也。

政治组织与财政制度，亦有密切之关系，单一国之财政制度，与复合国之财政制度不同；邦联之财政制度，与联邦之财政制度不同；中央集权国之财政制度，与地方分权国之财政制度亦不同。故制定国家财政制度时，必先于本国之政治组织，具有深切之认识，否则其所定者，必将有方枘圆凿之弊。

第三节　政府理财与私人理财之比较

政府理财与私人理财，互有异同，兹就其著者分别述之：

一、政府理财与私人理财之同点

政府理财与私人理财，皆为满足其主体（前者之主体为国家，后者之主体为个人或私人之联合团体。）之生存的欲望之行为，须依照经济与效率之原则，务求以最少之劳费，获得最大之效果。

二、政府理财与私人理财之异点

（一）政府理财，须取久远之观点，与私人理财迥异，盖国家之生命悠久,与个人之生存期间有限者,性质悬殊。故私人不妨尽其一生,消费所有财产之全部,或竟消灭其所得之资源,以供及身之享乐。国家则不然,因其生命之存续,属于久远。不能因短期之需要,尽毁其收入之泉源。且私人支出之范围,只能以私人现有或最近期间能填补之经济能力为限度,因人之生命无常,信用不易持久,不如是则瞬息间必将有破产之虞。若国家之存在,则本无期限,即使丧失生命,其财政关系,按之国际惯例,亦大率由事实上之继承者负担,其信用在理论上可垂久远。是以公共财政可以利用未来之永远的经济能力以为填补,不若私人经济之有限度也。

(二)国家获得资财之法有三:一为无报偿之提供,由个人随意为之;一为依据契约,给与报偿而取得之;一为强制征收。随意提供之法,在今日已属罕有,按诸现代,只有依据契约及强制征收两种。前者为交换经济上所常见,后者则惟财政上有之。政府既握有财政权,可以强迫人民纳税服役,与私人之得财迥异,盖私人不第无强制之权,即其经济生活,亦率为法律所限制也。

(三)政府理财与私人理财之目的亦不同,前者之目的,为增进全社会之最大利益;后者之目的,则为获得少数私人之最大利益。因此目的不同,故论二者支出之效果,标准亦异。公共团体之职务,如维持和平、举办教育及卫生事业等等,其功效多属无形。至私人所经营之企业,其效果多属有形之物件,譬如营业,则以净利之多寡有无为断。故公共支出之当否,不能以货币之数量为测视之标准,惟私人支出之得失,则可以货币数量为之计算也。

不第效果之标准异也,其经理之原则,亦稍不同。政府理财,以出入平衡为原则;私人理财,则以收入超过支出为原则。盖国家除有特种目的之蓄积外,不宜以蓄积财货为目的,因其所需之财,可用强制方法得之,人民之富,即为国家之富,故以收支适合为已足。私人则由自致勤劳以获利益,勤劳之时期有限,故重在厚殖资产,以为不能自力时之计,富有积贮,即所以谋生活安全之保障也。

第四节　财政学与其他社会科学之关系

财政学与经济学之关系

财政学为经济学之一支流,故两者之关系,极为密切。欲论公共收入与支出,则不能不根据经济学上之生产论及消费论;欲论租税之转嫁及归著,则不能不利用经济学上之价值论与分配论。至于公债之研究,当明经济学中之信用论及交易论。故治财政学者,非先于经济学之原则,具有深淹之研究,决不易探其窔奥。

财政学与政治学之关系

财政学与政治学之关系,其密切之程度,不在其与经济学关系之下。一国之财政政策,率与其国当日之政治学说相符合。十八世纪末叶,个人主义学说盛行于欧洲,赋税多根据利益说;其后国家有机体说勃兴,视个人为组织国家有机体之细胞,为国家整个之存在及繁荣计,富者之输纳,应较贫者为多,于是利益说衰而能力说代之以兴。此政治学说影响财政学说之例也。

中央集权之国,其财政权亦集中于中央,地方分权之国,其财政权则分散于地方。财政制度,率随政治组织而定。法国财政制度为中央集权,美国财政制度为地方分权,皆政治制度影响财政制度之例也。

财政学与历史学之关系

财政学研究之材料，不仅限于当代之社会情形，常须穷源究委，溯诸往古。历史为过去人类活动之记录，财政学之原则，端赖历史中所供给之材料以为表示。一种财政制度，必求合于其国之历史背景及民族性，始可易于推行，否则必多捍格难行之弊。

财政学与统计学之关系

统计学为一种方法科学，财政学之研究，须依赖统计学之处甚多。凡一国财政政策之定夺，大率赖已往公共收入及支出之正确统计为根据，否则其结果必等于凭空臆造，鲜有能付之实施者。又如欲研究租税之影响，必赖于各阶级及各地方财富分配之统计，欲研究租税之转嫁，必赖有税率与物价之统计。盖此种统计材料，关系财政甚重，因昔日缺乏之故，所以财政学发达较迟也。近世统计学应用较广，方法较备，故财政政策，始易据已往正确之统计，以为定夺。

第五节　财政学之范围

财政学研究之范围，可分为支出、收入、公债与财务行政四部。法国财政学者波列谓财政学无研究公共支出之必要，遂不以支出论为财政学之一部分。其所持理由，以为公共支出之额，须依国家之职务为转移，难于确定。国家虽有其欲望，吾人无研究之必要；吾人所应研究者，只在如何可使个人牺牲少而又能充分满足国家之欲望①。此说不免近于武断。盖公共收入之额，为社会之财源所

① Leroy Beaulieu, Traite de la Science des Finances, I. 23.

限制，征课之数，只能在一国人民能负担之范围以内，非可随意增加。且公共支出，为收入及公债之最后目的，若使对公共支出之数额，及各项支出之重要，漫无研究，则将无所依据以定收入之制度，此本书之所不取也。

本书除绪论中两章略述财政学之定义范围及其发展外，共分五编，第一编研究支出；第二编研究非租税收入，如公产公业及行政收入等；第三编论租税；第四编论公债；第五编研究预决算制度，即所谓财务行政也。

参考书

Bastable, C. F., Public Finance, Introduction, Chapter 1.
Adams, H. C., The Science of Finance, Introductory chapter.
Lutz, H. L., Public Finance, Chapter 1.

第二章 财政学之发达

财政学为社会科学中之后进，考其迅速发达之历史，尚不过百有余年。斯密亚丹氏以前，欧西论财政者虽不乏人，要之使财政学具有科学之性质，则自斯密氏之《原富》始。嗣后经德、英、意、法诸国学者之研究，财政学之科学基础，遂得益臻巩固。在此百余年间，财政学发达极速，吾人欲了解现在之财政学，必须溯其发达之步骤，及各国各期之代表人物，否则对于现在财政学之理论，甚难获得明确之了解。故于讨论财政学内容之先，特先将其全部之历史，作一简单概括之抒述。

第一节 欧美财政学之发达略述

一、古代及中古

古代欧洲无财政学，《雅典收入论》（Athenian Revenues）一书，相传为塞诺芬（Xenophon）所作，论及当时之财政。此外柏拉图、亚里士多德等之著作中，亦偶有涉及财政学，然皆以伦理的或神学的见地为基础，未能脱离政治哲学之范围，不能称之为财政学。且当希腊、罗马之时，社会组织，根本与近世不同，在当时社会组织之下，经济学无由发轫，财政学自亦无所附丽而起。综其彰著之特

点,足使当时无发达财政学之可能者有二:

(一)邦权无上,个人之地位低落　希腊、罗马之世,赋税制度,尚未确立,税课多不按公平之原则,政府得随意征敛,个人无敢反对者,盖当时之人民,率以邦权为无上,国家一有需要,个人当尽输其所有,以供国用。夫财政学之研究,常假设政府与人民对待之局,论收入则以足国用而不扰民为本,论支出则以维持政府之生存及促进人民公众之利益为先。在古代邦权无上,个人地位低落之时,政府人民对待之局未成,故财政学无发展之可能。

(二)工商业地位之卑贱　希腊、罗马之民族,富有尚武之精神,武士阶级,为社会所尊崇,而从事工商业者,则为社会所凌视。政府复侵夺其财产,限制其经营,故终希腊、罗马之世,工商业未能发达。因之公共收入之财源极隘,此亦古代财政学不能发达之一因。

中古之世,财政学说亦沉寂无闻,而此时之行政组织,又远出罗马帝国之下。此期之特点,为封建制度,经济中心渐由村落进为城市,然地主之势甚盛,各国君主多赖私有产业之收入,以自维持。君主与人民,殊鲜直接之关系。在此情形之下,财政学说自亦不能发展。迨至中古末期,德、意之城市,渐趋繁盛,人民之经济活动,亦日扩大,财政理论之探讨,因之而起,弗洛伦丁(Florentine)之累进税辩论,实为近代财政学说之滥觞①。

二、近代

(一)波丹氏(J. Bodin)　十六世纪中叶起,英、法、西班牙等国之中央集权,日形巩固;货币经济渐渐发展;美洲贵重金属之发

① Bastable, C. F., Public Finance, p. 19.

见，又使经济关系，发生改变。当时学者感觉许多财政上不经见之新问题，非昔日之财政论所可解决，乃起而研究，故十六世纪下半叶，欧洲社会科学，呈一种新发展之趋势。

法人波丹(1530—1596)即此种新趋势之主要代表，曾著《共和国》(Republic)一书，其书中第六章论及财政，分公共收入为七类，依当时之重要程度，顺次排列，首列公产收入。波丹对于进出口货物，均赞成有关税之制，第原料品与制造品，则须分别，以为原料品出口与制造品进口，皆宜课以重税。至于直接税，据氏之意，仅可用为必要时增加收入之法。此外甚主张征收奢侈品税，对于支付战费及其他非常支出，其主以先募公债为得策，但不主募集有利息之公债。此为波丹氏学说之大概，其影响于后世德国财政学者颇巨。

(二) 重商主义派(Mercantilists)与官房学派(Kameralists)

十七世纪后，财政论之讨论，渐渐发达，其重要原因，为当时重商主义之盛行。重商主义为当时欧洲政治家所一致宗奉，其根本思想，在于裕国富民。而增富之道，即在输入贵重之金属，故于国际贸易，坚主出超。又因欲达此目的，乃对国内之工商业，采干涉保护之政策。此派之根本精神，既在富强，故对于财政理论及租税征课之法，亦时加讨论。当时因货币经济发达，资本之储蓄渐著，学者间关于消费税及直接税之选择，发生论争。辩护消费税者如霍布斯(Hobbes)，以为租税应与人民享受国家所予之利益相适应；人民享受国家所予之利益，可自其所消费察之，故就个人消费之物品课税，甚合正义。辩护直接税者如洛克(Locke)，则以各人享受国家所予之利益，应以其人在社会上所享之利益为之测定，故课税于所有之财产，甚为公平。要之，重商主义派之租税观念，即属于所谓租税利益说也。

继重商主义而讨论财政者，为德国之官房学派。此派代表人物，为尤斯提（Justi 1702—1791）及遵能非尔斯（Sonnenfels 1733—1817）二人。尤斯提著作甚富，其财政论出发于重商主义，阐明财政与国富不可分离之关系，对于租税之征收，主张以财产多寡为标准，以公平确实简便为原则；对于公共收入，则注重公产收入，及君权收入（Regalian Rights），而以租税收入为次要。氏分财政学为三部，详加讨论，一曰收入，二曰支出，三曰财政组织及管理。此于财政学之发达上，影响甚巨。遵能非尔斯承之，以为公共收入，须以租税为主要之源，较之尤斯提，似又进步。要之，此派对于君主之福利，与人民之福利，未加分别，以君主为人民之中心，故特别注意财政管理，以求充实国库，而其对财政学发展上之贡献亦在此。

（三）重农主义派（Physiocrats）　十八世纪中叶，重农主义勃兴，此派为提倡经济自由主义最初之学派，对于重商主义，实系一种反动。盖此派对个人之经济行动，主张应任各个人之自由；对于经济学上之生产，主张纯净生产论。其意以为惟纯净生产，可以课税，而有纯净生产者，则惟土地，工商事业，仅能使农产品增价，不能依天惠以发生剩余，故主张征收土地纯生产之单一税，以为主要之公共收入。此派之主要代表为揆内（Quesnay 1694—1774），其后法国政治家哲学家杜古（Turgot 1727—1781）昌大其说，为当时欧洲经济财政思想之中心。

（四）斯密亚丹氏（Adam Smith 1723—1790）

斯密亚丹之财政说　财政理论，粗具科学之规模，自斯密氏之《原富》出始。氏在经济学史上，为正统学派之始祖，其根本学说，虽多继承重农学派，然在财政学史上，则能涤除重农学派之误点，竟财政学草创之功。其所著《原富》之第五编，于君主之收入与支出，论列甚详。对于支出，主张分为个人权利保护支出，及国家组织支出二项；对于赋税制度，则反对单一税制，而主张由直接税及间接税相合而成之赋税制度，且建设平等确定便利及经济之四大租税原则；对于公债，不甚赞成，以为非普通所应采用之财政手段；对于官产，则以为国家不能经营得宜，主张脱售。氏之议论，每多独创，故后世财政学者多宗之。

斯密亚丹对于财政学之贡献　斯密氏之所以震古烁今为财政学发展史之中心者，其故有三：其一，集前人财政理论之大成，融会贯通，确示后人以财政学科学的研究之方向。其二，揭示财政学与经济原理之密切关系，例如从经济学上之分配论及交易论，以研究租税之归著是。其三，斯密氏病重商主义者主张国家干涉个人经济活动之说，力主限制国家职务于防卫、司法及私人所不愿为之公众事业三方面，在此三者之外，一切皆由个人顺自然法之原则，任意经营，政府不当加以干涉。盖政府之行动，既甚狭隘，则公共支出，亦可不致有过度之膨胀也。

斯密氏《原富》出版以后，在各国财政理论之发展上，皆有极大之影响。但因各国政治经济之背景，彼此互异，故此项影响之性质，亦各不同，在英国继斯密氏而起者有吕嘉图（Ricardo）与穆勒（J. S. Mill）。吕嘉图著有《政治经济与租税之原理》（Principles of Political Economy and Taxation）一书，1817 年初版；穆勒著有《政治经济学原理》（Principles of Political Economy）一书，1848 年初版，皆折中于斯密氏缩小国家职务范围之说。在法国则因大革命以前，专制君主擅作威福，横征暴敛，民不聊生，学者及思想家皆思减少国家之职务，故斯密氏《原富》一出，甚为法国学者所欢迎。塞氏

(J. B. Say)承之,益伸其说,对于政府必要之职务,亦往往轻视其重要;又因当时法国财政制度棼乱,故财政学者研究时,多自财政管理入手,因之对于特殊财政问题之讨论,较英国学者为多。德国自十九世纪上半叶正统学派之财政学渐输入后,与旧有之官房学相融合,于是财政学之研究颇盛,遂渐划然成为一独立之科学。1832年劳氏(K. H. Rau)所著《经济学》出版,其第三编论财政学原理,分为四章,第一章论支出,第二章论收入,第三章论收入支出之关系,第四章论财务上之行政。此书综集大成,在德国经济学及财政学之研究上,甚有地位。意图财政学之发展,亦受正统学派之影响甚著,盖斯密氏与塞氏等之学说,流入于意殊早,且甚有力,嗣后意之财政学者,受德国财政学发展之激动,益致力于当时财政问题之研究,于是名家辈出,著作多能以独创见称,就中以 Ricca-Salerno, Mazzola, Zorl 诸人之著作为要①。

第二节　欧美现代财政学界之著作

近世纪来,欧美财政学发达甚速,思想方面,随事实而时易,故原理原则,亦多应时而变。加以近世经济情形,发生巨大之变化,财政问题,如麻而起,故现代财政学界,关于专题讨论之著作,浩如烟海,多不可数。下列所述,仅就其普通而最著者言之,其他尚什百于此。固不能罄举也②。

---

① Seligman, E. R. A., Essays in Taxation, 9th ed., pp. 562—563.

② 参考前书 Chapter XVⅢ。Bullock, C. J., Selected Readings in Public Finance, Chapter 1.

英国财政学中，其唯一有系统之大著，即为柏斯特布尔（C. F. Bastable）之《财政学》（Public Finance, 3rd ed., 1917），是书出版已久，因事实与理论两方面之发展，故书中多数地方，都已过时。第年来英国财政学家，关于租税及公债方面，著述甚多，而尤以斯丹溥（J. Stamp）讨论租税之书为最著。斯丹溥之著作，有 Fundamental Principles of Taxation in the Light of Modern Development（1921）；British Income and Property（2nd ed., 1921）；Wealth and Taxable Capacity（1922），等书。其他如达尔顿（H. Dalton）之 Principles of Public Finance（3rd ed., 1926），及皮过（A. G. Pigou）之 Studies in Public Finance（1928），亦均为重要之著作。

美国财政学中，关于一般概论者，有亚当士（H. C. Adams）之《财政学》（The Science of Finance, 1898），及卜南氏（C. C. Plehn）之《财政学入门》（Introduction to Public Finance, 4th ed., 1920）。此外关于租税方面者，则以塞里格曼氏（Edwin R. A. Seligman）之著述为最富。塞氏之著作，重要者有 Essays in Taxation（9th ed., 1921）；Incidence of Taxation（4th ed., 1921）；Income Tax（2nd ed., 1921）；等书。除上述外，尚有布洛克（C. J. Bullock）之 Selected Readings in Public Finance（3rd ed., 1924），亦财政学选辑之善本也。

法国财政学之书籍，如 R. Stourm 之 Budget, Leroy Beau Lieu 之 Traite de la Science des Finances（7th ed., 1906）皆为现代主要之著作。而法国著名之财政学界泰斗 G. Jeze 氏，著述丰富，其 Cours de Science des Finances（5th ed., 1912）一书，尤为学者所不可不读也。

关于财政学之著作，德儒所出尤多，如瓦格涅（A. Wagner）之 Finanzwissenschaft（1889）；康氏（Von Gustav Cohn）之 Systemder Finanzwissenschaft（1889）等，均为巨著。现世纪来，有 M. von Heckel

之 Lehrbuch der Finanzwissenschaft (2nd ed.,1911); W. Lotz 之 Finanzwissenschrft(1917)等书,亦均为重要之著作。此外尚有一匈牙利教授 Bela Foldes 所作之德文本《财政学》(Finanzwissenschaft,1920),尤值一读。

意大利重要之财政学著作亦甚多,其中如 F. S. Nitti 之 Scienza della Finanze(4th ed.,1912);A. Graziani 之 Instiuzoini of Scienza della Finanze (2nd ed.,1911),皆为极完善之书。此外如 Flora 之 Manual della Scieuza delle Finanze(6th ed.,1921); L. Finaudi 之 Corso di Scienza della Finanza(3rd ed.,1916),亦皆名著也。

第三节 中国古昔之财政论说略述

中国古代,无财政学之专书,其涉及理财之道者,则多有之,大率关于定赋税制国用两端。三代赋税之制,为土地单一税,故关于税制上之讨论较少。其关于制国用者,《礼记·王制篇》有云:"冢宰制国用,必于其岁之杪,以三十年之通制国用,量入以为出。"又云:"国无九年之蓄曰不足,国无六年之蓄曰急,国无三年之蓄曰国非其国。"即此足见吾国古时制用之法,年有概算,以量入为出为原则。第量入为出之制,必恃帑藏赢余以备缓急之用,故又注重有准备非常国用之储蓄。

中国学术之发达,以周秦为最盛,故财政论说之昌明,亦推此时。兹就当时财政论说之关于支出与收入两方面者,揭要述之以示一斑。

一、支出方面

古时谈制国用者,均主节用。节用说为墨家之要义,墨子有节用三篇，其言云："圣人为政一国，一国可倍也，大之为政天下，天下可倍也，其倍之，非外取地也，因其国家，去其无用之费，足以倍之。"[①]此即以减少支出为增加收入之意。儒家赞成财政节用之说，与墨家同。孔子曰："道千乘之国，节用而爱人。"又曰："礼，与其奢也宁俭。"荀子曰："足国之道，节用裕民，而善藏其余。"又曰："上好攻取则国贫，上好利则国贫，士大夫众则国贫。"[②]此即以缩减军备裁汰冗员为节用方法之意。

儒者对于生财之道，合国家财政及社会经济而求之。记曰："生财有大道，生之者众，食之者寡，为之者疾，用之者舒。"吕氏释之曰："国无游民，则生者众；朝无幸位，则食者寡；不夺农时，则为之疾；量入为出，则用之舒。"此四者为增加国富之要道，而制用之原则，亦可于此见之。

古时政府各支出项目之开支，均有一定之收入以充之。按《周官》制用之法，太宰以九赋敛财贿，以九式均节财用；《易辞》言之，即以九种赋（如邦都之赋，邦中之赋，山泽之赋，关市之赋等）之所入，分供九种式（如祭祀之式，宾客之式，工事之式，羞服之式等）之所出也。其余以九贡供吊用之费，九职充府库之储，此则以不规则之收入供不时之需也[③]。

二、收入方面

赋税均平，为收入之重要原则，古时均税之说，颇为儒家所服膺。孔子曰："不患寡而患不均，均无贫。"三代理财，最重均平，对

---

① 见《墨子·节用》上。

② 见《荀子·富国篇》。

③ 《周官》一书，为后儒伪作，已有定论，其所载九赋九式之说，固不足信；但汉代去古未远，或亦不为无根也。

于赋税之学理,以为什一之税,为天下之中正,不可重于此,亦不可轻于此。

保护税源之说,散见于各书中尤多。孔子曰:"百姓足,君孰与不足,百姓不足,君孰与足。"荀子曰:"下贫则上贫,下富则上富。"[1]《吕氏春秋》有言曰:"竭泽而渔,岂不得鱼,明年无鱼。"以上各语,均足见其以人民之富,即为国家之富,其注重国民经济之意,殊甚揭著。反对聚敛,为儒家之要旨,冉求为季氏宰,赋粟倍于他日,孔子谓:"鸣鼓而攻之可也。"孟子曰:"能为君辟土地充府库者为民贼。"又曰:"贤君必恭俭礼下,取于民有制。"《大学》曰:"与其有聚敛之臣,宁有盗臣。"儒家注重农业,故主轻赋以利民,盖政府不事聚敛,则人民之财富充裕,而国家自无不足之虞。

法家注重盐铁之利,与儒家稍异。按管子之法,为官山海,正(即征)盐策(即利羸之意)。因山铁之利,量其重,计其羸,民得其十,君得其三,杂之以轻重[2],字之以高下。此项取民之制,即恃公共营业以供国用之法也。

上述关于支出与收入之学说,为儒法诸家理财之要义。儒家重农本而贱末作,尚仁义而斥功利。汉兴以后,专崇儒术,贱兴利之臣而羞言利,虽司马迁《史记》,有《平准书》,班固《汉书》,有《食货志》,然理财之学说,终因之而弗克复振。魏晋以后,留意财政之学者间亦有之,唐有杜佑纂《通典》一书,首列《食货》十二卷,于普通政书之中,有偏重食货之意。继是宋郑樵撰《通志》,元马端临著《文献通考》,体裁互异,旨趣粗同。其于食货之历史,引证綦详。

---

① 见《荀子·富国篇》。

② 轻重:轻重为法家之术,以为物多则贱,寡则贵,散则轻,聚则重,人君应视国之羡不足而御财物,视物之轻重而御之准则,贵贱可调,而君可得其利。

马《考》晚出，录关于食货者共二十七卷，首列田赋诸考，志在仿杜书之成规，而补其阙略。而诸考中特列《国用考》，为前人所未有，其注重财政，更为显著。明清以来，踵而增之，遂有《九通》之目。其他财政专籍，唐有李吉甫之《元和国计簿》；宋有苏子由之《元祐会计录》，及丁谓之《景德》、《皇祐》、《治平》、《熙宁》四书；明有张学颜之《万历会计录》四十三卷，及汪鲸之《大明会计录类要》十二卷，上述各书，率皆网罗一时出纳之计，惜均佚散无传，所可得者，惟苏子由《收支民赋》诸序而已。

降及清代，则有《清季之户部则例》，惟自同治十三年以后，未经修订。《东华录》一书，于雍正十三年以前之岁出入，备列每年之末，而乾隆以后，第载民数谷数，外此略而不书。《大清会典》，屡次增修，历朝之出纳，无不详备，惜迄于光绪己亥；且外销各款，莫得而征。至若闽县王庆云之《熙朝政纪》，于道光末禩为尤详，鄞县陈康祺《郎潜记闻》之《度支考》，则就同治一朝有所搜辑，李希圣之《光绪会计录》，成于二十二年，其后咸付阙如。清末财政清理局，对于各省财政沿革利弊，编订说明书，共二十册，详而可靠，足资采用。有清以前，关于财政之著述及资料，其可资参考者略如此。

第四节　民国以来之财政资料及著述

民国以来，财政资料之最重要者有三：一为前北京政府财政整理会之各项报告；二为前北京财政部财政调查处之各省财政调查；三为最近国民政府财政部甘末尔设计委员会之研究报告及建议。兹分述之如下：

财政整理会成立于民国十二年八月，以审核中央各机关无确实担保之内外债务之本利实数；根据此项审定之债额，研究整理及清算方法，并讨论债务整理后中央宜有之财政方针。其所编成之报告，统计三百三十种，共分债务、预算、税收及其他财政各问题四类。债务方面，曾向债权债务双方分别列表调查，汇集核算，财部内债，以债权债务双方所定结算办法，拟为标准，结数刊布。外债数目，与各国债权代表详为核对，列表刊布。交部内外债之清理亦如是。为详尽计，又将财交两部各债经过始末，详为说明，编印《财政部经管有确实担保外债说明书》、《财政部经管无确实担保各项外债说明书》、《财政部经管无确实担保各项内债说明书》、《交通部经管各项债款说明书》等书，皆为研究我国内外债最详审之资料。预算方面，则就财部调取各省送到表册，会集各专门委员，从事编制。第一次印行者在民十三年九月，为《试拟预算》。第二次印行者在民十四年十月，为《暂编预算》。第三次印行者在十六年五月，为《整理国家财政概算》。此外又有中央每月军政费概算，核拟中央每月支出概算，及其他各项调查比较表约十数种，皆以备预算之参考。税收一项，注重事实之调查，如关盐烟酒印花各税，及应解中央专款各项税收等，皆以调查所得，分别表列刊行。其如何整理之法，则列作条陈，单行编辑，如《盐税收支概况及增收之意见》、《调查印花税及关税自主之先决问题》、《关税之二五附加及裁厘加税之各项研究》、《烟酒专卖意见书》、《整理全国税制计划书》等书。新税问题，亦曾分别研究，具有成编，如《营业税之研究》、《所得税之研究》、《发行钞票税之研究》、《家屋税之研究》、《内地税之研究》等，为类颇多。此外关于财政其他各问题，如审计制度，则有《整理吾国审计制度根本计划书》、《吾国审计制度之商権》、《各国审计制度之现状及中国审计制度之批评》等；如交通整理，则有《交通财政积极的计划案及审查报告》、《将来邮政方面关于整理收入之计划》等，此财政整理会所刊行之财政资料也。

前北京财政部财政调查处，亦成立于民国十二年。方其设立之始，其旨在调查各省区财政实况，成一有系统之专书，以为整理财政之根据。故制成调查岁入岁出各表共九十余种，自前清宣统三年始至民国十三年止，先发各区财政机关填报，更由调查大员率领派定各省区调查委员分别驰往各地调查，共得总分表册四千余份，并具说明。其中如浙江、江西、江苏等省最为详备，即广西、四川、贵州等省，亦各有表册及说明，为向来所未有，惜刊资过巨，致未能全部付梓也。现已印行者，仅第一编《各省区历年财政汇览》，该书删繁就简，以每省区为一卷，每卷冠以财政总说明，次以国家财政概况经济说略，重要各表，分别附后。十数年各省区财政之经过，显豁呈露，亦云善矣。

国民政府成立以来，聘美儒甘末尔教授来华组织甘末尔设计委员会，集专家十余人，进行我国财政上之设计。该委员会分：（一）币制银行；（二）预算会计及国库监督；（三）国债；（四）铁道；（五）租税；（六）关税政策各股。均有报告及建议，此亦研究吾国财政之重要资料也。

除上述财政整理会，财政调查处，及甘末尔设计委员会所刊布之财政资料外，关于盐务者有盐务署所刊行之《清代盐法志》及《盐务年鉴》、林振翰之《川盐纪要》及《浙盐纪要》、邹琳之《粤盐纪实》诸书。关于关税者，有盛俊之《海关税务纪要》及贾士毅之《关税与国权》诸书。关于公债者有贾士毅之《国债与金融》、徐沧水之《内国公债史》、晏才杰之《公债论》诸书。关于民国以来之一般财政状况者，有贾士毅之《民国财政史》、杨汝梅之《民国财政论》诸书。此外属于财政史者，有胡钧之《中国财政史》；属于教本者，有陈启修之《财政学总论》，李权时之《财政学原理》。其他坊间年来所出版之财政学译述，为数殊多，兹不备举也。

参考书

Bastable, C. F., Public Finance Introduction, Ch. Ⅱ.
小川乡太郎著，何松龄译：《财政总论》绪论第三章。
胡钧：《中国财政史》绪论及第一章。

第一编　支出

第一章　概论

第一节　公共支出之意义

公共支出问题，在昔君主专制之时，殊无重要之意义，盖其时，君主视治理其国，为天予之特权，率以其国之土地，为其私产之一部，公私费用，冶为一炉，故公共支出之性质，甚难确定；然君主以国土为其一部分私产之见，证之欧洲中世纪时之事实，亦具有相当之理由。盖因中世纪时，握最高权之人君，多为辖地最广之地主，而其所以得为君主，亦往往因其拥有地产甚多之故。即十八世纪时，德国之官房学派，讨论财政，犹以君主私产为国家收入之要源，而于公私支出之判别，仍未尝予以重视也。

吾国古时财政制度，则似稍异。国用所需，多恃税贡以为之供，与欧洲古代之恃公产为重要收入者不同。且君主之私费与国家之岁出，初未尝混而为一，按《周官》所载，成周之制，王之所用，设有玉府内府司之，以别于大府。汉代大农为国家之帑藏，少府所蓄，则以供天子私用之费；魏晋至南北朝因之。唐有转运度支，而复有琼林大盈；宋有户部三司，而复有封椿内藏。明代内府凡十库，岁进金花银百万，后渐增多。清代宫闱所用，由内务府支出。就此以观，公私之分甚明。历代恭俭贤主，常捐内帑以济军国之用。第后世奢侈之君，因费用无度，内府不足，亦有滥耗外府以供耳目之娱者，此则专制君主治下之所不能免也。

人君处君位与其处于个人地位之区别，在欧洲实现甚迟，由微而著。第自此区别成立之后，君主处君位之责任，与其处于私人地位之责任，于是遂划然明判。故今日各国之君主或总统，处于私人之地位，可拥有雄厚之私产。其私产收入，无以之为公共收入者；其私人支出，亦未有以之为公共支出也。公共支出者，简括言之，即政府执行公共事务之支付也。自近代政治观念，以政府为适应民众公共需要之社会组织，于是公共支出之重要，遂倍蓰于前。盖昔时专制治下之政府，率以君主之利益为前提，故支出之泰半，均用以供君主一身一家之娱乐，而其余沥之及于民者，不过十之三四。自立宪政治风行之后，观念为之一变，始知政府之所以存在，乃为谋被治者之利益，国家之支出，渐多用之于公共目的及公共利益之途，以期直接或间接可助长人民之生产力。今日文明各国之收入，无不重取之民，然而民不病者，支出之用途，亦多为民故也。研究公共支出之性质，欲明其特点，须自下列两种观点讨论之。

（一）自个人的观点察之　量入为出，为私人支出之原则；量出为入，为制国用之原则，此理固甚明确。但此种原则，有其止限。盖国家之费用，所以供执行公共事务之支出，固可取之于民，第亦为人民所能支配之财富额所限制，不能取之无度。换言之，公共支出，非仅以政府之需要为标准，尚须视社会总收入为限度。故就此点言，实亦与私人支出有相类似之处。且公共需要与个人需要，同属社会公共生活之原素，二者分配之决定，须视其对于全社会之维持与发展上之比较重要性为转移。瘠一而肥一，甚非所以致发荣滋长之道。惟两者分配得宜，则个人生活与国民公共生活，均不致受损害而可以日就发达。故自个人之观点讨论，公共支出额之定夺，虽可量出为入，然亦应当受一国社会总收入之限制。

（二）自集合的观点察之　国家之生命，可以视为永存，故其支出之目的，亦宜具有久远之性质。例如举办教育，可以增进人民之智识；振兴科学，可以促进工业之进展；培养森林，可以供给将来需用之材料。此项支出，虽其最后之目的与影响，皆可以增加人民之生产力，补益国家之收入，然要非短时期间所能立奏功效者，国家不能以其无目前之效，遂谓此项支出为非有利之投资。

国家与个人对于有利投资之解释，亦稍不同。个人以投资之有货币收入且具赢余者，为有利之投资；国家则以支出之能改善或造成社会政治或工商业之环境，足使私营事业增进效率者，为有利之投资。盖国家为人民而存在，其主要职务，在改善各种情形，使人民之活动，可获充分之发展，至有无货币收入，则非所宜计也。然按之事实，人民之工商业发展，社会之总收入必增，国家之税源，亦必随之而愈充矣。

概括论之，就一方面言，国家为人民之集合体，政府为人民之代理人，故国家之需要，实即人民全体之集合需要，关于多数公共支出之问题，详细抽绎，均为各个人之集合支出之问题，故应以个人判断其私人支出之法察之。就另一方面言，国家为具有永久生命之有机体，凡私人为利益计而不愿负之责任，国家应负担之，而其所拥有之权力，又远驾个人之上，足以实行此种责任，故除以个人观点察之以外，又当因国家之特殊职权与性质，而以集合之观点察之。

第二节　国家职务之范围

公共支出之数额,视国家之需要而定。国家需要之大小,视国家职务范围之广狭而定。故吾人于讨论公共支出增加的趋势之先,应将国家之行动范围,略加论列。

关系政府职务之社会学说,在十九世纪中,最流行者有专制主义及个人主义两派,对于国家之行动范围,均有显著之影响。兹分别略论之。

(一)专制主义(Absolutism)派　此派之根本观念,源出于罗马法,在十九世纪中叶以前,盛行于欧洲大陆,近世德国之政治思想中,犹多是说。根据此派之意见,以国家为公共生活之中心,国家之行动范围,宜充量扩张,而不受寻常道德之拘束,及任何方面之限制,且不第不受限制与拘束,其所有之决定与行动,即为公共道德之标准;换言之,即凡国家所为,无不当者。

代表此派之德国学者如斯泰因(Stein)以为财政家应只注意支出之适当与否,而不宜以省费为事。此犹为财政原则所允许。至如凯福曼(Kauffmann),以为文明国之税制,应以国家之需要为标准,而其对于个人公道与否,则非重要之问题,此说似过趋极端。其他如拉斯(Nasse)之意见,亦大致类是。

(二)个人主义(Individualism)派　此派学说,系由条顿及撒克逊之自由思想演进而成,十九世纪初叶,曾盛行于英美。根据此派之主张,社会活动,以个人为中心,国家职权,宜缩减至最少限度。斯密亚丹氏在其《原富》中,谓国家职务,只应以下列三种为限:(一)预备国防;(二)维持治安及执行司法;(三)办理工务及私人不愿为之公共事业。除此三者之外,均非国家所应问。

代表此派之最著者为柏雷氏①,氏尝谓常人以为凡有益之支出,均为国家所应办,实为一种谬误之见解。盖因事虽有益,然应为国家举办与否,殊属另一问题。如不必需要国家举办者,即为有益之事,国家亦不应举办。氏认国家之支出,除保持治安及抵御外侮之必需费用外,余均为无益之耗费,其取诸人民,皆非正当之举。

以上两说,皆为极端之论,不能无疵。讨论国家职务之范围,贵能得乎情理之中。处现代趋向社会主义之世界,国家之职务,当然不能以巩国防维治安为已足,凡足以增加国内之物质富源及促进社会之发达者,均为国家正当之支出。但国家职务之扩张,亦不能无止限之境。约言之,国家之支出,无论在何方面,其增加之数,所给与社会之利益,较之税民因是项增加支出而招受之损失,足以相衡,则此种支出之增加,尚为限度以内所许,过此则非所宜有也。

第三节 公共支出与工商业及政治情形之关系

公共支出之性质及国家职务之范围,均已稍加论述,兹再进而讨论工商业及政治情形与公共支出之关系。

(一)公共支出与工商业之关系 公共支出之来源,出于社会之总收入,而社会总收入之多寡,定于其国当时工商业发达之程度。自人民之生产力观之,工商业愈发展,社会之总收入愈增。社

① Sir Henry Parnell, On Financial Reform, p. 118.

会总收入既增，则按经济学之边际牺牲说（Marginal Sacrifice Theory），人民之平均纳税能力增长，同时因纳税所受之牺牲则减低。因此，国家之税收，可以增加，而公共支出之数额，亦可随之而膨胀。此工商业发展与公共支出之关系，一也。

自社会演化说观之，人类之欲望，随社会之演化而扩增，社会既循次日就发达，人民公共及个人之新欲望，亦尾随而起。工业革命以后，各种新活动，尤层出不穷，其反映所及，足使政府之职务，日趋扩拓。例如政府为保护劳动者之利益计，乃不得不实施劳动工厂等法；为保障一般人民之利益计，又不得不公营独占性质之事业。政府之职务，既受社会演进之影响而扩大，则公共支出之增加，自亦为事势所必然。此工商业发展与公共支出之关系，二也。

复自社会投资方面观之，政府之支出中，其用于发展社会方面者，吾人可谓之社会的投资。此项投资，凡足以提高人民私营事业之效率者，国家均视之为有利。故工商业发达之国家，其政府之支出，常较工商业落后之国家为巨。盖因人民生产之增加，由于政府之社会投资而促成；政府见其投资之效，愈益增加其投资之数，结果工商业愈发达，而政府之支出亦日增。此工商业发展与公共支出之关系，三也。

（二）公共支出与政治情形之关系　一国之政治情形，影响公共支出亦甚巨。所谓政治情形，包括内外两方面言之，在内者为政治组织，在外者为政治环境。

甲　公共支出与政治组织　一国之公共支出，与其国之政治组织，常有密切之关系。即就中央与地方行政之比较重要性而论，政治组织非但影响中央与地方支出之分配，且于全国支出之总额，亦有显著之影响。盖地方自治发达之国，地方政府活动之范围较广，其支出之比例，较之中央集权下之地方政府所有者必大；结果其中央政府之支出，受其限制，自必趋于缩减。惟地方政府之行政，往往不如中央行政效率之大，且常多重复及浪费之弊。故地方主义兴盛之国，就全国公共支出之总额言，势必趋于增加。

乙　**公共支出与政治环境**　公共支出与政治环境之关系，尤为易见。试举历史上之事实以为证印。近代公共支出增加之最大原因，厥维军备费之扩张，十九世纪初叶，英国参加拿破仑战争，其公共支出，自 1809 年之 7,800 百万镑，增至 1814 年之 11,200 百万镑。十九世纪中叶后，大陆各国，民族国家主义，发达极盛，各国竞修战备，英国虽孤悬海外，然因国际形势险恶，亦不得不整军经武，以维持其海上霸主之地位。据柏斯特布尔及亚当士之统计，1869 年英、法、德、奥、意、俄六国之海陆军费，合为 521,250,000 金元，至 1895 年，增至 930,600,000 金元。此项军备费之增加，推其原因，皆由民族国家主义之发展，酿成国际之猜忌，有以致之也。

参考书

Adams, H. C., The Science of Finance, Book I, Chs. 1, 2.
Lutz, H. L., Public Finance, 2nd ed., Ch. Ⅱ.

第二章 公共支出之分类

第一节 分类之功用

公共支出之分类，即关于政府职务上支出项目之排列，按其重要，为之次第，使政府职务之性质及费用，可以明白揭示而不相混淆。故分类得方，足以增加公共支出之意义。夫事实固重于形式之排列，然使分类杂乱，亦足掩蔽事实排列之重要意义也。分类之功用甚多，摘其要者而言之，约有两端：

一、适当之分类，足以促进民众对于国家财政上之兴趣。

人民对国家之岁出，固应具关注之心，然往往视之不加可否者，盖因国家岁出之财政报告，其项目排列，多轻重错乱，人民即欲明其真相，亦不可得。使能得一合理之分类，则人民对于国家之支出，易于洞悉实况，不第足以引起其兴趣，且可获得有益之批评。

二、适当之分类，对于编制预算之重要。

编制预算，甚赖有完善之公共支出分类，为之根基。欲使公共收入用之得宜，必先对政府各机关之比较重要及所需之费用，详加考虑。且预算之精意，即在估计各机关之重要与全局之所需，以定其各个应拨付之数目。向使无完善之支出分类，则不能比较政府各机关之轻重缓急，为之分配，其弊必至于彼肥此瘠，漫无定规也。

就此一端，即可见公共支出之分类，在财政学上之重要。

第二节　分类之方法

公共支出之分类，各家之观点不同，故其分类之方法，亦彼此互异。迨至今日，尚无一适当之分类，为一般所公认者。兹就各财政学者分类之观点举例言之。

（一）根据历史观点　则有柏斯特布尔以公共支出之发达的先后为标准之分类法①。柏氏以为公共支出发达之次序，国防费最早，司法及治安费次之，一般行政费又次之，教育费、宗教费及工商业之保育费等又次之。按氏此项分类法，一部分本诸各支出发达之先后，一部分又本诸其个人对于国家职务之观念。就结果言，固合理论。第此法不足以表示各支出之重要，盖古时政府之各重要职务，除国防外，未必即现代政府之重要职务也。

（二）根据收入观点　则有尼克尔生以公共支出支销后所获之收入（Return）为标准之分类法②。按氏之法，分公共支出为四大类：（一）公共支出完全无直接收入者，如济贫费；或竟于收入上有直接或间接损失者，如军费。（二）公共支出无直接收入，然于收入上有间接之利益者，如教育费。（三）公共支出可发生一部分直接收入者，如司法事项之有诉讼费收入，教育事业之有学费收入。（四）公共支出有全部直接收入或竟可得剩余者，如公业经营费。

---

① Bastable, C. F., Public Finance, Book 1.

② Nicholson, J. S., Principles of Political Economy, Vol. Ⅲ, Chs. 15, 16.

此法有可批评之点二:第一,公共支出与私人支出不同,不宜以收入为目的。此法专以收入为分类之标准,未免不伦。第二,此四种公共支出之界限,分划不易,同一支出,可以列入甲类,同时亦可列入乙类。即以军费而论,因其于公共收入上,有直接或间接之损失,故列第一类,然使战胜之后,得有大宗赔款,则将列入第三类或第四类乎?

(三)根据利益观点 则有卜南氏以公共支出使用后给予人民之利益(Benefit)为标准之分类法[1]。此法首倡者为德儒康氏(Cohn),卜南氏赞同甚力。卜南氏之分类,简述如下:(一)公共支出给予全体人民以公共利益者,如国防及普通行政等费是。(二)公共支出给予一阶级人民以特殊利益,但因此阶级人民无能力之故,此种费用,应视为利及全体人民之支出,如救贫、养老等费是。(三)公共支出给予少数人以特殊利益,而同时复利及其他全体人民者,如司法、邮政等费是。(四)公共支出之仅予个人以特殊利益者,如一切公营事业之费是。

此分类法,骤视之似甚简便,然细加研究,即可发现其弱点之所在。盖按此分类,各种公共支出之项目,不易指归何类。且公共支出,必为人民之公共利益或公共需要而用,始为正当;否则,即不宜有所支出。至公共支出中,常含有给予特别利益之成分,此为事实上所不能免。即就第一类言,所谓利及全体人民之支出,翔实察之,亦何尝不含有特殊利益之原素在其中。譬如国防费,固显然为公共利益之支出,然按之史实,多数战争,有为一阶级之利益而战,有为保护一地方之人民而战,甚至有仅为少数个人而战者。由此

① Plehn, C. C., Public Finance, Part 1, Ch. 1.

而言，此项支出，似亦可归诸上述之第三类；且所谓给予之利益，其程度颇难确定，特别利益与公共利益之分别，尤无一定之标准可循。同一事项，可列之甲类，亦可属于乙类，如济贫养老及义务教育等费是。故按此分类法，各种支出项目之排列，均随排列者之意见以为定夺；易辞言之，此项分类法之根据，为主观的而非客观的，非真正科学之解决方法也。

（四）根据职务观点　则有亚当士以政府之职务（Functions of Government）为标准之分类法[①]。氏分国家之支出为三大类：（一）保护的职务（Protective Functions）之公共支出，例如军备费、警察费、司法费及防遏社会疾病费等是。（二）商业的职务（Commercial Functions）之公共支出，例如公共营业之类是。（三）发达的职务（Developmental Functions）之公共支出，例如公共教育费，公共休养费，工场法施行费，公共调查费（收集社会统计），以及公共工务费（如运河、码头、道路等项）等是。

亚氏于分类法后，复讨论三类公共支出将来之趋势。按氏之结论，以为保护的职务之支出，必趋于减少，盖因政府保护人民之职务，所以制止社会不正当势力之发展，向使此种裁制之方，能得相当之成功，则是后需要裁制之处，必渐减少，而政府支出之用于是途者，亦必不致须与其他支出作比例之增加。发达的职务之支出则不然，盖民智愈进步，社会愈发达，此项支出之数，必将随之而俱增。商业的职务之支出，与公共支出之理论无关，然就其性质言，其趋势亦或将趋于增加。此亚氏所谓公共支出之定律也。惟

① Adams, H. C., The Science of Finance, Ch. IV.

欲明了此项支出定律之意义，亚氏又谓须注意三点[1]：第一，此定律中所谓保护职务，多属警察权而言，关于军备，又当别论。因警察权使用于一法律治下之境域内，而军备则所以防御外侮也。故警察及司法支出之趋势，可得而言；军备费用，关系国际之纠纷，则不易为之预断。第二，经常支出中，常有一部分，实为资本之投资者，讨论为保护职务所提拔之支出，须注意及之。第三，政府保护之职务，递嬗改变，譬如警察所服之劳务，今日与昔时不同。虽此支出定律，不能谓警察之劳务，须一一如昔，然同时吾人所宜承认者，近世社会发达，实使政府关于警察权之职务，日趋扩张，讨论时亦不可不察也。亚氏支出之定律及其意义约如是。

亚氏以公共支出之研究著称，其全部公共支出之研究，皆以上述分类为出发点。然按此分类，亦多困难之点。盖因各种支出之项目，究应归诸何类，甚难确定，一人以之为发达职务者，另一人或以之为保护职务。即以收集统计之支出而论，如关于贸易统计之收集，可列诸商业的职务之支出；关于社会统计之收集，可列诸发展的职务之支出。然若就整个收集统计之支出言，属诸商业的职务之支出可，属诸发展的职务之支出亦可。又如社会卫生事业，亚氏以之属于保护；公共休养之设备，则举而属之发达，此种分别，似甚牵强。盖保护与发达两种职务，甚难为之划一鸿沟，强令为之，必多挂碍。昔穆勒氏曾云，维持秩序与促进发展二者之间，不能划一线以为界，因维持秩序之支出，即所以助长发展也[2]。至政府经营商业之职务，质言之，亦以谋人民之利益为前提，非纯为牟利而

① Adams 前书，pp. 80—81。

② Mill，J. S.，Representative Government，Ch. Ⅱ.

出也。

十九世纪末叶，财政学者，关于公共支出之分类，多根据上述各种观点，已略及之。最近西拉斯于其所著《财政学》中，分公共支出为两大类[①]：一为主要支出(Primary Expenditure)，一为次要支出(Secondary Expenditure)。前者包括军备费、法律与治安费、政务费及债务费四种。后者包括政府之行动，如社会教育、公共卫生、救恤贫穷等；政府经营之事业，如铁路、邮政、电报等；以及其他杂项。

西拉斯氏此种分类，对于政府职务之范围，实胶附英国学派传统之观点。教育、卫生及救贫诸费，氏认为非主要，自吾人观之，现代国家，对于此种职务，实有不能恝然置之者，所谓主要次要之分，似无甚意义可言也。

总括言之。关于公共支出之分类，可用之方法颇多，宜兼采之，兹综举其要者于后[②]。

（一）按公共支出支付时所购买者(Objects)为标准 此法按公共支出所购物品或劳务之种类，加以分析。所谓物品费，如文具、兵器、燃料、粮食等费是；劳务费，如官吏雇工之薪水工资等是。采用此项分类法，对于政府之购买物品及用人行政方面，可以窥其是否得有相当之效率。

（二）按公共支出之性质(Character)为标准 此法足以区别经常支出(Current Expenses)、固定支出(Fixed Charges)及资本支出(Capital Outlays)三种不同之性质。

（三）按国家之机关单位(Organization Units)为标准 此法

① Shirras, G. F., The Science of Public Finance, pp. 50—52.

② Bock, A. E., Budget—Making, Ch. IV.

将公共支出分为内政、外交、军政、财政、交通等部经费，及其他各机关之经费等，甚为简易；且能表示实际支出者为何部或何机关，及确定某部或某机关对于某种支出所负之责任。

（四）按国家之职务为标准　此法足以表示政府之行动及其行动之性质。一般民众，除少数具有专门学识者外，大率对于国家之财政，喜自大政方针上批评，故采用职务分类法，甚为适宜。

以上各法，对于国家岁出之分类，各具特殊有用之处，欲得一完善之分类，应兼采此数者之所长。盖从民众评判政府之政策方面着眼，则按职务分类之标准最善；从行政之责任专一，办事之效率揭示而言，则以机关单位为分类之法，又似满意。假使行政之组织，能按政府职务之分类为之，则两种目的，可以兼顾并达。要言之，公共支出之分类，能求其简明易见，且合于理，足使人民观之，可以评判政府之政策及行政者之效率，则分类之功用出矣。

吾国年来预算中所用之支出分类法，大体上系采用机关及职务两标准[①]。而其区分为临时经常，又似兼采性质之标准。兹录民国二十年度国家普通岁入岁出总预算中之支出项目于下以为例：

岁出经常门

科　目	百分数
党务费	0.70
国务费	1.21
军务费	31.34
内务费	0.78
外交费	1.08
财务费	8.67

① 支出分类法中之“款”系按职务分类，款以下之“项”，则按机关分类。

科　　目	百分数
教育文化费	1.88
司法行政费	0.15
实业费	0.60
交通费	0.45
建设费	0.20
债务费	38.44
补助费	8.83
总预备费	2.94
合　　计	97.27

岁出临时门

科　　目	百分数
国务费	0.16
军务费	1.86
内务费	0.01
外交费	0.05
财务费	0.15
教育文化费	0.20
司法行政费	0.02
实业费	0.23
交通费	——
建设费	0.05
合　　计	2.73
总　　计	100.00

自上表观之,就大致言,此种分类法,似无大可抨击之处。且吾国支出方面之畸形状态,亦可于此表中窥见一斑。第吾人有须注意者,表中除党务费、军务费、债务费及补助费四者外,其余各项,均为政务费用。所谓真正社会福利,建设事业之支出,实际上杳无可言也。

政府公营事业之支出,如路、电、邮、航等,在支出分类上,列为营业会计,与普通会计相区分。年来国家普通岁出岁入总预算内,均摈而不及。普通会计与营业会计之区分,固具有益之处,但因此而国家总预算内,竟不能见国营事业之现状及盈亏,亦不无可訾,此今后所宜注意也。

参考书

Bastable, C. F., Public Finance, pp. 147—149.

Shirras, G. F., Public Finance, Book Ⅱ, Ch V.

Lutz, H. L., Public Finance, 2nd ed., Ch Ⅲ.

主计处编:《中华民国二十年度国家普通岁入岁出总预算》。

第三章　公共支出膨胀及分配之趋势

第一节　公共支出增加之趋势

近世各国政府支出之增加，已成显著普遍之事实，无可置疑。惟对此项事实之解释，则为说甚多。德儒瓦格涅研究此项增加之事实后，举其所得，成为一定律，命之为“国家职务增加律”（Law of the Increase of State Activities）①，以为进步之国家，无论地方政府或中央政府，其职务均已逐时增加。增加之意义，包括外延（Extensive）与内含（Intensive）两方面。易辞言之，中央与地方政府，不第新有职务日增，即旧有职务与新加职务之执行，亦较从前所为，增加效率与完备，因之，公共支出，日形膨胀。

本章先就世界各主要国之岁出统计，讨论其过去支出增加之趋势②。

法国在1300年时，国用总额，仅5.5百万法郎；1491年，增至

① Wagner, A., Grundlegung der Politischen Oekonomie, 3rd ed., p. 893.

② 比较一国各时代之岁出统计，困难甚多。意儒宁蒂教授以为须注意：（一）岁出内之实物支出与劳务支出之数量；（二）领土之广狭；（三）人口之多少；（四）人民财富之数额；（五）货币价值之差异，五点，始能比较。见 F. S. Nittl, Les Principles de Science des Finances, French edition, pp. 59—88.

44.8 百万法郎;迨至 1789 年,遂增至 750 百万法郎。自是以后,国用益繁,1896 年共计 3,400 百万法郎,1914 年共计 7,647 百万法郎,1924 年共计 40,200 百万法郎。1929 年预算为 45,366 百万法郎,较之 1913 年约增九倍;若与 1300 年较,则增八千倍有奇。

法国历年国用增加表(单位:百万法郎)

年　份	法　郎
1300	5.5
1422	13.6
1491	44.8
1560	84.0
1607	90.8
1715	266.0
1789	750.0
1830	1,095.0
1860	2,084.0
1880	2,760.0
1896	3,400.0
1912	4,743.0
1914	7,647.0
1920	58,100.0
1922	48,000.0
1924	40,200.0
1926	39,745.0
1928	42,445.0
1929	45,366.0

英国在 1691 年时,国用总额仅三百余万镑,1797 年增至 58 百万镑,1898 年增至 102 百万镑,1914 年增至 198 百万镑。欧战以后,国用益增,1924 年计共 789 百万镑。1930 年之预算则达 823 百万镑之

多,较 1914 年之支出额,约增四倍;与 1691 年相较,则增二百七十余倍。英国为地方自治最发达之国,法为中央集权制最盛行之国。二国之制度虽不同,然其政府逐年之支出,则均呈增加之趋势,足证中央及地方政府之权限分配,与支出之增加趋势无与也。

英国历年国用增加表(单位:百万金镑)

年份	金镑
1691	3
1747	11
1797	58
1866	65
1882	85
1898	102
1900	118
1914	198
1923	813
1924	789
1926	826
1928	839
1929	818
1930	823

德国自 1871 年以后,中央政府之财政,仅有邮政电政外交及海陆军费各种支出,其余各项国家用款,悉由各邦支出之。然德国历年来中央政府之支出增加,为数甚巨,当 1881 年时,国用总额仅 550 百万马克,至 1900 年,即增至 1,961 百万马克,1914 年又增至 3,016 百万马克。欧战以后,增加愈多,1924 年共计 7,794 百万马克。1929 年之预算,为 11,032 百万马克,较之 1881 年时,亦增加二十二倍矣。

德国历年国用增加表(单位:百万马克)

年　份	马　克
1881	550
1886	638
1889	1,020
1894	1,269
1897	1,255
1900	1,961
1911	2,854
1914	3,016
1924	7,794
1926	9,214
1927	10,179
1928	11,827
1929	11,032

美为世界新造之国。其国用之增加,较英法尤速。当1792年时,国用总额仅8百万金元,1900时,即增至488百万金元,1915年增至761百万金元。欧战后增加之数益巨,1924年共计3,507百万金元。1930年之预算,为3,781百万金元,较之战前约增五倍余;若与1792年相较,则增加至四百余倍之多。

美国历年国用增加表(单位:百万美金)

年　份	金　元
1792	8
1820	18
1840	24
1860	63
1880	265
1900	488
1910	694
1915	761

年　份	金　元
1920	5,693
1922	3,196
1924	3,507
1926	3,585
1928	3,643
1929	3,795
1930	3,781

日本维新以后,国用增加之速,与欧美各国相类。当 1868 年时,国用总额为 20 百万元,1900 年增至 293 百万元,1914 年增至 648 百万元。欧战后仍相继增加,1924 年共计 1,625 百万元,1929 年共计 1,753 百万元。在此六十一年之中,日本国用约增八十余倍;即与战前相较,亦增二倍有奇。

日本历年国用增加表(单位:百万日金)

年　份	元
1868	20
1887	79
1890	82
1900	293
1905	421
1910	569
1912	594
1914	648
1920	1,360
1922	1,429
1923	1,521
1924	1,625
1926	1,579
1927	1,756
1928	1,709
1929	1,753

国家用途之增加,不仅限于立宪及民主政体之国家,欧战以前

之俄国,固一极端专制之国家也,而其国用之增加,亦令人可惊。1803 年时,俄国国用总额仅 109 百万卢布,1900 年增至 1,889 百万卢布,至 1914 年遂增至 4,859 百万卢布。在此一百余年之内,其增加殆至四十余倍,足证专制国家之国用增加,与立宪及民主国家,初无二致也。

俄国战前国用增加表(单位:百万卢布)

年　份	卢　布
1803	109
1840	187
1860	438
1880	793
1881	840
1890	1,057
1895	1,521
1900	1,889
1905	3,205
1910	2,597
1913	2,383
1914	4,859

说者谓英、法、德、俄、日等国,在历史上战事甚多,因此国用增加,欧洲中部小国,以和平政策为事者,其情形或不尽同,第就事实观之,殊未必然。瑞士为中立之国,面积甚狭,战事绝少,民治发达,工商繁盛,其政府之用度,亦觉有增无已。当 1850 年时,瑞士联邦政府之国用总额为 6.7 百万法郎,1900 年增至 102.7 百万法郎,1914 年增至 105 百万法郎。战后亦形激增,至 1928 年,竟达 412 百万法郎之数。综计七十八年中,约增六十倍之谱;即与战前相较,亦增四倍有奇。足证公共支出之增涨,又非仅为各大国之特征也,其向上递增之趋势,实为普遍之现象。

瑞士历年国用增加表(单位:百万法郎)

年　份	法　郎
1850	7
1870	31
1876	43
1890	67
1896	80
1900	103
1911	92
1913	103
1914	105
1921	527
1922	418
1923	412
1924	393
1925	359
1926	395
1927	379
1928	412

中国自清初以迄民国,公共支出,亦有与时俱增之势。顺治七年,除米豆麦草各项本色不计外,岁出共约银一千五百余万两。康熙末年,增至三千万两。雍正间,增至四千万两。乾嘉两朝,岁出约银三千五百余万两。道光时略减,亦约银三千一百余万两。咸丰中,时事多故,国用实数,散失不全。迨至同治,岁出约银七千余万两。光绪初年,岁出约银七千八百余万两,中叶增至一万零一百万两,季年又增至二万万两。宣统元年,增为二万六千九百万两,三年又增为三万八千一百万两。四年预算案岁出稍减,计二万三千万两,约合银元三万五千六百万元。民国以还,国用无精确之报告,吾人所得而知者,仅预算案所载之岁出额及其他估计而已。查二年度预算案,岁出为六万四千二百余万元。三年度预算案,岁出

为三万五千七百余万元。惟据经济讨论处之估计,则为四万零五百余万元。五年度预算案,岁出为四万七千一百余万元,八年度预算案,岁出为六万四千七百余万元。据经济讨论处之估计,民十二之岁出,为五万四千八百余万元,十三年之岁出,为七万一千一百余万元。财政整理会之十四年暂编预算案,计岁出为六万三千四百余万元。国民政府成立以来,十八年之岁出,为五万三千九百余万元,十九年为七万一千四百余万元,二十年为六万八千二百余万元。此种数字,按诸实支数额,虽未能尽符,但据之以研究国用趋势,亦足窥其大概也。

各省财政实况,按前北京财政部财政调查处之调查,其中以江苏、浙江两省及京兆区较为详备。下表为江浙自民元至十三年之国家与地方政府实支数额。虽前后互有增减,然从大体言,亦具有增加之趋势。

江浙两省民初地方与国家实支数额表(单位:千元)

年份	国家支出		地方支出	
	江苏	浙江	江苏	浙江
民元	6,023	12,893	——	——
二	14,124	——	721	1,059
三	14,073	——	1,916	——
四	17,107	——	1,749	——
五	14,270	——	1,886	——
六	19,962	13,753	2,310	2,475
七	21,362	12,970	2,847	2,888
八	22,059	10,876	2,593	2,794
九	25,779	12,418	3,181	2,763
十	23,930	12,032	2,635	2,966
十一	31,417	12,218	2,808	2,627
十二	32,221	15,280	3,683	2,634
十三	——	17,780	——	——

第二节　公共支出分配之趋势

公共支出之分配，自现代各主要国之岁出观之，其趋势与往昔稍异。远且勿论，就战前与战后言之，即足资为证印。各国现今岁出之统计，虽足供研究之资料，然虽据之以作相互间之比较，盖因各国岁出分类之基础不同，财务法规亦异，政治情况，尤相悬殊，故其统计内容及意义，往往相差甚远，直接据之以为比较，有时无多价值之可言。例如教育费一项，即在各国不同，有以之属中央者，有以之属地方者。英国之教育费，就其中央支出之比例观之，为数殊低，实则其多数由地方支出也。又如政府经营事业费，各国中有除出用费者，有包括用费者，亦多不同。惟国防公债等费，其所含意义，则多相类。本节所述，就各国战前战后支出之用途，个别比较，以察其分配之趋势。

英国1913年至1914年之支出，军务费占全数39%，国债费占13%，其他行政及杂项支出，共计48%。战后虽国债费增加甚巨，然军务费则已减低。兹将其近年支出之分配，表列于下。

项　　目	百　分　数	
	1926—1927	1929—1930
军务费	13.17	12.38
外交费	0.15	0.18
殖民费	0.26	0.27
司法费	0.38	0.23
皇室经费及中央行政费	1.69	1.97
公共卫生费	1.52	1.63
经济事业费	5.20	5.71

项目	百分数	
	1926—1927	1929—1930
教育文化费	6.28	5.80
财务行政费	1.40	1.43
养老金	11.20	10.21
公债	48.32	45.72
社会福利费	7.76	8.55
中央津贴地方费	2.54	4.33
其他	0.13	0.06
余款		1.53
总数	100.00	100.00

美国近年公共支出之分配，较之战前，亦有显著之改变，如国债费之增加及军备费之减少是。1900年时，行政及杂项支出，占全数32.23%，国债费占7.71%，军务费占60.07%。1915年时，行政及杂项支出占36.3%，国债费占3.01%，军务费占60.68%。兹将其近年公共支出之分配，表列于下，以资比较。

项目	百分数	
	1922—1923	1926—1927
军务费	36.42	32.87
国债费	45.45	48.90
普通行政费（包括行政立法司法各费）	3.23	3.35
民政费（包括其他文治政面之政费）	14.90	14.88
总数	100.00	100.00

俄国为实行社会主义之国家，近年公共支出之分配，与战前殊，尤较各国为著。1913年时，俄国公共支出中，行政费占全数25.5%，军务费占28.4%，国家经营事业费占28.9%，国债费占12.26%，资本支出占4.26%。近年支出之数，运输与交通及公营

事业之费,几占全数三分之二。兹将1929年至1930年之预算表列于下。

项　目	百 分 数
运输与交通经费	25.76
其他国家企业经费	34.20
社会与教育经费	8.93
行政经费	3.17
军务费	9.63
公债费	3.89
地方津贴	12.34
自治共和国津贴	1.15
公仓基金	0.52
其　他	0.41
总　计	100.00

法国在1913年时,国债费占全数18%,军务费占35%,其他支出,共占47%。战后支出,军务费亦减少甚巨,兹附表于下,以资比较。

项　目	百 分 数	
	1926	1929
军务费	16.27	21.95
外交费	0.46	0.58
殖民费	0.11	0.14
司法费	0.42	0.66
中央行政费	5.77	3.65
公共卫生费	2.41	2.88
经济事项费	5.51	7.26
教育费	4.55	6.55
财务行政费	2.84	3.60
养老金	15.71	19.90
公债	41.52	31.09
中央津贴地方费	0.06	0.03
其他	3.93	1.57

项　目	百　分　数	
	1926	1929
余款	0.44	0.14
总数	100.00	100.00

日本公共支出之分配，自大战终结后，教育交通工商等项之支出，相继增加。观下表，即足以见其分配之趋势。

项　目	百　分　数		
	1912—1913	1919—1920	1929—1930
皇室经费	2.63	0.51	0.28
外务经费	0.88	0.90	1.29
陆军经费	16.23	16.55	13.69
海军经费	15.86	28.52	16.11
司法经费	2.22	2.14	2.26
教育经费	1.78	3.24	8.47
农商经费	2.71	4.78	——
内务经费	5.74	7.08	10.55
大藏经费	38.43	21.79	21.52
交通经费	13.52	14.49	19.52
农林经费	——	——	3.55
工商经费	——	——	0.72
拓殖经费	——	——	2.04
总　计	100.00	100.00	100.00

吾国自民国成立后，对于支出方面，中央缺乏统一支配之权，各省截留租税，浮滥支销，正当与否，中央无从过问。且各省军人，争相扩张军备，致使全国岁出，偏重一方，而于民政方面之各种政务，困于经费，无从发展。自国民政府统一治权以来，亦因祸乱迭乘，几无宁岁，支出分配，十分之九为军费债偿费，其用于建设事业者，几无足述。兹将近年来中央政府之支出分配，表列于下①。

① 根据财政部十八年及十九，二十年度之报告书。政务费一项，包括党务费及国民政府五院与其所属机关之支出总和而言。

项　　目	百　分　数		
	十八年	十九年	二十年
军务费	45.5	43.6	44.4
政务费	9.5	8.4	8.4
债务费	29.5	33.7	35.0
赔款费	7.7	6.8	4.5
其他费	7.8	7.5	7.7
总　　计	100.00	100.00	100.00

综观上述各表，各国支出分配之趋势，如军务费之逐渐减少，民政费之相继增加，已灼然可见。至各国国债费之巨，则因欧战以后，世界各国之国债，类皆继长增高，为维持国信起见，固无削减之可能。俄国注意人民经济，又废弃国债，故其民政费几占 90%。吾国政务费用，据上表不足岁出 10%，较之上述各国，相去甚远。而就军费言，则吾国所有，占岁出 45%，较之英国 12%，法国 21%，美国 32%，日本 28%，俄国 9% 者实远巨。其支出分配，轻重失衡，于此可见，此今后整理吾国财政者所当注意也。

第三节　公共支出增加之原因

公共支出之逐渐膨胀，已为一般共通之事实，岁计具在，无可置疑。惟过去此种事实致成之原因，则学者之所见，往往不一，综括其要者言之，约可分为七种。

（一）军备费之增加　根据宁蒂氏（Prof. Nitti）各国国防费之统计，英国在 1861 年时，海陆军费止 31,300,00 镑，至 1914 年，则增至 80,395,000 镑。五十余年之间，增加几至两倍。法国在 1569 年，海陆军费共550,100,000法郎,至1914年,则增至1,814,571,000法郎。增加之数,超逾两倍。俄国在1865年,海陆军费为140,019,000卢布,迨至1914年,增至974,000,000卢布。增加之数,五倍有奇。美国军备费增加之速,远轶以上各国,计在1861年,为数仅23,001,000金元,至1914年时,则增至491,199,000金元。增加之数,逾二十倍。其他如德意各国,亦均增加数倍,兹不备举。然此犹可曰,此列强之扩充军备者也;瑞士为中立之国,似无增加军备费之必要,而考之事实,其增加之数,亦几三倍,盖在1870年时,止16,359,000法郎,大战之时,则增至45,752,000法郎矣。此种军备费增加之速,推求其故,半由于军备方面之扩充;半由于近世军械之昂贵所致成。军费激增,此公共支出膨胀之一要因也。

(二)国债费之增加　国债费增加之主因,厥维战事,盖因战事发生,普通之收入,不足以济国用,挹注之方,多赖借债。且往往不第恃之以为战时之用,即战后之弥补及重事预备,亦多仰给于公债。在十九世纪中,欧洲各国公债之积累,大率似此。国债之额,既增加甚巨,为维持国信计,其每年支付国债之费,自亦随之增加。试举英、法二国以为例:1903年时,英国国债费只2,700万镑,至1924年,共34,730万镑,计增十二倍以上。法国在1903年时,国债费只92,400万法郎,至1923年,增至12,008万法郎,亦几增十三倍。英、法二国之情形如此,其他各国,增加之数,虽不必尽如英、法二国之巨,然其较昔日趋于增加,则固彼此所同也。

(三)货币价值之下落　物价腾踊,亦足致国用之增加,盖公共支出之大部分,系用以购买物品者,故值物价腾贵之时,公共支出之需要,必当增加。十九世纪中,物价虽随各种经济之动力,起落无定,然平均计之,势趋增加。自1896年后,则继续上涨,至

1920年左右，稍见阻止。且世界之货币额，在欧战以前，事实上常有增加之势，故一般物价，其势不能不涨。物价贵而币值贱，则公共支出，自不能不因之而加多。下列为1867年至1932年中美两国批发物价指数表，观此表即可测知其货币价值变迁之大势。

中美两国批发物价指数表 1867—1932

1867—1871＝100

年别	中	美	年别	中	美	年别	中	美
1867	98	102	1889	86	70	1911	128	82
1868	101	98	1890	90	71	1912	127	87
1869	102	98	1891	85	71	1913	120	88
1870	101	101	1892	79	66	1914	119	85
1871	98	101	1893	86	67	1915	123	87
1872	100	104	1894	89	60	1916	133	108
1873	96	101	1895	86	61	1917	143	149
1874	81	98	1896	87	59	1918	147	165
1875	72	89	1897	95	59	1919	145	174
1876	77	85	1898	101	61	1920	159	195
1877	74	88	1899	112	66	1921	159	123
1878	83	78	1900	104	71	1922	154	122
1879	77	78	1901	97	70	1923	161	127
1880	78	86	1902	116	74	1924	167	123
1881	77	89	1903	124	75	1925	174	130
1882	77	93	1904	118	75	1926	179	126
1883	73	87	1905	133	76	1927	184	120
1884	75	80	1906	120	78	1928	193	122
1885	75	73	1907	125	82	1929	198	120
1886	79	71	1908	133	79	1930	207	109
1887	83	73	1909	134	85	1931	219	92
1888	84	74	1910	123	89	1932	263	82

（四）民治之发达　民治愈进展，社会思想，对于公共支出之影响亦愈大。譬如公共教育之振兴，强制保险之实行，社会防御事

业之举办，以及疲癃残废无告者之救济等，皆为今日民治国家之急务。措置进行，影响公共支出之增加甚巨。

（五）工务及公业之发达 自十九世纪中叶汽电采用之后，巨大工程，如电报之设置，铁路之修筑等，各国相继举办，糜费以亿万计，岁出因之大增。近世纪以来，政府所经营之公业，为数渐多，大率以专利为目的者少，以服务社会为目的者多。故经营之结果，考之各国情形，获赢者鲜，而多数负有亏累（见后公业章）。此项亏累之弥补填补，亦为增加公共支出之一因。

（六）人口之增加 各国人口增加之趋势，虽略有差异，然除法国之人口，比较稍见停滞外，其他各国，则无不生齿日增。人口愈众，则所以支配之之政费当愈巨。且繁盛之城市，人口增加过速，足使政务之支出，以每个人之平均计，受"费用递增律"（Law of Increasing Cost）之支配。试观各城市中，人民拥挤愈甚者，其须仰赖政府之助力，为之维持者亦愈多。公共事务之举办无论矣，即人民之日常生活，亦多须受政府之节制与规束；故人口多之城区，政府之事务日增，国家支出，亦因之而日益膨胀。

（七）财富之增加 自工业革命后，工商业发达，各国人民之富力，增加甚速。按经济学边际牺牲之原理，一种公共事务之举办，其价值如何，视人民之富力为转移。使人民富力薄弱，则必以此种事务之负担为重，而不乐政府之举行。反之，使其富力增厚，则此种事务之值，高于其所负之费之值，必相率希望政府之举办。故人民之公共欲望，实随富力而俱增者也。人民之公共欲望增，则政府之事务与支出，亦随之俱增矣。

以上七因，其重要之程度如何，则随各级之政府而异，大抵军备费及公债费各项，恒为中央支出增加之要者；社会公益及公营事业等，则为地方支出增加之主因。然此不过言其大较，至其个别之情形，则视其国之经济概况及政治组织为转移，固不必尽同也。

第四节　公共支出节制之方法

公共支出之增加及其原因，已加抒述。此种趋势，似难以人力控驭之。然使吾人对于致成增加各原因，详加分析，则亦未始不可得其节制之方法。兹举其要者如左：

（一）采用预算之编制　节制国用最善之法，无过预算之编制。美国自1921年改善预算制度，出入始能相抵，财政状况，渐立于稳固之地位。编制预算之手续，首为收集事实，此种事实，即公共需要之估计，而此项估计之或当或否，或多或少，编制者可酌量增减，以符一合理之分类。能如是则过耗之费，可就删汰，岁出之数，可无浮滥之弊，且国家之收入有限，岁出止有此数，各种职务之费用，须按其相对之重要以为分配，始足以揭示其国家所欲发达之方针，此预算对于节制岁出之功用也。预算之功用，非采用即得之，必政府方面，具有节省经费之意，增进效率之心，对于各机关估计中之建议，予夺去取，详加审慎，始可收其减缩国用之效；否则，虽有预算，亦不过形具而已。

（二）增进行政之效率　增进行政效率，亦减少支出之一法。近世纪来，政府活动范围日广，各种职务之执行，自当采用商人经营企业之方法；易词言之，即应求最高标准之效率是也。行政方面之官吏，须以专门人才为主，任之之后，又须报酬任期，足以安之。举凡政治之势力，党派之进退，诸不足以影响其工作之进行，始可以求其效率之增加。其次于行政官吏者,如书记课员之属,则对于其选择、训练、升迁及酬报各点,亦应采用最新用人之原则。此种原则,已久为经营企业之私人所采用;政府特一大雇主耳,欲求效率之增,尤非此不足以为功。

除上述二者外,美国各州中尚有采用限制课税以为减少支出之法。普通分为两种:(一)限制税课之总数,使不能超过一定限度;(二)限制课征之税率,使不致按年增加。此种方法,施于无主权之地方政府,尚可有效;若以之为限制中央支出之法,则其效将等于零。盖中央之岁出,苟不能节之于事先,则支用之时,如为事势所必需者,即度支不敷,亦将取给于借贷。此美国各州采用限制税率者,所以结果多趋于增加公债也。吾人对公共支出之增加,应注意其趋势,而定根本节制之法,以谋收支之相抵,庶财政可期健全也。

参考书

Bullock, C. J., Selected Readings in Public Finance, Ch. Ⅲ.

League of Nations, Memorandum on Public Finance, 1922—1926, 1926—1928.

财政调查处编辑:《各省区历年财政汇览》(第一编)。

Lutz, H. L., Public Finance, 2nd ed., Chs. Ⅳ and V.

第四章　公共支出之经济性质及影响

第一节　专门名词之诠释

讨论公共支出之经济性质及影响，为易于明了计，特先将各重要专门名词之意义，加以诠释及区别如下：

（一）实际支出（Real Expenditure）与表面支出（Nominal Expenditure）之区别　政府之实际支出，与财政部之支付全数，不必相同；盖财政部所支付者，含有各部之转帐及公业之事务费用等，俱非政府之实在支出也[1]。政府之实在支出，人民始感有担负，至于上述之转帐及公业之费用，则无负担之可言。且公业之用费，纯属商业性质，严格言之，殊非国用。惟不能自足之公业，其亏欠须仰给于政府之提拨，则此种弥补之数，始可谓为政府之实际支出。

（二）经常支出（Ordinary Expenditure）及非常支出（Extraordinary Expenditure）之区别　经常支出与非常支出之区别，尚无确定之意义。宁蒂教授谓经常支出，所以供国家相续不断之需要；非常支出，则所以应不时之需。前者为每会计年度之所有，后者为偶然发生之事实。又谓经常支出，应取给于经常收入而不待

① 参见 Pigou, A. C., A study in Public Finance, Chapter Ⅲ。

外求。柏斯特布尔对于经常支出之见解同此,第非常支出,则谓为不可预知之额外需要。例如每年之军备费及教育行政各费,皆经常费;至战争或其他意外灾害之救济之所需,则为非常费。此种区别,本诸非常支出之意外性质,有时殊难维持。即柏氏书中,亦间自相矛盾,譬如氏谓公共建筑及各种固定资本之投资,亦为非常支出,此殊与其不可预知之说不符。简便区别之法,经常支出,为政府各种有规则有常度的公共事务之支付;其余各种用费,则概可谓之非常支出。如此区别,则公共建筑之费,为经常抑为非常,纯视其个别之情形而异。一人口稀少之小城,二三十年中,始能有一种公共建筑之举办,则其费用,当然属于非常支出之性质。使为大城,其公共建筑(如学校之建筑)年有所成,则此种用费,自变为经常费之一种。综言之,实际分别之标准,在视其有无一定之常度,及常度间之时期之长短如何为转移耳。

(三)生产支出(Productive Expenditure)及不生产支出(Unproductive Expenditure)之区别 生产支出与不生产支出之区别,即前者之支付,其结果可使国家获得真实之经济的及社会的利益;后者为浪耗之支出,则无经济利益之可言。生产支出之中,普通又分为再生产的(Reproductive)及不再生产的(Non-reproductive)二种。再生产之支出,即其本身可再产生财政上之收入;不再生产之支出,则支销后无直接之资财收入可获。垦荒灌溉事业,皆再生产支出之例;其他如政府经营之地方公业,苟所投之资,经理得方,可获相当之收入,亦再生产支出之例。

政府之经费,多为全体人民之一般利益而支出,虽无金钱之收入,然其为生产无疑。盖此种支出,其利益之及于人民,纯无形质可睹,如教育及警察各项之费是。惟人民得之之后,或赖之以维治安，或恃之以保安全，或藉之以改善其生活之情形，而使全社会物质之发达，得蒸蒸日上也。

第二节　公共支出之经济性质

公共支出之经济性质一问题，自十八世纪以来，即为正统学派之经济学家所研究。迄于今日，学说甚多，主张亦极复杂。然综合观之，可分为不生产及生产两说，兹撮要略述之。

（一）不生产说　此说始于斯密亚丹氏，以为国家之行动，不能增加财富之价值，由经济方面观察，皆为不生产的；故由国家行动所支出者，皆为不生产之支出。

此说自十八世纪以来，支配财政学者之思想甚久，然至今日，则采之者绝少。盖因斯密氏仅以增加有形物质为生产，以为任何经济行为，必须产生有形之财富，始得谓为生产。依近世学理观之，所谓生产，不仅限于有形物，凡各种生产之劳力，能增加满足人类欲望之总额，即得称为生产，而不须必生产有形之物质。故国家之行动，苟能增加一般人民之福利，亦即为生产无疑，初不必以产生有形物品能售诸市场者为限也。

（二）生产说　此说以国家之行动，可以产生效果，故公共支出之性质，为生产的。此项生产说中，又有各种不同之学说，分别略述如下：

甲　生产力说　此说出于李士特（Friedrich List），以为国家及其行动，对于个人可以发生创造财富之生产力。既能产生生产力，则国家之支出，不能谓为不生产之消费。即不能直接谓之生产，亦可间接称之为生产消费。

乙 国家为无形资本的生产说 此说为第策尔(Karl Dietzel)所倡，以国家行动为产生无形财；而以国家本身为一种无形资本①。氏谓生产之劳动，欲求其进行不受何等阻碍，则须有保护，故劳动之保护，为生产之必要条件。无保护不能生产，则保护为生产的。国家担任国民经济之保护，故国家之行动，为生产的。惟国家所生产者，以无形财为主，国家本身，即为产生此无形财之最大的无形资本，故国家为生产之必要条件。

丙 再生产力说 此说为斯泰因氏(Stein)所主张，据氏之说，国家之行动，为构成个人资本上所绝对必需，譬如个人从事生产时，宁消费既生产之财，以供饮食，盖藉饮食以维持劳力，即所以招致后来之生产也。国家之行动及其支出，对于个人资本之构成，无以异是。故国家经费支出之后，再以个人资本之形式表现时，即为国民经济上之再生产，此即称为再生产力。再生产力所生之结果，有大于原财货之价值，有适与相等，有比较不足，纯视其时其地之情形而异。惟自国家经济之原则观之，苟再生产力所生之结果，足以充国家原来支出之本利，则国家之支出，虽再趋扩张，亦不为过。要言之，国家支出，为生产抑为不生产，胥视其有无再生产之效果以为定。

丁 新生产说 此说为谢富勒(Schäffle)及瓦格涅(Wagner)所主张，以为国家向所属之人民，征取财货，使用之后，足以产生多种新无形之财，以供人民之享受，故国家之支出，为生产的。

总括言之，公共支出之经济性质，不能谓之全属不生产，亦不

① Das System der Staatsanleihen, pp. 11—15.

能谓之全属生产，要在先研究各种支出之用途及效果，而后可以判定其为生产与否。就大体言之，论公共支出之经济性质，生产说较不生产说为合理。而讨论公共支出之生产，应区别为有形与无形二者。瓦格涅谓国家支出之生产（如社会福利之类），多属无形，此就大体言，亦甚的当。

自二说之历史言，不生产说为正统学派所主张，盛行于十八世纪末至十九世纪初自由主义说昌明之时。生产说起于十九世纪中叶，系因为不满于正统派之主张而起。依前说则国家之支出，宜力限制；依后说则国家之支出，宜趋扩充。按诸近代各国之实际财政，公共支出，均有急剧之增长，足证纯属不生产之说，在今日已无立足之余地也。

第三节　公共支出对于生产及分配之影响

公共支出之经济性质，为生产的抑为不生产的，胥视其用途而定，上已言之。兹再就其关于生产及分配两方面之影响，加以讨论，以作分析之研究。

一、对于生产方面之影响

国家税收之征课，系自人民之手中，转移一部分之购买力，以之供国家之支配也。国家用之之时，其目的及方向，自与私人所以用之不同。此项公共收入之数，假使不在国家而在私人之手，则其中之一部分，必以之供奢侈之耗费；其他部分，或以之为储蓄及投资之用。倘人民将用之以供奢侈之耗费者，而国家取之，用于生产之途则此一转移间，于经济上为赢获。倘人民将以之为储蓄及投资之用者，而国家取之，用于不生产之途，则此一转移间，于经济上为损失。使其在国家或私人之手，将俱为耗费，则此项购买力之转移，于经济方面，殊无得失可言。所难者国家之收入，使其在私人手中，将为耗费，抑为生产费，殊无法以预决之耳。

自常情言之，国家之征课繁重，足为生产发达之一种阻力，自无可疑。国家税征，既足阻碍生产，故政府使用之时，宜加审慎；尤宜使各种较大之支出，可以激励人民之经济的生产，以为偿补。最低限度，亦当造成各种情形，足使较大之生产，有实现之可能而后可。

此仅就国家自征课取得之购买力而言也；若国家用借债（取给于银行信用而非出于人民之实际收入者）或发行钞票之法，取得购买力，以供政府之支出，则其所致之经济影响迥异。盖因用税征之法，转移私人之购买力，以供政府之用，其对于一般物价，无显著之影响可言；既或有之，亦不过少数特种物价而已。向使用借债或发行钞票之法，则社会上购买力之总和，趋于增加，结果物价必涨。在此情形之下，使各阶级皆能随物价之上腾，而增长其所入之购买力，亦无何剧烈之影响可言。第事实上社会中得固定之收入者甚多，不易变更其契约之条件，故将处于不利之地位。同时企业家亦有因契约之关系，某种费用，已经预定，不易随物价而上涨，则将因之而渔厚利矣。

要之，财政稳定之政府，除紧急情形外，鲜有出于此者，故吾人讨论公共支出之影响，仍以由税征所获者之支出为主要；而何种支出为生产的，尤为应加论列之问题。国家之支出，从大体上观之，可分下列二类[①]：

① Dalton, H., The Principles of Public Finance, p. 145.

（一）保障社会生活之安全与秩序　一国之国防设备，恃之以维持秩序，防御外侮，固为国家应有之支出。其他如警察及法庭之费，亦为维持秩序及公平之所必需，盖组织复杂之社会中，使一旦无此维持秩序及公平之工具，则一切经济之行动，皆将濒于动摇，而生产事业，其势非被摧残不止，故此项支出，均可谓之生产的。政府有此保障社会生活安全之工具，故人民之资财愈厚者，其所得发达生产之机会亦愈多，所以纳税虽重，而不以为累。惟军备各费，用之为捍御外侮及保护社会，固属生产；然使世界列强，竞相扩张军备，则徒为经济上之消费。即就安全言，亦未能较前增加，不第未增，且有趋于剑拔弩张日濒爆发之势。

（二）改良社会生活之本质　政府之行动，可以改良人民社会生活之本质者，为数至多，例如教育之发达，卫生之设备，道路之建筑，城市之改良，以及疲癃残废者之救济等是。此项公共支出，其目的皆在造成社会情形，利于较大生产之发达，盖因举办教育事业，可以发达人民之脑力，增加工作之效能，且使多数青年，能任需要技术之职业，此显为能增加生产之支出；举办卫生事业，可以减少患病之机会，增加继续生产之力量，亦显为能增加生产之支出。此外如孀妇恤金，义务教育及医院施济等支出，则足以增加直接收受者及未来者之工作能力及储蓄心。凡此类似之支出，皆与改良社会生活之本质，所关甚巨。第此项政府之行动，进展亦有相当之限度，过分扩张，则呈利益递减之趋势。故行政上之问题，在注意此种递减趋势之起点；而公共政策之问题，则在酌定进行各种事务之限度。限度决定之法，宜将政府征收此项费用之困难，与其行动扩张所产之利益，予以比较。假使现有之税负已重，而提议增加之支出，人民所得之利益将无多，则政府对此行动，自不宜再有扩张之举。

除上述支出外，如政府之款，用以偿付少数之阶级，则其对于生产之影响，视各种特殊之情形而异。就债偿言，凡用以偿国内公债之本者，其债权人得之，必多再以之为投资之用。果尔，则政府征税时所致之影响，可以藉此抵消。假使用之以偿国外债项之本息，将不能再供其国内投资之用，然苟所借之款，多用之于社会发达事项，其对于人民生产力方面之改进，亦足供此项损失之抵补。就失业金及养老金言，使为有定期而无条件之支出，则其影响，足以减少工作之意志及储蓄心；惟对疾病者及不欲失业者之失业金及养老金，则不第不致减少其工作之意志及储蓄心，而在某种情形之下，且有增加之可能①。

再就另一方面观之，政府之支出，对于生产之影响，常有直接及间接之别。直接受益者，为政府支出所给付之人，例如一种工业，供给政府以物品，因之而获赢利。同时其他工业，亦有受间接之利益者。此项事实甚多，不须例证也。

二、对于分配方面之影响

公共支出，系转移私人之财富，以供政府之用，上已言之。此种转移之财富，政府用之之时，不第影响生产，亦且影响分配。例如以取诸富区之税收，供补助贫区之用，显为减低财富分配之不平。又如以取诸一般人民之税收，接济少数特殊之人或阶级，如失业金、养老金、保险金、孀妇恤金之类，亦显示减少不平分配之意。近数十年来，各国政府率设立义务学校，课本书籍，文具用品，均由政府供给，使贫苦之子弟，得以求学。不第学校，医院亦然，政府设

---

① Dalton, H., The Principles of Public Finance, p. 106.

立公共医院，诊视贫苦人民，率不取值。此种补助之方，虽对直接享受者，未易估计其货币价值，然其增加享受者之经济福利及生产力，实远超过于同数货币之给与也。

课征租税，应以力求牺牲最少为原则；分配支出，应以给予利益最大为原则。财富分配，过于失平，非健全之现象，政府之支出制度，应具有减低此种趋势之力。故总括言之，政府支出，除激励生产外，尚须能改善财富不平之分配。

参考书

Dalton, H., The Principles of Public Finance, Chs. XVⅢ, XIX.
Lutz, H. L., Public Finance, 2nd ed., Ch. Ⅵ.
小川乡太郎著，何松龄译《财政总论》第一编，第16—34页。
Bullock, C. J., Selected Readings in Public Finance, pp. 21—31.

第五章　中央支出与地方支出之划分

第一节　中央支出与地方支出划分之原则

近世以来，政府之费用日增，社会与经济生活之性质，亦日趋复杂，因之中央与地方支出分划之问题，遂形重要。此问题自一方面观之，即为中央与地方职务之分配，似甚简单；但自另一方面言，甚有关于中央及地方的财源与责任之分配。假使分配职务之时，不能兼顾财源及责任之划分，则易致失其平衡。且征之事实，中央与地方之利益，在政治控制上观之，常多冲突。自近世社会协动说（Social Solidarity）兴，此项冲突，稍形减少。惟吾人既知社会与经济的利益，以整个社会为一单位，则公共需要之供给，自可取之于各种财源，权限之分，特其次要之问题耳。

虽然，中央与地方职务之分配，仍有其重要之处。盖今日中央与地方政府职务分配之主要问题，不仅在权限而在效率与经济。分配之标准，在使其执行职务之时，可获最高之效率。柏斯特布尔氏分配之原则，甚与此点相符。简括述之有三①：（一）事之关于一般人民之利益者，应归中央；事之属于地方利益者，宜归地方。

① Bastable, C. F., Public Finance, p. 121.

(二)事之需要高深技巧及智力者,宜归中央;事之需要精细监督者,应属地方。(三)行动之需要一致者,应归中央;行动之因地制宜者,宜属地方。柏氏此项分配原则,固多是处,第所谓一般及地方之分,在今日经济生活中,亦难区划。譬如卫生事业,多属地方性质,然使一乡一村,发生流行病症,甚易波及他县,故实际言之,殊兼具地方及一般之利益,非可专属地方范围也。

财源之划分,为职务分配中之要素。划分之原则,塞里格曼氏以为应注意效率,适宜及充裕各方面[①],凡宜于地方者,归之地方;宜于中央者,归之中央。向使地方缺乏适当之财源,致有不足之患,则中央应分其税收之余以为之补助。

中央与地方职务之分配,虽常以一般或地方之关系为原则,然在特种情形之下,仍应由中央政府举办,盖公共之事务,如关系全体人民之利益与幸福,使就废弛,则最后之责任,在于国家。故凡各种公务,地方政府因需费太大,及其他原因力不能举者,中央应代为兴办。譬如吾国某省中河道淤塞,不利舟行,欲加疏浚,又苦费巨,则中央政府宜为之修导,以便河运。即地方政府,财力可以为之,而因循忽视,不肯兴办者,此种事务,如果关系全民之利益,中央亦宜为之完成,如道路修筑,及卫生事业等是。约言之,有些公共事务举办之责任,中央与地方比较,轻重甚难确定,则措施之责,惟中央与地方之合力是赖。

兹根据上列原则,分配各种重要之支出,举例如下:

(一)属于中央者:(一)军备费　安全为全社会最大之利益,设军备即所以求安全,故军备之费,应为中央支出。(二)司法费

---

① Seligman, E. R. A., Essays in Taxation, 9th ed., Ch. XII.

司法独立,久成各国通例,法律一致及执行统一,亦为全社会之利益,除有特殊情形者外,司法之费,亦宜为中央之支出。(三)外交费　外交以国家为主体,故无论为中央所在地之外交费,或各省之外交费,均应由中央之预算支出。

(二)中央与地方俱有者:(一)警察费　警察之设,为保持内部之秩序,固属大众之利益,按照原则,应属国家,但由地方主持,比较经济,且易于监督。故普通解决之法,由中央及地方分配担任。(二)教育费　初级教育,与其所在之地方,具有密切之关系,应为地方之支出;但教育事业,关系全社会之幸福,故高级教育,应多由中央主办。(三)立法费　此种费用,中央与地方之支出,界线殊甚显著。中央国会之经费,由中央支出;地方议会之经费,则由地方支出。

(三)属于地方者:(一)救恤费　救恤之行政,系减轻地方人民之困苦,故其费用,应由地方支出。(二)卫生费　地方之卫生行政,系保卫其地方人民之生命,举办之费,亦应由地方支出。(三)工务费　除国家所营之大工程外,凡地方团体经营之工程,均为其地方之利益而起,建筑之费应为地方之支出。

第二节　欧西各国中央与地方之财政关系

柏斯特布尔氏谓中央与地方支出之分配,欲求于各国之事实中,觅一固定之标准,势不可能,盖因各国中支出之曾属中央者,历时既久,往往改归地方,故中央与地方支出之划分,大率受历史蜕变情形之支配。氏又谓一国历史之情形,为其国物质之环境及人民之气质等势力所产生之结果，故瑞士山脉之横亘，人民之趋好独立，遂为其地方制度发达之原因。政治组织，本历史情形之产物，各国中央与地方职务之分配，彼此殊异，其致殊之因，即由各国之政体，为不同之历史情形所形成。政体既彼此不同，支出之分配，自因而异。法国之中央集权，为其昔时专制治下之遗物；美国、瑞士之地方分权，则又由其特别之情形所致。兹就法美英三国中央与地方之财政关系，加以抒述，详其互异之点，以资比较。

法国　法为中央集权之国，政府之一切权力，皆操之于中央政府，其地方政府所为者，概为中央政府所赋与。全国分为省（Department）、州（Arrondissement）、县（Canton）、市（Commune）四种行政区域。省有省长，为中央在各州之代理人，同时又为本省之地方行政长官，处理事务，有自由决断之权。省有议会，职权限制甚狭，除分配每州应纳多少直接税讨论预决算外，其余职务，大部为关于建筑及修理道路、运河、桥梁、学校等项。各州有州长，亦由中央任命，在本州内代表省长执行政务。州有议会，其主要职务，亦在分配各市应纳直接税之数额。县之功用，仅为司法与选举之区域。惟市为法国行政及地方自治之基本单位，具有法人资格。各市市长，由市议会选出，主管市务。市议会则讨论及议决议案。市长及市议会，均在内阁护视之下，而直接听命于省长，一切决议，应向省长报告，得其赞同。市议会之预算，必送至省长，省长可迫其具有种种责任上应有之支出。省长与内阁对于市长，均可停其职务，总统命令则可撤职。至市议会，则内阁对之有解散及停止开会之权。

此就行政方面言也，至于立法方面之控制，则地方政府，必经法律允许之后，始可征税。地方公债，必须内阁之允许，国会之批准，始可募集。此外尚有会计法院（Court of Accounts），除审查中央及各省之收支外，对于各市之收支，亦兼负审查之责。

再就收入制度言之，法国之现制，省与市之税源，大部分系就中央已有之税，加征附加税，其为省与市所特有之税，为数殊少①。日本中央与地方收入之划分，亦多采附加税制，大体上与法国制度相类似。

美国　法之制为中央集权，美则适与之相反。美为联邦国家，中央政府之权，为各邦所让与，各邦保存之权，则可自由行使。各邦之官吏，由各邦之人民自选，执行职务，中央无控制监督之权。各邦分为若干州（Counties），州为行政及地方自治之区域，州之下又分为城市及其他地方单位。虽地方官吏，多未由邦政府委任，然各邦在宪法上及立法上，尚可有控制地方区域之权。

中央与各邦之财源，完全分划，中央从前之收入，为间接税，后亦征及直接税，如所得公司等税是。各邦之收入，大部得自财产税（General Property Tax）。中央与各邦之间，亦有补助（Subvention）制度；此制仿自英国，盖因美国各邦，各自为政，对于关系全国之问题，漫无连索，非趋重集权中央，不足以救其弊也。各邦政府与地方政府之财政关系，较之中央与各邦者，稍形复杂。财源之划分，仅止局部，例如财产税、所得税及营业税等，率为双方共同之收入。邦政府与地方政府之间，亦有补助之制，但非用之以为控制地方政府之工具。葛洛教授谓美国地方政府之制度，与法、德迥异，行政上完全采用分权，而略恃以为补救者，则赖立法方面之裁制②。各邦宪法，对于地方政府之权限，征税之限度，以及税项之种类，颇有

---

① 参考 Haig, R. M., The Public Finances of Post-War France, Ch. XⅧ.

② Goodnow, F. G., Comparative Administrative Law, Vol. 1, Book 1, Ch. Ⅵ.

限制；即借债之权，亦时有所规定，但多未能厉行。至关于地方政府之会计，则率由地方官吏自行审查，邦政府未尝过问也。

英国　英之制度，处于法、美二国之间。其地方组织，殊甚繁杂，简言之，共分为行政郡（Administrative Counties）六十四，其中有七十四市邑（County Borough），虽在此六十四行政郡之治内，然其所有之权力，与各行政郡等。此种地方组织，大率受中央五部之监督①。在此中央与地方之间，有一线为之连接，使地方政府之责任心，不致丧失，同时使中央之行政，亦不致成为教吏政治（Hierarchy）者，此即英之补助制度（Grants in Aid）也。英之补助金，给与地方政府时，多无一定之年额，视成绩及其情形之变迁而不同。至于用途，多指定为下列各项之用：（一）警察；（二）初级教育；（三）工业及感化学校；（四）公共卫生；（五）道路；（六）保护精神错乱者之费；（七）救恤贫穷费。卫布氏曾著有《补助金》一书，谓采用此制，具有下列四种目的②：

甲　使各地方区域负担之不平等可以减少，盖各地方区域，贫富不同，富区之收入易征，而贫区则时形竭蹶，补助之法，即所以救济贫区，减轻负担也。

乙　中央政府，欲求控制及监督地方政府之权发生效力，必赖有补助之制，为之条件。

丙　地方区域之支出，用途甚多，但有为全社会之利益所切望者，而地方政府往往忽之，补助之制，可以鼓励增加全社会人民所

---

① 中央五部，为：（一）内务部，规定工厂视察及警察各项；（二）商业部，规定各地方政府所经营之商业，如电报电灯是；（三）教育部；（四）农部；（五）地方政府部，监督地方之慈善卫生及财政各项。

② Webb，S.，Grants in Aid，pp. 15—25.

需要之支出。

丁 一国之内,公共事务举办之效率,须有一定之标准,补助之制,所以厉行全国最低限度(National Minimum)之效率。

英国自采用此制度后,中央与地方之间,始有连接而无隔阂之弊。关于收入方面,英国中央与地方虽各有税,然未尝划分。地方政府之会计,除有特许状之城市外(Municipal, Boroughs),率一年或半年由中央地方政府部审查之。

综括言之,三种制度,各有其特具之点①。法之制度行政上之效率甚著;但地方政府之自由,则为其所剥夺。美之制度,地方政府固保有自治之权;第作事之效率,则低落远甚。英制一面保存地方自治之权,一面发达中央监督控制之方,可谓兼有法、美之长,而无其弊。

第三节 吾国中央及地方收支之划分

划分之起源,始于前清光绪之季。当光绪三十四年秋,预备立宪,宪政编查馆与资政院,合奏九年筹备事项内,有第三第四第五三年,改订国家税地方税章程之条,是为税项划分之始。宣统年间,各省清理财政局,编订财政说明书,关于税目之划分,论列甚详,惟其分类,多就税目之性质而言,初未议及政费之范围。民国元年,划分两税之议又起,时苏督程德全力主将国家与地方之经费,同时划清界限。自此以后,支出与收入之划分,遂为相拉并论

① 参看 Webb, S., Grants in Aid, pp. 4—6.

之问题。嗣后各省函电交驰，互有主张，是年冬，财政部特设调查委员会，派员讨论，当时议决各项，兹撮述如下：

（一）地方二字之意义　地方二字，应指地方团体而言。凡税之划归国家者，系以之充国家行政之用，中央所在地之行政及各地方行政区域内之国家行政均属之。税之划归地方团体者，以之充地方行政之用，而地方行政区域内之国家行政则不属焉。

（二）地方团体之级数　级数之多寡，与政费税收之有关，盖级数过多，则政费繁，政费繁则支出增，支出增则税之征收，自应加多。地方团体之级数，定为省、县及市乡三级，至妥为分划，则尚待省制规定。

（三）国家行政与地方行政之范围　国家行政与地方行政之界限，普通以利害关系全国或局部为标准。吾国对于中央集权及地方分权两制度，宜并用之，暂定外交陆海军司法等项，完全为国家行政；内务教育农商交通财政等项，宜以一部分为国家行政，一部分为地方行政，庶几中央与各省之政务，可以各自发展。

上项决议，旋经部据以厘定国家政费及地方政费国家税地方税各项章制，嗣因各省疆吏，意见不齐，故前项章制，致一时未能实行。翌年财政部改设国税厅总筹备处，同时又设各省国税厅筹备处，专管国家之政费及税款事项，而地方之政费及税收，仍由各省财政司主办。国家与地方之财政，自此始粗有判别。民国十七年，财政会议举行时，佥以划分收支，为整理财政之要着，故当时财务行政税务国用组，对于划分国家与地方收支之标准，曾有提案。十七年，国民政府遂颁布一划分国家收支与地方收支之标准，现其中已稍有更变。兹录民二十年十一月公布之收支分类标准于下，以资参证。

甲　国家收入

（一）属于普通会计者

一　盐税	二　关税
三　烟酒税	四　印花税
五　统税	六　矿税
七　交易所税	八　所得税
九　遗产税	十　银行税
十一　国有财产收入	十二　国有事业收入
十三　国家行政收入	十四　国有营业纯益
十五　协款收入	十六　借款收入
十七　其他收入	

（二）属于营业会计者

一　路政收入	二　电政收入
三　邮政收入	四　航业收入
五　农业收入	六　矿业收入
七　工业收入	八　商业收入
九　其他收入	

乙　国家支出

（一）属于普通会计者

一　党务费	二　国务费
三　军务费	四　内务费
五　外交费	六　财务费
七　教育文化费	八　司法费
九　实业费	十　交通费
十一　蒙藏费	十二　建设费

十三　国有营业资本支出　　十四　补助费

十五　债务费①

（二）属于营业会计者

一　路政支出　　二　电政支出

三　邮政支出　　四　航业支出

五　农业支出　　六　矿业支出

七　工业支出　　八　商业支出

丙　地方收入

（一）属于普通会计者

一　田赋　　二　契税

三　营业税　　四　房捐

五　船捐　　六　地方财产收入

七　地方事业收入　　八　地方行政收入

九　地方营业纯益　　十　补助款收入

十一　债款收入　　十二　其他收入

（二）属于营业会计者

一　路政收入　　二　电政收入

三　航业收入　　四　农业收入

五　矿业收入　　六　工业收入

七　商业收入　　八　其他收入

丁　地方支出

（一）属于普通会计者

① 二十二年三月八日，公布修正收支分类标准，改十五为抚恤费，十六为债务费。

一　党务费　　二　行政费
三　司法费　　四　公安费
五　财务费　　六　教育文化费
七　实业费　　八　交通费
九　卫生费　　十　建设费
十一　地方营业资本支出　　十二　协助费
十三　债务费

（二）属于营业会计者

一　路政支出　　二　电政支出
三　航业支出　　四　农业支出
五　矿业支出　　六　工业支出
七　商业支出

参考书

Bastable, C. F., Public Finance, Book 1, Ch. Ⅶ.
Webb, S., Grants in Aid, Chs. I and Ⅱ.
Li, C. S., Central and Local Finance in China, Ch. Ⅳ.

第二编　收入

第一章　公共收入之分类

第一节　公共收入之意义

政府为公共团体,其需要为人民之公共需要,故财用之供给,须赖人民之输将。在古昔时,政府之取之于民者,多为实物与劳务;但自货币经济通行以后,渐渐改变。今日文明各国,收入与支出所含者,几尽为货币。财政一名词,就其在现代之意义言,盖已预先假定有货币经济之存在。

现代各国之公共收入(Public Revenue)中,尚多含有劳务之收入,概括言之,可分为二①:第一为尽义务之劳务,第二为无偿付之劳役。前者如英国之初级法官(Justices of the Peace)及被选举之地方长官是;后者如英国之强迫居民扫雪及救火是。此外尚有一种最重要之强迫服务,即为征兵,虽有给偿,但给偿之数较薄,不足得其劳役,故必须以强迫随之。要之,上述各种劳务之收入,在现代已渐减少,盖因无偿劳务,多乏效率与责任心,且不能持久,而出之以强迫者,尤与民治原则相戾也。

公共收入之意义,自今日各国之实际情形言之,即为政府因供

---

① 参看 Dalton, H., The Principles of Public Finance, p. 4。

其经济的需要所收入之货币总数也。公共收入之源，种类不一，论其轻重，大抵随时代之变迁而异。就现代言，可分为公产，公业，行政收入，及租税收入等项，而以租税收入为要源。吾人讨论公共收入，须先明了各种收入之来源，次则研究税负分配之原则，又次则讨论税务上之行政问题。本编所述，如公产、公业及行政收入各项，为非租税收入；下编则专论租税原则及分别抒述吾国现有之各主要税源。

第二节　公共收入之分类

公共收入分类之方法，各财政学者所用之标准不同，有以时期为标准者，分为经常收入及临时收入；有以权力为标准者，分为公权收入及私权收入；有采用收入性质者，分为公经济收入及私经济收入①；有根据来源者，分为直接收入、间接收入及预期收入。各家所据之以为标准者不一，故分类之结果，甚相悬殊。

学者间对于收入分类之重要，见解亦有出入，柏斯特布尔注重实际材料，以为各国均有其历史上之特点，而此种特点，足以影响其政治组织。故一种分类，殊不能运用于各情形不同之国家。且谓取材精善，即使分类不当，亦不碍于研究，故柏氏之分类，力主广阔。塞里格曼氏，则极重视分类，谓分类对于书中材料取舍之决定，裨益甚多，且能助成准确之定义，使其书不致有松散芜杂之弊。要言之，分类之重要，因不宜重视太甚；然使无适当及合理之分类，

① 此为德国多数学者所主张，瓦格涅即为主张此说者之一。

亦足为研究之窒碍。一种分类,不须期其适合于各时代及各国家,但欲求合理,原则上所应注意者有二:第一,宜求与事实之自然的排列相洽;第二,宜使主要之收入源泉,显然呈露。

公共收入之分类,自中世纪以来,即为学者所注意。吾人就此问题发达之经过,稍加研究,即足见各时期中所重视之收入源泉不同。兹自波丹(Jean Bodin)之分类起,分别加以略述。

十六世纪时,波丹氏曾分公共收入之来源为七①:(一)公有地产;(二)掠略财物;(三)赠与;(四)征服地之贡物;(五)公共贸易;(六)关税;(七)租税收入。波丹氏分类中,其第二、第三、第四各项,在近世各国之财政上,已无重要之价值。租税一项,氏谓须其他方法不能供给而政府又需用甚迫时,始可用之。观此足见波氏直以租税为非常需要之财源,其不重视可见。十八、十九世纪时,德国官房学派分公共收入之来源为三:(一)公产收入;(二)君主特权收入;(三)租税收入。古时君主在位,拥有田产甚巨,一切用度,多由其产业收入,以为支付。在此时期,公产之收入,殊甚重要,盖因政务简单,需用不多,货币经济尚未充分发达,故无需税课也。迨后国用渐繁,公有地之收入,不能敷用,于是君主利用其主权者之地位,获得种种特权之收入。此种收入,系以君主之名义,对于其所属之土地人民,特许其可有一定之行为,作为代价所征收之数也。对于租税,官房学派之见解,与重商派相似,不以之为重要之源。推求其故,亦由当时事势使然,盖欲使租税为岁入之要源,必先使其国民之经济发达,足以担此重负,否则,虽欲课征,事实上亦不可能。租税在公共收入上之重要,自斯密亚丹氏之分类

① Les six Liveres de la Republique, Vol. 2.

出而始著。现代学者,讨论分类之法,多自斯密亚丹氏起。氏分公共收入之来源为二:(一)公共收入,属于君主私有或国家公有之产业者;(二)个人收入,课自人民之财产者①。斯密氏知国家或君主产业之收入,不足供度支之用,故谓国家之支出,大部分须仰给于租税也。

近代财政学者,关于公共收入之分类,讨论甚详,就其可得而言者,加以抒述。柏斯特布尔之分类,本诸斯密氏之遗意,分为两类②:(一)政府以法人资格取得之公共收入;(二)政府藉主权征课而获得之公共收入。经济收入、地租、利息、规费以及商业经营之所得等,皆属于前者;各种租税如普通税及特别税等,则属于后者。柏氏不重视分类,故所采用之法,甚简阔而不详备,然亦无可指摘也。

亚当士氏分公共收入为三类③:(一)直接的(Direct);(二)间接的(Derivative);(三)预期的(Anticipatory)。第一类收入,即指政府所获自公产与公业者而言;第二类收入,则由政府运用主权以取之于民,如租税、规费、罚金及特征之类是;第三类预期之收入,即为公债之募集及库券之发行等是。关于第三类,亚氏之意,以为政府于军事发生需要孔急之时,或修筑铁路河道等大工程之际,可以采用,但须预度偿还之力,不可滥举。按亚氏分类中之第一、第二两类,界限判分,似不易避免重袭之弊。至第三类公债之发行,自狭义言之,实非公共收入之来源,盖因公债期满,尚须偿还,即就广义言,作为收入,亦只能作为特别收入,决非普通收入也。

---

① Smith, A., The Wealth of Nations, Book V, Ch. II.

② Bastable, C. F., Public Finance, Book II, Ch. I.

③ Adams, H. C., The Science of Finance, pp. 219—228.

- 亚当士之公共收入分类法
  - 直接的收入
    - 官产
    - 官业
    - 赠与
    - 赔偿或充公
  - 间接的收入
    - 税收
    - 规费
    - 特征
    - 罚金
  - 预期的收入
    - 公债募集收入
    - 库券发行收入

塞里格曼氏分类之法，亦为三类[①]：（一）无偿的（Gratuitous）；（二）契约的（Contractual）；（三）强迫的（Compulsory）。所谓无偿的收入，即赠与之物品货币等是。契约的收入，纯系商业性质，盖由政府以法人资格与人民所发生之契约关系而生，如公产、公业之类是。强迫的收入，则由政府运用主权以课之人民，如土地收用权、惩罚权及租税权之类是。租税权中又分为三：（一）规费（Fee）；（二）特征（Sepecial Assessment）；（三）税收（Tax）。此项分类，自现代事实观之，轻重多不相称，盖无偿一类，在今日各国中，已成历史上之遗物，即间有之，亦不过一种极微少且不规则之收入而已。强迫一类中，偏畸之弊甚多，譬如土地收用权，实非重要收入之源，盖因政府收用人民之土地，尚须给以公平之价格。非可第没收之而不予以偿付也。又举关于罚金之惩罚权，与租税权并列，未免轻重失伦；因罚金所入不过涓滴，于国计上无大裨益，何足与税收并论？至租税权项下之三

① Seligman, E. R. A., Essays in Taxation, 9th ed., p. 430.

类，亦多可议，塞氏分别规费与租税，过于细密，谓收取规费时，如所取之数，过于所费，则其所取者为租税而非规费。使照塞氏之说，则英国邮政所收之费，可谓租税。电报所收之费，则为规费，岂非背戾事实，徒滋纷乱耶？特征一项，本为美国之产物，欧洲各国，多未风行；且为地方之税征，所课之数，应视被征者所获之利益以为比例，此亦非国家之重要收入，塞氏乃举之与租税并列，似亦失宜。现代国家财政上之收入，就事实言，以租税为主要，公业、公产各类次之，分类之基，当本乎此，树新立异，适足以滋混淆耳。

塞里格曼氏之公共收入分类法
- 无偿的——赠与
- 契约的——官业
- 强迫的
  - 土地收用权
  - 惩罚权——罚金
  - 租税权
    - 规费
    - 特征
    - 税收

此外如鲁挚（Lutz）氏分为商业、行政、租税、公债、簿记五种收入；卜南氏分为租税收入、规费收入、生产收入三类[①]等，与上述各家详略虽有不同，大致固无多殊异也，兹从略。

第三节　本书所采用之分类

公共收入之分类，因各财政学家观察不同，故彼此互异。上述

① Plehn, C. C., Introduction to Public Finance, p. 63.

各家之分类，虽皆持之有故，然欲求简括明白，尚多未能。本书所采用之分类甚简，即为租税收入与非租税收入二大种[①]。租税收入，以其税负归著为标准，分为直接税与间接税两种；非租税收入，以其性质为原则，分为公产、公业、公债及行政收入四种[②]。兹为列表如下：

- 公共收入
  - 非租税收入
    - 公产
    - 公业
    - 公债
    - 行政收入
  - 租税收入
    - 直接税
    - 间接税

就本书所采用之分类，对于世界各主要国之收入制度，略加分析。近世纪来，各国之公共收入，均以租税为主要之源，而租税收入之中，又有趋重直接税之势。英、美各国，直接税远多于间接税，即法、德、日、俄诸国，直接税虽尚不若间接税之巨，然较昔逐渐增多，已居收入中之重要地位。兹将各国租税收入与非租税收入之百分数，及直接税与间接税在租税收入中之百分数，表列于下页，以供参证。

我国岁入，向以租税为主，民国以前无论。宣统四年预算，岁入为三万五千一百万余元，内税收约占85%，税收中27%为直接税，58%为间接税。民二岁入预算，增至五万五千七百余万元，内税收只占53%，其中17%为直接税，36%为间接税，而是年之非租

① 参看 Shirras, Public Finance, p. 117。

② 发行公债，为政府之特种收入，其性质及功用，与其他非租税收入不同，故关于公债讨论，不在本编之内。

税收入,约占47%①。民三岁入预算为三万八千二百余万元,内税收占84%,其中25%为直接税,59%为间接税。民五岁入预算为四万七千二百万元,内税收占88%,其中29%为直接税,59%为间接税。民八岁入预算为六万四千七百余万元,内税入占58%,其中直接税为17%,间接税为41%;是年之非租税收入亦甚巨,约占总收入42%②。

国家 / 年份 / 项目	英国	美国	法国	德国	俄国	日本
	1926—1927	1926—1927	1928	1927—1928	1925—1926	1926—1927
中央政府岁入（单位百万）	(770镑) 100%	(3,825金元) 100%	(39,312法郎) 100%	(9,404马克) 100%	(3,778卢布) 100%	(2,689日元) 100%
非租税收入	10	14	7	20	55	45
租税	90	86	93	80	45	55
直接税	51	54	28	36	15	22
间接税	39	32	65	44	30	33

前北京政府财政整理会编制之预算,有试拟国家预算,暂编国家预算,整理国家财政概算三种:十三年试拟预算之岁入,计三万三千万元,以中央专款为主,内关盐印花烟酒及其他各税,约占岁入总数94%,其余6%,为非租税收入。民十四年之暂编预算,岁入为四万六千一百万元,内税收占95%,非租税收入占5%;税收中

① 是年非租税收入所以甚多之故,因其中包含公债二万二千三百余万元,约占岁入总数40%。

② 是年非租税收入内,亦包括有公债二万三千八百余万元,约占岁入总数37%。

23%为直接税,72%为间接税①。民十六之整理概算,岁入总数为三万五千九百万元,其中95%为间接税,非租税收入,亦仅占5%。

国民政府成立以来,各年岁入之实数,均有报告可稽,十六年岁入总数,约一万五千余万元,内税务收入约占88%,非租税收入占12%。十七年岁入总数,约四万三千四百万元,内税务收入占76%,非租税收入,占24%。自十七年中央与地方收支分划后,田赋契税,划归地方,于是国家岁入中之税类,如关、盐、统税,烟酒、印花各税,几均为间接税,负担失平,殊有悖于租税分配之原则。兹将近年来税租及非租税收入之总数及百分比表列于下,以资比较。

年　份	租税收入	非租税收入		总　数
		国营事业收入	债券及借款	
十八年	437,496,610元 81.2%	566,598 0.1%	100,942,710 18.7%	539,005,918 100.00%
十九年	496,153,803元 69.5%	1,600,00 0.2%	216,714,340 30.3%	714,468,144 100.00%
二十年	550,848,841元 80.7%	2,127,553 0.3%	130,014,460 19.0%	682,990,864 100.00%

由上述观之,东西各国之收入,多以租税为要源。非租税之收入,就比例言,为数殊微。按诸本书所用之分类,大别之为非租税及租税二类,似足以揭示租税在收入上之重要。而税收之中,分为

① 暂编预算中之岁入项,大率以京外各机关原报十二年预算为标准,其十二年度未经造报者,则按十二年度以前最后所报之数编列。至四川、广东、云南、贵州、蒙古、西藏等处,则参照八年度预算列入,故是年之暂编预算,甚近事实。

直接税及间接税二种，非租税收入中，分为公业、公产、公债及行政收入四者，似又足以表现一国税制之健全及财政情形之稳定与否。本此分类，虽有时亦有难于划归某一类者，然此种情形较少，就大体言，此分类固甚简括明白也。

参考书

Seligman, E. R. A., Essays in Taxation, 9th ed., Ch. XIV.
Bullock, C. J., Selected Readings in Public Finance, 3rd ed., Ch. IV.
Lutz, H. L., Public Finance, 2nd ed., Ch. VIII.

第二章　公产收入

第一节　公产之意义及范围

昔时财政学家，率以公产(Public Domain)为公共收入之要源，波丹氏在十六世纪及官房学派在十八世纪时，讨论国家之收入，均重视之。自课税之法盛行，国家之收入，按时取之于民，较之恃公产以为供给，反确定远甚，于是公产之重要，遂形低减。今日欧西各国如英如法，所有公产，已多转售于民，其尚存者，不过极少部分耳。

公产者，即国家直接管有之财产，以其收入供公共支出之用者也。其包括之范围，亚当士谓应指为天然财源之产业(Landed Property)，所谓天然财源，即指渔业、矿地及农地而言。林产属于农业之中，故未指出。柏斯特布尔书中，对于公产，亦指为天然财源，惟其所讨论者，仅限于农地林地耳。通常关于公产之讨论，大率以农林矿三种土地为限，本章所指之范围亦如此。

第二节　农地之处置

国家公有之农地，对于公共收入上之重要，日就低落，此已为一般学者所共认。然世界各国中,保有农地者,为数尚多。各国学者,对公有农地之利用方法,意见不一,约言之,利用方法,通常有自耕及佃耕两种,兹特分别述之,并详其利弊得失之所在。

(一)自耕　耕稼之事,贵尽地力,与其他务求外延(Extensive)之实业不同。关于播种粪溉等事,均须农人自尽心力,不可稍忽。使公田由政府自耕,则必运用监督人之法,如古奴隶种田之制。此种耕稼,对于地力之发展及农业之振兴,诸多阻碍,盖因官吏遥制,上下相蒙,其收入必多亏短,而其田亦易日就荒废也。分工之制,较难适用于农业方面,故一般趋势,仍多侧重小地主制。且农业工人,组织颇难,大规模之耕种,不易进行。故要言之,耕植之地,归于私人自有,则人乐尽其力,不仅其地所产,足养较多之人口,且对于国家之收入,亦将有增而无损,此政府自耕之法,所以无存在之余地也。

(二)佃耕　佃种之法,各国用之者颇多,其方式约有三种:(一)短期租佃;(二)长期租佃;(三)世袭租佃。所谓世袭租佃者,即世继此业之谓。其所佃种之土地,永归其家族继续使用,故无骤尽地力之弊。然地价上涨,国家不能获相当之利益,则其缺点。此制在现代已少见,不若采用长期佃种者之多。长期佃耕,其法弊端较少,但租佃之期,亦不宜过长,要在能使政府收地价腾贵之利,而又不妨佃者之耕稼勤劳及改革计划为宜。如随时改定佃种之期限,而以公开竞争之法决之,则改定之期限愈短,国家之利益愈多。惟农业上之赢利,既尽归政府,则佃者所处,不过为一劳工,其于耕稼上之改革,自无可言。故佃种之法,要当定适中之期限,使佃种者得受适当之利益,以勖勉其经营之志,而于契约中加入随地价变动而增减租价之条,则较近善。然此等关系,殊极复杂,现今各国公有地之采用佃种法者，大率对租佃期限，均有日趋缩减之势。期限既短，行政上之手续繁难，政费必巨，是又非国家之利也。

世之赞成采用佃种制者，理由有三：（一）在政府指导之下，农业技术上之发展，较之在私人手者，其结果远胜。盖采用佃种制度，则土地不至分碎，政府处地主之地位，较易应用科学方法。（二）国家之土地，就其最后言，宜为国人所公有，第为目前农业发达之计，又非属之私人不可，欲调和二者，惟有采用佃种之法。（三）国家当急需之时，度支不济，有公产则可售之以为挹注，或用之以为借债之抵押品。

是三说者，要皆非审确之论。就第一说言之，农业技术上之发明，端赖耕者之自力，政府指导，为力无多。至农地大小，亦非必达一定之面积，始为有利，全视耕稼之方法为转移。关于科学方法之运用，则在于教育，教育为政府之重要职务，使农业教育发达，则农民之智识自进，固不必一一赖政府指导也。第二说对于草莱方辟之国尚值讨论；至对已经发达之国家，则为用甚小。第三说以售公地为挹注之计，尤多可议，盖公产脱售，必须有购买之市场，当国家需用甚迫之时，志在速售，其价必低。如欲使保有公产为国家永远计划，则于国事平稳之后，又当补购，是常以贱价售出，而以贵价购入也，对于国家，损失甚巨。又谓用之为抵押品，似亦不甚重要，盖因政府发行之债票，其有无抵押，无甚殊异，使其不肯履行，人民要亦不能收其抵押之物。且政府借债，如必以土地为质，则对于其借债之政策上，阻碍必多。

综括言之，自耕与佃耕二者，俱非今日处理公有农地之良法。再思其次，则为脱售。第观察此问题，有注意财政方面者，有侧重社会方面者，故赞成与反对之声，率皆言之有物，兹撮要述之于下。

斯密亚丹氏反对政府保留公产之理由有二:(一)政府遥领,不能为一管理最有效率之地主;(二)售公地以妥理国债,其所获较保留公地者为多,而政府需用,可藉租税以课之。当斯密氏之时,英法两国之情形,正合其主持之见解,盖两国当日之公地,管理不善,同时国家之债负,积累甚厚,故其说遂见采用,售出甚伙,所留存者,不过其一小部分耳。柏斯特布尔亦赞成斯密氏之说,但以为售卖公产,纯为财利之计,则宜注意市场之价格。又谓不可售卖公产,以供经常之用,惟利率甚高之债,则可用之以资清偿也。

英法公产,因管理不善,故斯密氏之说盛行。德国公产保管之情形,与英法迥异,而尤以林地管理为最善,故德之学者,多不主脱售公产。即十九世纪上期少数承认斯密氏之说者,厥后亦渐回复于赞同保留公地。劳氏为十九世纪中叶德国大经济学家,于其财政学书中,将当时关于此问题赞成者与反对者之理由,总结列举如下述①。

甲　赞成售卖公产之理由:

(一)政府管理土地,不如私人之有效率,盖私人率肯热心改良,政府官吏,则多只奉行故事,故地在私人,产量常多。

(二)售卖公地以为完债之用,为计甚得,而尤以大规模者为最宜,因所售之价既大,所偿之债必多,每年所省之利息,必远过其所获于公地者。

(三)政府因拥有公产之故,往往顾及自身利益,不肯进行有利社会一般之改革,如免除田租以外之苛纳等,且使政府与人民因

① Bullock, C. J., Selected Readings in Public Finance, pp. 87—90. Quoted from Rau's Finanzwissenschaft.

此冲突，易失民心。

（四）公有之产业，其所入未必能敷国用，欧洲各国中之公产少者，其收入有定，亦不病民。

乙　反对售卖公产之理由：

（一）公有土地，曾为世袭君主收入供给之要源，公产所入所以可贵者，因其不须议会之允许，且当社会紊乱之时，亦可按时收入，不受影响。

（二）租税之收入，课自私人之财产，往往民怨丛集，惟公产之收入，则人民无不满之感觉，盖因其所入者，由政府私自经营得之也。假使政府售出，得价不厚，所收之款，用之不善，则徒增加人民之担负耳。

（三）公有地之所产，不及私有地之多，殊非一定不移之事实，因土地之种类与性质，各有不同，讨论时须注意及之，始可无偏，况管理之法，可以改善，要非一成不变者。

（四）公产之收入，随时间而俱增，盖因物价日涨，土壤日肥，耕种之法日进，故地之租价，亦将日高。

（五）以公产为借债之抵押品，足以增加国家借债之信用。

（六）政府拥有公地，可用之以为改良农业之试验场，试之有效，可以其结果推及人民。

劳氏总括述之如是，嗣后德之学者对于其赞成方面之理由，多不措意。瓦格涅氏谓劳氏之错误，在仅注意其财政方面；实则此乃财产分配之问题，与社会政策有关，非可斤斤于财利上之计较而已也。自上述观之，售卖公产，各方面之问题甚多，概括言之，著重收入，则当注意市场；顾及社会政策，则须求土地之分配得宜。二者必兼顾并虑，始能无弊。

公产卖出之所得,其用之之法,果以何者为适宜?自斯密氏以来,大率以此种收入,不宜用为政府普通日常之经费,只可用之为清理债项及紧急不时之需。斯泰因谓国家纸票太多,价格大落之时,亦可以之为收回纸票之用。除上述各用途外,则可存为基金,以其每年之进入,发达教育施济及有利社会之事业,盖此种天然财源,固宜用之为全体民众福利也。

第三节 林地与矿地

林地之情形,与农地则适相反,国家应保有林地而经营之,此已为一般所共认。按国家之保有林地,非谋财政上之收入,实为政府之公共政策及提倡公共福利之职务所应出。盖植树于地,生长甚迟,虽往往因土壤及种类而异其迟速,然大率须数十年或百年之久。此种需时甚久之林业,私人肯大规模以经营之者甚少;且以科学管理林地之法,及国家林木之供给,望之于私人之事业,尤不可能。国家为公共组织,具有继续不断之性质,故宜于林业之经营。兹将林地应为国有之理由,分述于后。

(一)木材供给 木材为国家之要需,源源供给,不可稍断。若以培植林木之事,归诸私人,则能否供之以时,殊属疑问。

(二)免除水患 河流之源及其两岸,广植森林,则大雨之时,可以吸水,水势既杀,可无泛滥之虞。且森林分配得宜,足以调和气候,植之斜坡,又可保存土壤,使不致为水流所卷去。此种事业,均系有关国民一般之公益,私人决不肯以其地为之也。

(三)森林须有专门人材为之管理 树木种植之后,欲其蓊郁茂盛，成为利薮，须注意林木之砍伐，小树之保护，水灾及毒物之防范。此种森林管理之事，非赖有专门之智识不为功，且林中禽鸟，尤须保护，必使其可以孳孳生息而不绝。此种禽鸟及虫类，不第有益于人类，亦国家之景物所需也。近人谓害苗之虫渐多，由于森林之消灭，其说近是，盖因禽鸟中之食虫者，既不存在，则虫之日炽，亦固其宜。

（四）一国之森林应有统一管理之权　国家管理林地之权，苟能逐渐扩充，使全国归一，为利实多。盖森林之经营，与农地异，宜于大规模之组织，故管理统一，较为经济。同时就社会之利益观之，则在政府管理之下，可为永久之计划，而不致有木材短乏之患。

林地应为国有之理由，已如上述。大凡天然之财源，用之则竭，且易陷于利诱者，宜归公共之团体管理，盖因公共团体，抵抗此种利诱之力较强也。

矿地无论公私，昔日均视为君主之产。德之官房学派，以君主对于矿产享有特权，今日虽此种特权早已消灭，然美国联邦政府仍保有地下之矿权，墨西哥 1917 年之宪法，亦以矿利为公有。吾国最近所公布之《矿法》①，其第一条亦载明中华民国领域内之矿，均为国有，必须依矿业法取得矿业权者，始得开采。此皆公有矿地之例也。

第四节　欧西各国公产之概况

大战以前，欧洲各国中公产之最多者，首推俄国。1913 年时，

① 民十九年五月二十六日国民政府公布《矿业法》。

俄在欧亚两洲之林地,共947,686,000英亩。1912年,德国各邦合计之公产,共5,848,788,000阿耳(Hectares);其中5,082,179,000阿耳为林地。印度在1916年,公有林地共249,000方英里。美国之公产,约为2,708,388方英里。英法两国公产,多已售罄;其他如加拿大、奥地利亚、阿非利加各处,荒而未辟之地甚多,此种富源,虽为政府所有,要亦无多收入可言也。

再就近年来欧西各国公产收入之概况言之,1925年至1926年,苏俄政府公产收入,约占收入总数6%,此为现代国家公产收入之最多者。其次则为芬兰,1926年之公产收入,约占收入总数4%。其他如捷克、希腊、比利时等国,公产收入,约占收入总数百分之一,余如英法等国,则均小于1%。

国　别	年　份	百分比
苏　俄	1925—1926	6.0
芬　兰	1926	4.3
日　本	1925—1926	1.3
捷　克	1926	1.17
希　腊	1925—1926	1.13
比利时	1926	1.1
瑞　典	1926	0.9
法　国	1926	0.74
美　国	1927	0.53
荷　兰	1926	0.5
英　国	1926—1927	0.1

第五节　中国公产之现状

中国古时岁入之源,多恃租税,与欧西各国古代之恃公产为用者迥异。私经济之发达,启绪于东周之时,如楚有汝南之金,齐擅渠展之利等是。官矿之始,实在古代,姬周之世,已有矿人之官。屯田之法,因农为兵,则起于汉之昭宣。历代公产发达及沿革之情形,本篇未能详及。兹就近年吾国公产之概况略述之。

吾国公产中,以屯田、沙田、旗田、营产及垦荒等为大宗。在过去预算中,谓之官产①。屯田始为赡军之用,后渐有名无实。光绪之末,改并卫所,裁汰邦丁,屯租归入地丁项下征收。民国以后,清理屯田,收价给照,改屯为民,于是始为官产入款。沙田有江滩海滩之分,宋绍兴间,遣人检视沙田,因当时已有为人冒占之弊。嗣后清理沙田,屡见史册,至清代则有丈放升科之规例。民国初清理沙田,按其性质,或缴价升科,或改定科则,其所入亦为官产之一。旗地为恩赏旗民之地,起于清代,向不纳粮,迨清末时,多归普通人民执管,民国初清理旗地,收费给照,按照升科,变为官产。营地初以为军营自用之地,旋因营制既变,营地间有荒废不治,或租佃于民者,近经逐次调查,除于事实上应保存者外,公示标卖,收价升科,遂亦为官产之收入。东北各省之荒地,数量甚巨,放垦所得,亦为官产收入之一。此外尚有废署官房等项,除政务上应保存者外,亦多出示标卖,列为官产之收入。

上述各种官产之中,如废署官房,十余年来,大都处分殆尽。荒地以察、绥、热、黑四省所有为巨;近年来放垦已多,余则或因地势关系,或因荒僻不易经营,故年来领数顿减,收入甚微。其他官产如沙田、旗地、屯田之类,国民政府成立以来,仍规定由中

① “官产”一名词,在过去吾国预算中所指,为沙田、屯田、旗田、营产等项。国民政府近年所编之预算,改用“国有财产”。

央处理。为整理计，在各省特设机关专司其事。江苏、浙江二省，财政部各设有沙田局，定有领垦及报领价格。河北热河之旗产与清室官房田地以及营产等项，财政部亦尝设有官产处，以谋清理。安徽省之屯卫及官荒，自十八年一月起，亦由财部设立屯垦局，从事清理。其他各省，则由财政部订定表式，饬各省财政厅查报兼办。

吾国公产之收入，在前清时，或归入田赋，或并于杂收入之类，故预算中，无官产收入之项目。民国二、三两年，亦未分定，迨至四年前后，共解八百余万元。五年、八年预算，均以官产收入为中央直接收入，五年预算中所载官产收入，计 17,051,808 元，占收入预算总数 3.6%；民八预算中所载之官产收入，计 17,451,910 元，占收入预算总数 3%。北京财政整理会所编之试拟暂编两预算及整理财政概算，亦均以官产收入为中央直接收入，计一千四百四十三万余元，与民五各省认解之数，相差较少。按财政整理会之收支，系根据各省送到之表册，由专门委员详细审核，颇为可靠。国民政府成立以来，有各年岁入实数报告，十六年岁入中所载之官产收入，为 577,633 元。十七年岁入将官产收入，包括于未分数各款项中，实数不明。八年岁入报告亦如是。二十年预算中立有“国有财产收入”一款，合经常临时计之，共有 5,072,048 元，占总收入 2.7%。此吾国近年公产收入概况也。

林地亦为公产中之一要项，清季农工商部即提倡经营森林，然空言殊鲜实效。民国成立，农林部始设置森林局，专理林务。后农林与工商部合并，森林局因并入农务局。五年，林务局成立，对于林政，具有彻底改进之方针；因此整顿之力，造林事业，在东南数省，颇有进展。按民国三年之森林法，吾国之林地，除政府已有者外，凡无业主之森林，均应归为国有。国有之林，如有关系江河水源，面积跨越两省及有关国际交涉者，均有农商部直接管理，余则委之地方官署。森林法中，又规定凡有关预防水患，涵养水源，公共卫生，航行目标等，无论公私森林，可经农商部编为保安林，委托地方官管理。

最近立法院通过之《森林法》①，其总则第一条："森林依其所有权之归属，分为国有林公有林及私有林。"所谓国有林，由主管部股立林区，经营管理，公有林则由各该地方主管官署或自治团体，经营管理。公有林对于国土保安上或国有林之经营上有收归国有之必要者，或关系山河水源及其他利益不限于所在地之省区者，得收归国有；私有林对于国有林或公有林之经营上有必要者，亦得依法征收。若国有林公有林及私有林有下列必要情形之一者，应编为保安林。

（一）预防水害风害及潮害；

（二）涵养水源；

（三）防止砂土崩坏及飞沙坠石泮冰颓雪等害；

（四）公众卫生；

（五）航行目标；

（六）利便渔业；

（七）保存名胜古迹之风景。

保安林非经地方主管官署之许可，不得斫伐或伤害；即人民之牧放牲畜，及土石草皮树根之采取，亦均在禁止之列。

国有山林之经营，其收入支出，属诸特别会计，自开办以来，所

① 民国二十一年八月三十日立法院会议通过。

有进项，大率留充推扩林业之用，无多羡余可言也。

参考书

Adams, H. C., The Science of Finance, pp. 236—254.
Lutz, H. L., Public Finance, 2nd ed., Ch. Ⅸ.

第三章　公业收入

各国公产收入之重要，虽已减少，而公业（Public Industries）之经营，则近世以来，日形发达。其发达之原因，有基于社会福利之需要而公营者，有因军事上及政治上之需要而公营者，有因大实业之创办，需资甚巨，非少数私人之力所能筹措而归国家经营者，诸如此类，不一而足。政府为人民之公共组织，应为全体人民谋利益；同时以法人资格经营经济事业，亦增加收入之正当方法也。现代公业之发达，其在财政上及社会上之重要，均足值吾人注意，故本章详论述之。

第一节　公业之选择

选择政府经营之实业，自原则方面观之，宜本诸下列各标准。

（一）增加收入　政府为增加收入计，经营实业，斯密亚丹氏以为宜择其需资甚微，经营之手续甚简，收入不仅有定，且为期甚近者[①]。自氏以后，相率沿用此说，无大变更。亚当士谓选择以收

---

① Smith, A., The Wealth of Nations, Book V, Ch. Ⅱ.

入为目的之公业，须求组织简单，且其产品，为宜于课税之物[1]。合于上述标准之实业，为数殊多，政府不能一一经营，选而择之，则应视便利与有益以定取舍。

（二）免除弊害　事业中有由私人经营，则弊害丛生者，例如造币，宜为公营之业，假使归诸私人办理，则甚难得一同样标准之价值。且完善之货币制度，须有严厉法规，以随其后，始可行之无弊，故须由政府主持。世界各国，货币均由政府铸造，即欲谋划一而防弊害也。

（三）独占实业　实业受"收入递增率"之支配者，如交通事业中之铁路电报等，大都具有独占之趋势。盖因其营业之获利，全在运输之增多。运输加多，与营业用费之增高，非成正比例，故竞争之结果，容易趋于独占。此种实业，归诸私人，则其取价必昂，足以影响一般人民之经济；在政府管理之下，虽缺乏竞争，不能保其待遇之必公平，然弊害之生，必不致如私人营之者之多。

（四）社会利益　政府经营实业，应以改善人民之生活及促进社会之发达为前提。夫文化与时俱进，社会公益之事业，应为此文化改进之助力，使人民在此情形之下，获得便利之生活。譬如邮政，所以传递信息，实为今日社会组织中所必需。其他如电报、电灯、自来水等公用事业，均属此类。政府经营此项事业，乃以积极之方法，为全社会利益谋促进之方，不仅为免除弊害已也。

（五）关于一般人民福利之事业　政府所做之事，就大体言，应为公共性质，不宜偏于一地或私于一阶级，故公营事业，亦当以有关公众利益者为限。例如伦敦之公共牛奶厂及公共浴所，皆因

① Adams, H. C., The science of Finance, p. 291.

为社会福利之需要而经营，其性质属于一般，尤为显著。

总括上述，凡政府欲经营之实业，宜求其合于下列三种条件：其一，此种实业自身，须极简单，可用普遍一致之法规管理；其二，此种实业，如由私人经营不加限制，则易产生各种有害社会之结果；其三，此种实业，必包括社会利益甚广者。交通事业如邮电各项，实兼具之，此其所以多为国营也。

第二节　公业之经营

（一）以收入为主要目的者　政府经营以收入为主要目的之实业：对于出产所取之价，必为其最高者。是项事业之取价，本诸过去数年之成绩以斟酌之，即可决定。法国之烟叶及火柴专卖，意大利之食盐专卖，日本之烟叶、樟脑及盐专卖，西班牙之烟叶、火柴及彩票专卖，印度之盐及鸦片专卖等，皆系以收入为主要目的，即此类公业之例也。

（二）以制裁为目的而以收入为附随者　此类实业，大率与多数人民之生活情形有关，政府予以经营，其目的在免除社会方面之弊害。就其性质言之，多属交通事业，譬如造币及发行纸币等，则属值之交换；电政电报等，则属信息之传递；运河灌溉自来水及电灯、电力等，则属物与力之播送；铁路航运，则属人与货之运输。以上各种，其经营管理之法，大致颇相类似。兹先就邮政举例言之。管理邮政之法，约可分为三种[①]。

① Bullock，C. J.，Selected Readings in Public Finance，pp. 110—113.

第一，以邮政为牟利之商业机关。此种经营方法，似乎近理，实则使有私人之机关，与之竞争，尚属可行。但政府经营邮政，为独占业，使专为营利计，则易发生弊端，盖因缺乏竞争，易使邮政办事之人，规图最高之利，且定率不受限制，尤易使取费过高。第二，取收邮费，求其能供支出而稍有羡余。此种政策，自英人希尔氏(Sir Rowland Hill)邮政改革之后，始渐有力①，嗣后各国相继采用，不过其邮费减低之速度，多未如英国之骤耳。此项原则，仅求其能偿付费用及设备上之改良费，实远胜牟利主义，因(甲)可免邮政办事者自由增加希图厚利之弊，(乙)可资为规定邮政收费率之标准。第三，邮政收费，少于其所付出。此种原则，是以公共之税收，供特别事务之用，此一般所认为宜避免者。第有时亦不能尽去，譬如美国之邮政，关于人烟稀少之乡，多有长途送信之设备，需费甚昂，而于收入无增，故邮政往往因此亏空。此种亏空如恃增加定率，以为弥补，则率高信少，不足以济；如自人烟稠密之邮政拨济，似亦非适当之法。就以上各种原则观之，以第二种为最当，盖收入之总数，必求其能敷支出之总计；而得此总计之法，不在每单位取费之高，而在全数之多也。

铁路运费之规定，亦为应讨论之重要问题。盖铁路之经营，普通以之为牟利之事业，其对于社会之重要，往往未为人所尽悉。关于定率之问题，有两点宜加注意：(一)欲求规定收率，必先有一适当之劳务分类；(二)对于个人或各地不得轻有差别之待遇。本此二点，再斟酌其特殊之情形，以定取费之率，庶几可以无弊。现今

① 1840年，希尔氏将英国邮费减作十分之一，虽未立见成效，然十年之后，其总收入与十年前原有之收入相等；三十年之后，其纯收入与三十年前原有之收入相等。参看 Bullock, C. J., Selected Readings in Public Finance, pp. 106—112。

各国之制，对于铁路事业，有用私营制者，如英、美各国；有采国有制者，如德、俄等国；亦有采公私混合制者，如法、奥等国。其采用国有制各国，所用经营方法，仍多以利益主义为归宿，不过其所获者，最大限度，常不使超过私营事业竞争时所获得之最高率耳。

（三）以公益为主要目的者　政府经营以公益为主要目的之事业，其经营之费，率由国家之支出拨用，而不求其能如数偿付，如国家经营之林业等是。林业方面之收入，率得自其副产品，其经营之主要目的，初非为收入计也。关于此种副产品之出售，应照竞争的私营事业出品之价格，盖如是始可不致有损害私人营业之弊。

依上所述，公业之中，有以收入为主者，有以公益为主者，有兼顾公益收入者。论其经营之法，约言之，大抵以收入为主者，其取价与商业上之独占者同，以裁制为目的收入为附随者，其取价以能调和财政及社会两方面之利益为前提；以公益为主者，则其取价，多得自其管理时所有之附属品也。

第三节　欧西各国国有营业之概况

（一）邮政　邮政为政府经营最早之事业，当其始时，不过为传递信息之工具，初未尝以之为商务事业，嗣后发达普遍，遂视为政府经营公业之一。近世邮政事业，除传递信息外，尚兼营他种业务，如银钱之汇兑，存款之储蓄，以及货品之转运等。甚至如美国之农部，提倡由邮政机关代农民输送农产品。此外如纽西兰之邮政，并为政府登记人口生死及经营人寿保险事业，此皆额外增有之职务也。

经营邮政政策，自希尔氏改革之后，始由政府之专利营业，变为趋重公益之事业。近世各国规定邮递之费，大率本此原则，其专以之为殖利之具者盖甚鲜。美国、西班牙、巴西诸国之邮务经营，年有亏空，而以美国所亏为最巨，1922 年至 1928 年，其平均损失，约达二千三百万金元。他如瑞士、瑞典、葡萄牙、挪威、英国、芬兰、丹麦、比利时诸国，则年有盈余。印度、意大利、希腊、法国、奥国、荷兰、澳地利亚、日本等国，邮电之会计未分，其经营结果，除奥国外，财政上亦均获利。兹分别表列于下：

A　各国国营邮务之财政结果（单位：百万）

国别	币制	年份	盈	亏
美国	Dollar	1922—1928 之平均		23
瑞士	Franc	1924—1927 之平均	3	
瑞典	Crown	1923—1925 之平均	14	
西班牙	Peseta	1921—1926 之平均		51
葡萄牙	Escudo	1922—1925 之平均	9	
挪威	Crown	1925—1927 之平均	1,461.5	
英国	Pound	1926—1927 之平均	4	
芬兰	Markka	1923—1928 之平均	10	
丹麦	Crown	1925—1927 之平均	0.3	
巴西	Milreis	1923—1928 之平均		15
比利时	Franc	1925—1928 之平均	0.6	

B　各国国营邮电之财政结果（单位：百万）

国别	币制	年份	盈	亏
印度	Rupee	1921—1927 之平均	7	
意大利	Lira	1923—1927 之平均	6	
希腊	Drachma	1921—1926 之平均	2	
法国	Franc	1925—1927 之平均	585	
澳洲	Pound	1924—1927 之平均	0.035	
奥国	Crown	1923—1926 之平均		5

国别	币制	年份	盈亏
荷兰	Florins	1924—1926之平均	6
日本	Yen	1926	47

(二)铁路　国营事业之中,其普遍程度,较次于邮政者,则为铁路。全世界铁路,据西拉斯氏书中所载,共约644,200英里[①],其中32.5%为国营,45.6%为私营,21.9%为公私并营[②]。

铁路国有之问题,吾人通常讨论,率就其经营之财政效果着眼。第讨论铁路国营之得失,仅就财政上言,似有未尽,盖世界各国,有因私人资本缺乏而致铁路国营者,如澳地利亚是;亦有因人民鲜进取性与企业心而致铁路国营者,如印度是。若以数年之财政结果,遽为判断铁路国营之利否,必多乖误。故本章讨论时,虽只就其财政上之结果言,然同时注意其特殊之情形。

澳地利亚之联邦政府,在1911年时,经营一路线,至1921年,此路之已成者计1,733英里,是时所投资本,共11,184,000镑。其每年营业用款,超过其所入者,多至12%至53%。1923年至1924年,亏空约4,890,000金镑之多。各邦铁路,比较差强,虽未能饶有羡余,然能获利以偿其资本支出一部分之息。自1917年起,其纯净收入,足占资本支出3%。但各邦铁路所借之资本,利息多高于此,故就财政言之,各邦铁路之经营,亦属亏折。第澳洲国营铁路之为利与否,有非财政一途所能概括者,盖各邦修路,多为开殖之计,在经济事业未发达之先,自难获利。故目前论澳洲铁路经营

① 数内中国铁路,系改用8,200英里计算。

② Shirras, G., Public Finance, pp. 427—428. 又据斯布洛教授于其《国营铁路》书中,总计世界各洲在1923年所有之国营铁路为279,212英里。各国之铁路经营政策,时有变迁,故是项数字之表示,只能有效于暂时,非能历久不变也。(参考Splawn, M. W., Government Ownership and Operation of Railroads, p. 4.)

之利益，实多在间接方面也。

纽西兰为新造之邦，利用铁路以为发达天然富源之工具，故其目的，不在牟利，昔时所得之利，以3%为已足，过此则减低其定率，故常稍有亏折。近年以来，因移殖之进步及工商业之发达，政府获利之标准，稍加提高，目前所定，为资本报偿3.75%。

加拿大荒地甚广，人烟稀薄，故舆情多主公营铁路，便利交通，以为发达之计。初时因政府给以土地予以助力，故私人筑路颇多。政府公营，自近二十年来始盛，1921年，殖民政府，以485,053,465镑，建筑横过加省铁路。此路之所入，十一年之中，稍有赢利者，仅六年耳。此六年所获之总数，亦只1,122,380镑。故就财政方面言，殊不满意。第此路之重要，在发达经济，而不在财政收入，与澳之各路相同，故获利之时，尚须俟诸将来。

欧洲各国之经济状况，与加澳迥异。故公营铁路之政策，亦不相同。公有铁路之制，在大陆各国中，最先采用者，首推德国。德国铁路，在1912年以前，均为各邦经营，其营业进款超过支出者，共745,196,000马克，所获赢利，约占资本支出4.26%。各邦中营业成绩之最优者，厥推普鲁士，1895年至1905年中，其平均净利，从资本支出6.57%增至7.13%。此后虽略减低，然在1905年至1913之八年中，其净利犹占资本支出6.31%。欧战以后，前此德国各邦经营之铁路，均于1920年4月，移交联邦政府管理，所获赢利，悉以之作赔款之用。1924年，根据道威斯计划（Dawes Plan），德国各铁路，统移归德国铁路公司（The German Railways Company）管理，1928年时，此公司所经营者共有33,460英里。法国铁路，由政府经营者，约2,831千米，其收入之费，用以偿付利息，尚年有亏空，1913年，计达84,043,000法郎，相继如是，以至大战。嗣后亏空更增,1925 年至 1926 年,共约 221,500,000 法郎之多。瑞士公有铁路之经营,成绩甚著,合计国有铁路,共约 4,000 英里,1924 年至 1925 年,其所获净利,约 800,000 法郎。比利时之公营铁路,共约 5,000 英里,成绩亦佳,1925 年至 1926 年,其所获净利,约 2,200,000 法郎。

美国在大战时,联邦政府运用战时特权,曾将私有铁路收归政府经营,自 1917 年至 1920 年止。根据蒂格逊(Prof. Dixion)之结论,政府经营之结果,不第无赢利可言,且年有亏空[①]。

日本本部之铁路建筑,始于 1873 年。现共有铁路 12,198 英里,其中由政府主办者 8,509 英里,私人主办者 3,689 英里,凡属其政府所有之铁路,均归铁道部管理,铁道部分全国为六大铁道区域,每区设一铁路局。铁路之财政会计,与普通财政会计分开。就国有者与私有者之财政状况言之,则国有者较优,按近二十年之平均计算,国有铁路净入,约占资本总额 9%,私有铁路净入,约占资本总额 7%。1928 年至 1929 年,日本国有铁路之净入,共 228,432,000日元。

各国国营铁路之财政结果(单位:百万)

国别	币制	年份	经营结果	
			盈	亏
奥国	Kr.	1923—1924	104.5	
澳洲	£	1924—1927	489.0	
比利时	F.	1925—1926	2.2	
巴西	M.	1922—1926	16.0	
丹麦	Kr.	1925—1927	24.5	

① Dixion, F. H., Railroads and Government, p. 206.

国别	币制	年份	经营结果	
			盈	亏
芬　兰	M.	1923—1926	109.3	
印　度	R.	1924—1927	60,620.0	
法兰西	F.	1925—1926		221.5
意大利	L.	1923—1927	2.2	
挪　威	Kr.	1925—1927	10,290.0	
葡萄牙	E.	1922—1924		11.4
瑞　典	Kr.	1923—1925	33.7	
瑞　士	F.	1924—1927		0.8
日　本	Y.	1928—1929	228.0	

就以上各国过去经营情形观之,公有铁路,在财政上不能谓之成功,亦不能谓之失败,盖德国各邦之经营,成绩卓著,获有余利,小邦如瑞士、比利时等,亦因运输之繁盛,营业经费之低减,获利甚巨,日本亦然。加、澳两国,则因建筑费巨,贸易不多,以至财政方面,年有负累。美国各路,其修筑之费用,贸易之情形,处于欧洲各国与加、澳之间,故公营成绩,亦介乎二者之间也。

(三)电政　电报公营之例,以英为最著。当英国讨论公有电报最激动之时,叶荷士(W. S. Jevons),以电报与邮政甚相类似,邮政既可由国营而获利,则电报国营,结果亦将相同,本此理由,赞成公营①。此种类似之说,在论理方面,未能尽合,而英国经营电报之经验,又实足以根本推翻其说。兹就其财政方面略言之。英国自1900年至1914年,电报营业,年有亏欠,最少之年为1900年,计580,000镑,最多为1904年,共1,236,000镑,欧战以后,仍鲜获赢。1921年至1922年,其营业上之亏损,约达3,000,000镑。其

① 参看 Bulock, C. J., Selected Readings in Public Finance, pp. 116—128。

他各国，如比利时、巴西、西班牙诸国，电政经营，亦年有亏欠。丹麦、芬兰、挪威、瑞典、瑞士、加拿大诸国，虽有盈余，但其数亦甚微耳。

各国国营电政之财政结果（单位：百万）

国别	币制	年份	经营结果	
			盈	亏
比利时	F.	1925	4.0	
巴西	M.	1923—1926		10.5
丹麦	Kr.	1925—1927	0.035	
芬兰	M.	1923—1926	0.8	
挪威	Kr.	1925—1927	3.0	
西班牙	P.	1921—1926		34.8
瑞典	Kr.	1923—1925	20.0	
瑞士	F.	1924—1927	1.3	
英国	£	1921—1922		3.0
加拿大	$	1920—1921	1.7	

邮政铁路电政三业，为国营事业中之最重要者，业已略述如上。其他如银行、印刷、造币、火柴、硫酸、烟叶及食盐等业，亦多有国家经营。种类繁多，不能详及，故从略。

第四节　欧西各国市有营业之发达

近世以来，市府经营之公业，发达甚速，其范围之广，远过于国有之营业。盖市府与民接近，民之需要，较易稔悉，且人民对市府之所经营，易加监察，故赞助尤力。

市府营业之范围，各国彼此互异，在英格兰与威尔斯之城市，其所经营之企业约九种，即自来水、煤气、电灯、电车轨道、市场、公共浴所、工人住房、墓地及港口等是。英国城市公业之发达，以

1885年至1915年为最速,在此三十年之中,城市所欠之债,增加甚巨,此项借款,大率用以支付公营之事业。就财政方面言,过去均多亏短,虽各业间有余剩,要之从长计算,均不足以资抵补。近年以来,煤气、电力及市场各业,虽多获赢利;而自来水、港口、墓地等业,则仍多亏累。德国城市之营业,范围较广,根据1906年之调查,有一二城市之中,公营业之种类,多至三十有二。但普通经营之企业,大率为自来水、煤气、屠宰场、畜牧场、浴所、电灯、旅馆、酒席馆及电车轨道等。其财政方面之效果,远胜英国,盖因其经营政策,系求其足以偿抵,故取价较高,所以往往有余。美国城市营业,发达较欧洲稍迟,其营业之范围,亦不若德国之广。各种企业中,经营最多者,为自来水及电灯二项。就财政方面言,自来水营业,仅足以自给;即电灯及电力之所获,亦无多羡余可言也。

市府经营之公用事业,应与私人所营之业,立于相同之地位。公业免除税课,是否适当,实为可讨论之问题。夫市营之公业,免除税征,则所取之价,必较低贱,取价既少,则城市之收入自微,结果必将增加其他税率,以为弥补。免城市公业之税,而加增一般人民之负担,是免除一部分用此物者之税负,而取偿于全体也。假使用此物者,为全体人民,则免税之利,人皆享之,亦未为不可行;若使用者仅为一小部分之人民,则此项免税之法,殊足以产生不平之弊。综括言之,市营各公用事业,有可被征课之理由三:(一)税征之费,为各业出产品所应具成本之一,初不必因公营私营而为之区别。(二)课之以税,可使公营业不致独占便利。且在民治国家之中,不容少数人享受一种利益,为其余多数人所供给;果有之必废疾孤寡者类也。(三)课此种公业以税,可使平时为他税所不及者,得分负政府之费用。经营城市公业,固应以服务为目的,第课之以税，不徒无伤于服务之政策，且可稍轻一般人民之负担也。

第五节 中国公业经营之历史及现情

中国公业之发达，始于东周。管子治齐，通轻重之权，徼山海之利，其致富之术，端赖国家专利。嗣后各朝，亦间有采用此项专卖之法者，如汉之桑宏羊，唐之刘晏，史载甚详，具体可考。至现有各种规模较大之公业，大都自海禁开后，始先后从事创立，其最著者，为路电邮航。兹分述之如下：

（一）邮政 中国邮传之法，创行甚早，周时即有官邮，置步传马传递送简书，汉代改邮为驿，历朝沿之，前清犹然。沿袭既久，遂为传递信息之机关，然未尝变通而推广之。自欧亚通商而后，重要口岸，设有外国邮局，屡经变更，乃委托海关税务司管理，是为税务司兼办外国邮递之始。清光绪初，北京、天津、烟台、牛庄、上海、镇江各处，设邮务办事处，其后各地沿海口岸，次第推广，均由总税务司管理，于是创办邮政之计划，遂肇基于斯。迨至二十一年，江督张之洞始奏请设立邮政专局，清廷下总理衙门筹议，翌年复奏，得照准，是为我国邮政认为官办之始。自邮政开办以来，初归总税务司兼摄，隶于总理衙门，旋改隶外务部，嗣又统属于税务处。宣统三年，邮政与海关始行划分，于是管理邮政之事宜，乃归邮传部直辖。民国成立，裁撤各省驿站，文件统归邮政寄递，由交通部督理。国民政府定都南京以来，交通部即将邮政管辖权，集中于新都之邮政总局。邮政总办一职，昔为法人把持，近已改任华员，所用外人，悉听命于总办。此吾国邮政沿革之概况也。

邮政逐渐推广之情形，非本章所能备述，兹略举其要者言之。按邮局自国办以来，先设总局于北京（现北平总局已裁撤，全部南迁），置分局于各省，嗣后逐渐增设于内地城市及乡镇，近虽乡曲小村，亦多分设矣。至于邮务方面，先后改进亦甚多，邮寄包裹，始于光绪二十三年；邮汇银钱，始于二十二年；快信递寄，始于宣统元年；信件保险，始于宣统二年；乡村收信递信法之试行，起自民国七年，他如国际间邮寄包裹之银货两现办法，亦自民国十二年起试办矣。兹将自前清宣统三年邮务管理从税务处移交邮传部后之进步情形，表列如下：

吾国邮政历年进步之情形

年份	邮政分局	信件	包裹	陆路邮线	水路邮线
光绪卅三	2,096	31,994,143	400,126	153,000	17,000
宣统三年	6,291	116,748,914	954,740	319,000	45,000
民国五年	8,797	233,234,273	2,232,100	421,000	64,700
九　年	10,469	400,886,835	4,176,220	603,300	79,600
十　年	11,032	442,116,358	4,569,660	637,800	79,300
十一年	11,306	426,363,616	4,791,420	658,400	82,900
十二年	11,596	473,611,716	5,307,910	667,900	83,500
十三年	11,790	522,352,096	5,738,830	683,771	85,589
十四年	12,007	565,007,763	6,540,968	690,064	91,895
十五年	12,224	585,788,488	6,011,171	703,944	90,433
十六年	12,127	579,857,397	5,548,998	685,994	91,847
十七年	12,126	635,456,310	6,170,553	671,178	94,305
十八年	12,263	724,312,860	6,857,250	679,406	95,259
十九年	12,350	376,571,700①	2,873,045①	631,120	96,770

① 为十九年一月至六月之数据。

年份	邮政分局	信件	包裹	陆路邮线	水路邮线
二十年	12,523	774,017,800①	6,207,230①	682,364	99,475
廿一年	12,679	837,052,200②	6,518,214②	686,599	100,141

中国邮局，自光绪二十二年国办后，政府未尝有经费上之津贴，直至三十一年，始允任一部分之补助费，每年总额，为海关银70万两。惟此款从未付清，宣统三年，改隶邮传部时，邮局共负海关约300万元。当辛亥革命时，因外交团禁付关税，邮局之津贴，亦同时停止。后由官厅出面维持，得以重办，乃竭力节省费用，至民国四年，不仅收支相抵，且稍有赢利。所欠税关之债，每月偿付51,000元，已于民十四年全数偿清。此后年有余利，各种改良与设施，亦得先后计划推行。兹将邮局历年收支表列以供参考。

中国邮政历年收支表

年份	收入(元)	支出(元)	赢亏(元)
民国元年	3,570,210.47	4,020,890.07	-450,679.60
二年	5,487,517.83	5,540,742.67	-53,224.84
三年	6,156,734.25	6,254,276.46	-97,542.21
四年	6,798,580.28	6,495,987.76	302,592.52
五年	7,630,416.48	6,693,013.58	937,402.90
六年	8,574,352.24	7,151,834.08	1,422,518.16
七年	9,496,783.18	7,590,829.35	1,905,953.83
八年	11,231,018.76	8,790,483.38	2,440,535.38
九年	12,679,149.69	10,467,051.92	2,212,097.77
十年	15,606,494.11	12,780,249.28	2,826,244.83
十一年	17,112,367.47	13,266,829.64	3,845,537.83
十二年	20,782,390.88	16,316,895.88	4,465,495.00

① 为十九年七月至二十年六月之数据。

② 为二十年七月至二十一年六月之数据。

年　份	收　入(元)	支　出(元)	赢　亏(元)
十三年	23,257,114.14	18,906,645.51	4,350,468.63
十四年	25,304,671.98	21,353,819.63	3,950,852.35
十五年	28,311,251.21	25,301,148.69	3,010,102.52
十六年	27,803,714.35	27,708,624.43	95,089.92
十七年	31,130,829.65	29,890,657.20	1,240,172.45
十八年	38,385,832.48	36,719,109.05	1,666,723.43
十九年	39,406,131.11	38,946,964.31	459,166.80
二十年	45,363,221.07	45,913,613.70	-550,422.63①
廿一年	39,582,007.49	44,049,922.52	-4,467,915.03

（二）铁路　我国之有铁路，自淞沪始，外人在我国敷设铁路，亦始于此。嗣后从事建筑，路线渐次延长，筑路之款，率为外资，其完全为官筑为商办者，寥寥无几。综其过去历史，约可分为四期。

第一期自1863年至1894年，为风气未开时期。此时全国上下，昧于铁路之利，故倡筑者，辄为清议所不容，与英美初修铁路时之反响相同。嗣后国中少数明达之官吏，渐知铁路之重要，虽困难甚多，而华北铁路之一线，卒获完成，即今日北宁路之一段也。

第二期自1895年至1905年，为列强争租铁路时期。国中明达之士，已知修路之不容缓，乃因财政困难，不得不借助外资，而当时秉国钧者，暗于外情，复以借款及其他政治关系，诱起各国之竞争。在此时期以前，吾国之路线，未尝租之外人，自1895年起，外人租路渐多，至1898年，路线分租列强者，竟达6,420英里之多。且此期借款中之条件，丧失利权，不可胜计，因此人民愤激，拒款之焰大张。

① 本年资本支出为1,462,820.20元。

1898 年时列强在中国分租路线里数表[1]

国别	路线	里数
英	9	2,800
俄	3	1,530
德	2	720
比	1	750
法	3	420
美	1	300
合计		6,520

第三期自 1905 年至 1911 年，此期之特征，为民有铁路之建筑，国有铁路政策之反响，外人放款公司之合作，借款筑路管理问题之解决等是。此期借款之条件，较之第二期稍优。

第四期自民元至现在为统一路线时期。民国成立后，政府对于铁路之计划，分两方进行：（1）计划新筑路线；（2）统一已有路线。民国二年组织委员会，聘美国财政专家亚当士为顾问，将铁路会计改归划一，同时竭力进行，使各线成一单位。进行之法，首先举行联运。民国四年各路又赞成交换车辆之计划，九年即已见诸实行。嗣后因连年内乱，全国分裂，统一会计制度，失其效用，特别会计名议，等于虚设，以致铁路财政，深入于困境而无以自拔。

中国现有之铁路，共约八千二百余英里，内四千八百余英里，为国有铁路，计占铁路全数 58%，其他 12%，为实业界自有之铁路，30% 为租让铁路。国有铁路建筑之费，十九出于外债，据财政整理会之调查，路政内外债款，共约近六万万元[2]。而民十四年《铁

---

① 租线中外人仅占一半利益者，对其线之长度，亦只以一半计算。参看 Railway Problems in China, p. 30。

② 实数为 594,895,901 元，其中外债为 520,907,121 元，内债为 73,988,780 元。

路会计总报告》中，所载国有铁路之路线及设备品之原价，仅594，380，168元，较之内外债项总数，尚少百分之一也。

我国国有铁路之一切用款，从前漫无稽核，各路率自为政，即一路之中，逐年营业之盈亏，管理之优劣，亦均无从钩考。自民国四年，交通部改良会计制度，并于交通四政，设立特别会计，各路营业，始纳规矩，赢余逐渐增加，管理亦得渐有津梁。下表所载为民四至民十八每年之营业百分率比较表①。

中国国有铁路历年营业百分率比较表

年　份	百　分　比
民国四年	53%
五　年	46%
六　年	47%
七　年	44%
八　年	46%
九　年	47%
十　年	56%
十一年	57%
十二年	56%
十三年	57%
十四年	58%
十五年	70%
十六年	67%
十七年	62%
十八年	61%

① 营业百分率者，即营业用款与营业进款额之比例。凡营业百分率愈低者，其营业之获利愈高，我国国有铁路历年之营业百分率，最低者为民七，最高者为民十五年，而自全表观之，民十之前，营业百分率，尚在50%以下，民十以后，则日趋增加，此皆由内战发生之所致。盖铁道为运输机关，一遇军事发生，长官即将其势力范围之铁道，完全占去，客货输运停滞，营业进款大减，因之百分率剧增。

吾国铁路之建筑，创始时适承甲午、庚子两役之后，国库艰窘，民力凋敝，大宗资本，无从筹措，除平奉、平汉两路曾由国库提拨小数官款外，其余多用借款建筑，或取诸各路赢余，辗转腾挪，以为应付。且所有各路维持费用，购回路线款项，以及还本付息之款，为数皆极巨大。民国以来，战祸频仍，新筑路线，成者甚少。国民政府成立之后，对于全国路线网及兴筑程序，屡有计划，大致系本诸孙中山氏之七大铁路系统及铁路工程专家之调查①。惜年来军事屡起，政局不定，致不能见诸实行，推而扩之，尚有待于将来也。

（三）电政　前清同治十三年，两江总督沈葆桢，奏陈电政之利，奉命筹办而未果，先是丹国商人，架设旱线于淞沪间，实为我国有电报之嚆矢。光绪五年，李鸿章在大沽北塘海口炮台，设线以达天津，是为自办电报之始。翌年，遂试办南北洋电报，迨南北洋电报成，于八年三月，改由商办，定资本为八十万元，但政府仍派人监督。二十五年，增资本为二百二十万元，二十八年改为官办，设电政大臣以督之。原有商股，悉仍其旧。三十四年，由邮传部收全国官商各线，归部直辖，所有商股，概由政府收买，次年三月，由部派员接收，是为隶属中央之始。综其沿革，可分为三，自清光绪五年至八年，为官款官办时代，自八年至二十八年，为官督商办时代，自二十八年至三十四年，则为商股官办时代。自此以至现在，仍为官款官办时期。民国以来，各省所设陆线，逐渐推广，由沿海各省，展至内地，以迄边徼。至海港商埠等处之水线，均已陆续设置，无线电电话，亦逐渐改良扩充。此我国电政沿革之概况也。

我国电政，除初办时，曾由国库支拨少数官款外，其余多由借

① 参看贾士毅：《民国续财政史》，第783—832页。

款办理。而其所借之款，又多被挪作他用，其实际用于电政方面者，为数无多。据财政整理会之调查，电政借款，共计39,778,522元，故电政上虽营业赢余，年可增加，然以支付资本支出，债款本息，以及政府提用各款，尚属不敷。查民国五年电政营业进款为7,128,240元，营业支出为7,296,290元，收支相抵，尚欠168,050元。民国十四年，据财政整理会之调查，电政营业进款，年约一千四百余万元，惟其内之资本支出，年需七百余万元，实多系偿还债款本息，而真正之资本支出，甚属寥寥。

吾国各省现有电报电话局所一千一百余处，收支之统计，就民十七年所有者观之，尚有赢余。计是年电报收支相抵，尚余903,200元，电话收支相抵，尚余554,200元。电政事业，在欧西各国，均已极量扩充，吾国电政，年来未能充分发达，实由军人之操纵把持，及外商之营业竞争所致，而官吏之滥发官电，亦妨害营业发达之要因也。

（四）航政　李鸿章氏创办招商局，为我国国有轮船之始，前清同治十一年，由李氏奏请招集商股，设局试办，津沪各局，遂次第成立。光绪十年，中法之战，曾将招商局全产，照原价五百二十五万两，暂交美商旗昌洋行代理，改悬美旗，以免损坏。翌年事平，仍收回自办，其船数除废弃者外，约有三十余艘。当其成立之初，实系官督商办，按年抽商股余利二成，解交北洋，以为海防之用。迄于清季，始行改归部辖，民国以来，悉照旧章，归商经办，派员督理，弊窦滋生而业务之情形日落。

民十六年，国民政府组织清查整理招商局委员会，据其调查报告，该局现在之股本与公积金，共计为一千零四十万两左右，积亏为五百零五万两左右，两抵仅余实在股本五百三十余万两。此为原股本八百四十万两之 63.7%。其营业亏损,可以想见。数年以来,虽经政府彻查之后,派员监督,加以整顿,然亏损仍如故。兹将年来营业收入与亏损之比较,表列于下(单位:万元):

年　份	营业收入	亏　损
十六年	1,980,891	1,051,791
十七年	3,996,888	854,368
十八年	3,435,830	1,626,658
十九年	3,707,950	1,497,664

因此连年亏损之故,该局所负债务,约达一千七百九十余万元。负累过多,一筹莫展。因之二十一年十一月,财政交通两部,会同向行政院提议将招商局收作国营事业。一年以来,虽稍加整理,如码头栈房之修造,新船之添购,然因过去之基础已坏,旧欠之债务繁重,以致借新偿旧,复利递加,母子相生,债累日重,至二十二年六月底止,总计所欠债务,已达二千一百余万元。近虽营业收入,渐有进步,然苟不力加整理,辗转增重,恐将有破产不能清偿之日。招商局自创办至今,已六十余年,与日本大阪商船会社同年产生,今者大阪营业已突飞猛进,遍及全球,而招商局航线不出国门,负累不可终日,两者相较,至可慨也。

(五)矿业　吾国以西法开矿,起于光绪之初,当时直督李鸿章设开平矿务局于天津,此为官矿之始。是后改为官督商办。光绪十五年,又开办漠河金矿,至今仍为黑龙江四大官矿之一。二十一年湖南设立官矿局,三十一年江西赣州又举办铜矿,宣统元年,直省又开办鸡鸣山煤矿,二年湖南官矿局以新法采水口山铅锌,此皆官业之要者。民国以后,此数矿中,其未停办而仍获利者,惟湖南及黑龙江两处耳。

近年来,各省官营之矿业,为数颇多,最著者有河南之中原煤矿，陕西之延长石油矿，湖南之水口山铅锌矿及黑铅炼厂，河北之临城煤矿，广西之富贺钟锡矿，贵州之铜仁县大峒喇汞砂厂，安徽之烈山煤矿，以及辽宁之黑山县八道壕官矿等。此外如浙江之长兴煤矿，则尚由建设委员会主管。关于营业情形，各省不同，有因亏累而不振者，如贵州之铜仁汞砂厂；有仅能勉强支持者，如陕西之延长官矿；有获赢颇有可观者，如湖南之水口山锌矿及黑铅炼厂，河南之中原煤矿。此吾国近年官办矿业之概况也①。

以上数种，为吾国国营事业中之著者，故特揭而述之，其他如造币厂，印刷局等，则较次要。至于军政部主管之事业，如上海炼钢厂，开封炼硝厂等，则专以之供军用，非为收入计也。最近实业部拟设酒精、钢铁、造纸、机器、硫酸五厂，资本大率由官商合集，其中惟机器厂，则拟借用英庚款十二万三千二百镑，以充资本。此项计划，如能见诸实行，亦足证政府对于公营事业有趋于扩充之势。

各省所有之公营事业，种类不一，作辍无常，非本章所能详及，故从略。

参考书

Bullock, C. J., Selected Readings in Public Finance, Ch. Ⅵ.
Lutz, H. L., Public Finance, 2nd ed., Chs. Ⅹ, Ⅺ.
Adams, H. C., The Science of Finance, Part Ⅱ, Book Ⅰ, Ch. Ⅱ.
贾士毅：《民国财政史》上编及续编《国有产业》章。

① 参考地质调查所所刊行之《中国矿业纪要》（第四次）。

第四章 行政收入

行政收入(Administrative Revenue)之性质,处于经济收入与租税收入二者之间,综其种类,可分为罚款、规费、特许金、特征四节。此四种均具有公共之目的及私人之利益两原素,与经济收入及租税收入稍异。盖政府之经济收入,缺乏公共之目的,租税收入,则无所谓私人之利益,行政收入,以兼具此二者为其特征也。

第一节 罚款

罚款之科,所以惩戒犯法者,凡私人违反公法或私法之规定,害及公益或国家之私益,则国家对之实行处分,以确定私人之赔偿义务,谓之罚款(Fine)。罚款之多少,以犯罪之程度为标准,司法官吏或行政官吏科取之时,可斟酌犯罪者之情形,为之加减,但不能按照支付能力以为标准也。

罚款所包括之种类甚多,在司法方面,有罚金、罚锾、过怠金各种;在行政方面,有违警罚金、行政罚款及财政罚金(如因违反税法而科取之烟酒罚款等是)等项。此种罚款收入,在现代各国预算中,大率无此独立项目,有编之杂收入中者,有附入他种收入中者,其表现之形式,极不一致。故欲比较各国之罚款收入,甚为难能。

吾国此项罚款收入，均载之国家行政收入款内，亦无分立之项目可稽，究其收入为数几何，殊不易知也。

罚款收入，在古昔时，君主视之为重要之收入，盖其时君主率以罚款替代自由刑及其他刑罚，如前清时官吏戍边者之赎锾等是。但在现代文明各国，罚款收入，在财政上之地位，殊不重要。盖因科罚之时，初非以收入为目的，不过欲藉此以示惩儆，俾犯者知所戒惧而已。且司法上所得之罚款，率以之供法庭之用，使为繁盛之城市，诉案繁多，法庭为收入计，固未尝不可科取大宗罚款，但此要为特殊之情形耳。故要言之，罚款收入，对于财政方面之补助殊微。

第二节　规费

规费（Fees）者，国家或公共团体为私人执行一种特别行为时所获得之特殊报偿也。规费之征取，须随国家或公共团体之行为而生，无国家或公共团体之行为，则亦无所谓规费。故规费云者，在一方面须有国家之行为，另一方面，又须有私人之报偿，乃能成立。第国家或公共团体之行为，为类甚多，非各种行为皆有规费；惟行为对于私人给予一种特别利益，或免除一种禁止，或保护证明一种既存之权利身份，及辅助其权利之行使等者，始可有之。至规费之多寡，由国家或公共团体决定之，私人不得参与，因规费为对于国家之行为之强制报偿，非根据契约而定也。

决定规费之标准，普通有二[①]：（一）根据费用，即以政府执行此

① 参看 Bullock, C. J., Selected Readings in Public Finance, p. 193。

种行为时所需之费用为标准;(二)根据利益,即以私人因政府之行为所受之利益为标准。按之第一标准,则对同一种类之行为,应收同样之规费。而按之第二标准,则因各个人所受之利益,各有不同,故各个人应纳之规费,亦不必同。此二者之中,近世学者,多主张第一标准。然就实际察之,各种规费之征收,往往由在上者任意决定,多未能本诸费用之多少,故为数轻重,常无定规之可言。

规费征收之方法,有直接及间接之别,前者即直接征收现金;后者则由纳费者在文书上贴用印花或使用盖印花之纸。二法比较,各有其长,现代国家,大都兼而用之。

规费之内容可分为二:(一)司法规费;(二)行政规费。前者如审判费、执行费、抄录费、遗产管理费、承继及婚姻认知费、各种登记登录费等是。后者为各种行政之规费,如检定度量衡费、证明费、票照费、护照费及商品检验费等是。国家之规费,大抵各种皆备,地方之规费,则多属商业、交通、司法、警察各方面而已。

规费之收入,全部皆归政府,已为现代国家所有之通例,然考之古时,间有以其全部或一部归之于执行此种特别行为之官吏,作为报酬者。此种征收规费之制,对于政府方面,常足以发生有害之影响,盖使行政机关执行各种政务,均有取费之权,则官吏易致滋生事端,因缘为弊,故近世趋向,对于地方官吏,薪金有定,规费收入,只能用之以供其机关之开支,有余则须转缴也。

政府所取之费,如超过其执行时之费用,学者中有谓之为租税而非规费,此说殊不尽然。夫规费与租税之不同,自有其显然区划之点,存乎其间,并不因征取稍过而消减。盖租税之取,所以供政府一般之用,而无特别利益之可言;规费则缴纳者受有特别之利益,其所出之费,不过为执行一种特别行为之补偿耳。政府对于行政，操有独占之权，使其利用此种独占权，以为收入之计，则其所得，仍不失为行政收入，不能因其稍能盈余，而遂目之为租税也。

规费在财政上之重要，远过罚金，美国 1925 年预算中，关于国籍、专利权、领事馆及护照各种规费，共计 2,352,000 元，其他尚不在内。吾国关于规费之征收，常多滥取，率超过其执行时之费用，故其所入，亦足为财政方面之弥补。兹就其重要各类略述之。

（一）注册费　注册费为登录费之一，吾国现有之规费中，含有登录费之性质者，有验契费、注册费及牙帖、当帖收入各种[①]，而其中较重要者，即为注册费。吾国昔时，无所谓注册费，其所有者，仅小企业之纳帖费耳。民国成立后，因需注册之事渐多，遂相继规定各种注册章程，先后颁布。国民政府定都南京后，初设全国注册局，专司公司、商标、商号、矿业四种注册事项，直隶财政部。十七年改组注册局为商标局，隶于工商部，并公布《查验商标注册暂行章程》。嗣后又相继颁布各种注册章程。就现状言，银行注册，归财政部主管；公司、商标、商业、矿业、交易所、会计师等注册事务，归实业部主管；轮船注册及民有电业注册，归交通部主管。此外如民有铁路注册，则属于铁道部；著作权注册，则属于内政部；律师注册，则属于司法行政部。就民国二十年预算观之，其属于注册费之收入者约如下：财政部主管之银行注册费，共 2,412 元；实业部主管之商标商业公司等注册费，共 170,400 元；内政部主管之著作物注册费及警官执照费，共 13,320 元；交通部主管之轮船注册等费，共 6,024 元。

---

① 牙帖、当帖两项，均有帖费与帖税之分。前者于请领时或换领时一次缴足，后者则为常年之税；前者近登录费，后者似营业税，现均已划归地方。

（二）司法规费　司法规费之种类甚多，属于印纸者有审判费、执行费、送达费、抄录费、翻译费、登记费、书状挂号费等项；属于状纸者，有刑事书状费、民事书状费及报解状纸费等项。按二十年之预算，司法行政部主管之印状纸费及律师甄别费等收入，共1,189,725元，亦可谓规费中之要者。

（三）商品检验费　实业部为提倡改良国产，防止摒伪之积弊起见，在通商各埠，如上海、天津、汉口、广州、青岛等处，设立商品检验局。此项检验局检验商品之规费收入，按诸民二十年之预算，共计约2,365,410元①，其为数可谓巨矣。

（四）其他各部之行政收入　民二十预算中，除上述各种外，其属于外交部本部者，有护照费收入，属于各使领馆者，有护照费、签证费、证明书等收入，共计为68,396元。其属于交通部者，有各航政局之船舶登记、丈量、检查等费，共计为168,000元。此外如教育部主管之国立大学学费收入等，亦规费之一种也，兹不备及。

第三节　特许金

特许金（License）之名词，与规费之意义相似，惟前者所含“特许”之成分，较后者为显著耳。规费与特许金，其相同之处甚多，殊不易为之区别，有谓政府取规费时，须以实地执行一种特别行为为前提，所取之数，必本诸执行时所需之费用；至于征收特许金则稍异，政府第给以特权之允许，而不须必执行一定行为也。

---

① 内含有实业部主管之会计师执照费23,500元。

但给以特权之允许，亦可谓之执行一种行为，如是则规费与特许金，不遂无可区别乎？兹就特许金之特点，提出讨论，庶可以为分别之标准：（一）大凡特许金之征收，必缴纳者所有之行动，及所经营之企业，须得政府之允许，方能进行。换言之，此种允许，须出自政府之警察权，例如欲开设台球场者，必先获得政府之特许，又如开驶汽车于马路者，亦必须缴纳车捐，此种特许金，盖由政府之抑制权所产生也。（二）请求特许权之时，对于特许金，未能缴清，则其此后所经营之事业，均为非法。就大概情形言之，缴纳特许金，多在其印据登记之时，如未能照章履行，即为无效，故开驶汽车者，使无正当之特许证，则一经发觉，即可以违法论。

特许金与规费之分别，已略言之。然详论之，特许金中，实含有规费及租税之性质，当政府给与特许之时，如须执行一种职务，而所征之数，又仅足敷政府执行之费，则所取者谓之特许费（License Fee）。假使所征之款，按照允许特权之价值，以为标准，则其所取，可谓之特许税（License Tax）。此种分别，塞里格曼氏言之甚详①，其他各家如是区别者亦甚多。

特许金之收入，亦往往足为财政方面之助，美国近年来，特许金收入中之最巨者，首推车捐，车捐之所收，多用之于筑修马路。吾国各省之杂捐，种类甚多，如车捐、戏捐、妓捐、码头捐、乐户捐等，皆含特许之性质。此类征收，与其列之租税，毋宁谓之行政收入。盖此项特许之营业，大率与社会规制（Social Regulation）有关，须得政府之允许，始能经营。政府科取之时，对于营业者似无特别利益，实则其允许本身，即纳税者所获得之特别利益也。

---

① Seligman, E. R. A., Essays in Taxation, 9th ed., p. 412.

第四节　特征

特征(Special Assessment)者,政府为公益起见,新设或改良旧有之营造物,需用巨款时,取于因营造物之创设或改良受有特别利益之人,视其所受利益之程度,课以特别捐款之谓也。特征系对于受有特别利益之人而课,故可谓以特别补偿为原则,与规费及特许金相似。然规费及特许金,多系对于行为之补偿,特征则系因营造物之创设或改良而生之利益之补偿,故不相同。特征与租税,固有类似之点,然歧异之处亦多,兹分别述之于下:

甲　特征与租税相同之点:

(一) 特征与租税,均以公共目的为主,政府改良营造物,系为大众之利,私人受有特别利益,故应课以特征。

(二) 二者之课征,皆由政府运用租税权。

(三) 特征与租税,均为强制的。

(四) 二者应课之多少,事前均须经正式之估计及决定,不能任意为之。

乙　特征与租税不同之点:

(一) 租税之课,完全以公益为目的,不顾私人之利益;特征之收则必须产主在此改良之中,得有相当之利益。

(二) 课特征时,不须遵照一致及平等之原则,与租税异。且租税之纳,多按能力原则,而特征之收,则视所受利益之程度以定多寡。

(三) 租税之征,私人可被免除,而特征则无免除之例。

因特征而创设或改良之营造物，大抵以马路、桥梁、公园、沟渠、水管及街灯为主。此种营造物，恒予其附近之地主及营业人以特别利益，故应课之以特征。然所受之特别利益，不能无厚薄之分，欲分别之以为课赋之比例，殊非易事。兹将普通分派之方法，列举如下①：

（一）按附近地主产业前部之广狭，以定分派之多少，计其尺寸，以决其征额。此法对于地段之深浅，未能顾及，且于不规则之地形，困难甚多，似非善法。

（二）按地面之面积以为分配。此法之用，宜于沟渠各项，若街道及边道，则不能用，盖地段之深浅不同，其所获之利益因之而异，采用地面面积为标准，则对于地段之深者为不利。

（三）按征区各产业之价值，以定分派之数目。此法未能顾及私人所获之利益一点，夫特征应以改良后之特别利益为标准，使果照价值分派，则负担之分配，是已定于进行改良之先，而改良后各产业之价值，则完全忽略之矣。

（四）按距离之远近，以为负担分配之标准。采用此法，费用之摊派，既可广及，又较公平。

要言之，以上四法，各有宜有不宜，斟酌兼采，自在运用者之得其道耳。

特征之制，发达于美国，在今日已为其城市财政上之收入要源。据 1919 年之统计，美国三万人以上之城市，共有特征收入 67,257,131 元。考其所以在美发达之原因有二：第一，以特征之收

① Mills and Starr, Readings in Public Finance and Taxation, Ch. Ⅸ—Special Assesements.

入，支销营造物之改良费，较之用一般租税之收入，实为公平。第二，美国地方政府征税及借债，均有限度，特征为税课以外之收入，故采行之可以避免加税之名。近世纪来，美国地方政府对于营造物之改良，举办甚多，其支应之法，率赖特征收入。此制现已风行于英、法、德、意各国，日本在法律上，亦已承认此制。吾国地方政府，将来果能从事于营造物之建设或改良，则采行此种特征，亦增加收入之法也。

参考书

Bullock, C. J., Selected Readings in Public Finance, 2nd ed., pp. 191—194.
Lutz, H. L., Public Finance, 2nd ed., Ch. XII.
贾士毅：《民国续财政史》，第693—780页。

第三编　租税

第一章 租税之意义及发达

租税在现代各国收入中，均为要源，故今日财政学上之重要部分，为租税论。租税论不第重要，且较繁难复杂，其材料之多，几占全财政学之半，举凡税负之分配，课税之原则，及征收之方法等，均须逐一予以详细之论列。本章首述租税之意义，次叙中国税制之沿革，末附以各种租税术语之解释，至原则及征收方法等，则俟下列数章详论之。

第一节 租税之意义

租税之意义，随租税之发展而有变易，财政学家对于租税所与之定义甚多，不可胜举，故缺而不及。兹就现代租税所具之特点，与以定义如下：

租税者，政府为供给其一般费用，用租税权向人民所征收之财务的强制分担也。

就上举定义言，租税之特点有四：

（一）租税为一种分担（Contribution） 租税为人民对于政府经费需要之分担，塞里格曼氏之定义中①，尤著重此点，谓此种分

① Seligman, E. R. A., Essays in taxation, p. 432.

担，为强制的，无所谓私利之给与，此即所以别租税于其他行政收入也。近世租税观念，含有分担一原素，与昔时持租税交换说（Exchange Theory）者之见解迥异。租税交换说，流行于十七世纪及十八世纪，倡此说者，以为国家之行动，在保卫人民，租税者即人民对于国家之行动所支付之交换代价也。此说之名称不一。有称之为代价说（Price Theory）者，有称之为利益说（Benefit Theory）者，有称之为值等说（Equivalance Theory）者，归趋相同。此种学说，发达于盛倡人权之时，固甚自然。政治思想家，自十八世纪时，已趋重于个人主义，至十九初叶而大盛。租税交换之见解，与人权主义及社会契约之说，甚相隔洽，故能盛行一时。

租税交换说，为个人主义之产物，根据此说，以为个人应自预备其需要，如不自备，而由政府举办，则其所纳于政府之费用，亦即止是。近世租税观念，为社会协动之学说及共同社会责任之意旨所产生，其中所具分担之观念，以大社会之单位为前提。盖国家为社会组织，凡属此社会之份子，鲜能脱离者，不第不能脱离，即拒绝履行其应尽之责任，亦所不能，故各个人应分输其一部分，以供此社会组织之费用。租税之性质，趋重于是，与交换说之以租税为支付特别利益之代价者，大相径庭矣。

（二）租税为人民之义务　国家为人民之集合体，人民为此集合体之份子，故国家生命维持上之公共需要，端赖此份子为之供给。此种供给，即为租税，然此非谓各项租税必以人为课征之物也，就事实上言，课税之目的物，有时为有质物件，有时为无形财富，有时且为各种特权及权利。故所谓人民义务者，盖指完纳租税之主要责任，为人民所有也。

人民对于国家之费用，皆有分担之责；所谓人民者，非必以本国之人民为限，凡在其国统治之下者，莫不概括。故国家对其人民之居住国外者，及外人之经营活动于其境内者，亦可均有课税之权。

（三）租税为强制征收　近代有主权之国家，皆得运用租税权，向人民强制征收，此亦与昔时持租税交换说者稍异。盖按诸倡租税交换说者之意，政府欲执行事务，人民可以自由拒绝；既拒绝其执行，则即可免除纳税之义务。

租税之制度，随时代而不同，课税之方法，因社会之经济基础而变易。考之欧西各国，租税之发达，大抵由自愿而进于强制。部落时代，无所谓公共收入，对于防御，人人均须服役，为酋长者，则恃掠略以为用。迨后社会发达，国家产生，公共需用，于是乎起，为人民者始有自愿之赠与及捐助，以供君主之用。继此之后，君主之费用日繁，需要愈增，或以之为维持治安之用，或用之为防御外侮之费，于是人民之物役，渐由自愿而变为道德上之义务。第人性多趋私利，不肯履行义务，以致帑藏空虚，费用不给，于是道德上之义务，又一变而为法律上之义务。然此种强制义务，多属物役，厥后私产之制起，贫富之阶级渐成，于是始变物役而为租税。租税之始，多为费征（如 Fees and Charges 之类），盖古昔时欧人多以纳税为辱，君主即欲有所征课，亦常粉饰盖掩。久而久之，君主之征求，逐渐揭露，于是所谓规费及桥捐者，遂变为交易及运输等税矣。直接税之征收，人民反对尤力，故发达又迟于间接税，盖因公共道德犹未发达，国家意识尚未形成，故人民不愿有此公共负担；至间接税，则纳之于不觉，殊少反对之机也。

塞里格曼氏从字义分租税观念发达之程序为七期[①]：（一）赠与

① 参看 Seligman，E. R. A.，Essays in taxation，Chapter I。

(Gift),即人民赠送财物于政府之谓。(二)供给(Support),言政府请求人民之供给也。(三)资助(Asistance),言人民以物力资助政府,意义与 Aid 相同。(四)牺牲(Sacrifice),言牺牲个人以谋国家之利也。(五)义务(Obligation),在此期中,人民以纳税为义务之思想,渐渐发达。(六)强制(Compulsory),在此期中,政府运用租税权之观念,逐渐实现。(七)征课(Rate or Assessment),此言政府酌定税则,课之人民,而不必得纳税者之同意也。综括上述观之,租税观念之发展,不外自赠与变为征课,由自愿进为强制耳。

近世财政学家,对于租税所下之定义,莫不含有强制一词。亚当士氏谓强制之意,系指法律上之强制,如征取之数目,课之之方法,缴纳之时间,均由政府专决,按照宪法之规定,而以合法之手续出之,不须得纳税者之同意也。塞氏强制之说,殊欠明晰,按其言,强制之观念,始产于第六期,则是前此之时,似无强制之征收。夫主权者强迫人民之缴纳,实非自近世始,故强制一词之要义,在指政府之合法强制,使人民对于国家费用之负担,平均分任,而不致有任意敛取及负累失平之弊①。钩要言之,强制一词,系指政府合法的运用租税权以强制征收也。

(四)租税征收之目的在充政府一般政费之用 租税为供政府一般政费之用而征,故与其他规费特征之具有特别报偿性者迥异。现代各国,对于租税之征课,渐多注重经济政策或社会政策之目的,例如为保护本国之产业,则征课保护关税,为禁遏社会之过度消费,则重课奢侈品税,其他如所得税遗产税等之累进甚峻,亦莫不含有社会政策,此似与租税为充一般政费而征之目的相戾,实

① 参看 Adams, H. C., The science of Finance, pp. 285—293。

则此项租税，从财政上言，根本目的，仍为充给政府之费用，盖使无此目的，则可直用法律禁绝之，限制之，不必藉此以谋收入也。综而言之，现代租税观念，仍著重运用租税权，以为收入之目的，至于兼用以为完成其他政策之计，亦为事理所许，但未能取收入目的而代之也。

第二节　中国税制之沿革

一、赋税

欧西租税之发达，直接税后于间接税，上已言之。中国之税制，与欧西各国稍异，直接税之采用，较早于间接税。三代之时，政府所取于民，为田赋单一制，其率皆为什一。故孟子曰："夏后氏五十而贡，殷人七十而助，周人百亩而彻，其实皆什一也。"贡助彻三法，虽皆为什一之租，然其立法，则略有不同。殷易夏贡而为助，实为一种变革；周易殷助而为彻，则不过名异耳，就税法上言之，实与助同。

殷周之助法彻法，系藉民力以耕公田，人民除助耕公田之外，不复纳私田之税，此为古制。春秋之时，诸侯需用日多，遂有法外征敛之事，举例言之，如鲁宣公十五年之初税亩是。迨至周末，各国之加敛益多，井田之制益乱。秦孝公用商鞅法，废井田，开阡陌，任民所耕，不限多少，三代计口授田之制，至是始破坏无余。综括言之，此种改革中所包括之要点有二：（一）三代以上，田产非庶人所得私有，秦废井田，始捐田产以予百姓矣。（二）中国田赋，向为什一之助者，至秦废井田后，则变为视民力地利而征之赋税。

井田之世，因地而税，国用皆取给于土地，至秦则舍地而税人[①]，于是地与人离而为二。汉代赋税之制，多沿秦旧，分赋与税，计口而入谓之赋，田租及商工所入谓之税。古者田则有税，身则役之，未有课其身者，课其身自秦汉始。两汉之赋，其可考者，有算赋[②]，即后世之丁赋也；有口钱[③]，征之于未成丁者也；有更赋，即更迭力役之征也；此外尚有户赋者，则征之列侯王之封邑者也。两汉之税，为取于地之实物税，高祖时，什五税一，景帝时，改定三十税一为永制。后虽间有变易。然终两汉之世，田赋最薄。秦汉之赋税制度，颇合近世对物对人之分类，盖口赋即对人税，田租则对物税也。

魏武时，令收田租，亩粟四升，户绢二匹，绵二斤。西晋置户调之法，凡丁男之户，岁输绢三匹，绵三斤，女，及次丁男为户者半之[④]。男子占田七十亩，女子三十亩，其外丁男课田五十亩，丁女二十亩，次丁男半之，女则不课。按晋之法，因受田而兴户调。北魏承晋之制，有租有调，至孝文帝从李安世言，行均田法：凡男夫十五以上，受露田（不栽树者谓之露田）四十亩，妇人二十亩，人年及课则受田，老免及身没则还田。又男夫一人得占桑田五十亩，此为代业，不在还受之限[⑤]。综括言之，自西晋以至北朝，国用所资之赋

① 秦坏井田之后，任民所耕，不计多少，已无所稽考以为赋敛之厚薄，其后遂舍地而税人。见《通考·田赋考》。

② 人年十五以上至五十六者皆须出赋，每人百二十钱，是为一算。

③ 人七岁至十四岁出口赋二十钱，即为口钱。

④ 男女年十六以上至六十为正丁，年十五以下至十三，六十一以上至六十五为次丁。

⑤ 夹漈郑氏谓北魏均田之制，所以能行，由其立法所受者为露田，诸桑田不在还受之限，意桑田系人户世业，是以栽植桑树其上，而露田不栽树，则多系荒闲无主之田也。

税，有田租与户调二种。隋唐租调之制，实即沿北朝之旧也。

隋代甚殷富，租税极简，初年依周齐之制，丁男授田者纳一床租（即言一户之租），粟三石，桑田纳绢絁之调，桑土纳布绢之调。自开皇三年后，减调免租，相继不断，终隋代三十余年，考其赋课，田赋外惟身役而已。

唐代赋税之制，可分两期论之：前半期为租庸调制，后半期为两税制。所谓租庸调之制，即凡授田者丁岁输粟二石谓之租；丁随乡所出岁输绫绢絁各二丈，布加五之一，输绫绢絁者兼绵二两，输布者麻三斤谓之调；用人之力，岁二十日，闰加五日，不役者日为绢三尺，谓之庸。有事而加役二十五日者免调，三十日者租调皆免。此初唐之制也。嗣后历久弊生，田浸移于豪户，官不收授。开元时宇文融献策括籍外羡田逃户，自占者给复五年，每丁税钱千五百，诸道所括，得客户八十余万，田亦称是。然因州郡希旨，妄增逃羡以为功，民甚苦之。代宗时，因国用空虚，遂有苗一亩税钱五十之举，嗣后又以亩定税，不问丁户。租庸调之制，渐就破坏而不存。至德宗时杨炎作两税法，始尽变租庸调之制。其法夏输无过六月，秋输无过十一月，凡百役之费，先度其数，而赋其人，量出制入，户无主客，以见居为薄，人无丁中①，以贫富为差，不居处而行商者，就所在州县税三十之一，其租庸杂役悉省。此法实行之后，陆贽非之，谓两税以资产为宗，不以丁身为本，资产少者税轻，多者税重，不知有藏诸襟怀囊箧，物贵而人莫窥者；有场圃囷仓，值轻而众以为富者；有流通蕃息之货，数寡而日收其赢者；有庐舍器用，价贵而

① 唐制十六为中，二十一为丁。

终岁利寡者。计估算缗，失平长伪，是诱之为奸，驱之避役也[①]。陆氏所云，固切中财产税之弊，然杨炎两税法以钱输税而不以谷帛，以资产定税而不问身丁，颇合现代租税以贫富为公平之原则。且税制简单，易于推行，不得不谓为中国税制上一大改革也。

自唐建中行两税法后，人甚安之，然至末叶以讫五代，增额苛敛之事复甚多。宋初稍加整饬，分岁赋之类为五：（一）公田之赋，即官庄屯田营田等赋。（二）民田之赋，即百姓所有之田之赋。（三）城郭之赋，即宅税地税之类。（四）丁口之赋，即百姓岁输之身丁钱米。（五）杂变之赋，牛革蚕盐之类，随其所出变而输之者。征税之期，亦沿两税之制，夏税籍以正月一日，秋税籍以四月一日起，并限四十五日毕，然多未能按期缴纳也。元代地丁税法，可分为二：其取于内部（指山东、山西及河北之地而言）者，为丁税与地税；其取于江南者，为秋税与夏税。前者似唐之租庸调法，后者则即唐之两税法也。

明初定赋役法，一以黄册为准，册有丁有田，丁有役，田有租，租曰夏粮，曰秋粮，凡二等。夏税无过八月，秋粮无过明年二月。洪武中，命官吏分行州县，随粮定区，量度田亩方圆。次以字号，号为鱼鳞册。黄册以户为主，鱼鳞册则以田为主，故赋役之法，定于黄册；土地之争讼，则质之鱼鳞册。所征田税，为米麦钱钞绢等项。至英宗时，始折征金花银。嘉靖时有纲银一串铃诸法[②]。民间输纳，止收本色及折色银，实为一条鞭之先声也。万历九年，实行一条鞭法，其法总括一州县之赋役，量地计丁，同输于官，一岁之役，

① 见《陆宣公奏议》。

② 纲银者，举民间应役岁费，丁四粮六总征之，易知不繁，若网之有网也。一串铃为伙收分解之法（详见明书《食货志》）。

官为佥募，力差则计其工食之费，量为增减，银差则计其交纳之费，加以增耗，凡额办派办京库岁需与存留供亿诸费，以及土贡方物，悉并为一条，皆计亩征银，折办于官，故谓之一条鞭。其法简而易行，亦中国税制上一大改革也。

清代赋役之法，极为完备，正赋之额，多以明万历为标准。明末之加派，悉行蠲免。雍正时，定地丁银赋摊征例[①]，于是地丁二赋，合而为一，是为正赋，此即师明代一条鞭之法也。清代各朝，虽云不加田赋，然其增加之痕迹，历历可征，如火耗、秤余、漕折之类，皆实际加重田赋之事实也。

二、杂征

杂征之设，始于周初，王制谓市厘（市宅）而不税，关讥而不征，为夏殷之制。《周官》九赋，七曰关市之赋，八曰山泽之赋，皆杂征也。秦汉之时，杂征敛繁兴。盐铁专卖之利，始于管子，至西汉而大畅。迨至东汉，始自专卖制而易为征税制，所有盐铁官，不过监督盐铁事务而已。酒酤之禁，由来甚古，武帝天汉间，初榷酒酤[②]，昭帝元始间，罢榷酤官，令民卖酒升四钱，此亦由专卖制一变而为征税制。商税之征，汉时甚多，武帝元光六年，初算商贾（令商贾车船出算），元狩四年，初算缗钱（缗钱二千出一算），此即后世营业税资本税之性质也。

东晋时，杂税之最要者有二：一曰契税，一曰关市税。契税之制，始于东晋，凡卖买文券，率钱一万，输估四百入官。关税之法，所以检查禁物及亡叛者；对于苇炭鱼薪之属，十分税一以入官。此

---

① 雍正四年，以豫抚田文镜之请，遂有所谓摊丁于地之定例，举一邑之丁税，摊入其邑之丁粮内，换言之，即丁粮并入地粮之办法也。

② 韦昭谓："榷酒酤者为禁人酤酿，独官开置之意。"

后北朝亦有踵而行之者，至隋始除。

唐代杂征，有盐、酒、茶、冶各项，盐在唐初无税，开元时始依式收税，肃宗用第五琦之策，行榷盐法，代宗时刘晏损益琦法，采用就场征税之制，收入甚巨。酒税自代德以后始重，有官专卖及征税各法。茶税始于唐，自德宗纳赵赞议，始税天下茶漆竹木，十取其一，兴元时罢之，贞元间又复税茶，此后茶税之征，遂为要目。唐时银铜铁之冶，亦有税，谓之坑冶。此外尚有青苗钱①、税间架（似后世之房屋税）、算除陌②、助军钱等，不可胜数，皆巧立名目之苛敛也。

宋代杂税，多沿前代之旧，惟其制度，则屡有变更。宋初盐法，通商与官卖二法，时有更易。通商者听商运销，而以税课入官；官卖者官主搬运专卖，称之曰官盐。熙宁变法，更置盐引，于是渐有商专卖之趋势。宋之茶法，亦多变改，国初用专卖法，至嘉祐中，乃改行通商法。酒税在宋代科取亦重。北宋甚重商税，收入颇丰。契税始自东晋，至宋而复兴。熙丰以后，又有青苗法③、免役钱、折帛钱及板帐钱（为军兴后所创）之类，人民病之。明代杂项收入，有盐课、茶酒醋课、商税及矿税数种，而以矿税苦民为最甚。

清代初叶，地丁正赋之外，各项杂征名目，有如下者，（一）盐课，多依明万历年间旧额，按引征课，加派者悉行蠲除。（二）茶课，清初循明制设茶马事例，定以茶与西番易马之制。雍正以后，始定征茶法，其法由户部颁发茶引，茶商必有引，始能往产茶处购茶，否

---

① 大历初，令天下苗一亩税钱五十，以国用急不及秋，方苗青即征之，号青苗钱。

② 除陌法："凡公私给与及买卖，每缗官留五十钱。给他物及相与贸易者，约钱为率税之。"

③ 苗青时贷民以钱，俟谷熟加息还官，号青苗钱。

则谓之私茶，与盐政大致相同也。（三）关税，即后世之常关税。（四）落地税，清初沿明之旧，如市集乡镇，均有落地税，而其制则附于关税。此外有牙税、当税、酒税、契税、矿税等项，此清道光以前之情形也。道光以后，杂税中又增加海关税及货物税两大源，为从前所未有者。此历代杂征沿革概况也。

第三节　租税术语之解释

租税之术语甚多，欲讨论租税之原则，必先对于各术语，定一明确之界说，庶进行讨论时，意义易明。兹就其要者，诠释如下：

（一）租税之主体（Subject of Taxation）　租税之主体，有法律上及经济上之分，法律上之主体，即依法律而完纳此强制税负之人，经济上之主体，则为经济上及事实上之租税负担人。前者为纳税人（Tax Payer），后者为负税人（Tax Bearer）。譬如制糖者，虽有纳税之义务，而常得举其税额，加之糖价，使此负担，转嫁于消费者，名义上为制糖人纳税，而实际上则消费者负税也。然纳税与负税，亦有时同属一人者，譬如糖价过高，消费减落，税额未能转嫁，则纳税者兼负其税矣。

（二）租税之客体（Object of Taxation）　租税之客体者，即课税之目的物件之谓。例如地租中之土地，所得税之所得，营业税之营业，酒税之酒类，皆为课税之物件。塞里格曼氏谓 Object of Taxation 为指租税之目的，Subject of Taxation 包括课税之物与人。照是说，被征课之物及纳税之人，皆为租税之主体，似不甚当。盖租税虽课之于物件或事实，而负担之则为人，使谓资产及所得，负担租税，殊属错误，因无生命者，不能有牺牲之感觉，能有负担或牺牲之感觉者，惟纳税之人耳。故税之无纳，虽可出自资产或所得，而不能遂谓资产与所得为租税之主体也。

（三）税源（Source of Taxation）　税源即租税所自出之财富也，其要者为所得与资产二种。在昔欧洲封建之世，英、法各国，多有力役之征，以为修筑道路及公共建筑之用，近世纪来，此制渐除，故凡所课之物，不外出自所得与资产两源。若进而分析之，则除政府欲受特种形式之财产外，租税之唯一 源泉，即为社会所得（Social Income）。租税源泉，既为课税物件所附丽之社会所得，则社会所得之盛衰，实为国家税源之消长所关，故政府对于税课物件，应加慎重选择，对于租税源泉，应加保护培养。

（四）直接税（Direct Taxation）与间接税（Indirect Taxation）

直接税与间接税之定义，分歧甚多，布洛克（Bullock）教授，曾搜集自中世纪以来，所有各种之定义，共计十二。近世财政学家，对于穆勒氏（Mill）之定义，大致上多示赞同。穆勒氏之定义云：直接税者，国家课税时，欲使应负税者直接完纳之税也。间接税者，国家对于应负税者不直接课之，而先课之于他人，预期其将转嫁于应负税者之税也。易词言之，前者法律目的上，预期纳税者与负税者同为一人；后者则税之负担，预期其转嫁，纳税者与负税者，自不同为一人。惟此种区别，甚难目为玉律，盖租税转嫁之程序，往往因情形不同而异，未能必其如预期之结果也。故吾人甚难肯定谓某种税恒转嫁，某种税恒不转嫁，惟从国家课税时之用意而示区别，则直接税与间接税之鸿沟易划，此即穆勒氏定义之所本也。

（五）征课之方式（Mode of Assessment）　征课之方式，有定率法（Rated）及配赋法（Apportioned）两种。定率税者，政府按课税单位，征之以一定税率也，其收入之总额，非征收完竣之后，不能确定。配赋法者，政府先定课税物件及收入总额，依平均之标准率，分配之于各地方团体，再由各地方团体，分配之于各纳税者，故政府之收入总额，早已确定。前者纳税之人，可以预计其应纳之税额，后者则非俟分配确定之后，无由知其应纳数额也。

（六）比例税（Proportional Taxation）与累进税（Progressive Taxation）　比例税与累进税之区别，系关于税率之变动。比例税者，定一课税之标准，不论其课税物件之多寡，皆课以同一之税率也。累进税则异是，系依课税物件数量之多寡，而高下其税率。例如所得税，若为比例制，课所得额百分之四，则对于一万元之税额为四百元，对于一千元之税额为四十元，税额虽异，其课之之率则同。若为累进制，对于所得额一万元，课百分之四，对于所得额一千元，课百分之三，此其结果，一为每千元税额四十元，一为每千元税额三十元，故累进税不仅税额异，即税率亦随所得之大小而不同。约言之，二税之分别，在于税率，一为均一，一为差别。

（七）累减税（Regressive Taxation）与渐减累进税（Degressive Taxation）　累减税之率，与累进税相反，即纳税人所有课税物之数额愈小，而就比例言其所纳之税愈多。此种税制之不公平，固无待言，其发生之时，或由于寓禁于征之故，或由于非意料所及之结果。例如小酒食店，污秽不洁，政府不欲使之存在，特重征以消灭之，此寓禁于征之法也。至于发生逃税之弊，使富者得减轻其负担，则为非意料所及之结果也。渐减累进税之制，其税率之增，非视其所得额之增加，依一定之比例，以累进其税率。易辞言之，税率虽逐渐累进，而累进之率，则逐渐减小。第税率必如是排列，甚觉繁难，简便之法足以得此同样之结果者，即为对各课税标准之全额，不累进其税率，但对于一定之超过额，逐次增加其税率，例如定额数在五百元者，免除税征，对于五百元以上之超过额，课以百分之一之税率，对于二千元以上之超过额，课以百分之二之税率，对于三千元以上之超过额，课以百分之三之税率是也。此制足以缓和累进之程度，现代各国税制中多用之。

参考书

Bastable, C. F., Public Finance, Book Ⅲ, Ch. I.
Lutz, H. L., Public Finance, Ch. XⅣ.
Seligman, E. R. A., Essays in Taxation, Ch. I.
胡钧：《中国财政史》。
马端临：《文献通考》卷一至卷五。

第二章　健全税制应具之要素

举各种不同之税，使之成为有系统之组织，谓之税制。近代国家支出浩繁，不能专恃公产与公业以供国家之用，又不易采行单一税，以为唯一之源；故欲济国用，惟赖有各种不同之税收。第税收种类，既须稍多，则税制之拟定，即应慎重。大凡税制之善否，吾人欲加以评判，须从其整个之制观之，盖不同之税，有时其所发生之影响，可以互相更正，互相均衡也。健全税制所应具之要素，学者所见不一，兹先论单一税制与复税制之利弊，然后再分述各种应具之要素。

第一节　单一税制与复税制之利弊

单一税制（Single Tax System）与复税制（Multiple Tax System）之利弊，学者辩论甚多。重农学派所主张之土地单一税，以为惟农业有纯净生产，无论何种租税，其税负最后之归着，必落于地主，为简便计，不如直征地租单一税；此种主张之错误，在其租税转嫁之学说。五十年前，亨利乔治氏（Henry George）又主张征收地价单一税，推氏所以主张此制之故，一以地租之税，不妨工业；一以征课地价税，比较公平。约言之，上述两派单一税之主张，有甚可反对之理由二:第一,在近世国用激增之趋势下,单一税之所入,无论如何,不能敷国家之支出。第二,采用单一税制,税负分配,必多不匀之弊。譬如百万之家,使无土地,则税不能及,而穷乡农夫,薄有田地,反纳税甚重,宁得谓之公平乎?

十九世纪中叶,大陆学者,鉴于英国所得税之经验,又有建议采得所得单一税者①,使此种建议,见诸实行,则国用之普通需要,可以供给,运用分级、差别及其他方法,又可使租税之负担,随其意以为分配,似属可行。然实际究之,亦有三种可反对之理由:(一)如征所得单一税,则必课及所得之小者,手续繁难,征课之费用必巨。(二)遗传产业,负税之能力较高,若采行所得单一税,则不能使其有特别之担负。(三)专征所得税,较其他各税易阻止人民之储蓄。以上三种困难,虽不无可以克服之方,譬如收税之行政可以改良,遗产之获得,可以之为可征所得(Taxable Income)而课之,人民之储蓄,可自可征所得中免除之;然无论如何,在今日之行政状况下,此种计划,实行上之困难及弊窦必多。且使人民之储蓄,可以免征,则是征人之支出,非征人之所得;征人之支出,最简易之方法,莫若直接课税于货品及劳务。课税于货品,则货品之数必须稍多,盖决无一种货品之税,足以供给国家之收入也。况采用一种货品而税之,人将易以他物代替此种货品之用,结果课以重税,徒使此种货品不为人用而已。假使所课之物,为人生必需品,不易为他物所代替,则贫者所纳,必远重于富者矣。

又有主张采行财产单一税者②,此种税制,其所能及之范围,较

① 此为十九世纪中叶德国社会党所主张。

② 此为法国学者所主张,代表为 Girardin。

所得单一税为狭。盖采用财产单一税,惟所得之来自财产者,可以税之,其他若勤劳所得,则无法税及也。自现代租税之理论与经验言,测视纳税人能力之标准,所得胜于财产。且所得之意义甚明,所困难者,仅为实行上之问题,若财产则不仅实行上发生问题,即如何估价之法(许多财产种类无市价可言),学者间之意见,尚多纷歧也。

以上所述,针对特种单一税而言,以下再撮述普通反对单一税之理由:第一,单一税易呈畸形之弊,欲救此弊,厥惟加多税收之种类。第二,逃税之弊,在单一税之下,较易滋生,使税类加多,则可互相遏制。由上二点观之,复税之制,自较单一税制为佳。

主张用多数税种者如杨亚士(Arther Young),谓税制之善者,宜使税负分落于无数点上,使无觉其重者[①];易词言之,杨氏之意,以为欲求负担分配之平均,须有普遍细密之税制,使课之之时,无微不及。但就实际察之,税之负担,不能因碎细分配而减轻,且税类太繁,收税之费用必多,不第可致民烦恼,亦往往足使之加重,故在现代经济生活发达之国家,国用之收入,宜依赖少数重要税目为之供给,譬如欲税富者,则以所得遗产各税为最善;欲税贫者,则以课征数种消费最广而非人民之健康及效率所关之货品为较宜。第税类虽不宜过多,然须具有各种不同之性质,庶不致限于少数人民,而使一部分得脱逃于税负之外。按诸政治及财政之原则,民治国家中,人民对政府之责任与义务,宜求广及。且权力愈大,其责任亦愈大,使人民纳税甚重,而无参加政治决定此种租税用途之权,则其地位必渐流为奴隶。使人民有票决租税之权,而无纳税之

① Bastable, C. F., Public Finance, p. 344.

义务,则其关心政治之精神,必致颓堕。故性质驳杂之税制(Diversified Taxation System),可使政府费用之负担,普及民众,实较公平。盖各个人受国家之保护,对于政府之费用,自应负担些许也。

第二节　健全税制应具之其他要素

单一税之不可行,上已详及,近代国家欲求收入无匮乏之虞,须有一合直接税及间接税而成之税制。社会之进化,无时或息,社会情形之改变,亦相继不断,故一种税制,必其臻于完善,而可以经久,殊甚困难。下列所举之健全要素,系相对的而非绝对的,且各种要素在税制中之重要,亦不必相同也。

(一)充裕　财政上之充裕,为健全税制之第一要素。一种税制,在理论方面,无论其如何完善,使不能足给国用,则如纸上画饼,无补于事,吾人无讨论之必要。第仅能充实国库,亦非健全税制,必尚能顾及其他要素,始可行之无弊。所谓财政上之充裕,须从暂时及久远两方面察之,有时一种税制为暂时之计,收入甚丰,行之既久,则必失败。有时为久远之计,行之可有效率,但须有相当发达之时期,使行政方面合乎常度,完税及收税人熟悉一切,始能产生圆满之结果。倘使此种计及久远之税制,能具有其他要素,虽暂时收入不甚充裕,亦可采用。语云:旧税胜于新税。盖因旧税行之已久,有裨收入,业已证明,且行政及纳税人方面亦均相习,可无扞格烦扰之患也。至国家紧急时之税征,则以收入为前提,其他要素,不暇顾及,故此项税类,只宜于暂时而不宜于久远。国家之利用租税以供国用,犹农夫之耕地以食其家也,善耕地者,时予粪溉，而不为骤尽地力之举，诚恐一旦用之净尽，则来年无以为继；课税亦然。亚当士氏谓国家富源不可断伤，即此意也。

（二）经济　健全之税制，必须经济，关于此点，可分两点言之：（甲）行政方面，（乙）经济影响方面。行政方面之经济，即斯密亚丹氏第四原则之意，谓征收之费，为数宜微，人民之完纳与国库之收入，当设法使其相隔之数，底于最少，盖行政上之所费愈微，则国家所得之净数愈多，而其充裕国用之效亦必愈著。行政费之多寡，影响税制之效率，犹之摩擦力之大小，影响机器之效率也。使机器缺乏油润，则其效率必低，使行政费过多，则税制之效率亦落，故完善税制，必求其征收之费甚贱。第吾人批评一税之经济与否，不能仅凭行政费之多少，尚须顾及其税之经济影响。假使课征一税之时，足以摧残生产之发达，减少民众之兴气，激动不足之心理，阻止财富之储蓄，则政府宜弃之不用。租税为一种负累，欲求人民之乐输，固甚难也，然各种税类之相对的经济影响，甚易寻绎，政府选择税种之时，宜取其影响足以阻滞经济发展最小者而用之，庶不致有伤及社会富源之弊。

（三）伸缩力　税制富有伸缩力，为充裕财政之要着，盖国用需要之情形有变动时，惟有伸缩力之税制可以应付，而不致立呈竭蹶之象。英国所得税之制，富于伸缩力，故当战争之时，稍更易其税率，辄足以获巨额之增加。夫人民之财富日趋发达，政府之费用用亦日就膨胀，故必使所征之税，能自随人民财富及政府费用而增加者，斯为善制。而此点在中央政府之税制中尤为重要，盖中央政府具有宣战媾和之权，紧急之时即须增加，和平之时复可减少，故必须有伸缩之性；地方政府费用有定，虽偶有增加，亦不甚巨，故此点在其税制中，非必需之要素也。

（四）简单　一种税制，欲其弊端减少，且不惹人民之烦恼，厥为简单明白。英之所得税制，较之美之所得税制，简明远甚，故其行之之成效，亦远胜美国。普通人民反对所得税之理由，大率以所得税过于复杂，实则税之简单与否，须视其运用此税征课之经济事实为转移。使经济事实复杂，则税制即欲其简便，亦不可得。在近代经济生活中，所得为一种复杂观念，故所得税之复杂，亦事势所必然。且为财政充裕及负担公平之计，整个之税制，亦不能过于简单。惟有时税制之法规，常病文字冗琐，致使纳税者误为繁杂，故起草税制者，文字方面，苟能明白赅括，亦足使税制变繁琐而为简明也。

简单为税制本身所必需，业已言之，此外课税之行政亦然。盖行政之手续，简而不繁，则人民易于完纳，猾胥墨吏，无从因缘为奸，不第政府之收入，可以增加，即民众纳税之精神，亦可不致为所摧抑也。

（五）公平　公平之意义，即谓一种税制之规定，必使人民知其为根据一定之公平原则，分配税负，非偏于一群或一阶级之税征也。第空洞之公平，运用于实际之具体事实，殊多困难，盖税之公平与否，率视人之观点为转移，不同之纳税人，或居住不同之地域，其利益观点之差异常甚远。故税制之订定，一群或一地之人视之以为公平，而在另一群另一地者，则又以为失其平。而其所以如是者，则因税之负担，直及人民之经济利益，人民所蓄之偏见，往往足以蔽之，而使其不能洞见根本原则之所在也。

讨论公平原则之运用，必抒述各种税负分配之方法，殊非寥寥数语所能详；且各种税负分配之理论，亦宜涉及，故下章专论之。

参考书

Lutz, H. L., Public Finace, Ch. XV.
Dalton, H., Public Finace, Ch. Ⅵ.

第三章 租税负担之分配

第一节 斯密亚丹氏之四大租税原则

上章讨论税制，已间接地略及租税分配之问题，惟所论者，著重税制之适宜方面，而于负担分配，不过偶然及之耳。税负分配问题，在现代租税繁重之情形下，益形重要，盖因租税负担甚微之时，任用何种方法为之分配，即足得相当之公平。现代各国支出激增，苟分配不当，则有不公平之弊。故在今日税负甚重之国家，研究租税分配之原则，不第为学理上之重要问题，亦且为事实上之必然需要也。

斯密亚丹氏对于租税之讨论，曾提出四大原则，兹译述之如下①：

（一）平等 谓国民纳税以供国家之用，应与其纳税之能力成适当之比例；换言之，即须依其因国家之保护而享有之收入之多寡，以为负担之比例。

（二）确定 谓租税之征课，应力求确定，不可任意变更。纳税之时间方法及税额，当明白揭出，依纳税之人及一般国民，皆能

① Smith, A., The Wealth of Nations, Book V, Ch. Ⅱ, Part Ⅱ.

明悉无遗。

(三)便利 谓租税征收之时间及方法,须求其最便于纳税之人民者采而行之。

(四)经济 谓国家之所收入与人民之所完纳,其间相差,必求其小;换言之,即宜使征收之费为数最低。

斯密氏之四大原则,在当时极为世人所称道,至今言租税原则者,亦莫不举之,其对于经济思想上贡献甚巨,支配人心,亦百有余年。故称之者谓近世复杂之学说,其精意均可自斯密氏之原则得之。第上述原则,除第一条平等原则讨论税负分配外,余均属税务行政方面,虽为各种思想之发端,然处今日之经济状况下,此四者要不足以概括之。英儒斯丹溥氏谓斯密氏之原则,在租税负担甚轻之时,固足敷用,但在此情形复杂问题繁多之际,则非此简单原则所能济事①。就实际观之,斯言诚然。且斯密氏之书,著于自由主义盛行之时,其所主张之原则,多趋重消极方面,时代愈进,政治及经济思想均已改变,则此种原则之不足济事,亦无足怪。吾人研究租税原则,须从近世租税发达,负担甚重之观察点,予以讨论,庶可稍期详尽也。

第二节 租税分配之原则

吾人讨论租税原则,可自纳税人方面、政府方面及社会方面观察之。一种租税政策,有时自全社会观之,可行而有利,而对于个

① Stamp, J., Principles of Taxation, p. 3.

人之利益,则多妨害;有时自各方面观之,俱极公平,而对于政府之收入,缺乏充裕与伸缩力,且事实上不易实行;有时就纳税人及政府两方面俱可采用,惟对于社会之经济生活,摧残甚厉。故健全之税种,须求其对于三方面之利益,稍能协调。本章自纳税人方面讨论税负之分配,至政府及社会两方面,则分论于下章。

论税负之分配,又可分为理论及方法两方面,通常所举税负分配之理论,约可分为下列三种。

(一)费用说(Cost Theory) 主张此说者,谓人民对于政府负担之义务,应按政府执行事务之费用,为之派定。就实际言,政府之费用,如军备费、政务费、警察费、社会事业费等,对于各个人所有之劳务,甚难确定。劳务既不能确定,则各个人所负之费,自无所资以为决断之标准。故费用说,在理论上似为公平,而实际则绝不易行。且租税与政府公营事业所取之价,性质迥异,此项费用说之原则,可以运用于政府之公营事业,而不宜用之于租税。盖因租税征收,对于纳税人,无所谓直接及特别之报偿也。

(二)利益说(Benefit Theory) 此说谓国家之行动,均有利益于人民,人民所纳之税,应视所获之利益而定。简言之,即以因国家保护而获得之利益,为决定各人之租税负担额之标准。此种原则,其不能供实地之实用,与费用说同。盖因政府之行动,对于各个人所予之利益,无法测定。假使各个人所得之利益,可以确定,则计其利益,以为课征之比例,似属可行。然细察之,即能如此,实行上仍有绝大之困难二:(一)所谓利益,果指已得者而言,抑指可利用者而言?例如政府建筑一图书馆,任人民自由读书,此种建筑费用之负担,如必以已得利益者为限,则所征收者已非租税之性质;使仅指可得用者而言,则甚难为之确定。(二)近代国家,对于社会发达之支出,增加甚巨。此项支出,贫民所获之利益,常多于富民,使按利益说之原则,则政府所征之税,贫者应多于富者,此事实上所不可能也。要言之,利益说与费用说之起,均脱胎于社会个人观,故其病亦复相同。其稍异者,一自政府之费用,观察租税;一自个人之利益,观察租税耳。

主张利益说或费用说者,使其观察点,自全体人民对于国家之关系着眼,以人民所纳租税之和,为偿付政府所给与之公共利益,或执行公共事务之费用,则为说殊当,盖政府为公共组织,其公共事务执行之费,固必取给于税收也。

利益说之原则,虽似自然,然实际上不易施诸实行。现代各国所有之税,根据利益原则者尚多有之,而以在地方财政方面者为尤著。例如美之特征(Special Assessment),英之改良税(Betterment),即足资为例证也。

(三)能力说(Ability Theory)　费用利益诸说,甚难施诸实行,上已言之。近代学者,以租税负担,为人民之义务,故认能力说为分配税负之主要原则。能力说之意义,即人民纳税以供国家之用,应按各个人负担之能力,以为分配之标准也。

第纳税能力,宜如何为之测定,财政学者对此问题,有主观客观之不同。持主观之说者,谓个人经济对于租税之负担力如何,可自其以收入之若干,供纳税之后,所感牺牲之多寡而决定之。牺牲说之最著者,有均等牺牲(Equal Sacrifice)、比例牺牲(Proportional Sacrifice)及最小牺牲(Minimum Sacrifice)三种[①]。根据均等牺牲之原则,各纳税人之直接实际负担,应使相等。穆勒氏力主是说,谓

① 参看 Dalton, H., Public Finace, p. 76.

租税均等即牺牲均等；换言之，各个人对于政府所纳之税，应使其所感觉与其他纳税人之所感觉相同。根据比例牺牲之原则，各纳税人之直接实际负担，应与其从所得中所获之经济福利为比例。根据最小牺牲之原则，且组织税制时，应求人民之直接实际负担，减至最低限度。就前二说言，贫富虽所纳不同，然尚均有应纳之税；若用第三说，则税负之分配，较难期其普及。以上三种牺牲说，实际言之，均不能凭为测视纳税能力之根据，盖人民纳税时之牺牲感觉至何程度，纯属内心之事，外人无法探测。假使一税能揭示产生不平之牺牲，则更正改变，固甚易易也。

主观的纳税能力之解释，不足依据以为税负分配之标准，殊甚显著，故讨论此问题，应趋重客观方面。塞里格曼氏所用之“能力”（Faculty）一字，其意义为具体的。凭具体的纳税能力，以分配租税之负担，较之牺牲说，踏实远甚。第就客观以测视纳税能力，应以何者为标准？依然为困难之问题。兹就各种标准，分别略述之。

甲　产业　古昔农业社会中，人民之所仰赖以为供给者，大率出之于地，故产业之多少，足以为决定纳税能力之标准。惟计算有产者之能力如何，须视其产业之生产力为定。不能全凭产业之多寡。例如有地主二，其一因耕植方法之改良，产额甚巨，其一虽有同样价值之地，然因气候之不宜，或其他原因，以致所产远少。故决定纳税能力，仅凭产业之多寡而不问其生产力，绝非公平之方法。综括言之，以产业为能力决定之标准，缺点有四：（一）两人拥有之产业，虽能相同，然使有负债与不负债之分，则纳税能力即难确定；（二）同一之产业，不必发生同一之收入，故各人之负担能力，常有差异；（三）产业有生产与消费之分，二者之负担能力，亦迥不同；（四）自工商业发达，人民收入之途径不一，各种无形之资产，为类至多，使以产业为能力标准，是重课有形产业，而予无形者以免除也。

时代愈进，纳税能力决定之标准，由产业而移于生产或产量，比较固为进步，然亦有其缺点。盖因以总生产量为决定标准，则对于耕稼之费用，未能顾及。同一产量之地，其耕稼所费，往往不同，因之负担之力，亦多差异，故近世所用为净生产量。净生产量虽为较善之制，要亦不足以顺应今日经济之情形，盖此制之弊有四[①]：（一）以物为课税目标而非以人；（二）仅注目各业之生产量，而未顾及各种勤劳之获得；（三）忽视生产量与纳税者个人状况之关系：（四）纳税人所负之债，未能除出。综此四弊，故净生产量，亦非适当决定纳税能力之标准。

乙　用费　多数经济学者如纽马（Newmarch）、穆勒（Mill）、皮过（Pigou）诸人，均主以用费税测定纳税之能力为最适宜。自吾人观之，以用费之多少，决定纳税能力之高低，其弊亦甚多。例如一人于此，每年所得为四百元，以之支付家庭之用，杳无所余。又一人于此，每年所得为六百元，而其家庭之用费，亦止四百元已足。按用费为标准，两人纳税之能力应相等，实则两人之负担能力，相差甚远，后者逾数年即可粗有余存，而前者则仍一钱莫名也。其为此说者，盖因采所得为测视纳税能力之标准，足以挫抑人民储蓄之心，以为惟豁免储蓄之税，庶无其弊，故推论结果，趋于采用用费税之法。第吾人所须疑问者，一人厚于财力，敷用有余，不劳其力蓄积日宏，则征而课之，胡为不可，何故必须为之限制也。

征课一人之用费，非课税者家置一吏以察之，则不能知其详，

① 参看 Seligman，E. R. A.，Essays in Taxation，9th ed.，p.15.

欲求实行,实际上困难甚多。又有谓不能直接征课一人之用费全数时,可改用间接之法,即课税于数种人日用之主要货物(但须此种货物之费,在每人之用度中,粗能与其费用全数成比例者)。例如一家用费在三千元者,欲课以二十元,在六千元者,欲课以四十元,使不能以直接方法征课,即可选择数种货品如烟、酒、茶、糖等物课之,以达其目的。假使每人以其所得五分之一,购用此数种货品,则前者所费为六百元,后者所费为一千二百元,在此数中,可酌定税率,使征课所入,足与欲征之数相符。自吾人观之,采用此法,殊与能力原则相背戾,第一,此制为比例税,且所得愈增,其所用以购此数种货品之费,有时并不能为比例之增加。譬如用费在五万元者,决不致以一万元为购此种货品之用。第二,家庭之负担重者,其纳税之能力常减,而按诸此制,其食指愈繁者,则负担愈重。第三,纳税者之所得,有得自劳力者,有得自储蓄者,采用用费税,则征课同,且各种特别纳税之能力,未能予以特种之重征。此外因行政上之困难,又往往发生累减之弊,盖因各种税征,实际上率有一定,不易随价格之高低而异,家庭负担甚重之人,不第所耗之数量甚巨,完纳重税;且多因所用品质次劣之故,所纳亦较多。即此种种,用费之不能为测视纳税能力之标准,殊甚明著易见也。

丙　所得　产业与用费,俱不能用之测视纳税能力,其较善之标准,则为所得。所得之意义,按斯密亚丹氏之说,各个人纳税之能力,应依其因国家之保护而享有之收入之多寡为断。推其意,决定各个人纳税之能力,宜以收入为标准,所谓收入(Revenue),即所得也。

第近世租税负担,繁重远迈往昔,采用所得为决定能力之标准,多亦困难。斯丹溥氏以为采用所得时,除知其所得额之多少外,尚有五点,宜加考虑[①]。盖所得额之多少,仅就数量方面言之,不足以表示其纳税之能力,故须对下列五点加以考虑,以为之补助。

(一)是否为纯所得 课征所得之时,第一,须察其获此收入有无损失;第二,须察此种收入,是否为资本之偿还。如所得获自递减之财源,则其生产有限,不可以常,如油井煤矿等是;如此时之所得,由于昔日之投资而获,则为资本之偿还。凡此种种,皆与租税之负担力有关,不可不为之差别。

(二)确定所得与不确定所得 所得之性质,往往因其来源而异,故同额之所得,不必表示同等之负税能力。例如资产所得与劳动所得,虽同为收入,而其对于租税之负担力,则大悬殊。盖由资产而生之所得,其性质永久而确定,由劳力而生之所得,则与其所得人之年龄健康有关,其性质为不确定。税源不同,纳税能力既异,故课税时不可不对于税源之种类,加以斟酌。

(三)所得人之个人状况 所得之种类即同,然使所得人之个人状况,具有差异,其负担力亦因之而不同。盖各个人使用其所得之数,常因其一家之境况而增减其主观之价值,例如家口之多少,亲族之扶养,子女特别收入之有无等种种情形,均足限制其所得之自由使用。故课税者,亦当详加之意。

(四)所得中有无经济之剩余 经济剩余之意,即所得人之收入中,是否有超过其劳力或资本所应得之余剩。使具有此种余剩,则负担能力较高。

(五)时间 征税之时,以在所得收入之时为最适宜。例如英国之工资所得,率以季论,故其所得税对于工资之征课,规定每季

① Stamp, J., Principles of Taxation, pp. 14—15.

完纳。

处今日经济生活复杂之社会，论决定纳税能力之标准，不第斯密氏以收入多寡定负担比例之说，空疏不切于事，即仅按所得之多少以定税率，而不问其他，亦粗而鲜当也。

就上述观之，一种税制，欲求其尽合于能力原则，诚属至难，盖因能力原则，就税负分配言，虽较公允，然实行时辄发生绝大之困难，甚至有绝不能采用者。现代各国之巨额支出，必须取给于租税，而租税中又非三数种税所能济事，故必须有一种性质驳杂之复税制度。

在复税制度之中，直接税如所得、遗产、土地增价、营业收益等税，固可适用能力之原则；但纯为直接税，亦非健全之税制，必以间税辅助之，盖因一般人民受国家之保护，均有纳税之义务，故非直接税所及者，亦宜使负消费税少许也。

能力与利益两原则，在现代各国税制中，实处于相助之地位，而要以能力原则为主干。学者之中，有以为地方税负担分配之标准，宜用利益原则，且极重视此原则在地方财政上之重要。此种主张，固有是处，但亦不宜过于著重①，盖人民之所纳与其所获之利益，是否相等，实际上殊不易测定也。

第三节　租税分配之方法

税负分配之论据，已加论列，兹再就其分配之方法言之。分配

① 参见 Silveman, H. A., Taxation, 1931, pp. 13—15.

之方法，通常分为比例制及累进制。两种税制之意义，一为均一税率，一为差别税率，惟均一差别云者，系对同一之课税标准而言，即比例税对于同一课税标准，不论其数量多寡，税率概为均一；累进税则随同一课税标准之数额而为税率之差别也。

累进税与比例税之运用，学者争论甚多，斯密亚丹氏之第一原则，谓按收入之多寡以定负担之比例，足证其根本主张，赞成比例税制。但在《原富》中又云，富者对于国用之供给，按之收入之比例稍多，亦未为不合。就此言观之，则又似主张用累进制。自斯密氏后，辩论纷纭，反对累进税者通常所举之理由，不外下列数端。

（一）累进之法，足以发生没收全所得额之结果，是对于勤劳自力之人民予以重惩也。

（二）采用累进税，不易有合理之标准，麦克洛氏（M. Culloch）谓课税之时，苟弃明白之比例原则而不用，则似荡舟于海洋之中，而无南针，对于纳税之人民，必有不公平之弊[1]。

（三）累进税制，足以阻止人民之蓄积，人民勤劳之结果，多被征去，则储蓄之心，必为之沮丧，是促资本之外流，而摧抑产业之发达也。

（四）累进税制，所能用之范围甚狭，累进税在租税行政方面，可以适当者，仅限于少数税种，如所得税遗产税等耳。至于资产税、营业税等，用累进制课征，能否实际上成为累进，甚难确定。至转移无定之消费物品，则惟有随其物之所在，就其价格之大小，为之差别其税率，固不能随每人交易额之多少而累进之也。

反对累进税者之理由，已揭其要者如上，近代主张累进制者，

① Stamp, J., Principels of Taxation, p. 39.

谓此制不致发生全夺所得额之结果,盖因现今各国实行累进主义时,往往加以一定之限制,视所得额之多少,不累进其全部;第就其超过额,加课其若干分之一而已。假使果为极端累进,税率达于十成,则足以没收所得,顾事实上未必如是也。第二点谓采用累进不易有合理标准,此则一切税率莫不如是,为租税共通之缺点,不独累进税为然。第三点谓累进制足以阻止储蓄,亦未必然,盖累进制虽一方抑制大所得之产业,然一方固保护小产业之发达,社会之中,小产业之数,恒多于大产业,必无摧抑之虞。至第四点论累进制之采用不能普及,固属事实。累进税法,只可用于能就每人综计之直接税,至间接各税,固不易用,然亦不必求其尽用也。

以上所述,为通常赞成与反对累进税之理由。要而言之,分配税负之方法,不能尽用累进,犹之分配税负之标准,不能尽用能力原则也。间接各税,固不能采用累进,然主要之直接税,如所得、遗产、土地增价、营业收益等,固可采而用之。故论税负分配之方法,亦宜以累进制为主干。兹再就近世政治经济社会思想论之,以资证印。

(一)政治方面 近世国家有机体说兴,以为一国内之各个人,应联合一体,共存共荣,以成整个之有机体。故在人群社会之关系中,最高尚之行动,即为以强扶弱,以自立助不能自立。国家之执行事务,所以谋公共之利益也,公共费用之负担,按诸近世国家观念言,自应按各个人之能力以为分配。惟能力之增加,速于所得之增加,故征课之时,宜用累进方法。

(二)经济方面

甲 根据效用递减率之原则 自经济学上边际效用说成立后,累进税在原则上始得有稳固之根基。租税之负担,为纳税人之一种牺牲,此近世学者所公认。租税既为牺牲,则征取五元货币于十万之家,与征取五元货币于五千之家,虽为数相等,其纳之者所感受损失之程度,迥不相同。边际效用说之原理,以货币或财富之效用递减为根据,换言之,所得额愈益增高,则所得人经济上对于增加部分所感之紧要程度愈益下降,使按比例税制以为征,则是假定货币或财富之边际效用不致递减也。

乙　根据增加之生产力　自生产方面观察,累进税之采用,亦甚正当[①]。盖所得额愈巨,其聚集资本从事生产之力愈大;生产力愈大,其负担租税之能力亦愈高。如使一种巨额之所得,系为多数不同之投资所集成,就消费方面观,应在例外。第无论如何,巨额之营业所得,在有力者经营之下,课之以直接累进税,实征税大生产能力之唯一方法也。

丙　根据经济思想之"剩余"观念　霍布逊氏(J. A. Hobson)主张课征剩余之说,亦足为采用累进税之根据[②]。按氏之说,谓生产原素所得之价格或报偿,无论其为利息,为工资,其规定须照边际供给者所得之报偿为定。其多得者,即为"租金"之性质,此种租金虽无,而供给者决不因之而止,故其负税力较高,课之以税,且不能转嫁。霍布逊氏对此剖析尤至,分报偿为两种:一为成本,一为剩余。以为课税于成本,则将转嫁;课税于剩余,则不动移。但所得之成分中。具有租金之性质者,为数多少,不易分别,故氏为之假定认此种剩余或租金之成分,以比例计,似多在巨额所得之中。因之采用累进所得税,实为课征剩余之方法。此说固有其近是之处,

① 参考 Stein 之资本增殖说(Seligman's Progressive Taxation)。

② 参看 J. A. Hobson, Taxation in the New State。

第就事实观之，有时亦不尽然。譬如有得一千元，得之于煤油橡皮各业，中含剩余甚巨；另有所得一万元，得之于房屋资产，则所谓剩余者甚微，不能谓大所得中其剩余必巨也。

（三）社会方面　采用累进税，又可以为改良社会之工具，国家运用租税权，以达收入以外之目的，昔时人多非之，近年以来，意见渐变，以为国家之职务，不仅在维持现状，更应于现状之外，谋较善之发达。马雪尔教授（Professor Marshall）云："国家应用其权力，调节社会与经济之情形，使大多数之幸福，可以增加。"①课征租税，为国家之重要权力，藉课税以谋改革，亦事势之所许。惟改良之要义，宜使富者所享受之娱乐，勿远过于贫者。且自富者割去其过分之娱乐，与之无伤，而取之贫民，则足以使其受实际上之痛苦。马雪尔教授又云：假使欲加征一千元之收入，由每二百元之所得中，课征二十元以得之，与课自一整个万元之所得者相较，前者纳税时所感受之伤害，必较后者为巨。其意以为宜择其牺牲总和之最低者而用之，换言之，即最低牺牲之原则也。此说足以阻抑储蓄，故近世思想趋势，倾向平等牺牲之说，盖本是说，可减轻所得额小者之负担，而亦不致有阻抑储蓄之弊。

总括本章言之，近世国用之增加，既倍蓰往昔，而供给国用之来源，又端赖租税，因之租税原则之讨论，遂甚重要。租税之分配，就理论方面言，利益说实际上殊欠平允，自以能力说为主要。而测视纳税能力之标准，昔时为产业；时代愈进，商业发达，产业渐不可用，故近世以所得为测视能力之标准。所得之内容，繁赜复杂，非可仅凭其数量以为断，必须分析其所得之性质，及所得人之状况，

① 参看 Marshall, A., After War Problems, p. 317.

斟酌而损益之，始可无弊。至分配负担之方法，则有比例制与累进制。在十九世纪初，大多数经济学家赞成比例税制，以为弃比例之分配，漫无定标，极其弊必至没收全部之所得。自能力说盛行，于是累进税制，渐为人所重视。就今日政治社会经济思想观察，累进税制之根据，较比例税制为强，故分配方法，应以累进制为主要也。

参考书

Lutz, H. L., Public Finance, 2nd ed., Ch. Ⅹ, Ⅴ.

Stamp, J., The Fundamental Principles of Taxation.

Dalton, H., Public Finance, Ch. Ⅸ.

Seligman, E. R. A., Progressive Taxation in Theory and Practice, Part Ⅱ, Ch. Ⅳ.

第四章　租税行政及租税影响

第一节　租税之行政问题

国家课税之时，对于纳税人方面之感觉，固应加以考虑，第对于国家之行政方面，亦须注意。本节就政府观点察之，揭其要者，略加论述于后。

（一）行政上是否经济

租税之经济原则，学者用此名词，所指之意义不一。斯密亚丹氏之第四原则，专就征收费宜于最少而言，意义包含极狭。亦有以之为租税之最大原则，予以极广之含义，谓其足以笼括其他租税原则之要义者①。自吾人观之，范围经济原则于征收费，固未免失之过狭，然以之为能含蓄一切，亦未免过求总合也。

吾人自国家之观点讨论，所谓税之经济与否，通常率指行政方面而言。假使课征一税，其设立行政机关之费，为数甚巨，此后按期所收之税，尚不足以供偿付创办费之利息，则此税之征，可谓不经济已极。此种情形，固属甚稀，但世人反对地价税之理由，即在于此。盖地价税未征之先，必先对于全国之地，有一估价，以为将

---

① Jones, R., The Nature and First Principle of Taxation.

来测视地价增涨按之课税之标准。惟估计全国土地之价，需费至多，故往往估价之后，按年所获之税入，常不足以供其债利之偿付，而国家方面，殊无净收入之可言。此项税类固少，然税之收入，仅稍溢于其征课之费者，则求之昔日之间接税中，固数见不鲜也。

战后以来，各国对于租税行政，已积极谋改进之方，征收费用，已趋锐减。即以英国而论，战前为百分之二点六，战后已减至百分之零点八[1]。吾国租税行政，弊端甚夥，大率取之于民者甚巨，而实入国库者甚微，经济方面，尤无可言。故此后司计政者，欲求税之济于国用，必先注意于行政上之是否经济。

（二）实际上是否能行

采用新税之时，首须视其能否见诸实行。有在理论方面极为公平而一付施行，则困难毕露者，大凡各种税类，欲求完全易行而无阻，殊属甚鲜，故采用之时，宜计其大。使一种税征，在其范围内之最大部分，可以适用，其不能行者，只限于其中之一小部分，则国家可采而行之。第采行之时，对其困难之处，稍更易其原则，使损失之数，不在纳税人而在国家，即可于公平原则无伤。例如课征所得税时，关于农夫之所得，不易确定，然决不能因此而置所得税于不用；解决之法，惟予农夫以自定，苟其能揭示适当之原由，即可任其少纳。又如课征营业税时，商人所得之赢利中，若干为资本之利息，若干为劳力之报价，须由商人自定；如商人不能决定时，则即按劳力报偿，课其全数，此减少实行上困难之方法也。

一税之能行与否，甚难断言，所谓能行，系指程度而言，且往往随国情而有不同。其能推行于甲国者，不必能行于乙国，故国家之

① Silverman, H. A., Taxation, p. 33.

制定税制,须求在其行政能力之内,足以实施。关于此点,可就四方面言之[①]:

甲 地势方面 使一国地域辽阔,人烟稀薄,则在国中各内地,不宜有周密之租税行政组织,只宜在各商埠为政府官吏所易及者设课征之机关。

乙 政治方面 课征一税,假使一国之舆情,为政治原因群起反对,虽此税在其他方面可以实施,然因有此反对,则必不易实行。

丙 行政之力量 租税之能行与否,有时完全视行政自身之力量为转移。使行政方面,久已采用考试制度,则较之在分赃制度下之行政,必易于采行新税。

丁 人民之性情 德人对于政府官吏之诘查及问难,率能忍受,故累进之制,行之独早。法人不欲有租税之负担,故新税之行,阻力甚巨。

以上四点,课征新税时,应加以考虑,否则行政方面,易生扞格难行之弊。

(三)逃税

欺诈脱税,为租税实行上之重要现象,亦为租税行政上之困难问题。国家课征一税之时,须先假定其将有乘罅隙以图脱逃者而预为之防;务使所定行政上之计划,既不至累及诚实无欺之善良,且可使欺诈脱税者望而却步,即间有之,亦易诘查,始可谓为善法。昔英相格兰斯顿(Gladstone)反对所得税,谓其足以使全国之人,趋于欺诈。盖以最善之税,不宜使纳税者自身有估定税额之权,或可不致引诱其脱逃之机也。

---

① Stamp, J., Principles of Taxation, p. 101.

国家为无形之物，不可以见，故人民对于国家之关系，在意识上往往不若对于其他自然人之高。耿介自持之人，平时不肯以诈伪欺人者，一遇被课所得时，则往往所报不实，意图脱漏，且视之泰然，不以为怪。故真欲涤除逃税之弊，端赖人民之公民意识，充分发达，对于国家之关系，无论巨细，受良心上之裁制，而不肯自苟，则欺诈脱漏，庶可稍减。通常税民逃税之心理[①]，约可分为四种：（一）国家课税之时，难免有不公平之点，因此不平之点，纳税者藉之为由，于是进而求补注之方，以谋公平，致有欺诈逃脱之举。（二）国家为遏止逃税计，设有种种防止之方法，于是桀黠之徒，以设计脱逃为能事，幸而不被发觉，则饭余酒后，谈之以相矜炫。（三）纳税者以他人之境况，与己相同，而所纳之数远少，于是思为自卫之计，以求负担之相等。（四）因疑似不定，遂乃少报，例如人民对于实收地租之数，不欲故造虚数者，而估计其产业之值时，则因不易决定，遂往往从低报价。综以上四种心理观之，政府所课之税类，为免除引诱逃税计，似宜使纳税人纳之于不知不觉之中，第近世财政学者之意，以为使纳税者感觉其负担，足以促其关心国政，租税之制，宜以此为前提，不当因有欺诈脱逃而易之也。

逃税之方法，为类不一，就通常言之，以报告不实为最多。第报告不实之弊，政府可课征各种不同之税，使之互相抑制。例如课征荒地税时，纳税者必欲其地价估计稍低，庶每年所缴不致甚巨；但为将来纳增价税计，纳税人又欲其地价估计较高，盖此种估计，即为他日测视增价之标准，使估计不高，则将来应纳增价之税必巨。二者之间，实可互相抑制。又如海关采用从价课税法，如商人

① 参看 A. V. Tranter, Evasion in Taxation, 1929, Chapter Ⅱ。

对于货物所报低于实价，则政府可采行照价收买之优先权。不仅海关如是，地价亦然。地主估价呈报之后，政府按价征税，如查所报不实，则可依报价收买之。人民惧政府之收买，必不敢以多报少，如此则逃税之弊，自然可以稍戢。

此外关于税法方面，亦有宜特别注意者：第一，税率不宜太高。因税率太高，则消费者将节省其消费之量，结果税入必减，其弊与实行逃税同。且税率愈高，负担愈重，人民愈思所以逃税之法，以图幸免，故惟税率能粗得其平，则逃税者自少。第二，所课之税，不宜强求充分之公平。大凡税之愈求适合公平原则者，其足以致逃税之弊愈甚，盖立意以求平等，则税则必繁，税则太繁，则逃税之罅隙必多。故国家对于课税问题，宜求其近于公平之原则，而不失去其所以防之之法，则得之矣。

（四）重复税问题

重复税者，对于同一人或同一课税物件，累课二种以上之税之谓也。此种现象，由来甚久，古时君主恃其威权，滥取于民，只为税入之计，而不顾人民彼此负担之轻重，故常有重复课税之事。近世以来，工商业发达，经济社会，益趋复杂，因之重复课税之事愈多，而其弊害亦愈显著。

可征之税源，不外所得与积储之财富二种，在今日复税制度之下，重叠之弊，事实上固不能免。且各种税源之纳税能力，不必相同，例如财产所得之纳税能力，异于勤劳所得，不劳利得之纳税能力，异于确定所得，欲求实际之税负分配相等，须有“差别”（differentiation）。而获“差别”之法，不外采用差别税率及补助税制二者①。二法之功用相同，而后者则为重复税。此种重复，自税负分

① 参看 Seligman，E. R. A.，Essays in Taxation，p. 101。

配观之,殊无可訾。但自另一方观之,重复之税,常病不均,有时一人之产业或所得课以两种不同之税,而他人拥有之产业或所得,又只课以一税或竟为税所不及,此则轻重失平,殊与平等之原则相戾。

概括言之,重复税问题,关系租税负担之分配,假使用重复课税之法,以期分配均匀,则亦未必不当。且往往可因多方面之观测,而使其利害相补,成为均平之负担。故公平原则之根本要求,即国家课税之时,宜祛除各种对某人,某种产业,或某种所得之差别复征,务使相同之产业或所得,其所纳之税种相同。

以下再就租税立法及行政方面,讨论同一主权下之重复税及国际间之重复税之解决方法。

甲　同一主权下之重复税　同一主权下之重复税,即重复课税之事,发生于一国主权之内者,例如国家税与地方税是。国家与地方课税于同一之税源,固属重复,然使能于立法时,依课税之限制,决定二税之比例,使在人民之负担上,并二者而不以为甚重,虽重复亦未为不可。解决国家与地方间此项税课之重复,通常所用之法有三:第一,国家就地方政府所征之税上,加课附加税,而予地方政府以管理及估征之权,此法美国各邦对于一般财产税多用之。第二,国家所课征之税,地方政府得加课附加税于其上,而征课之行政,属于国家,此为德国所用之法。第三,国家与地方分划税源,各就其所有者而征之,此法在美国各邦中,亦多采行。上述三法中,其第一法不能适用于全国,第可有时用之于各级地方政府之间耳。约言之,课重复税,要在使其合并之税率,能对于相同之税源,保持适当之比例,斯可无弊。若无全部之计算,任国用之需要,叠床架屋,滥征苛取以应之,则分配失平,弊害即因之而生。

乙　国际间之重复税　国际间重复课税之事,近世以来,始趋显著,盖因国际间工商业之关系,日就发达,甲国之人民,有时产业在乙国,而所营之业在丙国,有时一甲国人居于甲国,而置产于丙国,因此种种情形,遂发生课税权冲突之问题。向使各国采用同一原则,自不致发生重复税,第事实上各国所采用之原则,往往彼此互异。兹就各种不同之原则,加以抒述。①。

(1)公民权　此原则权舆甚早,以为惟有公民资格者,始有纳税之义务。今日商务发达,一国之居民,不尽限为本国之人,使课税时,仅及于本国居民,而免除外侨纳税之义务,显为事势所不许。故以公民资格为应否纳税之标准,在今日已不适用。第近世各国,在积极方面,仍多用之,即人民之在国外者,尚须课之以税也。

(2)暂时住址　按此原则,凡人民之偶寓何处者,即由其地税之。此种原则之缺点,显而易见,盖游历之人,邂逅某城,小住旬日,而即被征其所有,揆诸事理,实为不当。且游历之地屡易,被课之时必多,尤与公平之原则相戾。

(3)永久住址　永居一地,受其政府之保护,自应负纳税之责,此较之第二原则为当。然使仅按此为课,则境内之财产,属于居住国外之人者,即不能征课。且境内之居民,其收入有得自于国外者,专就住址为课税之原则,则他国必因之而蒙损失。

(4)以财产所在地为原则　此种原则,亦有其适当之处,但专用之,其弊与永久住址之原则所有者相反。换言之,永居其地者,虽其产业在他国,亦应负相当纳税之义务。

(5)以经济利益所在为原则　按此原则,以为人民之全部纳

---

① 参看 Seligman, E. R. A., Essays in Taxation, pp. 110—118。

税能力,固应课征,但课之之时,宜按经济利益之所在分之,税之一部分,由财产所在地或收入获得地之课税权征之,其他部分,则由纳税人居住地之课税权征之,如是庶重复税之弊,可以避免。要之,此说假定国际间之行动一致言之耳,使国际间因利益之冲突,不能一致,则此项原则,实难运用也。

战后以来,国际联合会设有财政委员会,对于重复税问题,讨论甚多。1923 年之报告,曾建议各种避免重复税之方法①,率因各国之经济利益,不能一致,采行甚鲜。嗣后又设有专门委员会,对于重复税问题,继续刊有报告。兹将 1928 年报告中关于直接对物税及对人税之建议,撮要述之。

(1) 对物税(Impersonal Taxes) 关于不动产之所得,除农工商企业所得及其他职业之所得由永久营业所(Permanent Establishments)所在地之国课税外,余均由产业所在地之国课之。此外关于债务及养老金之收入,由债务人所在地之国税之;薪金工资及其他报偿,由收受人任事所在地之国课之。

(2) 对人税(Personal Taxes) 关于课征总所得之对人税,由其人永久住址所在地之国课之。但课之之时,须减除下列二种:(a)为各种不动产在国外所纳之税;(b)为农工商企业在永久营业所所在地已纳之税。

上列建议,各国根据订立条约者甚多②。此后国际间如能相率采行,则重复税之弊害,或可渐期减少也。

---

① 参看国际联合会 Report on Double Taxation,1923,Part. Ⅲ。

② 参看国际联合会 1929 之报告。

第二节　租税之影响

租税之经济影响，与租税之归著，稍有区别。租税归著之意义，即不问其为纳税人所负担，或为纳税人以外之负税人所负担，凡事实上负担之归著，皆包含之。讨论此点，为租税中比较繁难之问题。至租税之经济影响，其范围则较归著为广，例如政府课征茶税，纳之者为茶商，其负担之归著，则多属于消费者，但其经济上之影响，所及甚远，譬如茶之消费量，是否因是而减？他种饮料之售者，是否因是而获利？其他各商业是否均受有影响？凡此种种，无不综括。本节就各种租税影响，分别讨论之：

一、租税对于生产之影响

课税之时，不仅在纳税人方面，分配已近公平，政府方面，又可行之无弊，即为已尽能事，尚须兼顾其对于社会上所有之影响。此种影响，征税时宜加斟酌，务期使各种不良者底于最低限度。租税对于生产方面之影响，可分为下列三种：

（一）影响人民之生产能力

人民生产之能力，视乎效率，故租税足以低减人民之效率者，即足以影响其生产能力。普通反对课税于贫人之理由，大率以为贫者所入既微，课之以税，足以减低其成人工作之能力，及其儿童将来之效率。本此理由，凡所得甚小及各种生活必需品之税，皆宜豁免。不第二者为然，即各项货品税，严格言之，非必需品，而其消费甚有关于人民之效率者，亦宜注意。至无关于效率之货品，似不在此项反对理由之内，第详细分析，要亦有关，盖使此项货品，已为工人所习用,则浸渐既久,成为习惯之需要,一旦课税其上,物价增长,工人习惯上之需要,既不能去,则其支出之增加,往往足以减少其他必需品之消耗,而使其效率,趋于低落。因此种种,故课税之时,欲求不影响人民之生产效率,对于各种所得,必须有一最低之免除额,此项免除额,宜在最低生活费(Bare Subsistence Level)之上,至其数额之高低,则当随各国之经济生活程度而异。且各阶级之工人,其生活程度不同,故免除额之规定,亦宜酌为之等第,如此庶所课之税,不致影响生产能力甚巨也。

(二)影响人民之工作及储蓄欲望

一税之课征,对于人民工作及积累欲望之影响,大率视此税之性质及纳税人对于此税之反响如何而不同,兹分别略言之。

第一,就税之性质言。各种不劳而获侥幸取得之收入,课之以税,率不易影响其工作及积蓄之欲望,盖因此种财利之获得,出诸意外,而税之课征,亦初非其意想所及料也。税之足以阻止其工作及积蓄之念者,即因纳税者能预度将来之负担,而为之心挫;使此种利益及负担,俱为意想所不及,则对于其工作及积蓄之欲望,自无影响之可言。且所谓不劳而获之利得,如土地增价、战时利润及遗产赠与等项,其负担租税之能力,远高于其他有规则之收入,故宜于适用较高之差别税率。至课征财产企业或勤劳之所得,亦应因税源负税力之不同,为之差别其税率。此种税率上之差别,使能斟酌得宜,对于工作及积蓄方面,不致发生阻遏之影响,惟累进太甚,税率过高,则易生阻抑之弊耳。

第二,就纳税人对于一税之反响言,人民对于税课之反响,大率视其需要收入之伸缩力为定,假使因赋课加重,一人费去同样之劳力或牺牲,而其所获之收入,较前减少。在此情形之下,使此人需要收入之伸缩力甚小，非是不足维持其生活程度，则将益自努力以求增加。反之，则其工作及积蓄之念，必为之阻减。惟实际上各阶级之人民，处各种情形之下，其需要收入之伸缩力变化如何，殊不易知。通常之假定，以为多数人民需要收入之伸缩力大，故课之以税，足以阻抑其将来之工作与积蓄。第就事实观之，有时殊不尽然。譬如中人之家，为将来计，非稍有积蓄，不足以备缓急，决不肯因税征之稍重，而遽怠弛。然使遂谓赋课加重，可以促进纳税人之努力，亦非尽允，塞氏（J. B. Say）尝斥其非，谓仅恃努力，不能生产，必赖资本以为用。假使资本多为税课所剥蚀，则即欲增加生产，亦不可得[1]。要言之，多数之税，对于纳税人工作及积蓄欲望之影响，完全随其需要收入之伸缩力大小而异；惟各种不劳而获之利益，则无论其需要收入之伸缩力为何，课之以税，均不足以影响其工作与积蓄之欲望。

（三）影响各业间之财源分配

各业间财源之分配，皆有其自然之趋势，苟因租税之课征而使之移易其自然之分配，则其弊足以阻遏生产。就事实上言之，一人所有之财源，因在某业中，须负重税，为避免计，或避重就轻计，自多移其财源于他业。此种财源之移动，使其所得于逃税之利，大于因移易财源而致之损失，则对于移易者即为得计。但就生产方面言，移易之后，往往未必能如前之利。故通常对于税类之选择，宜取其不致激生财源之移动者；即有时不能免，亦宜择其影响最微小者。惟此亦未可一概而论。譬如课税于酒，减少其消耗之量，则对于人之健康及效率，可以增益，结果其财源之移自制酒业者，足以

① Bullock, C. J., Selected Readings in Public Finance, p. 127.

增加生产。又如一地，地主欲以之为特殊之用，生产甚少，使因税征之故而改易其用途，则亦足以增加生产。此种例固足证明有时财源移动之未必非利，但就近世各国税征之影响观之，各种有害之例亦多，例如英国之住屋税，因税率甚高之故，资本与劳力，多由建造房屋之用，移之他业，遂致住屋之供给不敷。住屋缺乏，拥挤不堪，影响人民之健康及效率。故此种资本与劳力之移易，为害甚巨。要之，欲免财源移易之弊，赋课之时，宜对各种财源之使用，使之负税粗同，盖不如是不足以杜财源移易之引诱而维生产之平衡。有谓各业中之资本与劳力，多已固定，虽有税负，亦不易移动。此就已固定之财源而言固然，但未固定之各种财源，则移至他业，固无若何困难也。

财源移动，不仅发生于各业之间，即在各地间亦然。一地方之资本与劳力，易因税征太重之故，移之于其他税负较轻之处，以图避免。此种情形，在美国税率不同之各州，尤为经见。

二、租税对于分配之影响

国家采行之税制，其经济影响，固宜以阻碍生产最少者为善制，同时对于分配方面，亦宜求其具有减低财富不平之趋势。瓦格涅氏主张以租税为平均财富分配之利器，虽为多数学者所否认，然实际上近世国家已多采而行之。盖因减少不平之分配，自全社会观之，其重要殊不逊于增加生产也。累减税制，足以增加不平之分配，即比例税制亦然。欲减少分配之不平，厥维采行累进税制，且须累进稍峻，始足以杀其趋势。然税制之中，累减有时亦不能免，例如消费最广之货品税，通常易趋累减；若使对货品系按品质课税，则其累减程度较低，盖因富裕者所用之货，其品质常较贫者为优也。故就税制言，使其中包有累减之税，则以全部计，应使之为累进。易词言之，税制中应有其他税类，自身为累进，且对于全税制之性质，影响甚大，足以超逾累减之弊害而有余。马雪尔教授有言曰："凡人民之所得，不足于衣食之资用者，应为之特别规定；其他人民，对于国家之费用，应各负担一部分，至部分之多少，应为差别极峻之累进。"①货品税不足以完成此目的，固甚明著，故惟有采用易行累进制之所得遗产及资产各税以济之耳。

使国家运用租税权，以改良分配为最高原则，则不第与能力原则相径庭，其结果且有害于国民之经济生活。故吾人讨论此点，应有两种假定：第一，人民财富与能力之不同，具有伦理的或经济的理由在其后，课税之公平与否，应据此以为定。第二，负担之分配，应对于社会之进步，不致发生摧害之反响。本此假定以考察，如觉社会上某种财富不平之情形，为不适当，则课以重税，在伦理与经济方面，均为合宜。例如有二人于此，一人每年所入为五百元，一人为一万五千元，本诸同等边际牺牲之原则，以为可征课前者二十元，后者七千元，使仅按外表判之，而不问其人之智力勤劳，值其所得与否，则此种差别之课征，似无不可。第如就全国经济方面，加以讨论，则另有须注意者。譬如年入五百元者仅以敷用，年入一万五千元者，苟不以重税困之，则可余六千元。使吾人认储积资本而有利于国家与社会之进步，则租税之课，即不宜剥夺此储积之数太甚，以自阻其进展之途。且使一万五千元之收入，因征课而减为八千，则纳此税者必不肯尽其才力以谋多获，其结果对于全国之经济，将有损而无益。此种设喻，虽甚粗疏，然租税能力说，有时与全国之最大利益不能吻合，即此亦足见一斑。

① Marshall, A., After War Problems, p. 316.

国家改良分配之责任，宜准诸伦理与经济之观点，著重于不劳利得之财富差数。当政府课征之时，应察其所得之数，是否纯粹为能力所应有？其所获之酬报，是否远逾常度？假使吾人承认之能力职业及勤俭不必相同，则此种财富不均之反应，实为事理上所不能免。国家改良分配之责任，只宜就其能力职业及勤俭以外之所得者为之平均，过此则利害参半也。近世学者，有以采用累进税之理论上的根据，只宜求之于国家平均财富不平之责任①，似未必然。盖累进税之采行，固可藉之改善各种不平之分配，至其采用之论据，则主要固不在是也。

所谓伦理上及经济上之是否值得，即指其人自身是否有获取此项所得之原因，盖不劳而获之利得，如土地增价、战时利润之类，系多由于国家之行为及社会之发达所致，而非由于其获得人之能力及勤劳而得，按诸伦理，应为社会所公有，故虽课之差别极峻之累进，以求均平，亦可于公平之原则无伤也。

三、其他影响

一种税制之中，包括税类甚夥，赋课之目的不一，故所致之影响亦不同。细察各国现行之税，其中有以补救社会之弊害为目的者，有为国家实行一种政策之手段者，试举一二例以明之。酒为社会弊害之一②，课征酒税之论据，大率不外下列二点：（一）酒之营业，其间接影响，对于社会为损耗。此种有损耗性之营业，应课以特税。（二）人民沉湎于酒，易滋罪恶，政府应课以重税，以示寓禁

① Prof. Taussig 以为按能力为根据，应采行比例税；若欲采用累进税，则宜自改正现有之社会分配制度上求其论据。（参看 Taussig, Principles, Chapter on Taxation.）

② 酒为社会之弊害，故应课之以税，此为通常之税，第征之事实，殊不尽然，盖因课酒税时，往往予以特许，初未尝以为有害社会而必禁绝也。

于征。又如欧洲之狗税，其课之之原因，亦因狗之扰害，为社会所厌恶，故课之以税，以为裁制。又如 1866 年美国联邦政府所征之邦银行钞票税，其动机则为排除各邦银行所发行之钞票，使无存在之可能，亦非为收入计而出。此种税征。其赋课之目的，别有所在，故其影响，亦不易作概括论述也。

参考书

Stamp, J., The Principles of Taxation, Ch. 4, 5, 6.
Dalton, H., Principles of Public Finance, Ch. Ⅹ and Ⅺ.
Seligman, E. R. A., Essays in Taxation, 9th ed., Ch. Ⅳ.

第五章　租税之转嫁与归著

税制之善否，半视其对于社会之影响如何为定，而欲明了其实际上对于社会之影响，胥有赖于租税归著之分析。故租税之转嫁(Shifting)与归著(Incidence)，为租税论中一重要之问题。转嫁之学说，至为纷歧，本章第就转嫁与归著之一般原则详论之，而对于各种不同之转嫁学说①则从略。

第一节　转嫁与归著之意义及种类

一、转嫁与归著之意义　纳税之人，将其所纳之税负，从经济交易间，移转为他人之负担，谓之转嫁。移转之后，其税负归属于最后负担者，谓之归著。假使初纳税者，其税负不能转移，则租税负担之归著，即在此初纳税人。假使其税负能转移于人，且以次递转，至于三四，始达最后之负担者，则此最后者即负担此税之归著，而其中所经之移转过程，则为转嫁。租税上之重要经济问题，实在转嫁而不在归著。

① 参考 Seligman, E. R. A., The Shifting and Incidence of Taxation, Part 1，即可对于各种转嫁学说，一窥涯略。

二、转嫁之种类 转嫁之情形，至为繁杂，其种类通常分之为三：

（一）前转（Forward Shifting） 前转者，纳税人以其所纳之税负，于经济交易时顺转于他人之谓也。例如生产者将已纳之税，加诸其货品价格之上，俾因货品之转移，得随之而转嫁于消费者。

（二）后转（Backward Shifting） 后转者如零售者所负之税不顺转于消费者，而逆转于批发者或生产者之谓也。此种转嫁，不第不因课税之故，增高价格，且因课税之故，而可使价格低落。譬如零售者逆转其税于批发者，则批发者之批发价格，以需要减少之故，自不能不因之而降低。故后转现象之发生，实由课税物件，因课税而价格增加，需要减少所致也。

租税之折入资本（Capitalization of Tax），亦后转之一种。所谓租税折入资本者，其主要之特点，即为被课物件之出售时，其买主将此后年所应纳之租税，从所买物之资本价值中预先折扣。故此后之税，虽由买者按期完纳，然其税课之全部，则均为原有人所负担。例如土地之价值，视其纯净生产以为定，使因课税之故，减少其纯净生产之数，则其价值，亦因之而减少。购买者所出之价，必以其减低之值为标准，结果地价低减，所有租税之负担，均落诸原有之地主矣。塞里格曼氏对于转嫁与折入资本之分别，言之甚详，以为税负之折入资本，与转嫁异，因前者将是后连次应纳之税，移转于一次；后者则于每次征课时，始有转嫁。且云税之转嫁者，不能折入资本；能折入资本者，则不能转嫁。氏所予之区别，自吾人观之，其不同点，只在移转之技术上，论其结果，均为转嫁，固无不同。且就折入资本之移转情形言，实为后转，所异者只在将连次应纳之税，转移于一次交易间耳。

（三）散转（Diffused Shifting）　散转者纳税人将其所纳之租税负担，分散转嫁于各方面之谓也。例如零售之商人，有时分配其税负之一部分于消费者，同时逆转其一部分于生产者，甚至因负担租税之故，减低工资或搁延工资之增加。此种转嫁，为事实所常见，亦可谓之为复转。

上述三种转嫁之产生，率以经济交易为媒介，但政府征课一税，有时纳税者不恃交易时举而转嫁于人，而用改良生产之方法，以消除其税负。譬如生产人之出品，被课新税或被加征时，虽可举其税负，加诸产品价格之上，以顺转于消费人，然因特殊之情况，生产者惧增加价格，足以失其市场，乃自负其税，同时竭力改良其生产方法，更新其生产组织，使每单位之生产费，趋于减少。结果因生产方法之改良，遂使税之负担，得藉以抵消，有时不仅抵消其税负，且可因之而获利。例如十八世纪时，苏格兰课税麦酒酿造业，结果促进酿酒方法之改良，一时酿酒者转失为得。又如十九世纪时欧洲大陆之甜菜制糖业，亦因税之负担而促成制糖成本之减低。二者皆过去之事实，足资证印。此种现象，德儒和克氏（Von Hock）谓之消转（Abwä lzung），塞里格曼氏以此名词含义，不能揭示此种现象之特征，乃改谓之租税之变形（Transformation of Taxation）[①]。并谓租税之变形，与转嫁稍有不同，盖转嫁时，纳税者之负担，必自纳税人而移于最后负担者之身，至租税之变形，则归著即为纳税者所有。且无租税之归著，则无变形之可言；有转嫁则初纳税者，又无归著之可言。二者实相反者也。

至谓之消转，则以为此种税额，既分赋于纳税人，纳税者于是

① 参看 Seligman，H. A.，The Shifting and Incidence of Taxation，Introduction。

移转于课税物件之上，而按诸实际，其负担则由消费者所得之增加部分，分配消灭。要言之，此种现象，殊不时见，仅为偶尔之事实，故非归著论中之重要问题。

三、转嫁与逃税之区别　转嫁固避税之一法，然与普通所谓逃税者有别，盖以转嫁之法，移转税负，对于政府方面之收入无损。惟逃税者以种种方法避免纳税之义务，幸而得脱，则政府始有收入上之损失。逃税之种类，有合法与不合法之分，不合法之逃税，最显著之例，如商人之匿物低报等是。至逃税而与法不背戾者，亦常有之，譬如税率过高，消费者得减抑消费其课税物件之量。此与法不相抵触，而政府则因人民减抑消费之故，收入将为之减少。其他如关税过高阻止进口货物，因之政府之关税收入，为之减少，亦合法逃避也。

第二节　租税转嫁之原则

租税之负担，能否自一人转移于另一人，视经济交易之有无以为断；就实际论，转嫁问题，一交易与价格之问题也。欲解决此问题，须对于一税之征课，能确定其负担之归著，属于买者抑属于卖者。故研究此问题之要点，不仅在讨论生产者与消费者之关系，而在视物价之是否因课税而增涨。吾人自此观之，可知租税转嫁论，实为价值论之一部分，而欲明了归著之事实，胥有赖于价值论各定律之应用。本节所论，不仅在讨论与租税转嫁特别有关之价值定律，且对于各种情形受各律之作用而成者，亦加以注意，庶不致有偏于纯粹理论之弊也。

一、租税之折入资本

租税折入资本之意义,上节已略言之。课一税于一种具有资本价值之物时,其税负之归著,将落于课税前之保有此物者,而不归于未来之买主负担。盖新购之者,可预将税负之数,自此物之资本价值中折扣,此后虽按年纳税,而在其资本价值中,已得有相等之纯净报偿。此种手续,谓之租税之折入资本。惟租税折入资本之情形,必在数种条件之下,始能产生。兹揭其要者如下,并加以诠释焉。

(一)所课之税为单有或不均之税　租税之能折入资本者,必此种税为单有或不均之税。譬如买债票者,因课税之故,纯净获得,由百分之五减为百分之四,同时尚有其他投资之机会,不负税课,可以获纯利百分之五。在此情形之下,购买债票者,始可将此税折入资本,因不如是则且移其资本于他业也。假使各种投资,均课以粗同之税,购买者既不能移其资于他业,而获较厚之利,则举税负以折入资本,亦遂无实现之可能。然使各种投资所课之税,轻重差异颇巨,则投资者,可将税重者之超过额,折入于资本价值之中,否则亦且移其资于税负较轻之途。要言之,租税之折入资本,率赖单有之税或不均之税以为条件。

(二)课税之物必有耐久之性质　课征之税,有仅限于一次缴纳者,有须按年缴纳者,性质不一,类别甚多。若所课之税,仅须缴纳一次,则税负自无折入资本之机会。又若课税之物,性质非常短促,一税之后,即被消费,则税负亦不能折入资本。惟能经久而不变之物,可以任受连续之课税,且其年年所课之税率,能先后粗同者,始能预将各年应纳之数,总括计之,从课税物件之资本价值中,为之折算。例如土地与债票,皆有永久之租金或用处,故课税其上，足以减低其资本之价值。凡物品愈耐久，则税负折入资本之机会，亦将因之而愈大。

（三）课税之物必具有资本价值且能有年利或租金者　具有资本价值之物，且能有年利或租金，则租税之负担，始可折除，长期证券及土地，皆具有此项条件。租税折入资本之整个学说，即为讨论土地税而起，其他如所得税工资税人丁税等则不能用之，因其无资本价值，故税负亦无折入之可能。

（四）课税之物非用为生产之工具者　假使课税之物，为生产之工具，如机器然，则税之负担，将移转于生产品之上，而不致减少其资本物之值，盖可以顺转，自无须折入资本也。

租税折入资本所需之条件，已举其要者如上。有谓租税经折算之后，无负担之可言，此说殊未必然。盖租税折入资本之后，按期纳税之人，固无负担，而原有之卖主，则已代负担之矣。故就负担之归著言，此种折入资本之法，与其他转嫁相同。

二、供求之弹性与租税转嫁

租税转嫁问题，既为交易与价格之问题，则凡不能增加价格者，即无转嫁之可能。但在何种情形之下，生产人或经商人始能增加价格，以转移其税负于他人？欲答复此问题，自不能不乞灵于价值论。下文所述，即运用价值论以讨论租税转嫁之现象。

租税之负担，自一人转嫁于另一人时，其受之者非愿意为之担荷也，必因有经济的强迫，出于不得已而然。第购买人可自由决定物品之购买，生产者殊无法直接强迫其出价较高，故所谓经济的强迫者，率在间接方面，即生产者之操纵供给是也。根据价值论之定律，如需求方面无变动，货币价值，亦无变化，则物价之增高，端惟减少供给是赖。故欲分析税负之移转，首当溯其对于供给之影响。

吾人自供给方面讨论，可分为专卖及竞争两种情形言之。

（一）在专卖情形之下　凡物品之为专卖人所产者，其能操纵供给，增减任意，固无待言。但事有足异者，课一税于专卖人，其税负之能否转移，尚须视课税之方式而定。盖因在专卖情形之下，专卖人斟酌供给与价格之关系，而定其出品之价格，其所定价格，必在其能得最大纯利之点。假使价格增加，消费必因之挫抑，则其所得之最大纯利，必将减低。即消费增加，其结果亦然，盖因消费增加，必由价格之低落所致。故由此推论，可知课税于专卖人之纯利，其税不能移转；而其不能移转之故，则因无其他价格与数量之结合，可以获利如已定者之多。且纯利既高，即自担负税额，所赢尚巨，固不必转嫁于人而使市场扰乱也。本此同一原因，课定额税（A Lump Sum Tax）于专卖人之利润，亦不能转嫁。若课征以生产单位为根据之生产税，则专卖人可减少出品，增涨价格，以移转其税额于消费人，而不必自为负担也。

（二）在竞争情形之下　租税转嫁问题，在竞争情形下，较专卖情形下为复杂。盖处自由竞争流行之下，物品之供给，物价之涨落，率不为一生产人或一组生产人所操纵。需求一有变迁，则供给即有变迁以为之应，因买者对于一物，愿出较高之价格，则生产者对于该物，亦愿有较多之出品。流行市场之价格，由边际之需求及成本最多之供给相均衡而成。使价格已经成立，则供给与需求，必常处均衡之状态，其增涨与低落，则一视供给与需求之关系为定。若于此课之以税，使生产成本，因之增加，则生产者必须举税负加诸价格之上，否则即将自蒙其损失。惟价格增高，消费必受相当之挫抑；若自蒙其损失，则边际生产者又不能负担，盖生产者之成本，高低各有不同，效率高者其成本低，税负之来，尚可负担，边际生产者，成本较高，则无负担之能力。故在竞争情形之下，无论价格增高或自蒙其失，其结果皆足以使效率低下之生产者，归于淘汰。要言之，凡一税之课，使为生产成本之一部分，及决定供给方面之边际生产成本之原素，则价格必因之提高；价格提高，则供给与需求间之新均衡成立，结果供给之能脱售者，必少于前。即此吾人可知税之转嫁，均与价格之变易有关。兹再就各种生产成本之定律（The Law of Cost），加以讨论，以期详尽。生产成本之定律，分为三种：

甲　成本不变律

所谓成本不变者，即某种实业在一定情形之下，每次递加之资本与劳力，其所得之收入比例相同之谓也。凡一种竞争之实业，为成本不变律所支配者，课之以税，假定其他条件不变，其增加价格之程度，纯依需求为转移。使需求愈富弹性，则生产人移转其税负之部分于价格者必愈少，需求愈乏弹性，则生产人移转其税负之部分于价格者必愈多。普通多谓成本不变律为常态定律，而以成本递加及成本递减二律为例外，事实上殊不尽然。盖普通竞争之企业，实以成本递加为常态之定律也。

乙　成本递加律

成本递加律之意义，即生产达到一定点之后，每次递加之资本与劳力，其所得之收入，不能为比例之增加也。此种定律，表现于农业及矿业者，甚为显著。各种竞争之实业，受成本递加律之支配者，课之以税，其生产者将不致举全部之税负，加诸所产品之价格上，盖因课税之后，价格必增，价格增则消费为之减少，消费减少则在成本递加律下之生产亦减，其边际生产费必稍低。边际生产费低于前，则新有之价格，必低于原有价格加上全部之税额。

第此项税课,在竞争情形之下,对于边际生产人之影响甚巨。假使生产者为边际生产人,则课税之后,因其成本与税负相加之数,将大于物品新有之价格,必被淘汰;否则必因资本之下不易抽移,故忍受经济之衰减,宁亏累而不肯中止。即如是,以最后之结果言,亦必难幸免于淘汰也。综括言之,课税于成本递加律支配下之实业,其价格之增额,必少于税额之数;第此种结果获得之迟速,视乎供给减少之缓急,而供给之减少,则系乎边际生产者之失败或淘汰耳。

丙　成本递减律

受成本递减律支配之实业,生产达一定点之后,继续运用之资本与劳力,其所获之收入,多于比例增加之谓也。例如某种实业,其固定费用,对于全部费用之比例,为数其大,增加生产之时,费用方面,不须为比例之增加,课之以税,其影响所及,不仅增高价格,且将使价格增高之数,逾越所课税额之数。盖价格增高,消费必减,生产者因消费之减,其生产数量,亦将减少,结果每单位之生产费,必较前加多。吾人知价格之定,在竞争情形之下,等于边际生产费,使因税课之加,而致出品减少,则成本递减律之作用,趋于增大边际生产费之数。结果所至,价格必增;而其所增之数,且必较税额为多。

上述情形,假定原有之边际生产者尚能继续存在言之耳,向使效率较大之生产者,利用其优越之地位,企图垄断市场,不尽举其税加之价格上,则效率低下之生产者,必致为所排挤而归于淘汰,结果其市场将为效率较高之生产者所操纵。在此情形之下,上述之结果,则可不致实现也。

三种生产费之定律,已述如上,惟在此定律之下,税负转嫁之难易，须视下列二种情形而异。

先就劳力与资本移动难易之程度言之。设使一种实业，负税甚重，而资本之在此业者，又甚易为撤退，则税之转嫁必易。若资本固定，不易移动，欲行撤退，势甚迟缓，则税负之转移，亦必因之而阻滞。就实际情形言之，实业上之资本与劳力，不易得完全自由之移动，亦不致有完全不能移动之情形，难易与否，率依实业之性质及其他经济环境之原因而定。但如储资于一负重税之实业中，其所得不足以偿，则新资本之投入者必寡，他业日就发达，而此项实业因无新资增加之故，资力日薄，就结果言，亦犹之资本移动也。

与资本之移动有关，且为租税转嫁之要因者，即资本是否有他种投资之机会，其所负税课，不致如原有实业所负之重。盖生产者如不能因移动而获轻税之利，则必不肯为之以滋烦扰。故税之性质愈普遍者，资本移动之机会愈少，而税负之转移于价格者亦将愈难。第课普遍之重税于资本，甚易阻抑储蓄，弊之所极，足以减少资本之供给；资本既减，生产必落，结果价格上踊，税负亦将因之而转嫁。

以上近述租税转嫁之问题，均自生产者之观点讨论，对于需求方面之情形，假设其常处于不变之状态。第此种假设，有时殊未必然，故吾人讨论物价因租税而致之变迁，亦不可不自需求之观点研究之。

所谓物品之需求有弹性力者，即物价一有变动，需求即随之而变之谓也。自通常情形言之，物价高则需求减，物价低则需求增，盖因人之欲望及其足以满足此欲望之能力，常随物价而变更。然物品之需求，亦有弹性极微，不易因价格上腾而改变者，例如价昂之奢侈品，及人生之必需品是。人生必需品之消费量，视人口之多少为断，而价格之涨落，则影响殊微。昂价之奢侈品，其用之者必富于财力,决不因区区之增价,遂致不用。惟令人舒适之物品,为普通一般所通用者,售价稍低,为其力所能置,则相率用之,价格上涨,则必节省而不肯购用。简约言之,绝对必需品及昂价奢侈品二者,价格上即有较大之更易,其所致需求之变迁必小;令人舒适之物品,价格上之改更即小,其所致需求之变动亦必大。明此物价与需求之关系,则课税之后,其影响所及,可得而概括言之,凡一物之需求,其弹性愈小者,则税负转嫁之部分必愈多;其弹性愈大者,则其税负转嫁之部分必愈少。盖物价上腾,而消费者所需要之消费量,不易缩减,则移税负于价格上,固甚易易,生产人将何所忌而不出此?反之若物价稍增,而需求即为之下落,则生产者惧出产品之不易脱售,必畏缩而不敢尽行转嫁也。

就上述已讨论各点,而以一言为之总结,庶使读者可易得其要领。普通课税于物品之上,租税之转嫁与归著,率决于一物品之供给与需要之弹性。凡课税物件之需要,愈缺少弹性者,则租税之负担,愈易转嫁于消费者;课税物件之供给,愈富有弹性者,则租税之负担,亦愈易转嫁于消费者。惟转嫁之一般趋势及原则,虽属如此,实行之际,殊不能必其一准于理论。例如间接消费税,通常信其为必可转嫁,课之者亦预期转移,然因同业间之竞争,或因其他种种事故,有止能转嫁一部者,亦有全部不能转嫁者。即直接税之地租,此公认所谓不能转嫁者,然亦有因地主增高租地之金,而移转其税负之一部分于租地人。故论税之负担,不易绝对地言其必转嫁或必不转嫁,盖社会与经济之情形,动而不滞,虽自理论方面,决其如是,而实际情形,固未必尽然,此读者所宜注意也。

三、税及课税物件之性质与租税转嫁

租税转嫁与价格之关系,已论于上,其中所述,均为转嫁之常则。限制此项常则之条件，亦时涉及，惟尚有未尽。自实际情形言之，税及课税物件本身之性质，亦足以影响上述常则之作用，兹揭其荦荦大者论之：

（一）课税之范围　物品中有同属一类而彼此可以代用者，例如咖啡与茶之类，使课其一而遗其余，其被课物之价格，如卖者予以增高，则向之用此物者，必将转而用他物以代之，结果此物之消费必剧减。故在此种情形之下，卖者率不敢举全部税负加之价格之上，以自阻抑其消费量。即此可得一概括，凡税愈能遍及一同类之各物品者，其转嫁易；反之，仅限于一同类物品中之某一种者，其转嫁难。

（二）课税之方法　租税之转嫁，因课税之方法而异。课税用从量法，则低价之物品，负税过重，生产人如欲继续其企业，其势非转嫁不可。假使因市场之情形，不能增高价格，则生产人必出于停止生产之一途。但供给短少，价格终将上涨，自购买人观之，其最后结果相同。从价课税则稍异，按物品之贵贱以为征课，价贱者所负之税，自与价昂者不同。在可能之情形下，二者固均可转嫁；但在不能转嫁时，负担从价税者可不致感觉如前者之苦。故专就课税之方法言，从量税转嫁之趋势，常较从价税为强。

（三）税额之大小　税额之大小，对于税负归著之决定，亦有极巨之影响。盖使税额甚大，生产人或贩卖人必将转嫁其税负于消费者，即因他种原因，不能尽数转嫁，亦必转嫁其一部分。向使所课之税，为额甚小，则生产人往往甘自负之，而不欲因极轻之税，变更价格，以引致购买人之感觉与烦厌。

但在特种情形之下，卖者因税额甚小，加之价格，将不致影响需要之总和，遂有迳举所负之税，加诸价格之上而转嫁于人者。此种情形，就事理言，固极易见，第须各卖者之行动一致耳。向使贩卖人中，有欲利用此种机会为操纵市场之计，而自负其税，则其他增加价格以转嫁税负者，其销售量必呈显著跌落之象也。

（四）税率之不同　通常采行之税率，有累进与比例之分，塞里格曼氏谓课累进税其影响价格，较之课比例税者为小，此盖因课比例税，必及于边际生产者，结果所至，足使价格上踊；若为累进税，其负担重者，多为获赢较厚之生产人，彼边际生产者，或可逍遥税课之外，即有之，亦必远轻也。故从采行之税率言，累进税多集中于剩余之上，转嫁较比例税为难。

（五）课税物之性质　一税转嫁之可能与难易，视课税物之性质而异。例如课征一税，按一人之所得计算，转嫁殊难；即使纳税人从事工商业，欲提高其产品之价格以谋转嫁，实际上亦难实行；若使其所得为股息为薪金，则尤鲜转嫁之可能。课物品税则异是，盖物品须经交易之步骤，生产人在交易时，具有转嫁之便利，故转嫁之实现较易。

又如课税物具耐久之性质，且有资本价值与年利（或租金）者，课之以税，购买人则可将税额自资本价值中折扣，即此亦足见课税物之性质与转嫁有密切之关系。

（六）课税之所在　课税于剩余上，多不能转嫁，课税于边际生产上，其势必趋于转嫁，故税负之转嫁与否，常因课税之所在而异。在成本递加律支配下之生产，课税时苟能为之法，使仅及于有剩余之生产者，则此税之负担，即可无移转之需要。再就地租论，地租之收入，为一种剩余，盖因土地之收益，各有不同，较善之土地，其所收入，超逾边际土地之生产费，地主不能决定此种剩余之数量，故课之以税，不能转嫁。反之，课税于边际土地之生产上，则多转移,因其所得于土地者,仅足以敷其资本与劳力之所费,苟尚欲继续,则非转嫁不为功。

(七)课税物品在生产程序中之地位　被税之物品,如尚须用作生产之资,则为生产物品;课之以税,用之者尚易加诸价格,获得转移之机会而不必自为负担。反之,使被课之物品,已达最后之消费者,则其负担,不能移转,盖因无影响价格之机会,可以藉之转嫁也。

第三节　就主要税种讨论税负之归著

一、所得税

所得税之归著,颇易确定,盖因此税之负担,其趋势多不能移动。课税于各个人之勤劳所得,除侵及生活必需费外,通常多不能转嫁。现代各国,采行所得税,对于个人之生活费及亲属之扶养费,率有一免除额,故侵及生活必需费之情形,殊不易见。且恃工资为生之工人,所得在免除额以下者,已均为税所不及,其超过此额者,课以些许之税,为能力所能负荷,自不易发生转嫁之题问。课税于各个人之财产所得,其转嫁尤难。例如持股票者,就其个人而言,通常不能对市场价格,有所控制,除所持为免税股票外,课之以税,其必负担无疑。

课征公司所得与营业所得,纳之者必谋所以转嫁之方,第一,增加价格,转移于消费者。第二,减低雇工之工资或延滞工资之增加。第三,减低支付股董之股息。后二法寻常鲜用之者,盖因率不欲以此而致工人及股董之觖望。故公司欲谋移转其税负,仍不外出于增加价格；第增加价格，则须视种种原素——如需求之弹性，增加生产后成本减少之程度，及公司在生产效率方面所处之地位等而定。此种转嫁之法，通常甚难见功，盖按诸上述原则，税课之能增涨价格者，必其能影响边际生产，减少产品供给；课征公司或营业之纯所得，在竞争情形之下，公司绝无权力影响出品之价格，故转嫁甚难。

二、土地税

课土地税，其税负归著，就普通趋势言，属于地主。假使地主之地，租之于人，则地主必思加高租金，以移其税负于租佃人。惟此种情形，须地主所征之地租，尚未达最高之限度则可；使地主所收，已达最高限度，租佃人所能纳之数，止尽于此，则是项税课之负担，必落于地主无疑。盖因一地地租多少之决定，不因税课之有无而异，故课之以税，甚难使租佃人多纳地租也。土地税之征收，有征自土地占有人者，如英国之土地税是，有征自地主者，如吾国之田赋是。要之，无论征自占有人或地主，苟土地税之部分，落诸土地者，则其负担之归著，将属于地主则同。

根据折入资本说，课征土地税，将变为课税时之土地所有人负担，新购者从资本价值中折扣，虽按年纳税而实无负担可言。关于此点，上节中已揭示其所应具之条件，惟从事实上观之，此项条件，不易具备，例如第一点所谓单有或不均之税，在采用一般财产税而以土地税为其一部分之国家中，即不易见。又如租税自资本价值中折扣，必其所适用之税率，年年相同，否则即不易折算。故在税率时有变更之情形下，折入资本之法，进行上具有甚大之窒碍。且不仅税率变更，发生困难，即税率之差别不同，亦影响甚巨，例如用比例税则折算易；用累进税，则折算难。总括言之，土地税之折入资本，因有种种困难，殊未必常能实现也。

三、房屋税

建筑房屋，为一种耐久之资本储蓄，课税其上，其负担多有属于占有人之势。按诸原则，建筑物之供给，必因此种资本储蓄，尚可获得通常之收入。使课税于所有人，而所有人不能转之于占有人，则其资本储蓄之收入，必将低于通常之额。收入既低，资本将渐他移，建筑物亦必因之而减少，在此情形之下，房租必渐趋于上腾。惟此种他移步骤，需时颇久，非可速几，盖因资本既储蓄于建筑物，不能立刻移动，故当前之税负，仍不能不视建筑物之供给与需求以为定。使建筑物之所在地为繁盛之城市，人口增加，需求上涨，则所有人自可举其税负而加诸租金，有时因需求甚巨之故，于税负转移之处，尚可获得较通常为高之收入。反之，使建筑物之所在为衰落之都市，则人口稀少，供过于求，所有人因同业竞争之故，贬价以求出租，则所负之税，自不能希冀转移。惟此两种情形，均不过为暂时之事实，就最后言，若储蓄资本所得之收入过大，则建筑物之供给必多，结果此种资本储蓄之所得，仍必趋于通常之额。若为衰落之城，建筑物不增，历时渐久，多趋颓圮，此项资本储蓄者，因供不应求，亦可除税负外获得通常之收入矣。以上所论，均就非营业建筑物而言。假使占有人从事工商业，则不难举其税负而移之于其顾主也。

四、贩卖税

贩卖税之名词，包括甚多，凡税之课诸贩卖货物者，无论其为生产人、中间人及零售人皆属之。此种税课，其趋势多能转嫁于消费者，转嫁之方法，即为增加价格。通常实行此种转嫁之方法有二：第一，不加诸货价之上，而于发货单外，另有税单；第二，隐括于货价之中而不揭出。第一法虽不扰动零售之价格,而购买人觉货价之加重则同。是以普通惯例,仍多隐括于货价之中。惟增加货价以转嫁税负,须视物品需要之性质及其他决定价格之原素而定。故有时贩卖人不欲扰动市场之需要,特别在课税之额不多时,宁自负之而不肯变更其惯例之价格。

贩卖税之转嫁,又往往视商业之情形而异。当商业兴盛之时,需求不易低落,转嫁较易;萧条之时,则转嫁较难。且贩卖税之课征,因贩卖人之营业情形不一,故普遍之转嫁,常不易实现,因之贩卖人对租税之负担,亦各轻重不均。终括言之,贩卖税之转嫁,情形至为复杂,不能尽如通常假定之必落于消费者。就实际言,如普遍转嫁不能实现时,则各种贩卖商所受之影响,率随其营业情形而不同。

参考书

Seligman, E. R. A., The Shifting and Incidence of Taxation, Introduction and Part Ⅱ.

Lutz, H. L., Public Finance, 2nd ed., Ch. Ⅹ, Ⅵ.

Silverman, H. A., The Incidence and Effects of Taxation, Ch. Ⅴ.

Mills, M. C. and Starr, G. W., Readings in Public Finance and Taxation, 1932, pp. 306—324.

第六章　消费税概论

第一节　消费税之类别

吾国自民十七年中央与地方收支划分之后，田赋当税契税等项，均已划归地方，中央政府之租税收入，百分之九十五以上，取给于各消费税。消费税中，以关税、盐税及五种统税为主要，烟酒税等次之。讨论吾国之税收，就现情言，间接税之重要，远逾于直接税，故先就各消费税论述之。

关于消费课税之方法，可分为三[①]：第一，直接消费税；第二，特种物品消费税（包括专卖收入）；第三，关税。直接消费税之起，溯源甚早，其性质近于财产税，系直接征之于消费人，例如英国曾有之马车税、男仆税及钟税、表税等是。此项税类之重要性，久已减落，盖因近代内地消费税发达之后，政府课征消费物品，率征之生产者或贩卖者之手，较之家稽户课，征费省而收入多。故现代各国所有之消费税，均属间接税性质，重要者不外两种，其一为内地消费税，课诸特种物品，而征之于生产者或贩卖人；其他则为在国境征收之关税。

① Bastable, C. F., Public Finance, pp. 496—497.

直接税在现代各国之税制中，日趋重要，而其中尤以所得税为最，自古昔粗疏之土地税人丁税资产税而进于现代已有之税制，从税制之充裕公平及弹性各方面观之，固有显著之改良也。虽现有之直接税，如所得遗产地价土地各税，尚未能进于完善，然持之以恒诸既往，则已远逾于昔矣。间接税类，亦具有同样之改进，欧洲各国昔时所有之消费税，大率对于负担分配，税负归著，及其他细密专门之问题，鲜加注意。关税为欧洲各国最早有之税，第就其历史观之，采用以来，多未能顾及公平及经济各方面。自十九世纪英国关税及内地税之改良，始渐促成一种增加行政效率及注意税负归著之趋势。经最近数十年之改善，亦已远逾于昔。

假使吾人讨论各消费税之征课，注重收入，而不以规定消费及保护工业为主要目的，则选择物品以为课征时，宜力求能适合本编第三章中所举之各要素。第选择货品之种类，应视诸其国之消费情形而定，盖课征之物品，实际上能使税收充裕者，在两国中不必尽同也。举凡人民之好尚及社会之习惯，选择时均应加以注意，否则税收方面，必将蒙其损失。兹本诸各国已往对于此项税类之经验，得有下列选择之标准数端。选择观点，虽多就内地消费税而言，然大部分亦可适用于以收入为目的之关税。但在各种不同之情形下，有时尚应酌加修改，始能期其易行而无弊。

第二节 消费税课征之原则

课征物品税，在于选择物品之得宜，兹举各种选择之标准如次：

（一）宜选择消费最广之物品　现代各国之直接税，日趋重要，其负担多集中于一部分较富之税民。处此国用剧增之情况下，为求税负分配之普遍计，宜课征消费最广之货品；而欲求收入之较丰，尤非课征消费甚广者不足以济也。

（二）宜为非生活必需之物品　课征之货品，不应多属生活必需品，例如米、盐、麦粉等物，人生日用所必需也，虽为消费最广之物，然不宜课征特种货品税于其上。至如烟、酒、茶、糖各物，则较为适宜。通常一般意见，以为宜课征奢侈物品，惟奢侈与需要二者之间，甚难得一明确之区别，就各国现有之国产税观之，大率兼奢侈品需要品而有之。吾人对于奢侈品与需要品，既不易得一共认之分类，则选择货品时，宜察其消费对于社会及个人之有无利益以定取舍。

（三）宜避免课征助成生产之物品　各种物品之性质不同，有供直接消费者，有虽为消费物品，然与生产具有密切关系者。国家以课征消费为目的之税，则宜使其税负落诸消费者之身，换言之，应以消费品为限。例如课税于丝制品，其影响所及，较之课税于铁制品者远小。盖前者之影响，不致散播，所涉及者仅丝制品消费者及生产者而已；铁制品为助成生产物品之一，各工业均须用之，课之以税，则其影响之播散必广。故吾人讨论助成生产物品及直接消费物品之区别，得一原则，即凡原料品或货品之用以助成生产者，宜避免不课，盖因课之不第此项税征之实际影响，不易估计，且将有税负辗转增重之弊害，沿之而生也。

（四）宜斟酌课征物品之所在　课征物品，有就其近于消费时征之，有就其在多数聚集时税之，采用后者，则其税负因辗转经时之故，将增繁重，迨最后达于消费者之时，其价格增加之数，必逾于税课之数。欲免除此种弊害,课征以在近于消费时为宜。第就行政方面之效率言之,则又以在多数聚集时课征为得,盖使课征物品税于生产商人或批发商人之手,则政府征收之费可减,而查察之困难,亦可远少,其对于国家行政之经济,足与课之于近消费时之有利消费者相抵。要言之,课征物品,固宜在近于消费之时,但亦须对行政方面之效率,不宜牺牲太巨也。

(五)宜有可恃而不易变动之收入　选择货品,为行政方面之经济计,宜数类较少,但须含有极广阔之性质,庶足以得充裕之收入。一种物品之消费,或增或减,有各年不相同者,使种类选择甚善,则一物品消费之减少,或可取偿于另一物品消费之增加,而使国库无受其失。且物品税收入之有定与否,视乎选择物品需要方面之弹性如何;弹性甚微之需要,其消费数量,将不易因价格之增加而减少,故为使税人有定起见,宜以弹性较小者为多。

上述五点,为课征物品税时所应注意之原则,此项原则,专就选择物品而论。其他行政及税率方面,本书前部已涉及,兹从略。

第三节　消费税之归著

课征物品税,其负担之分配,具有累减之性质,尽人皆知。物品税之趋于累减,有为事势所必然,盖税负隐含于物价之中,一般物价,既不能按买者能力而为之调节,则所得小者,自无减轻之可能。且不第不能减轻,贫寒之人,其所得部分之用去者,就比例言,较富人大;而其所得之用以购买货品者,其百分数亦较富人为大。且一种货品之等级不一,课税其上,苟不能按等级为之高下其税率，则低贱品价格中所含之税，其比例常大于价昂者，故自纳税能力观点言，物品税之课征，所以多可訾也。前节中讨论选择物品之法，谓宜择其消费最广而又非生活所必需者，亦即欲藉此以减轻税负归著之弊害。第此种税类，就其本身论，固非善制，然以之为整个税制之一部分，亦实有其存在之余地，盖因其他各税，以课征资产及所得之大者为主要，所用税率，亦多系累进制，故即使物品税具有累减之性质，其重要性亦可因之而减矣。

物品税之负担，就通常言，系全部落诸消费者之身。第在特种情形之下，如生产人之生产费受成本递加律支配，或各生产人之效率与便利，具有显著之差异，则税负之附物价而转者，或只一部分，甚至其全部由生产者负担。关于此点，已详论于上章矣，兹不复及。

第四节　欧西各国之物品消费税

近世纪来，各国物品课税之增加，远不及所得课税增加之迅速，然就物品课税之收入数字观之，其在财政上之地位，尚甚稳固。即以 1927 年言，各国国家岁入中，物品消费税之收入，在德国占全税收百分之二十一；在英国占全税收百分之二十；美国之情形，亦为百分之二十强。其他各国之物品消费税，在收入上之重要亦类是。兹将大战后英、美、法、德物品消费税之情形[①]，就其课税物品之范围及在财政上之重要，略加抒述，以供参证。

---

① 其范围仅限于本章第一节中所述之第二种。

（一）英国　英国特种物品消费税，创始于1643年[1]。自此以后，直至十九世纪初期，英国人民常苦于物品课税之苛重。盖其时所税者大率为必需品，且税率亦甚重。迨至十九世纪中叶，特种物品税之范围及税率，始加改革。欧战发生时，全年收入为四千万镑，就中啤酒及酒精之收入，约居十分之九。战后以来，特种消费税所税之物品，最重要者为啤酒、酒精、石油、火柴、专卖药、糖、人造丝等，其中仍以啤酒与酒精两项之收入为最大。就1926年论，此二种货品之收入，约占全部物品消费税95%以上。此就课税之范围而言；至其在岁入中之地位，1913年时，特种消费税之收入，约四千万镑。大战期中，税目稍有增加，然至1918之五年中，仅增至六千万镑。迨1919年，则达一万三千四百万镑，较之1913年，年约增三倍有余。近年以来，因税率增高，销量稍减，收入已不及战后三四年之巨矣。

英国近年特种消费税收入与岁入比较表（单位：百万镑）

年度	岁入	特种消费税收入	百分率
1922	864	157	18.2
1923	787	148	18.8
1924	749	135	18.0
1925	758	135	17.7
1926	785	121	15.0
1927	786	126	16.0
1928	779	121	15.6
1929	777	132	17.0

就上表观之，英国特种消费税之收入，年当岁入百分之十七八，虽视所得税之收入（当岁入30%以上），不逮远甚，然持之与

① Bastable, C. F., Public Finance, 3rd., p. 505.

英国关税(仅当岁入百分之十二以至十六相较),则足以见其重要矣。

(二)美国　美国之有特种消费税,远后于英,其初采行此项租税,始于 1861 年内战之时。在此时以前,虽曾一度(1812 至 1814)课征酒税,以供战时之需,然旋即撤消。自南北战争发生时,始有创行特种物品课税之举。棉花、盐、烟等项,均为当时被课之物。战役告终,课税货品,稍有减缩。后经西班牙战役,税品与税率,又均扩充。1901 年时,特种货品税之收入,几达全收入 40% 左右。迨欧战发生之际,此项收入,年约四万万美金,就中以酒烟之收入为最重要。后因禁酒运动发生,酒课收入日减。烟课收入,逐渐增加,约五倍于战前。同时对汽车及其附件所课之税,亦甚发达,惟此税依美国 1928 年 5 月所颁布之收入法而取消。其他各种课税物品,则有普通饮料、糖、钟表、宝石、火器等项,娱乐捐在美亦属于消费课税,美国人民对特种物品消费税之负担,远轻于英①。此项税收,在美国总岁入上之地位,自酒课收入减后,渐已不如昔时之重要。1927 年,全国岁入,为美金三十八万万元,物品课税收入,约六万六千万元,占总收入 17% 强。1928 年汽车及其附件所课之税取消,于是物品课税之收入,较前益少矣。

美国近年特种消费税收入与岁入比较表(单位:百万元)

年　度	岁　入	特种消费税收入	百分率
1922—1923	3,847	721	18.7
1923—1924	4,012	762	19.0
1924—1925	3,780	622	16.5

① 据 Comstock 之研究,英国每人每年所担负者为十六元,美人则只七元五角耳。

年 度	岁 入	特种消费税收入	百分率
1925—1926	3,881	655	16.9
1926—1927	3,825	666	17.4

（三）法国 法国特种物品消费税，在本世纪初，收入年约五万万法郎左右，约当全租税收入25%。就中以葡萄酒、啤酒及火柴之收入为最重要。法国特种物品课税之方法，可分为二：一为按物征税，一为政府专卖。就后者言，有火柴、人造燃油、烟草及火药等之专卖。就前者言，所征税之物品，有火酒、各色甜酒、啤酒、酒精、汽水、专卖药品、化妆香品、盐、咖啡、醋酸、烛、火油、润机油、糖等项。自其课税物品之范围观之，不第为奢侈品及半奢侈品，即日用必需品亦尚有在课税之列者。

法国素以间接税收入著称，就1926年言，间接税在全岁入中犹占65%强。其中专卖收入，约占总岁入7%；物品消费税收入，约占总岁入9%。兹将其近年之收入与总岁入之比较，分别表列如下。

法国近年特种消费税收入与岁入比较表（单位：百万法郎）

年 度	岁 入	特种物品税收入	百分率
1925	32,279	2,999	9.3
1926	36,478	3,093	8.4
1927	39,425	4,077	10.2
1928	42,194	4,223	10.0
1929	45,090	4,189	9.3

法国近年专卖收入与岁入比较表（单位：百万法郎）

年 度	专卖收入	对于全岁入之百分率
1925	1,602	5.9
1926	2,552	7.0
1927	230	0.6

年 度	专卖收入	对于全岁入之百分率
1928	232	0.5
1929	278	0.6

关于火柴、燃油、烟草、火药等项，法国采用专卖制度已久。就中以烟草之收入为最大，次为火柴，又次为火药。惟烟草专卖之收入，自1927年起，业已提充法国国防公债之自动减债基金①，故上表自是年起，专卖收数，遂致减低至十分之一也。

（四）德国 德国初行物品消费税时，完全为地方税之性质，约始于十七世纪中叶。课税物品为谷、肉类、酒类、原料及其他入境物品。其后税品与税率，屡有更易，在1909年时，收入为一千八百万马克。就大概言之，战前德国物品税之收入，在各国中比较为少，此盖因德国之直接税发达较早故也。大战以后，课税品之范围，以烟、糖、啤酒、酒精专卖等收入为最大，约占物品税全部收入90%以上；其次则有葡萄酒、起泡葡萄酒、醋酸、盐、火柴、灯具、赌具、甜质物等。此项物品税之收入，在德国岁入中之地位，亦甚重要。1929年，收入达十八万万马克，占总岁入16%强，较之1924年，增加约五万万马克。兹将德国近年物品税之收数与总岁入之比较，表列于下：

德国近年特种消费税收入与岁入比较表（单位：百万马克）

年 度	岁 入	特种物品税收入	百分率
1924	8,686	1,194	13.7
1925	8,795	1,372	15.6
1926	9,214	1,523	16.5
1927	10,179	1,691	16.6

① Autonomous Fund for Debt Redemption.

年　度	岁　入	特种物品税收入	百分率
1928	11,827	1,774	15.0
1929	11,032	1,817	16.5

德国物品税收入之中,以烟草收入为最巨,每年约九万万马克;次为啤酒税,每年约四万万马克;再次为酒精专卖收入,每年约三万四千万马克;此外较巨者为糖税,年约一万六千万马克。盐税自 1927 年取消后,则以起泡葡萄酒税代之矣。

上述为各国物品消费税之概况。战后以来,各国采用以收入为目的之专卖事业者,日趋增加,具有一种新兴之趋势。根据国际联合会之《财政报告》,自 1921 年至 1928 年之间,报告预算于国际联合会者,计三十国,其中十九①,采用收入专卖(Fiscal Monopoly)。专卖事业之种类,以烟叶、彩票、盐、火药、硝石、炸药、火柴、卷烟纸、纸牌、酒精等为主要,计采用烟叶专卖者十国,彩票专卖者八国,盐专卖者七国,火药、硝石、火柴、纸牌等专卖者五国。兹将各国此项专卖事业之收入,与其所占收入之百分数,表列于下,以资参考。

各国专卖收入净数之预算②

国　　名	年　度	纯收入(金元)	占全岁入之百分数
捷克斯拉夫	1928	33,526,270	10.56
匈　牙　利	1927—1928	15,486,720	12.65
印　　度	1928—1929	30,589,000	5.43
意　大　利	1928—1929	152,344,670	16.27

① Austria, Bulgaria, Czechoslovakia, Denmark, Finland, France, Greece, Hungary, India, Italy, Japan, Netherlands, Norway, Portugal, Romania, Salvador, Spain, Switzerland, and Yugoslavia.

② Mills and Starr, Readings in Public Finance and Taxation, 1932, p. 170.

国　　名	年　度	纯收入(金元)	占全岁入之百分数
日　　本	1928—1929	77,615,560	9.97
葡　萄　牙	1929—1930	755,430	0.91
罗马尼亚	1928	29,894,270	14.29
西　班　牙	1928	79,814,490	14.13
巨哥斯拉夫	1928—1929	33,528,250	24.96

参考书

Bastable, C. F., Public Finance, Book Ⅳ, Chs. Ⅴ and Ⅵ.

League of Nations, Memorandum on Public Finance, 1922—1926, 1926—1928.

Lutz, H. L., Public Finance, 2nd ed., Ch. Ⅻ.

第七章 关税

第一节 概论

关税为一种征收之方式，非特殊之税类也。课货品税，无论直接征之消费者，或间接征之售卖者，或最后征之于国界者，方法虽各不同，而要之为消费税则一①。关税既为消费税之一，则其在税制中之地位，自不必因其收入上之重要而为之立异。兹先就关税各问题，摘要言之。

一、政策 课征关税，就其赋课之目的为标准，可分为二：一为财政关税，一为保护关税。前者以谋国库之收入为目的，后者虽以收入为目的，然同时注重国内产业之发展。古代及中世纪之关税，均以收入为主，至十七、十八世纪时，各国以阻抑进口贸易，助长出口贸易，为增进国富之策，遂竞相提高进口关税。迨至十九世纪之初，自由放任主义代之而兴，英国受此思想最早，且因国内产业之发达，及对外贸易之必要，自一八四〇年起，即变为自由贸易之国家。嗣后自由贸易主义，渐渐风靡欧洲，于是各国多相继采用低级关税。然经济发展迟于英国之各邦，咸知自由贸易不利于其国民

---

① 参考 Bastable，C. F.，Public Finance，3rd.，p. 655。

经济之发展,且因财政上之需要,亦思增加国库之收入,故自1870年后,又产生一采用保护关税之反动,潮流所趋,即自由贸易主义发源地之英国,近十余年来,主张采取关税自卫政策之说亦甚盛。吾国昔时关税,因受条约之束缚,不克自由增加税率,故虽以收入为主旨,而实无政策之可言。自关税自主以来,所订进口税则,收入方面,既较前增加数倍,而货品税率之分级,亦略含有保护之意矣。

二、税则　关税税则,依近世各国所应用者,可分为下列四种:

(一)单一税则(Simple Tariff)　单一税则,系仅由一种税则而成,对于各国之进口货,适用同一税则。此制又有国定税则及协定税则之分。前者凡关税之一切税则,悉以国法规定,不问货物之来自何邦,课税均以是为准;后者系由强国以条约束缚弱国,协定一种税则。前制英美各国行之甚久,后制暹罗、土耳其、日本及中国尝行之。

(二)国定协定税则(General and Conventional Tariff)　此种税则,分国定普通税则及条约协定税则二者。就税率之高下言,后者较前者为低,就订定之手续言,前者由立法机关制定,后者由行政机关订定。条约协定之税则,适用于缔约国或有最惠国条款之国所输入之货品;国定普通之税则,适用于其他国家所输入之货物。此制最早用之者为德国,现日本、奥意及瑞士、瑞典等国采行之。

(三)最高最低税则(Maximum and Minimum Tariff)　此制亦有税则二,不依条约上之协定,皆由本国之法律规定之。行政机关与他国缔结互惠条款之商约时,只能按照最低税则,不能随意减于最低税则之外。故采行之时,不仅可以减轻行政机关之责任,且可使内国生产者由此而获得安全之保障。此制初由西班牙采用，现法国、挪威亦行之。

（四）三重税则　此制分普通税则（General Tariff）、互惠税则（Intermediate Tariff）及特惠税则（Preferential Tariff）三种，加拿大现采行之。特惠税则，适用于由英国进口货物；互惠税则，适用于结有互惠条约诸国所输入之货物；普通税则，适用于其他各国进口之货物。互惠税则，较普通税则为低；特惠税则，较互惠税则尤低。英国殖民地澳大利亚及纽西兰等，均仿加拿大例，为英国货品设特惠关税。法国及葡萄牙对于由本国殖民地输进之产物，亦有特惠税则之设置。此种税则既繁，而税目之分类亦细，固可使国内产业之保护，更增周密。第适用之时，颇甚感繁琐耳。

吾国海关税则，昔时沿用值百抽五之单一税则，亘八十年，近世国际贸易，复杂异常，单一税则，自有不能适应此等要求之缺点。近年以来，关税自主，进口税则，复加改正，按物品之性质而定税率之高下，始渐渐踏入各国关税制度之常轨矣。

三、从量税与从价税　课征关税之税率，有从价（Ad Valorem）及从量（Specifie）之别。从价税者，按进出口货物之价值而课之之谓。从量税者，按进出口货物之重量及其他测量之单位而课之之谓。后者虽为从量税，然亦必调查各课税品之普通价格，以定其所可征之适当分数之税率。换言之，前者为按当时之价，后者为按过去已定之价。自理论言，从价之法较善，盖因从量税，系依物品之容积重量而课税，税负之加诸粗贱货品者，较精美者为多，其具有累减之性质较甚。且重量之货品，多为人生日用所必需之物，其课税之结果，尤有重于贫者而轻于富者之倾向。但就行政方面言，从量课税，所需之征收及行政费用，远少于从价课税，此盖因从价税于课税之物品，评价繁难，必须有多数之专门人材，始能胜任也。英国 1932 年 2 月公布之进口税法中，规定凡不免税之进口货物，概课以百分之十之从价税。德、奥各国，则多用从量税。吾国现行税则，系并用从价税与从量税。概括言之，现代各国，多兼采从价及从量二者，大率物品每单位之价值一致者，及粗糙物品之易定价者，多用从量税，其精美而不易以量计，及价格有非常之变动者，则用从价税，例如印度，即为采用二者合并之制，对于盐、煤油、火柴、酒类等项，从量课税；糖、丝、染料及化学成品等类，从价课税①。此种兼采之制，实折衷之法也。惟从量之税，不能随时顺应物价之低涨；从价之税，虽能随物价涨落为课，然亦不能适用累进，则其缺点耳。

第二节　关税征课之原则及归著

课征保护关税，其根本理由，即重在发展国民之经济，盖因一国之农工商业，尚在幼稚时代，须为之保护，使得免与外国已成熟之产业相竞争而受其摧残。其保护之税率，应依各生产品所需要保护之程度而异。通常行之者有二：(一)课诸在国内不课消费税之货品之输入品；(二)课输入品以比国内消费税较高之税率。此二者皆具有保护之意。若使税率过高，俾外货无存在国内市场之余地，则为拒绝之关税。此种保护之法，可使国内生产人，对于其产物之销售，获得一近于独占之地位，虽足以促进发达，然亦有资

① Shirras, G., Public Finance, p. 353.

本劳力偏为此项产业吸收之惧。故保护关税，只宜为过渡之法，期间不可过长，且即在需要保护不能撤去之间，亦宜以其他产业受害不大之时为限也。柏斯特布尔云“保护关税，非获得收入之税”，盖因关税之壁垒高筑，则多数外货之输入，为所阻拒，而不复能得进口之机会矣。约言之，保护愈厉，政府之收入愈减，而生产者所得之补助则愈大。

财政关税则异是，以国库之收入为主要目的，故所适用之原则，与保护关税异而与消费税粗同。第一，课征之物，宜为少数重要之货品。因课征之物过多，则行政费必巨，为收入经济计，自不宜物类甚多。但亦须选择适当，始可期无伤于收入。第二，关税之征收，限于国境，与其他一般消费税稍异，课征时宜以各输入品在国内不易生产又无代用品者为得。使所征货品之种类，亦为国内所产，或有他项代用竞争之物件，则关税之税率，应恰与国内消费税课诸此项货品之税率相同。盖因外货之输入者，既课之以税，则此类物品价格之增加，将粗等于进口税之数；使国内所产者无同样之课率，而获有增价之利，则是予国内此项生产者以津贴也。日本烟、酒等项之关税，内外货品之税率，为额相同，足为例证。第三，关税税率，不宜过高，以免激成逃税之弊。且税率过高，进口货少，亦足减缩政府之收入。故增加税率时，宜斟酌使进口货额，不致因加税而呈衰减之象。

课征进出口税，其税负归著，视被征货物所处之情形而不同。试先就出口税言之。出口货品所纳之出口税，出口商人必思举而加之于货品价格；第其能成功与否，则须视（一）其他各国同样出口货之竞争如何；（二）此项货物在输入国之需要如何。若使此项出口货品，供给之国不一，仅一国因课税而增长其价格，则是此国商人，举其市场需要而让之于人也。故出口税之归著，就通常言，多为课征国之出口者所负担。第如课征之物，出口国有完全之独占，而输入国对于此物之需要，又不易减，则出口税之负担，或可以转嫁于国外消费人。惟此种情形，殊不甚多耳。至进口税之影响，亦可以同样之原则论之，进口税之税负，就通常言，多落诸消费者。但在特种情形之下，如外国之生产者，无其他销场可觅，而同时需要方面，又易因价格上涨而缩减，则进口税之负担，或可后转于生产国之商人；惟此种情形亦甚鲜。总括言之，关税负担之转嫁，复杂异常，不易确定，然就大致言，负担之归著，大部分落诸课征之国家，欲其能尽转移于另一国，殊甚难也。

第三节　吾国税关制度之沿革

我国税关，昔分为海关与常关，海关系国境税关之性质，常关系内地税关之性质。兹沿其旧，分别略述之。

一、海关之沿革　海关之设，所以课出入海口之货物或船舶也。考自唐时，南方海路通商各国，来航不绝，其通商港以扬州、交州、合浦为主，于是始有市舶使之设。凡外舶至唐者，必报知市舶使，分市舶[①]、商舶搭载之物而课税。宋因唐制，明州、泉州、广州各置市舶使。元代因之，亦有市舶使提举之官。降及有明，外国通商之范围，较为扩张，正德以后，更直接与西洋各国交通。广州、泉州、宁波三处，各设市舶使。后又新增澳门，以为葡萄牙及西班牙

① 市舶系指通商许可之国，派遣贡使为朝贡而来者。

通商之地。迨至清康熙二十二年，荷兰以助攻郑氏平台湾有功，首请互市。嗣后疆臣亦请开海禁，廷议遂从其请，设澳门、漳州、宁波及江南之灵台山四榷关。二十八年，旋议定江、浙、闽、广四省海关征税之例。每关各差一员，管理税务，海关之名，托始于此。道光二十二年，承鸦片战争之后，缔结《中英江宁条约》，开广州、厦门、福州、宁波、上海五口为商埠。西洋各国，相继设置领事，外商货物之输出入税，先由领事征收，再交纳于我国官厅。旋政府以各国领事庇护自国之商民，遂废止旧制，设关自行征税。后洪杨之乱，英、法、美三国代征关税，是为外人管理海关之始。嗣三国各派税务司一人，在上海海关办事，然当时沿海贸易，大半系英人所占，自李国泰（H. N, Lay）任职税司，收入有加，于是英人遂迭膺总税务司之职。北京设总税务司署，统辖各地海关之事务，下设员司，分掌关务。全国海关，初归总理衙门管辖，光绪三十二年，始设税务处，管理全国海关。总税务司以下职员，均归税务大臣节制。民国以来，财政部税务处（今改为关务署）监督总税务司，统辖各地海关，其行使海关监督权之方法有二：第一经总税务司间接对于各关税务司下命令，第二直接对于各地海关监督下命令，因此关系，各关税务司，只直接受总税务司之指挥，而各关监督则只直接受税务处之命令。结果中央之关税行政机关，为税务处及总税务司，各地之关税行政机关，为各关监督及各税务司。此项二重制度，实我国海关所具之特点也。但此就制度而言，实际上税务人事，均在总税务司一人实权之下，至各地海关事务，则概由各关税务司经办，监督一职，虽有与税务司协同管理税务之规定，而实际上仅专理税款之收入耳。此海关制度沿革大概也。

二、常关之沿革　常关之设，所以稽查出入，课征商税也。《周礼》司关之官，职掌政令之厉禁，而非以征课取财为目的。汉武太初间。始设榷关，东晋至陈，关津林立，淮水以北，大小以百数十计。京畿附近，设有石头、方山等津，稽查荻炭薪鱼之属，十分税一以入官。时代愈进，国用日增，于是关市市门之税，代有设置。自唐逮宋，州县皆置务关①。至于元初，乃有燕京等十路征收课税使之设，旋复设立征收课税所。明初关市之征尚简，宣德间方有钞关，其后增置渐多，桥梁道路，所在皆关，商民甚以为苦。清初门关之税，有户工两关，分隶户工二部，即近所谓常关是也。常关之制，约分三种：（一）五十里内常关，以《辛丑和约》之故，属于税务司兼管。（二）五十里外常关，向由监督管理。（三）内地常关，亦由中央简放监督，专理其事。常关之制，民国成立后，多沿清末之旧，虽小有更易，然大致无殊也。

国府定都南京后，始于十六年颁布裁撤国内通过税条例。常关税为对于国内水路通行货物所课之税，足以阻碍商业，故亦在应裁之例。自二十年一月一日通令裁厘后，各常关税，亦均先后裁撤矣②。

第四节　关税之沿革与现情

关税为对于出入关界之货物或商船所课之各税也。其中要

---

① 务关课征行者赍货，谓之过税，每千钱算二十；居者市鬻，谓之住税，每千钱算三十。见《马氏通考·征榷考》。

② 五十里外常关及内地常关，均于二十年一月一日明令裁撤。五十里内常关，于同年六月一日明令裁撤。

者。为进出口税,兹分别就其沿革及现情抒述之。

一、海关进口税

海禁未开以前,外国贸易,仅行于广东一省,进口货物,大率托词贡物,而关税仅有内地关税之一种。沿岸贸易,亦适用同一之税则,然其税率并不公示于商民,故经征人员,得以意为轻重。自道光二十二年,缔结《中英江宁条约》,辟广州等五口为商埠,俾英国商民居住通商,应纳进口出口货税饷费,由部颁发晓示,英商按例交纳。又议定英国货物,自在某港按例纳税后,即准由中国商人,遍运天下,路经税关,不得加重税例,只可照估价则例若干,每两加税不过某分等语①。此种议定,实启协定关税之兆,前项税率议定进出口货物,均照从价百分之五;惟主要货物,则按从量百分之五纳税。施行以来,物价低落,从量税率,渐见过重。咸丰八年,缔结《中英天津条约》,约定修正税率,是年十一月,续订《中英通商章程》。新税则以从价百分之五为准,而为从量税之规定。其税则所未载而非免税之货物,课从价百分之五。至免税品及禁制品各种,亦为章程所明定。此第一次税率修正之情形也。实行以后,因免税货品范围广泛,漏税之弊滋生,有税物品,价值昂贵。前定从量税率,平均计算,仅百分之四左右。光绪二十七年,议定《辛丑条约》,关税为赔款担保之品,进口税率,改为切实值百抽五。从前免税物品,除少数外,悉照百分之五课税。前定从价税,亦改为从量税②。二十八年,英、德、日本、西班牙、奥大利、荷兰等国委员,会于上海,协议续修进口税则,后因俄、法、意三国,另生意见,未能定

① 见条约第十款内第二条。

② 计算之法,根据 1897—1899 三年间各商品平均之价值。

议。此第二次改正税率之情形也。

民国元年,依照条约十年修改之期届满,我政府曾向各国公使声明,欲再行修正之意。各国初以民国未经承认,不允交涉。嗣民国业经承认,而日、法、俄三国又提出种种条件,不允遽行修改,遂致搁延。民国七年,因我国参战需款,各国始允修改关税。此次修改,系以民元至民五之五年间平均物价,为新税则货值之标准,仅得值百抽三点五,未能实征值百抽五也。此为第三次之修改。民国十一年,又有第四次修改。此次修改,距上次修改,仅逾三年,而得再议者,其因有二:(一)七年修改税则时,曾经声明欧战停止后二年,再加修订。(二)华府会议,关于我国关税,协议三步办法,第一步修正进口货价,切实值百抽五;第二步进口普通货品增二点五附税,奢侈品得再增二点五,第三步裁厘加税抽一二点五。是届修改税则,即系第一步办法,以最近六个月之平均市价,为税则货价之基础。此进口税率为值百抽五均一制之沿革也。

民十五年时,南北始有内地税及二点五附税之制。所谓内地税制者,即进口货物于纳进口税之后,属普通品者,须纳百分之二点五内地税,属奢侈品者,将再加百分之二点五,合成百分之五,与正税税率相同。是项内地税制度,导源于广州,因沪上五卅惨案及广东、沙基惨杀发生,举国排斥英货甚力,英国为缓和民气起见,暗示承认此项内地税制办法。后北方亦接踵举办二点五附税。考二者名称虽异,征收办法实同,不过内地税系出于自动之方式;而二点五附税,则系沿袭《华府关税条约》而成耳。

民十六年,国民政府移都南京,首采自动宣布关税自主之方针,不经与各国协商废除之手续。当时设立关税自主委员会,以司筹备之责。七月颁布《国定进口关税暂行税则》,按货品之性质,分为四级，定于九月一日实施。公布之后，适因军事骤起，未能实行。十七年夏，国府以统一告成，对于国际交涉，改采协商各国废止旧约之方针。一年之内，与美、德、比、意、英、法等国所订新约，均适用关税自主之原则。十七年十二月颁布《海关进口税则》，定于十八年二月一日施行，内分七级，最低为值百抽七点五，最高为值百抽二七点五。

此项税则，系合并旧时正税税率（指向来值百抽五之正税而言）及关税特别会议所提七级附税税率①而成。在例外者，仅卷烟及煤油二项，盖因卷烟、煤油，早行特种消费税，故于正附税值百抽七点五外，再加上特税税率，即为新税则之税率。概括言之，此种进口税则，系综合旧时正税税率及七级附税税率与夫卷烟煤油新增之二点五附税及特税而成之税率，以自动之方式公布之，谓之《海关进口税税则》。就其性质言，多属根据成案，实非完全自主之国定税则也。

吾国关税自主，自民十七年后，各国新约，除日本外，均已承认。嗣经政府与日本几度磋商，乃于十九年五月正式缔结互惠关税协定，至是关税自主，始全为各国所承认。十九年冬，颁布《现行税则》，定于二十年一月实施。内定米、麦、书籍等免税，最低税率，为百分之五，最高税率，为百分之五十，计分十二级：

第一级	百分之五
第二级	百分之七点五
第三级	百分之十

① 关税特别会议，举行于民十四年冬。英、美、日专门委员修正附税税率，最高附税定为二二点五，最低定为二点五，分为七级。例如燕窝，旧时正税为值百抽五，按七级附税税率表，列于甲类，为值百抽二二点五，故新税率为值百抽二七点五。

第四级	百分之十二点五
第五级	百分之十五
第六级	百分之二十
第七级	百分之二十五
第八级	百分之三十
第九级	百分之三十五
第十级	百分之四十
第十一级	百分之四十五
第十二级	百分之五十

上述税则,为关税自主后第一次之税则。虽自税率及政策观之,远胜于昔日值百抽五之均一税制,然因有民国十九年之《中日互惠关税协定》,自主精神之表现,尚受有限制。二十二年五月,迨《中日关税互惠协定》施行期满,乃将进口税则,予以修正。此次所更改者,不仅在税率之提高,即单位之变更,品目之增补,亦与旧税则相异之处甚多。兹就税则修正之内容。摘要言之。第一,此次修正进口税则,实质上税率多已提高,特别对奢侈品,提高尤多,此可于新税则中丝及丝织品之税率,及食品中之海参、鱼翅、燕窝、咖啡、呵呵酒类等税率见之。故自财政上言,海关税收之增加,自无可疑。第二,此次修正之进口税则,对于棉布及其制品,人造丝及其制品等,均予提高,而以人造丝类税率之增加为尤多,凡属人造丝或人造丝夹其他植物之纤维,进口税率,概由百分之四十五左右,一律增至百分之八十。针织绸缎及蚕丝,亦由百分之四十五,增至百分之八十。即此足见政府寓有保护国内产业之意。此外新进口税则,对于机器及机器工具之税率,一仍十九年之旧,自从价百分之五十五不等。此项机器,包括农工业所必需之农业机器,纺织机器,发电机,发动机等。此亦足见政府具有发展国内产业之意。概括言之,吾国现行之新进口税则,以收入为主旨而兼寓有保

护之意，衡之以前所有，实质上固甚有进步，第品目过多（六百七十二种），行政费巨[1]，此今后修正税则时所宜注意也。

二、海关出口税

吾国出口税率，亦为值百抽五，导源于道光二十二年之《中英商约》。咸丰八年，《天津条约》第一款内载：此次新定税则，凡有货物，仅载进口税则，未载出口税则者，遇有出口，皆应照进口税则纳税，或有仅载出口税则，未载进口税则者，遇有进口，亦皆照出口税则纳税。倘有货物名目，进出口税则，均未赅载，而又不在免税之列者，应核估时价，照值百抽五例征税等语。此乃明定之出口税率，七十余年来，继续沿用，未经修改，其间物价已变化多端，故各货税率，征值百抽五之从价税者，随时估价，尚属名副其实，至从量税，则以七十年前估价为根据，实际上仅百抽一或值百抽二之谱耳。近年所增加者，为出口内地税，凡出口货品于纳出口税外，一律另征百分之二点五内地税，其起源之历史，与进口内地税同。

我国在《江宁条约》以前，虽于外国贸易，未有海国税之设定，而沿岸贸易，凡通过之货物，均课以出口税。迨《江宁条约》实施后，输往外国之货品，固已课一定之关税，然商船内所载之货物，将输运于内地沿岸，抑将运于外邦，一时无从查明，遂课以同一之税额，以免生避重就轻之弊。是项沿岸贸易出口税，即土货在国内由此口运至彼口所征之税，换言之，即国内通过税之一种也。近年来，亦带征沿岸内地税，其发端与出洋土货之出口税所带征之内地税相同，税率亦为值百抽二点五。

---

① 吾国海关行政费，在关税自主前，约占关税收入百分之十五，近年关税收入锐增，依最近海关开支统计，约在百分之十左右。按英国海关开支，仅约占关税收入百分之二（见 Silverman，H. A.，Taxation，p. 82.），即此可见吾国海关行政费之巨。

欧洲各国,在中古以前,出口税与进口税同一盛行。自十七世纪后重商主义勃兴,深信输出贸易之发达,为吸收现金之主因,于是相率废止出口关税,以资奖励。近世文明各国之政策,国内货品,十之八九,已行无税输出之制。其尚有出口税者仅二:(一)本国货品,处于独占或生产最优越之地位者;(二)本国工业原料以及种类稀少之物品。前者依租税转嫁之原则而设;后者为防外人收买及保护需要而设也。吾国出口税一项,昔占海关总税收三分之一,处此财政困难之时,自不易言废除。且吾国产业尚属幼稚,亟待设法保护,而出口货品,十之八九为工业原料,设不征税,外人得以廉价收买,则将使本国资源,日就枯竭。故现行之出口税,既不能废除于一旦,则惟有徐予革新以救其弊。财政部为整顿计,业于二十年提出修正案,对于从价者仍为值百抽七点五;从量税依照近年物价,将完税价格,分别改订,定为值百抽五①,因恐影响商业,故不欲骤增至七点五也。此项提案及税则,由立法院修正通过,已于二十年五月公布施行矣。

出口税则,经此次修正之后,从负担之分配言,虽稍平允,然自出口贸易之发展言,则又多可议,盖因此次修正,除极少数得维持旧率,或略亨减税之利外,其余大半较旧税远高,在吾国今日出口税不能废除之情形下,实宜就出口货品之性质,多予以显著之差别或豁免,庶可期于出口贸易之发展无碍也。

三、陆边进出口税减税之取消

就沿革言,陆路边境贸易,远在海路贸易之先,清初虽申海禁,

① 制成品有不便增价者,则仍照正附税原额规定;其新经政府核准减低税率者,亦予维持现状。

而各边以有藩属为之屏蔽，迄未明立禁条也。陆路进出口税，各因特别之理由而定，较诸普通进出口税为轻，故特揭出抒述之。

（一）中俄陆路进出口税　中俄陆路贸易，滥觞于康熙二十八年《尼布楚条约》。雍正五年，又缔结《恰克图条约》，选择恰克图、尼布楚适当之地，建房互市。乾隆时复缔约，以恰克图为商场。咸丰年间，始定伊犁、塔尔巴哈台两地之通商。继因《中俄条约》，开黑龙江、松花江、乌苏里河水路之贸易。后依《中俄续约》，并开库伦、张家口、喀什噶尔三地之通商。以上三地，均无纳税之规定。惟往来通商，只能照条约所限定之路线耳。同治元年，改订陆路通商章程，两国边界贸易，在百里内，均不纳税。惟俄商运货至天津，应纳进口正税，按照各国税则，减三分之一，在津交纳。其酌留张家口之货，仍在张缴一正税。如从天津运货，由水路赴南北各口，则应补足三分之一税银。按中俄通商，虽朔自康雍，而陆路课税，则自同治元年之《通商章程》始。在光绪七年条约中，虽有改约明文，然迄未加以修正。其后光绪末年，我国于吉、黑两省之要地，设立税关，哈尔滨、三姓、拉哈苏苏、瑷珲等关，均照海关税率。此外如满洲里及绥芬河两关及东清铁路运输进出口物品，均照正税三分减一。至于蒙古及新疆天山南北路，其陆路贸易，尚未征税，则仍如故也。

（二）中日陆路进出口税　民国二年，因日本援引最惠条约之故，规定铁路运载通过满洲、朝鲜之货物，照海关税率三分减一。此种减税，仅适用于铁路运输通过国境之物，其间岛以北之贸易，则不得减税。

（三）中法陆路进出口税　我国滇桂等省，与法属越南毗连，光绪十二年，中法缔造《通商章程》，凡进口之货，经云南、广西边关时，按照通商税则减五分之一，收纳进口正税。其税率未载之物，概照值百抽五征收。翌年续订商务专条十款，改定进口货物，照《通商税则》减十分之三。出口货物，照《通商税则》减十分之四。二十一年，又改订《商务专条》，稍有更正，然税率仍系照前所订也。

（四）中英陆地进出口税　英属印度、缅甸，与我国云南、西藏接壤，光绪十九年，中英会议《藏印续约》，辟亚东为商埠，设关课税，以五年为免税期，期满再定。三十四年，中英修订《藏印通商章程》，又辟江孜、噶大克为商埠。以上数处，免税期满后，税率久搁未议。至云南与英属缅甸之陆路贸易，始于光绪二十年之《滇缅条约》。二十二年，略有修正，其税率与安南边境之进口税同。

上述各边境进出口税，均订有特惠税率。此种减税办法，初因运输之艰阻而设，近因边地日益发达，交通日益便利，减税原因，已不存在。《华会关税条约》第六条，已确定海陆各边界划一征收关税之原则。国府定都南京，关税方针，即采各地收税平等待遇之旨，故与英、美、法、日所订新约，均取消特惠之减税。自此以后，前项减税制度，均已先后废止矣。

四、子口税及复进口税之废除

（一）子口税　子口税又名子口半税，以其税率相当于进出口税之半也。设置之初，因内地通过税如常关厘金之类甚多，外商人地生疏，完纳税项，多所不便，咸丰八年，《中英天津条约》，始设代偿内地关税之子口税。缴纳一定之税额，以免纳通过税之苦，实具有抵代之性质。迨光绪二年，《中英烟台条约》，关于子口税事项，规定尤详。嗣后各国条约，亦大都类是。惟子口税之设，系抵补内地零星税厘之用，其货物之免征，以单货相符为凭；否则仍应照纳各项税厘。子口税后亦带征子口内地税，起源与进出口税之内地税相同,其税率当子口税之半,为值百抽一点二五。

(二)复进口税 复进口税者,即对于本国土货由此商埠运往彼商埠所课之税也。因其税率为进口正税之半,故又名复进口半税。凡我国货物,经过海关,运于沿岸之商港,与输出外国课同额之出口税。而其货物在输出外国之先,运入他商港时,应纳出口税之半额,即为此复进口税。考此税之性质,实为内地通过税之一种,专征本国土货,与洋货无涉。洋货由外国进口,仅纳进口税,即可任意转运他口,不再征税,而土货出口,既纳出口税,如运往他口,又须纳二点五复进口税。是同一货品,土货所负之税,较洋货加多一次也。复进口税,亦有复进口内地税之带征,税率与子口税内地税同,亦为一点二五。

以上二税,均具有内地通过税之性质,且足以压迫内国之工商业,而予外商以利便。自国府裁撤厘金修正关税后,子口税及复进口税二者,均于十九年杪由财政部令饬总税务司同时废止矣。

五、倾销货物税

倾销之意义,通常系指售物于国外而其售价反低于出口国内之销售价格者而言。此种倾销行为,系故意利用低廉之货价,以争夺国外之市场。但其为害与否,尚须视输入国国内之生产情形而定,盖因国外价廉品之侵入,如国内无同类或类似之产品,固无倾销之害可言。即有同类之货品,而国内外价格之差额,相隔甚微,则亦不足计较。惟其程度,足以扰乱国内之市场,危害本国产业之发展,则非采行抵制之手段不可。欧西各国,多已实行课征倾销货物税。其抵制之方针,总括言之,最要者为下举各情形:(一)获得本国政府或公私团体奖励输出津贴之商品;(二)在国外市场售价较生产成本为低之商品;(三)出售于国外市场而其价格较出售于本国市场为低之商品;(四)来自货币跌价国之商品。吾国工业幼稚,外货廉价倾销,自应有预防之法,以资抵制。国府根据上海商民之建议,于二十年二月公布倾销货物税法,其内定有下列情形之一者,即视为倾销。

(一)较其相同货物在出口国主要市场趸售价格为低者。

(二)较其相同货物运销中国以外任何国家之趸卖价格为低者。

(三)较该项货物之制造成本为低者。

(四)进口货物如直接或间接受有各种奖励金,或其他特殊利益,与中国相同货物发生竞争,并对于中国实业足加危害者。

凡有上项情形之一者,即征之以倾销货物税,其税率以前项货价之差额为准。但欲确知某种外货在吾国市场,是否有倾销行为,必先调查国内各商埠此种外货目前之售价,同时又须由驻外使馆代为调查此种货物在彼国市场之售价,始能决定,非草率从事,所能有效也。

近年来,吾国产业界要求课征外货倾销税之声,时有所闻,自二十年二月公布倾销货物税法之后,二十一年十二月财实两部为维护国货起见,拟进行征收外货倾销税,并由两部合组成立倾销货物税审查委员会,附于财部,专司其事。最近洋米、麦进口税之课征,因各省纷纷请求,并经八省粮食会议代表之电催,业已实施。此外他种外货,该会认为具有倾销行为者,计有绵纱、布匹、木材、鱼类、火柴、灯泡等多种,亦拟将予以征课。惟征收倾销之货物过多,手续烦杂,且多挂碍,除少数特著者外,不如就进口外货足以阻抑我国产业之发展者,略增其进口税率,较为便捷易办也。

第五节　关税之财政结果

关税之沿革与现情，上已钩要述之。关税收入，近十余年来，增加甚速，溯自前清末叶，关税收数，自年收一千万两渐增至三千万两；北京政府时代，自年收四千万两渐增至七千万两。国民政府统一后，税则修正，增额甚巨。二十年一月实施现行进口税则，收入尤增，年当总岁入百分之五十以上。较之英、美关税，仅年当总岁入百分之十四左右者，殊不可等量而观。兹将民元至民二十二年之海关税收数，以元计之，表列于下①：

年　份	税收总数②（单位：千元）
元　年	66,400
二　年	27,693
三　年	65,576
四　年	62,825
五　年	64,242
六　年	65,046
七　年	62,494
八　年	78,240
九　年	84,018
十　年	91,427
十一年	97,576
十二年	105,391
十三年	114,461

① 根据财政部向三中全会之财政报告；惟二十二年之数字，则为财政部最近所公布。

② 连船钞在内。船钞者为内外商船入港时所课之税，又称吨税。其纳税税率，按商船之大小而有差别。

年　份	税收总数(单位:千元)
十四年	115,627
十五年	128,072
十六年	112,404
十七年	133,252
十八年	243,966
十九年	290,199
二十年	384,925
二十一年	286,000①
二十二年	339,522

关税存放问题,昔时各国籍口外债担保,要求将税款之一部,存之其本国在华银行,以达其海外贸易发展之目的。国府统一南北后,以关税存放,系财务行政,无待与各国协商,遂将新增关税,纯归中央银行。即旧有关税,如关德、奥、俄赔款及内债基金者,亦已改归中央银行保管,其尚归汇丰等银行存储者,仅关税项下作抵外债及赔款之一部而已。

吾国关税,经近年之改革,已渐具现代关税之雏形。惟海关管理之权,至今尚操之外人,内部组织,自赫德经营擘画后,迄今已八十年,沿用旧制,未能应时代之潮流,采用最新式之科学管理方法。今后应速谋收回之方,加以改革。此外尚有两端急应注意者:第一,沿岸贸易税(即国货转口税),为国内通过税性质,足以妨害国产货之发展,十六年国府所颁《裁撤通过税条例》,此税即在废除之列,年来政府以国库收入为虑,迟未实行,今后为发展本国之工业计,应予撤废。第二,出口货品之税,除有特别目的者外,各国多已废止,吾国为奖励海外贸易起见,亦宜多所豁免,庶可期与世界各

① 此为预算数。是年关税预算,短少甚巨,其短少之主要原因,即为东北各关税款(约四千万元)之被截留。

国现行之制，不相径庭也。

参考书

贾士毅：《民国财政史》（前编及续编）、《关税与国权》、《关税与国权补遗》。

盛俊：《海关税务纪要》。

Bastable, C. F., Public Finance, Book 4, Ch. 7.

Plehn, C. C., Public Finance, Part Ⅱ, Ch. 7.

第八章　盐税

第一节　盐法之沿革

我国数千年来，盐法屡变，本篇第一章，讨论租税沿革，虽已略及，然语焉不详，未能明其梗概。本章特复予以抒述，俾读者得溯其变迁之原委焉。

吾国税盐之法，权舆甚早，自《周礼》六官，太宰掌山泽之赋，则已有盐税。惟所征甚微，未有禁法也。至管子征盐筴，禁北海之众，无得聚庸煮盐，于是盐始为官业。汉初弛山海之禁，至武帝时，从东郭咸阳之言，置盐铁官，终西汉之世，专卖相承。迨后光武中兴，弛私煮之禁，除专卖之法，凡郡县之出盐多者，始置盐官，主收盐税。其后明帝复行官卖，和帝时又改收税，自是以后，终汉之世，大都循用旧制。

建安年间，官卖复兴。六朝以来，经制屡更。及隋统一南北，一度罢榷盐利。唐初因之，开元元年，始检校盐课，税制复兴。肃宗时，第五琦变盐法，就山海井灶近利之地，置盐院，藉游民业盐者为亭户①，免杂徭，煮盐盗鬻者，则论以法。代宗至德间，刘晏为运使，损益

① 盐民所集之处，谓之盐亭，亭户者业盐之户，即今云盐丁。

琦法①，上盐法轻重之宜，谓官多则民扰，惟于出盐之乡，置吏及亭户，收盐户所煮之盐，转鬻商人，任其所之。其去盐乡远者，转官盐于所在贮之，商绝盐贵，则减价以粜，曰常平盐。官获其利，而民不知贵。一切盐税负担，概为奏罢，商民便之。综其法之大要，即民煮官收商销，实与近时所谓就场专卖者相同。晏又于淮北江南岭南，置巡院十三，捕禁私盐，后世捕缉私盐之法始此。五季时盐法浸坏，苛敛重叠，周禁私盐，对于颗盐末盐，各有界分。若将本地分盐，侵越疆界，即同诸色犯盐例科断，实开后世行盐分界之渐也。

宋初盐法采用官方运卖之制，其后折中法制，准许商人运卖，即所谓通商与官卖二法也。迨官卖与通商皆敝，乃变行钞法。钞法始于仁宗末，由范祥建议，其法令商人入钱买钞，赴产地领盐，任其运卖，是为后世票盐法之始。崇宁时，又变钞盐法，分为长引、短引，凡商人运盐，限以时日，视地远近，各给以引，是为盐引法所由来。南渡以后，赵开改变盐法，置合同场，取引税钱，此又为引课法之始。元初设局卖引，盐商购引后，赴场关盐运卖，引票之法，发轫于此。政府按场地远近，建仓贮盐，通立纲数，设官分运，商人关盐，依此给发，是为纲运之法。各就所在，遴选商人，充盐总部辖，是为纲总之法。其后盐价腾贵，乃又立常平盐局，以平盐价，似又兼行官卖之法矣。

明初招商输粮而与之盐，谓之开中法②。弘治时，叶淇改行折

① 第五琦所采盐法，为产地分税法，晏易之为就场专卖制。

② 洪武三年，因陕西河南军储不足，乃招商输粮，给以盐引，谓之开中。其后各行省边境，多用此例，故英宗时山东有纳米中盐之例；宁夏有纳马中盐之例；成化时，河东又有纳铁中盐之法。此项盐法，能使商民转粮输，俾政府免飞輓之烦，故有裨边计甚巨（详见《续通考证榷参》）。

色,明法始变。收买余盐,补充正引,实开余引之端。嘉靖中,王化请于官盐不通之处,给票土商,准其运盐,票引兼行之法,自此而起。万历末,盐引壅积,商困课亏,袁世振立为十纲,分别新旧引,按年行销,此为纲盐法之所由起。统观明代之盐法,因革频繁,末叶加派纷增,弊端亦因之滋多。

清初循用明末纲盐法,招商认岸,仍明万历间之旧额,按引征课,蠲除加派。康雍两代,课则划一,浮派不加,虽循明制,而无大弊。洎乾隆时,国用浸广,盐课岁入五百万两,嗣后开报效之端,盐务渐至败坏。包商专引岸之利,变为专商。道光年间,引岸之弊日深,乃先后于淮北淮南改引行票[1],无论何人,皆可领运,近于自由贩运。所谓专岸之引商,概行裁革。咸同军兴,创办抽厘之政,票商除缴票捐外,并担任盐厘,同治初,改票复纲,准其循环转运。于是票商专利,仍与引商无异,而票法自此遂坏。

民国成立后,因借募外债,以盐税为担保,冀增加税收,以昭国信,乃有筹划改良之义。有主采就场专卖,有主采就场征税,改革方针,迄未决定。加以盐商群起阻挠,广行贿赂,遂致黑幕重重积弊已深之盐制,卒不能得一实际之改革。故民元后所可言者,仅民三颁布之《盐税条例》耳[2]。该法化散为整,化繁为简,俾数百十种不同之税率,得以逐渐统一。第自民八以后,内战频兴,各省军需浩繁,以附加盐税为便捷易办,于是加价,食户捐,及军事协饷等名目,又相继而起。民国二十年三月,立法院为谋盐务之根本改革,

① 引商由官为定其贩卖区域,划定何州何县为其专卖区。票商则于引盐引地,可以自由销售。

② 民三《盐税条例》规定每百斤征税二元五角,此外不得以他种名目征收盐税。

乃通过新盐法，以就场征税任人民自由贸易为原则，但两年以来，迄未实行。此历代盐法沿革大概也。

第二节　盐税之现情

一、场产

中国产盐之场，遍各行省，先就已设场署各区，列举如下[①]。

（一）两淮　两淮盐场，凡十有五：在淮南者为吕四、余中、丰掘、耕角、东河、安梁、丁溪、草偃、伍祐、新兴、庙湾十一场，皆系煎盐。（内吕、四东河二场，煎晒并行。）其在淮北者，有板浦、中正、临兴、济南四场，皆系晒盐。

（二）长芦　长芦盐场凡二，为丰财芦台，均为滩晒。

（三）河东　晒河东仅解池一场，用晒盐法，于场内分蛙开晒。

（四）两浙　两浙产场，计凡三十，其中芦沥、钱清、余姚、清泉、穿长、岱山、定海、北监、南监、衢山、鸣鹤、两浦、袁浦、青村十四场，系晒制；双穗、上望、玉泉、长亭、杜渎、黄岩、长林、大嵩八场，晒煎兼行；余如三江、东江、金山、崇明、许村、黄湾、鲍郎、海沙八场，则系煎盐。

（五）山东　山东盐场凡六，为永利、王官、涛雒、莱州、金口、石岛，均系晒制。

（六）福建　福建共有七场，为莆田、前下、浔美、山腰、莲河、诏安、浦南，亦均系晒盐。

---

① 《十八年盐务年鉴》。

(七)东三省　东省共有营盖、锦县、兴绥、北镇、盘山、复县、庄凤、庄河八场,均系滩晒。

(八)两广　两广盐场,共十有七,除三亚、白石、双恩三场煎晒并行外,其余如乌石、博茂、电茂、惠来、招收、隆井、海山、海甲、小靖、石桥、墩白、大洲、碧甲、淡水十四场,均系晒制。

(九)四川　四川盐场凡二十七,为云阳、大宁、开县、彭水、奉节、大足、忠县、万县、井仁、资中、邓关、富荣、犍为、乐山、盐源、绵阳、简阳、三台、南阆、射蓬、射洪、乐至、蓬中、蓬遂、西盐、南盐、中江,皆系井水煎晒。

(十)云南　云南盐场凡十有三,为黑井、元永井、阿陋井、白井、乔后井、喇鸡鸣井、云龙井、磨黑井、按版井、香盐井、浪井、益香井、石膏井,均系煎盐。

十八年度各区产盐统计表(单位:千担)

盐　区	产　量
两　淮	10,874
长　芦	5,096
四　川	6,398
两　广	4,902
两　浙	4,474
山　东	5,578
福　建	3,118
东三省	4,051
河　东	2,030
云　南	429
共　计	46,950

上表所载各区,均已设有场署,其他产盐甚富之地,在陕甘者,计十有八。其中属于陕西者,有卤泊滩、盐池凹、内富滩、上下盐湾

等地；属于甘肃者，有白墩子、小红沟、盐井镇、盐关镇、甘盐镇、惠安池、花定池、青海池、苏武山、白土井、马连泉、哈家嘴、红湾池、盐池堡各地。内中如卤泊滩、上下盐湾，系刮土淋煎；盐井镇、盐井关，系井水煎制；花定池、青海池、苏武山，均系人工捞取；其余各地，均为淋晒。此外如山东之青岛、福建之韩厝寮、江阴各区、湖北之应城以及蒙古、新疆、西藏各处，亦均有制盐，且产量甚巨。

吾国制盐之法，向分晒与煎二者，就盐质之优劣，卤耗之多少，成本之轻重言，类多煎不敌晒。就全国之产数言，晒制亦远多于煎制。按全国产区，除四川、云南，或系凿井淋煎，或系采矿釜制，均属具有天然形势，不能改晒外，其滨海各区，如长芦、东三省、山东、福建四区，则早已无煎盐之存在。内地如河东一区，自昔即系晒盐，故论废煎区域，现惟两广、两淮、两浙而已。然两广现存煎灶，不过少数，大多部分则在于淮南、两浙。民国初年，财政部对于淮、浙各场，煎盐产额，曾有分年递减限期净尽之令，惜未实行。近年煎盐成本益贵，灶户生计甚绌，盐价增高，私销充斥，民食国课，均受其害。救济之方，实宜消灭贵盐，推广贱盐，使盐本减轻，而后盐价易平，税率可渐臻划一。

盐贮场中，虽有场员为之监督，其偷漏情弊甚多。欲绝场私，必使产盐颗粒归坨。两淮盐场，最近由运署建造官盐坨十余处，以供盐产堆藏，实为杜私要着。长芦一区，亦已收建坨之效。其他如两浙之廒、山东之官坨、四川云南之公仓，形式粗具，但全区各场，多未能一一遍设也。此外各区，其滩池产盐，率无储盐之建筑物。处处堆盐，漏私甚多，故欲遏场私之弊，建坨收盐，实不可缓。

二、运销

现今运销制度，多沿明清划区配销之旧，运有常经，销有定额。其运盐办法，就现情言之，多为商运，官运区域，仅有吉林、黑龙江等省。福建数年前为官运，现亦改制。民运区域，则有山东东岸之十八县及日、莒两县，他如湖北之应盐、内蒙古之蒙盐、山西中部之硝盐，亦多系民运民销。此外几无不属于商运区域。惟运商类别甚多，有专商、租商、包商、自由商等之别：凡一区域内，由某一盐商或若干盐商承运或承销者，谓之专商。专岸之商，率有盐票、引照等项。凡直接向盐务机关租办某区域内之运销者为租商。其包办者，则为包商，如在一区域内，无须执有盐票、引照或谕单等件，任何人可照章缴税运销者，普通谓之自由商。此数者之中，有认运不认销者，有认销不认运者，性质不一，情形极为复杂。

关于盐商之引票①，吾人尤不可不略悉现情。按盐商有引权者，现仅止两浙、长产、山东三区。而三区之中，如两浙之温处、宁台等处，苏五属之上海、长芦之津武、汝光等岸、山东之旧隶官办各县，又皆系包商，非尽属引商也。有票权者，亦止淮南四岸，淮北票权，业于民国五年取消。此外若福建、两广、河东、四川、云南，均为包商；陕甘晋北、口北，皆系自由区域。淮北自民五取消专商票权，业轻改为自由买卖。东三省则向为自由买卖，非特无专商，抑且无包商，故从前税收之旺，非关内各区所及。盖包商之制，虽无引权票权，然占据销岸，垄断盐利，其弊固与专商相同也。

盐税多寡，视乎盐销之淡旺，故欲税收丰裕，必定疏销之计。吾国各地盐产，向有一定之行盐区域，不得越界侵销。例如两淮所

---

① 参考左潜盦《盐法改革问题之释疑与辟谬》，见民二十年四月二十六日《大公报》。

产之盐，行销湘、鄂、皖、赣四省[1]，即所谓湘、鄂、西、皖四岸。此外尚有江苏之外江内河食岸，近场五县及南六岸，为专销淮盐之区；山东之临沂等六县，则淮鲁并销；河南之汝光十四县，则淮芦并销；江苏之常阴沙，则淮浙并销。两浙所产之盐，行销区域为全浙，安徽之纲地七县，引地一县，江西之纲地七县，江苏之引地二十三县，减地三区两县，以及淮浙并销之常阴沙。鲁盐行销之地，为山东东岸八十三县，东岸十八县（为鲁盐民运民销区域），河南之归德九属，江苏之徐五属，安徽之宿县涡阳，以及淮鲁并销之临沂等六县。长芦之盐，行销于河北之平岸津岸河北岸永七岸，河南之豫岸五十五县；此外尚有河南汝光十四县，为芦淮并销之区；巩孟八县，为芦潞并销之区；察哈尔热河之北部，为芦蒙并销之区。就以上所举之例，即可见销区划分之一斑，此种划区配销，使行盐有定域，固疏销之一法。第行销有远近，制盐之成本有低昂，销区分划，犬牙相错，越境侵销之弊，自易沿之而起。

旧制全国各区，皆有规定之销额，但人口时有增加，岸情亦多变易，故此种规定，应时予以修订，始能与实际相符。各区规定之销额，自民国六年修正后，直至民十八年始重行规定。兹将民十八年规定之各区销额与实销数，表列于下，以资参证。

十八年规定各区销额与实销数比较表（单位：千元）

盐　区	规定销盐比额	实销数
两　淮	7,496	5,908
两　浙	3,452	3,512
山　东	3,076	4,736

① 湘、鄂、皖、赣四省，亦非均销淮盐，例如鄂有襄阳等三十县，湘有澧县等六县，为川淮并销之区；江西有纲地七县，安徽有纲地引地，为浙盐行销之区。

盐　区	规定销盐比额	实销数
长　芦	3,830	2,842
口　北	273	213
东三省	4,598	4,537
河　东	1,351	996
晋　北	374	372
花　定	280	
四　川	5,920	6,638
云　南	725	414
两　广	4,660	4,642
福　建	3,000	1,627
合　计	39,035	36,437

三、税率

清代盐税税率,至不统一,中叶以后,各省附加渐多,名目以数百计,轻重互异,因之税制遂紊。民国三年,财政当局加以整顿,划一税率,规定每百斤征税二元五角。民国七年,又经一度之修正,规定每盐百斤,课税三元。此种改革,固化繁为简之法,第嗣后因内乱频仍,各省多截留盐税,增加附捐,以供饷糈,增加之数,往往超逾正税。国民政府成立后,对于盐务,加以整理,由中央通令,各省盐税概由中央核收,以期渐臻划一。十九年国府又明令各省将地方盐斤附捐,改由财政部统一核收整理。自此次划归中央核收整理之后,财政部乃于二十一年七月提出《整理盐税税率案》,谓现行盐税税率,系用等级法,各区轻重平等,易启侵销之弊,拟将盐税局部加以整理,重税区域,并不议加,轻税区域,酌量予以提高,以期增税收而杜侵销。此项提案,比经中政会通过实行。

吾国盐税负担之不均,不仅由于正税税率之采分等制,民八以后,国家多故,各省纷纷附加,亦促成税率轻重悬殊之要因。例如上海租界,税率每担连中央正税及地方附税计之,不过三元零五分,而上海、南汇、川沙每担正附税则为七元一角，相差一倍。皖南正附税为九元一角，西、鄂、湘三岸为十元至十二元，较之上海租界之税率，相差则两倍有余。举富饶著称之上海租界，与贫瘠之皖南较，负担失平，尤为昭揭。再就鲁盐言之，东岸十八区之税率为九角，而鲁盐之销于徐五属者则为四元三角，此外长芦与河南，亦相差甚巨。因此税率之轻重悬异，故二十一年七月之《整理盐税税率案》，即着重于减轻此种差异，例如上海租界之税率，每担增加一元四角五分，合之为四元五角，长芦之盐税，每担增加七角，合旧有之三元三角，则为四元。故此次整理结果，约言之，即为轻税区税率之增加。

盐税经此次整理之后，自财政方面观之，成效颇著。二十二年十月，财政部长宋子文又提议整理税率，以为盐税之不均，因袭已久，欲求整齐划一，决非一蹴可及。前次之整理，仅稍去其参差之太甚，宜再将各区内之参差不齐者分别增减，采取渐进主义，以达均税之目的。此项提案，亦已经中政会通过实行。总括言之，年来政府对于盐税税率之整理，减低者少，多从增加中求平衡，结果税收虽增，而一般贫苦人民之负担则日重。盐为人生日常必需之品，非宜于课特种消费税之物，现世各国，如英、比、瑞典，已采无税主义。即战后财政困难之德国，亦于 1927 年废除。吾国榷取盐利，沿自古昔，国用所资，自不易言废除，但过高税率，宜求减低，庶不致滋累一般贫民也。

吾国盐税，在前清时，由各省自行征收，盐务收款之报部者仅十之二三，故全国盐款收入之总数，究为多少，无自稽考。自清末试办盐款预算，各项款目，始稍有头绪，每年收入，渐有增加之倾向。民国二年，善后借款成立，以盐税为担保，于是因条约之关系，征收方法，不得不整顿改良，而盐税之收入，亦因之年有增加。近年以来,因税率提高,行政整理,盐税收入之增加尤多。兹将民元以来之税收总额,表列于下,以资参证。

历年盐税收入表　（单位:千元）

年　　份	税收总额
二年	19,044
三年	68,475
四年	80,503
五年	81,065
六年	82,246
七年	88,394
八年	87,823
九年	90,052
十年	94,883
十一年	98,107
十二年	90,507
十三年	97,909
十四年	91,931
十五年	92,059
十六年	82,906
十七年	65,565
十八年	78,763
十九年	127,862
二十年	162,875
二十一年	140,420
二十二年	156,659

四、精盐

精盐制造,始于民国初叶,因其时,通商口岸,洋盐销行日广,精洁为国人所乐用,于是思抵制外货者遂起而仿制之,创始者为久大精盐公司,开办于民国三年,经营颇能获赢,因之继之而起者颇多。其制造之法,系先将原盐溶化滤清,抽入水柜,置锅熬煎,再烘干过筛,装包入仓,以备运售。吾国盐产,以东三省及长芦为较廉,故精盐事业,亦多创始于此区。

精盐之制造,主旨在抵制外货,外货多以通商口岸为限,故精盐之行销,亦只限于通商口岸。而其税率之高低,则因各行盐区域之盐税税率高低而异。精盐之基本税率,昔规定每担为二元五角,但凡运往盐税税率在二元五角以上之各通商口岸,仍照该地原有税率分别加征,其在二元五角以下者,则按二元五角之数计算。近年以来,盐税税率加高,因之精盐税率,亦有所变更。现行精盐税率,天津正税为三元七角,连附税及登记费计之,共八元八角有余;上海正税为三元二角,合附税及登记费为六元三角,九江正税为四元五角,合附税及登记费为十三元二角;长沙亦十三元零。最近财政部将盐税课税衡量之司马秤,改用市秤①,盐秤改小,而税率仍旧,是无形中税率又已加重矣。

第三节　盐务行政

吾国盐务机关,昔分为行政与稽核两项:关于行政机关方面,执行及监督盐务之最高机关为盐务署,其职务之要者,规定为建筑仓坨,编练场警,办理缉私,管理运销,及发给引票等事项。此外在产盐区域设盐运使,为管理盐务行政之机关(如产区甚广,并设置运副)。其主要职务,均规定为办理场产、运销、缉私及征收灶课事项。行盐区域,不在产区之内,则设置榷运局,管理盐务行政事务。

稽核机关之设,始于民国二年,盖本诸大借款之合同第五款,

① 司马秤 100 斤,等于市秤 127 斤,改秤不减税,是等于加税百分之二十七。

于是年四月一日成立，其目的在整理盐税，保障外债。按稽核总所，直隶财部，其职务为监督各分所，将稽核分所章程内所述之摊还外债额数，按月拨解财政部指定之银行，及查察监务署所属机关人员，有无舞弊情事，此外对于增裕税收，或防止私监，得向盐务署作整理或改良之建议。至产盐区域之稽核分所，其主要职务，则为征收区内盐款，监理秤放及保管盐税事项。

国民政府成立，财政部曾将稽核所裁撤，旋因税收顿减，次第恢复。继又以各省缉私，疲玩不振，乃将缉私部分，移交稽核所办理，于总所内设税警科，并练税警团，其各地盐巡，昔由运署管理者，均改归分所管理。最近又实行统一盐务行政，裁撤运署，归并于稽核所内。此后全国盐务，将共分十一行政区，概由稽核机关兼办。此种改革，自税务行政方面观之，亦樽节支出之法也。

盐在吾国，既为课税之物，则凡不经纳税之手续，而买卖者皆谓之私。盐之行销区域，均有一定之范围，其侵越行盐区域者，亦谓之私。故查缉私盐，为重要之盐务行政，运使运副榷运局各区域内，昔均设置缉私局，专任缉私事项。私之名目甚多，而综其所自出，约有三端，即硝私①、洋私、场私是。硝私盛于冀豫各县，洋私盛于通商口岸，而其数皆远逊于场私。场私之起，由于岁有余盐，灶户无所获利，乃与枭通以售私；商人因加税甚重，不胜其困，乃勾串厂卡以夹私；行销各有区域，运道远近，税率重轻，又各不同，商贪越界售私以获利，乃有邻私，此外尚有贩私、护私、放私等弊。贩私云者，即缉私营借缉私之名，在产盐地，购买多数私盐，运往销地而

① 硝盐产地，多在黄河以北，居民刮土淋煎，将硝提出，售于官硝厂，盐则多自私卖。虽官硝局于收销之时，按额带收硝盐，给以定价，然实际上仍多私自洒卖。

售之之谓。所谓护私，即与私贩勾通，凡在管辖境内，任其洒卖分销之谓。放私之弊，尤为频见，其法当大帮私盐过境时，先数日由私贩报明缉私营，纳贿若干，至私贩与缉私营对垒时，则故意弃下数船盐斤，以为缉私营要功之地。此三者皆为缉私营所生之弊。因缉私营此种舞弊，故缉私遂每为人所诟病。近年以来，缉私队屡经改革，现已改归稽核所兼管。在现行制度之下，为保护税源之计，固不得不有缉私之设，盖不缉则私盐充斥，私盐充斥，官销疲滞，则税课受损，而负担亦将愈有不均之弊矣。

第四节　新盐法中之重要改革

吾国盐务，积弊相沿，为时已久，而考其弊根，则在于专商引岸，盖官视商为利薮，商得官为护符，官商勾结，则改革莫之能行。二十年国民政府立法院通过之《新盐法》，关于原则上之规定，采用就场征税自由买卖制度，百年来专商引岸之弊，为之涤除净尽，倘能实行，诚盐政上一大改革也。兹就其改革方面之要点言之。

（一）破除专商　《新盐法》第一条规定盐就场征税，任人民自由买卖，无论何人，不得垄断。按此制经政府许可者所制之盐，一律交归政府管理之仓坨，俟征税后而后卖出之，一任人民自由贸易，不加限制。昔时所有引商包商官运官销及其他类似制度之法令，一概予以废止。

（二）整理场产　《新盐法》中关于场产整理方面，要点有三：其一，第十二条规定凡产少质劣成本过重或过于零星散漫之盐场，政府认为不适当者，得裁并之。根据此条，则煎盐之成本过高、盐质劣下者，即不由自由竞争而消灭，政府亦得予以裁并。其二，政府于盐场适宜地点，建筑仓坨，以为储盐之用，凡制盐人制成之盐，应悉数存储政府指定之仓坨，不得私自存储。按管理场产，自以建筑仓坨为要务，使盐均能归坨，则可以防私而保税。其三，盐场设置盐质检查员，凡盐存入仓坨前，应经盐质检查员之检定，不合食盐标准之盐，应另行存储，所以重民食而杜掺杂也。

（三）划一税率 《新法》中规定食盐之标准，以含百分之九十以上氯化钠者为一等盐；含百分之八十五以上者为二等盐，未满此者不得作为食盐。所定税率，食盐每百公斤，一律征税国币五元，不得重征或附加。此外渔盐每百公斤征税国币三角，工业及农业用盐，一律免税。并规定秤放时，除实在皮重外，不得有加耗等名目。整齐划一，较之现行税率之差异悬殊附加重叠者远胜。

（四）改革盐务机关 《新法》规定中央设盐政署及稽核总所，直隶于财政部。各产盐场区，设盐场公署及稽核分所，分别隶属于盐政署及稽核总所。盐政署及所属之机关，掌理盐务行政，场警编制，仓坨管理，及盐之检验收放事宜。稽核总所及所属机关，掌理盐税征收，稽查盐斤，收放及制造报告事宜。《新法》所规定之组织，与现行者大体无殊；惟因既采就场征税任人民自由贸易之原则，故行政方面，除编制场警以供稽查外，在各区固无设立缉私局之必要。即销盐各省，亦无须设立盐政机关，故均予以裁减，惟于各产盐场区设盐场公署而已。至稽核方面，除裁除各销盐区域所置之稽核员一人外，其规定各场区设稽核所，与现行组织同。

综括言之，《新法》采就场征税制，一税之后，任其所之，涤除积弊，实为良法。财政当局，以《新法》果行，虑盐税之税收或有损失，故不肯轻言改革，实则果行《新法》，稍假时日，盐税收入，将有盈而无绌，不必多所顾忌也。

吾国盐税占总收入百分之二十二左右，且有债务关系，废止绝不易言。今后专商之垄断渔利，缉私之疲玩舞弊，税率之过于苛重，万无长此因循不改之理，如欲彻底涤革，自宜以就场征税为归宿。但采行就场征税，须先建筑仓坨，以为储盐之用，否则场私必多，税收将受影响也。

参考书

贾士毅：《民国财政史》（前编及续编）。
财政部盐务署：《盐务年鉴》（十八年）。

第九章　烟酒税

第一节　烟酒税在各国财政上之重要

现代各国，课征货品消费税，均选择少数特种物品课之，非如吾国昔时厘金之物物课税也。吾人日用之物，消费甚广，而又宜于课税者，厥维烟酒。盖二者为消费大宗，不第非生活必要之品，且有害生理之健康，课之以较高之税，本寓禁于征之意，亦不患其消费之因而减落。且烟酒为奢侈品，课之以税，使一班无直接之税负者，亦可令其工资中之经济剩余，得负担少许之税。故由财政原则观之，实为良好之税源。

重课奢侈税，为近世财政上之趋势，烟酒二项，为奢侈品中之要者，故各国多重课之。设就近年各国之烟酒税率观之①，英国烟税中最高税率，为值百抽四百六十五，酒税中最高税率，为值百抽八百。美国烟税为值百抽六十三，酒在未禁前，税率为值百抽八十七。日本烟税进口税率，为值百抽三百五十五。意大利烟税率，平均约值百抽三百，即此可见各国税率之高。再就各国之收入观之。1928 年至 1929 年，英国烟税，占全国总岁入百分之七点五九，酒税

① 参考整理烟酒税务委员会编《烟酒税史》(下)附录二。

占总岁入百分之十四点一。德国烟草税入，占总岁入百分之七点三六，酒类收入占总岁入百分之六点零一。美国烟税收入，在1926年至1927年，占总岁入百分之九点九四；酒税因禁之故，为数甚少，仅占总岁入百分之零点六五。日本1927年至1928年之烟专卖纯利，占总岁入百分之九点七，酒税占总岁入百分之十三点八九。自上述数字观之①，烟酒二税，在各国财政上之重要，可以概见。

吾国在三代以前，酒禁甚严，自汉武帝时，有始酒榷，宋元以后，酒课逐增，渐为国家收入之一源，然当时尚无烟草之税也。明进海市渐盛，烟草由吕宋传入中国，流行颇广，迨至明季，种者渐多，尚未课税。自海禁开后，流入愈多，烟草遂与酒类，由各地常关同时课税。咸同年间，各省举办厘金，烟酒亦须抽厘。光宣间，库款支绌，袁项城练兵筹饷，特设烟酒税捐，以资挹注。后各省仿而行之，于是烟酒始成为专税。民国成立后，各省烟酒税捐，悉仍旧贯，四年又设烟酒公卖之制，按照价值，加抽公卖费。由是烟酒公卖与烟酒税捐并征，收数日多，遂成为中央收入要源之一。

吾国烟酒收入之种类有四：（一）烟酒税捐；（二）烟酒公卖费；（三）烟酒牌照税；（四）卷烟税。烟酒牌照税，为营业税性质，与烟酒税费之为物品课税稍异，故附之《营业税章》。卷烟税为现行五种统税之一，亦俟讨论统税时详及。兹仅就前二者分别述之。

第二节　吾国烟酒税捐征收之方法

民国以来，各省烟酒税捐，名目繁多，性质复杂，如川、鄂、浙等

---

① League of Nations, Memorandum on Public Finance, 1922—1926, 1926—1928.

省所课之烟叶税与鲁、闽等省所课之酿造税，则属出产税之性质；如吉、黑等省所课之买货捐卖钱捐，则属销场税之性质，如各省所课之曲税及鄂、皖、粤等省所行之烟丝税、条丝税及熟烟税，则又属于原料税及熟货税之性质。其他含有通过税之性质者，如各省所课之常关税是；含有特许税之性质者，如鄂、皖、粤等省所抽之刨烟捐及奉、直、吉所行之烧锅课是；含有入市税之性质者，如各省于外烟外酒运达内地时所征之落地税是。此外额外加抽，尚有附加税及附加赈捐等名目，不可胜数。

吾国各省之烟酒税率，轻重多寡，亦各不同。而税率之标准，尤极不一致。有以容器为标准者，如酒按篓、按缸，烟按捆、按箱是；有以货量为标准者，如按烟酒之斤量是；有以商铺为标准者，如按烟酒之铺面是；有以制造器具为标准者，如酿酒按筒、制烟按包是。此外尚有按烟酒之等次贵贱，而以货色为标准者；按商铺结算之数目，而以进货售款之多寡为标准者。随地立法，漫无条理。税法繁杂，有碍商民之营业实多。英、美各国，课征烟酒之税率，虽因烟酒之种类而殊，然类采从量，具有定制，非如吾国之随地而异缺乏系统也。

各省烟酒收入，从前例归外销，附入杂款。自清末编制预算，始有数目可稽，民国成立后，整理岁入，烟酒税收入预算，年在一千万元以上，而实收之数，常止六七百万元而已。故自历年收数言，实未能与预算相符也①。

第三节　吾国烟酒公卖制之采行

各国昔时烟酒专卖之制，有由官商并制，官收商销者②，有由官

① 参考杨汝梅《民国财政论》及贾士毅《民国续财政史》。

② 俄国昔时之制，除特许设厂酿酒由官收买征税外，并设有官立制酒厂。

制官卖者[1]，为类不一。现代各国采行之制，大抵烟类多属专卖，酒类多属征税，此则因货物之品性不同，取径斯异，非可强而一之也。我国旧有烟酒税捐之收入，税率甚轻，每年尚不足一千万元。民国以来，政府本各国专卖之意，筹改征收烟酒税之办法，以官督商销而定公卖之制。盖因实行专卖，则收买运销，政府须备巨资，此则一切经费，均出之商，税署仅负督征之责，可不须另筹巨款也。民国四年开办，除新疆外，各省省局分局，均已先后成立。曾经制定《烟酒公卖局暂行章程》，及《烟酒公卖栈暂行章程》，次第颁布。施行以来，虽收数逐年递增，然各省多招商承办，包缴税额，名曰公卖，实为包税，烟酒为消费之物，价值既日增高，除有特殊情形之外，其税收亦当按年增加。今许商人承包定额，则按额缴足，即为已尽责任。且承包者多乘机行贿，减少包额，对国家则隐匿短欠，对税民则任意增索，结果所至，国家之税收日短，而消费烟酒者之担负则日重。流弊所及，为世所病。兹将公卖程序及费率分述之。

按民国《烟酒公卖暂行章程》，关于组织方面，各省设公卖局，酌量产销情形，划分区域，设置分局，分局于所管区域内，组织公卖分栈及支栈，招商承办。烟酒公卖之价格，由公卖分局计其成本与利益，察其产销之情形，按月先期规定，陈报省局核准，然后通告各分栈，遵照施行。分栈按此价格，经理区内各商店烟酒买卖事宜，经理之法，先通知区内各商店，将每月产销烟酒之数量及种类，先期估计，投栈报告。报告到后，即前往检查，分别粘贴印照，加盖戳记，并代征公卖费。此即公卖程序也。

自规定烟酒公卖制后，政府即制定《全国烟酒公卖费暂行简

① 瑞士火酒制造运销，均由政府经营。

章》、《征收公卖费规则》、《考察各省区征收费税比较章程》次第颁行，以期烟酒收入之增加。公卖费率，最高者为百分之三十，行于京兆，最低为百分之四，行于甘肃。多数省域，适用百分之十至二十不等。而广东由商承包，收入尤多，新疆川边等省，则未开办，此过去大概情形也。

烟酒公卖收入，为中央专款之一，各省所征之款，均应就近缴存金库，按月列表报部，与留省筹用之款不同。历年各省区烟酒公卖费之预算数，率在一千万元以上，而实收之数，亦仅止六七百万元耳[①]。

第四节　近年吾国烟酒税之改革

民十六年，国民政府财政部以烟酒收入，为中央岁入大宗，而税费并征，名目纷繁，征收方法，各省纷歧，殊非整齐划一之道，遂有重订烟酒章制之议，期欲废除税捐，归纳公卖费内，以涤重叠之弊。是年六月，颁行《烟酒公卖暂行条例》，其中改订之要点有三：第一，规定公卖费率为值百抽二十，一次征足，所有旧征各税，概行废止。第二，烟酒销售及贩运，以印照为凭证，规定凡烟酒包裹及盛贮之器具，均须分别实贴，违则严行处罚。第三，烟酒价格，时有变迁，公卖费率，既以烟酒价格为标准，则各局取费，自应按照最近一年之平均市价，切实征收。故规定公卖费率每年修正一次。至征收方法，向采招商包办，因其比额有着，收入可以预算，即有亏

---

① 参考杨汝梅《民国财政论》。

空，亦有保证金可抵，公帑不虞受损，故各省烟酒税务，习用此制。然流弊滋生，病商殊多，故财政部同时又颁行《各省烟酒公卖招商投标章程》，规定承办投标之事，虽由主管机关处理，而开标地点，则定为商会，盖欲藉公开以杜情弊也。

十八年夏，财政部为整理烟酒税计，设立烟酒税整理委员会，召集各省烟酒事务官吏及财政专家，开会集议，分别研究。议决要案中，有废除税捐酌增公卖费率一项，以为我国烟酒税法，除公卖费外，税捐纷繁，补救之道，宜废除税捐，归纳公卖一途，加增费率，为值百征三十。此种建议，财政部苟能推行，固可稍收划一之效。第事实上数年来不仅税费并征之制，沿旧未改，即关于烟酒之附捐，亦尚多存在也。

最近（二十二年七月）财政部税务署，举土烟土酒分别立为专税，属土烟者为土烟叶特税，属土酒者为土酒定额税，就原有之税费，另订税率，先推行于浙、苏、皖、鄂、赣、豫、闽七省。按《稽征章程》，土烟叶税率，规定每净重市秤百斤，征收四元一角五分；土酒定额税率，按各省所有之主要酒类，就其价值，为之区别等级，定其每市秤百斤所应征之定额税。此种变革，注重划一，胜于税费并征之制，无可置疑。且旧章公卖，从价计率，市价涨落靡常，易启舞弊之端，新制改为从量之特税及定额税，实较简便而有定。惟税率规定，是否适当，推行之后，宜参酌实际之产销情形而时修订之。此外尚有一点急需改良者，吾国烟酒税征，多采包商之制，十七年全国财政会议，以此制弊害太多，故有期满禁止之议决。近年以来，中央虽屡厉行取消包商制，然实际上因相沿已久，终未能骤加涤革。此后招商包办之制，宜废除净尽，以免税政败坏及承包土著把持垄断之弊。

近年以来，中央烟酒税之收入，据财政部之报告，十八年度为6,830,995元；十九年度为8,617,127元；二十年度为7,625,785元。此项烟酒收入，各省中阙而未报者殊多，且烟酒附捐，各省中亦多有之，故实际征于民者，殊远逾是也。

参考书

贾士毅：《民国续财政史》。
杨汝梅：《民国财政论》。

第十章　裁厘及统税之举办

第一节　厘金之沿革及弊害

前清咸丰三年，金陵失陷，时大常寺雷以针治军于扬州，国帑缺乏，军用不给，奏请于江南、泰州、窦应课税往来商品，名为厘捐，以济军需。所谓厘者，即值百抽一之意，是即为吾国厘金之滥觞。嗣后洪杨之乱，日益扩大，军书旁午，兵饷不继，曾文正乃仿抽厘之法于江西，以供军用，胡文忠亦以此行之湖北。然当时筹设厘金本意，只在接济军需，为一时筹饷不得已之政，原拟大乱平后，国库充裕，即行停止，非以之为长久之税制也。迨后办有成效，各省争自仿行，不数年间，厘金遂推及于全国。初办之时，厘局地点，尚限于水陆冲要货物辐辏之区，后因商贾图谋脱税，纷趋歧路，于是为防奸商之趋避计，乃不得不多设分局，在在盘诘。事平以后，不第无裁撤之望，且厘卡时有增加，浸至山砠水涯之处，均成关卡设立之地，数十年来，虽屡议废除，终以收入甚巨，相沿未改。迨至民二十年一月，始予裁撤。此厘金制度之沿革也。厘金制度虽已裁废，然因其在吾国近代租税史上甚重要，故就其弊害略述之。

(一) 金厘为百货税　消费课税，以奢侈品及半奢侈品为较宜。厘金课征百货，则人民日用所必需之物，占其最大部分，是重困贫民之税也。负担失平，莫此为甚。且各省均设有关卡，税率未能一致，不仅负担不匀，即经过之时，例须纳税，而货物之销行，有仅在一省之内者，有经过若干省份者，于是有为一物一税，有为一物数税，又发生重复课税之弊。

（二）厘金制度之不经济　昔时厘金局卡，遍布各地，征收人员，数逾十万，手续既繁，经费亦巨，甚至费用之支出，较国库存所获得者为尤多，是课诸贫苦之人民者甚重，而实际裨益于国库者甚微也。欲裁减局卡，以省经费，则商人趋避逃税之事，又不能免。故就税务行政言之，此种税制，实甚背经济之原则。

（三）挫抑国民经济　国民经济之基础，为各种企业；处今日商业竞争之世，凡工商幼稚之国，莫不采保护关税主义，盖欲使国内之工商业，得一发展之机会也。吾国厘金制度之节节抽税，是自困其国内之工商业。且商人营商，以获利为目的，因有厘金之故，不能预计其货品成本之多少，则其能获赢几何，亦必毫无把握。获利既无把握，则拥有巨资者，因之犹豫不前，此自阻其工商业之发达也。

（四）稽延时日　厘金积弊中之最普通者，即为稽延时日。当商船报关之时，司事人等，欲逞敲诈之技，遂乃多方挑剔，指少为多，至使商船枯待三五日之久而厘不能完者。船户无可如何，只得贡以金钱。此种留难，商人所丧，非仅财币而已，且常蒙跌价之损失，盖货物之销路，均有时间性之限制，因沿途留难之故，货物往往不能如期以达目的地，则其易失去需供之机会可知也。又商船报税之时，司事者于正税之外，巧立各种名色，以为苟取之资。苟不遂所求，则大肆骚扰，藉口检查，滥用铁签，故意损坏商品，非给钱不能了事。此种弊端，实病商之甚者。

上举各项，皆厘金弊害之彰明易见者，其他琐细弊窦，不可罄数，亦非局外人所得而悉举。至于包办制度之中饱，徇情逞势之私放，犹其余事也。因此种种弊害，故裁厘遂为整顿税制之急图。

第二节　裁厘之范围及其抵补之方法

在昔前清同治光绪之交，各省征收货物之税，均以厘金为主。甲午以后，朝野上下，咸以厘金病商，亟思改革，于是由厘金改办而成之税，相继而出。庚子以后，江西择木材、夏布、土靛、瓷器等项，课以统捐，在最近之局，一次征足，经过局卡，第检查而不再征，此为统捐之始。光绪二十八九年间，商约大臣盛宣怀，与各国订定商约，有将来裁厘后得举办出产销场两税之语，于是始有产销税之名。三十三年，奉天以厘金杂捐，名目繁多，遂改办出产销场两税，一就出产之地征收，一就贩卖之地征收，此为产销税之始。其他类似名目甚多，吾人欲明裁厘之实况，必先对厘金之种类，加以辨别。计其不同之名目，有牙厘、坐厘、货厘、行厘、统税、货物税、过境销场税、产销税、铁路货捐、落地税等[①]。名虽互异，然皆由厘金扩充或改办而成。第因其征收之方法及课税之标准更易，于是与最初所办之厘金，其性质间有不同。故在上述各类之中，有确为厘金性质，应裁撤者，如行厘、统税、货物税、过境销场税、落地税、铁路货捐及具有通过税性质之货厘等是。此项税类，均就通过货物征收，实为摧残商业之恶税。有非厘金性质者，如坐厘、牙厘、产地税、销

① 参看贾士毅《民国续财政史》。

场税及就店征收之货厘等是，不宜一概裁撤，但须就其性质所近，改办为营业税或特种物品税耳。

自民十九年关税自主后，为增进国际信誉计，裁厘遂不容缓，故自二十年元旦日起，积极厉行。此次裁厘，其范围之所包括者甚广，所有全国厘金，及由厘金变名之统税、统捐、货物税、铁路货捐、邮包税、落地税及正杂各税捐中之含有厘金性质者，均予裁撤。此外如海关之五十里外常关税，及内地常关税、子口税、复进口税等，亦均在明令裁除之列[①]。

厘金收入，为全国岁入大宗之一，按民十四年预算，税目包括货物税、厘金、百货捐、罚款等项，共 49,698,778 元。十七年财政部编制厘金统计，全国局卡共七百五十四处，税率最高为百分之五，最低为百分之一。根据是年调查，十六年实收数共 50,143,867 元。就此数字观之，全国厘金收入之数，每年约在五千万元左右也。

清代各项税收，统属国家收入，行省直隶中央，税收须按时报解。厘金初办之时，虽为临时筹饷之税，然亦不能属诸例外。迨至清末，朝廷大权旁落，内报外销，厘金已非国家收入矣。民十七年时，全国财政会议议决厘金划归国家，田赋属于地方，然而事实上亦未必尽然，盖各省之恃厘金以维持地方财政者，尚比比皆是也。故于裁厘之始，国家税收，短少者年约五千万元，而各省向赖厘金为支付者，亦将受其影响，结果裁撤厘金，致生国家与地方收入短绌之问题，于是不得不速设新税，以为抵补之计。新税中用以补助国家收入者，为统税及特种消费税；用以补助地方收入者为营业

---

① 根据财政部通令限期裁厘文中之所举，此外如五十里内常关，则于二十年六月裁撤。

税。营业税另有专章论述，至特种消费税，嗣中央因推行困难，亦已取消。故下节先就统税详述之，而以特种消费税之制附焉。

第三节 统税

统税所征，为卷烟、麦粉、火柴、水泥、棉纱五种。前二种开征已久；后三种则为民二十年一月一日裁厘后所从新筹办之税。此五种统税，就其性质言，均为大宗物品之出厂税，其课取手续，系就产地征收，一税之后，任其通行全国，不再重征，以期合一物一税之原则。兹就上述五种分别抒述之。

一、卷烟税

我国采行卷烟捐制度，始于民国十年，时为中央烟酒事务局所定之二点五捐，按照卷烟价值，每百元征收二元五角。如系在华制品，则除前项二点五捐外，尚须另纳每五万枝二元之出厂税。迨后民十二年，浙江首先加抽卷烟特税，按批发价格，抽收百分之二十，各省相继仿效，税率自百分之二十至四十不一，定名亦各有不同。有称卷烟吸户捐者，如京兆、浙江等是；有称卷烟税者，如山东、陕西等是；有称卷烟营业特税者，如江苏、安徽等是；有称卷烟特种印花税者，如广东、广西、福建等是。此种税项。名目虽彼此互异，而要其性质为消费特税则一也。

卷烟为大宗奢侈品，除进口关税征课外，各国均列入内地税目内，从重课税。吾国卷烟税捐，初为中央烟酒署所定之二点五捐及每五万枝二元之出厂税。继为各省加征之特税，名目不一，办法亦各不同，十六年国府定都南京，财政部改为卷烟统税，其税率定为值百抽五十。取消从前税捐,以收整齐划一之效。公布全国卷烟统税简章十二条,凡国内厂造之品,皆就厂征收;舶来品则在进口时照章收税。并将此项卷烟税性质,确定为国税,以供中央之用。惟此简章颁行之时,财政部行使政权之范围,仅江苏一省。而上海卷烟洋商,迄未就范,浙江力主公卖制度,认为省税,安徽则统税与特税并征。按定章言,无论华洋制造,本应一律征收,而事实上租界未能收回,关税未能自主,洋商始终为梗,以致造成华商税重洋商税轻之流弊。

十七年财政部部长宋子文氏予以改革,修正卷烟统税条例。规定凡一切进口卷烟以及烟叶制成之货品,于缴纳进口正税(百分之五)及二点五附税后,应按海关估价,复纳卷烟统税百分之二十;一切在国内设厂制造之货品,亦以海关估价为标准,征收百分之二二点五。十七年冬,《卷烟统税条例》又加修正。对于卷烟统税之税率,复予提高。无论进口卷烟或在国内制造者,概课百分之三二点五,而于国外输入卷烟,另照征关税百分之七点五焉。

卷烟系从价课税,政府所定,以五万枝为计算标准,按估价之高下而分为七级。(最高为四百零五元,最低为二十九元。)此种规定,虽分级未免稍多,然揆之从价课税之旨,尚颇平允。十九年十月改采三级制[①]。嗣因卷烟进口统税取消,舶来品概课以进口税百分之五十,于是二十一年三月,财政部对于国内制品,又改行二级制,每五万枝箱售价在二百六十元以上者为第一级,纳税九十五元;在二百六十元以下者为第二级,纳税五十五元。此种改制,不

① 价格在四百五十元以上,课三百零五元;在一百五十元以上,课八十一元;在一百五十元以下,课三十九元。

仅失从价课税之意，且足以阻抑本国卷烟产业之发展，盖因外商在华所制之烟，质较良，售价亦多高，今税率之等级减少，则高价之烟，易受减税之惠，而低价之烟，则反有增税之累也。

最近（二十二年十月）又增加税率，凡五万枝箱售价在三百元以上者，纳税一百六十元，以下者纳税八十元。此次提高税率，仍于国产卷烟业不利。设就税率本身观之，外烟在三百二十元以上①，纳税一百六十元，是从价课百分之五十；华商所制之烟，其售价在百元下者，今税率为八十元，是从价课以百分之八十。即此足征两级制之影响华商匪浅也。卷烟为奢侈品，税率稍高，固无不可，第须粗按品质之高下，分级稍多，而在外厂盛行之吾国，为维护本国产业计，尤不可不注意及之也。

卷烟统税之收数，近年继续增加，民十七年度之实收数为19,202,480元。此时期内，大局甫定，施行统税之区域，范围甚狭。十八年度财政报告书中，所载卷烟统税之实收数，为36,566,506元，此亦仅就开办统税之苏、闽、浙、皖、赣、鲁、冀、湘、鄂九省而言，两广及东三省等，尚不在内。十九年度为45,959,850元，二十年度为62,067,153元，二十一年度据最近报载为五千八百万元②。

烟草专卖之制，始自法国，迄今已百数十年，意、奥、土、日诸国，亦先后相继仿行，收数之巨，率为国家岁入大宗。其专卖办法，大抵自烟草之种植制造以至定价贩卖，均须由国家经营或许可。常熟胡文藻氏于赴日考察卷烟专卖之后，根据各国之成制，拟有

---

① 非烟厂所在地，售价在三百二十元内，得按第二级纳税。

② 政府所课统税区域，仅浙、苏、皖、赣、湘、鄂、鲁、豫八省，其他各省统税，仍由当地行政机关收用，未解缴中央。

《烟草专卖暂行条例草案》[1]，条举甚详，足供财政当局之采用。吾国卷烟统税之制，现已行之有效，苟能再求改进，采专卖制，由政府设厂自制，归商分销，则于财政上之补济，必将更巨也。

二、麦粉

麦粉特税之征收，始于民十七年，起因有二：一为国外面粉输入总数之激增。据海关调查报告，民十五年，为4,297,122担，值银23,779,962两。麦粉既归输入大宗，乃欲课之以税，以示限制。二为华商粉厂之逐年增加。全国粉厂总数，民十七时，已达八十余厂之多，故欲设法征收厂税，以辟税源。财政部为划一征收办法起见，特制定条例，就麦粉出产丰富之区，分区设局，就厂稽征。兹综述条例中之要点如下：

（一）征课之范围　凡国内所产机制及由国外运入之麦粉含有营业性质者，均征收麦粉特税，非机制者不征。

（二）征课之税率　税率按百分之五征收，以包为课税单位。本国机制麦粉，每包征收银一角，进口洋粉，课以同一税率。如本国机制麦粉运销国外者，则于出口时每包退还特税银五分。

（三）征课之方法　本国机制麦粉于装包出厂时收税；国外输入之机制麦粉，于行栈起卸时验明收税。

上项条例公布后，财政部即分区举办，逐渐推行，先征苏、浙，次征冀、鲁。嗣因苏、浙、皖内地机器麦粉公司十三厂，推代表陈述江南内地各厂之情形特殊，及江北内地各厂之资本微薄，请求体恤，于是财政部遂有江南内地每包所纳一角内提还奖金三分，江北内地各厂所纳每包一角内提还奖金四分之规定。嗣后冀鲁区援照

---

① 原案见贾士毅《续民国财政史》。

苏浙区江南厂例，得每包给还奖金三分。上海机器面粉各厂以江南北内地各厂，均得还提奖金，而上海仍照定率缴纳，认为待遇不平，后亦得于每包一角内给还二分。惟国外输入之洋粉，则无论南北，概照原定税率征收也。至十八年，财政部对本国粉厂提还奖金办法，稍有变更，上海为百分之十五，江北为百分之四十五，江南为百分之三十五，冀、鲁、湘、鄂皆为百分之三十。此种奖金等级之定，系视各地之交通与金融情形而异。

民国二十年五月，舶来麦粉之统税，改由海关按率征收，至国产麦粉，则仍用就厂征税之制。近年以来，收数激增，十八年度为3,924,260元，十九年度为4,084,507元，二十年度为5,606,122元，二十一年度，近据报载为五百万元。麦粉为民食所资，贫富所必需也，课之以消费税，足以重困贫民，自租税原则言，宜在豁免之列。虽在财政困难之中国，目前尚不足以语此，要亦言整理税制者所宜注意也。

三、棉纱、水泥及火柴

裁厘以后，政府决定举办棉纱、火柴、水泥三种统税以为抵补，故通令裁厘之后，即公布统税条例。各省区所设之局，奉财政部令，多于二十年二月一日实行启征。此项统税，概明定为国税，无论在本国制造或自外国输入之棉纱、火柴、水泥（除由海关征收进口税外），均须照此条例完纳统税。惟国内制造之棉纱（及其直接织成品）火柴与水泥，运销国外时，得予免征耳。兹分别略就现行税率述之，以供参证。

棉纱统税之税率，分为两级，二十三支以内者，每百斤征税二元七角五分；超过二十三支者，征三元七角五分。细纱价格，较粗纱高出一倍以上，而所课之税，只多一元，是显予外商制细纱者以便利也。此种分级，不仅在外厂发达之中国，不宜有之，即自税负分配言，亦有累减之弊。今后修订税率时，亦宜按价值之高下，分级稍多，以期粗底于公平。

火柴与水泥两种统税之税率，最近与卷烟税率同时提高。水泥旧税率每桶一百七十三公斤，课税六角，新税率则提高为一元二角，增加一倍。火柴税率之增加，亦约类是，例是完全火柴旧税率规定甲级征税五元，乙级七元五角，丙级十元。新税率计算标准稍异，亦为甲乙丙三级，计甲级十三元五角，乙级十七元四角，丙级二十一元。此次火柴与水泥税率之提高，均逾一倍，未免过重，且在外货竞争剧烈之情形下，骤增此数，对于本国此项产业，尤易发生不良之经济影响。

上述三种统税之税收，二十年度，棉纱税为17,072,786元，火柴税为3,348,655元，水泥税为578,080元。二十一年度，据最近报载，棉纱税为二千万元，火柴税为四百万元，水泥税为八十六万元。新设之税，欲其大有裨于国库，自需时日。此种统税，自其近年之收入观之，业已渐呈功效。最近又提高税率；今后收数当更增加矣。

第四节　特种消费税

特种消费税，即对于特种物品生产或消费所课之税也。吾国自民十六年秋召集裁厘会议，即议决改办特种消费税之施行大纲，后财政部召集五省裁厘会议，又决定改办特种消费税要点十项。十八年春，财政部依据此项决议案，拟定特种消费税条例。凡各省区之大宗货品，经财政部定为应征特种消费税之品目者，得依此条例征课特种消费税。兹将条例中之要点撮述之。

（一）品目之选择　特种消费税之品目，定为十九种[①]，实施时系按各地出产情形，就其比较上之大宗出产品，设局征收，非每一省区按照品目所载者一一征收也。

（二）税率之等级　按货品之性质，分为奢侈品、半奢侈品及日用品三种，而异其税率之等则。

奢侈品　　自值百抽十二点五至值百抽十七点五

半奢侈品　自值百抽七点五至值百抽十

日用品　　自值百抽二点五至值百抽五

（三）避免重复税之方法　上列品目中，征课时如有重复税，则按照货品性质，分别发还原税，其办法如下：

征收蚕丝税时发还茧税

征收丝织品税时发还蚕丝税

征收棉纱税时发还棉花税

征收豆油税时发还黄豆税

（四）奖励金之规定　条例中所列货品，如财政部及实业部认为有提倡或奖励之必要者，得由部酌给奖励金；或于该货品输出国外时发还其已缴纳之税款。

上述特种消费税之制，有可訾之点三：第一，同一货品，于其制造各期内，迭次课税，于是为避免重复课税起见，乃不得不有发还原税之规定；结果征收手续，繁杂异常。第二，消费课税，其目的有节制消费之意，以奢侈品为最适宜，其次则为半奢侈品；至日用必

---

① 十九类品目：（一）糖类，（二）织物，（三）出厂品，（四）油类，（五）茶类，（六）纸，（七）锡箔，（八）海味，（九）木植，（十）磁陶，（十一）牲畜（耕种所用及家禽除外），（十二）药材，（十三）漆，（十四）皮毛，（十五）大宗矿产物，（十六）茧，（十七）丝，（十八）黄豆，（十九）棉花。

需之品，宜力避免。此条例中包括课税物品，过于广泛，如黄豆、棉花、油、纸、陶器、布织物各项，则皆为必需品。第三，特种消费税条例，包括物类十九种，根据第一条，惟大宗出产之省区，得指出课税，实则是否为大宗出产，漫无标准可循，结果任意课征，易生繁重之弊。因此种种弊端，不易推行，加以商民反对甚力，故遂未能见诸实施也①。

参考书

贾士毅：《民国财政史》（前编及续编）。
民国十九、二十两会计年度《财政报告书》。

① 特种消费税，中央虽已明令取消，但事实上各省已有征收者。

第十一章　印花税

第一节　印花税之沿革

印花税为行为税中(Taxes on Acts)最重要之一种,因其征收之方式为贴用印花,故谓之印花税。此税起源甚早,最初采用者为荷兰,始于1624年。因其时,荷兰政府,财政困难,悬奖以求新税之设计,因之遂有印花税之制,应奖而出。继之者如丹麦行于1660年,法国行于1665年,美国行于1671年,普鲁士行于1682年,奥国行于1686年,英国行于1694年,俄国行于1699年。十八世纪以前,欧西各国,转相仿效,已多采而用之矣。

印花税系对于一切财产及权利关系之契约簿据等凭证所课之税,在经济交通发达之国家,采行之后,以轻低之税率,课诸人民,人民不致感受负担之痛苦,而征税之范围甚广,政府可获确实之收入,实一良好之税源也。且征收方法,简便易行,尤为印花税所具之特色,在政府仅须印刷税票,任纳税者之自由购买,即贴用之劳,亦委诸纳税者,政府除印刷费及定期检查等支出外,无多劳费。劳费节省,而收入又能确实,此各国所以乐于推行也。

我国实行是税,始于民国二年,提议采行,则始自前清末叶。先是清光绪时,御史陈璧、出使大臣伍廷芳先后奏请推行是税,当时枢府大臣,曾奉旨向各国驻使搜集各国印花税章程,以资参考,但卒未果行。光绪三十三年,禁止鸦片之议起,度支部拟举办印花税以弥补禁烟后对于收入上之损失,曾颁布《印花税则》十五条,并拟翌年八月先在直隶试办。嗣因天津商会反对,改于宣统元年正月各省一律施行,当时各省督抚,又均奏请缓办,故清季终未能见诸实行。迨民国元月十月,始颁布《印花税法》十三条,二年先后实行。三年十二月,加以修正,四年一月,又公布修正关于人事凭证《贴用印花税条例》,九年及十四年又复迭有修正。国民政府成立之后,鉴于各省自为风气,无一定之税法,乃于民十六年十一月颁行《印花税暂行条例》。同时订定《化妆品印花特税暂行章程》,通令各省印花税局,实行征税。是即现行之印花税也。

第二节 印花税课征之方法

课征一税,必有一定之税率;税率之规定,必有一定之标准。印花税为行为税,其所定税率,既未能如直接税之依据负担能力,又未能尽如物品税之从价从量课税,故无一致之标准可言。盖印花税之课税物件,数类至繁,虽可大别之为商事凭证及人事凭证两类,然因其性质之歧异纷出,殊未易有一标准之税率。今世通行之印花税,其最重要之课税方法有三:

(一)定额课税法(Fixed Stamp Tax) 凡课税物件有不能估计其价值者,如出洋护照、毕业证书、结婚证书之类,每张应贴印花若干,均酌定一固定之数,以为课取之准。亦有可以评估价值。但为征收便利计,不问其凭证上之金额若干,而课以定额之税者,如发货单、租赁证据及雇人契约之类是。

(二) 分类课税法(Class Stamp Tax)　此法依据课税物件之价值,予以评估而分为种类,每一种类,为之定一税率。例如普通官吏与高等官吏试验合格证书,及专门以上学校与中等学校毕业证书之分类是。

(三) 分级课税法(Graduation Stamp Tax)　此法系依凭证上金额之大小而差别其税率,通常分为比例与累进两种。凡依据课税物件价值之高低,而定有相当之比例者,为比例印花税;其比例逐渐增高者,即为累进印花税。印花税在欧西各国采行之初,课取时多用定额与分类二法。从价原则之采用,始于 1797 年,其时关于财产凭证,尚在例外,至 1815 年后,此项原则适用之范围始广。

要言之,课征印花税时,其税率之规定,应用何法,率视课税之物件而异。就通常言,其关于财产凭证者,恒用分级印花税;而属于人事凭证者,则多用定额及分类印花税。

印花税在初行之时,其征收之方法不一,有用加盖印花法者,即由税吏检查后,于商品或凭证之上加盖印花,以为完税之证。有用白纸盖印法者,即由被课税者于缴纳定额之税后,以空白凭证,供税吏加盖印花,以为完税之据。此均为初行时之征收方法,后改行贴用税票法,即今日普通所用之印花税票也。此项税票,由政府制成,被课税者按其票面多寡而购买贴用之。并于贴用税票之上,加盖印花,以为抹消之证。此法始于奥国,时为 1854 年,法、德继之,相率采行,就其在征收上之便利言之,殊远胜上述二法也。

第三节　吾国现行印花税条例及收入

我国现行之《印花税暂行条例》,施行于民十六年冬。大致本元年及三年之印花税法，以为根据，而加以修正。凡各种契约、簿据、人事凭证以及条例中所列举之特种物品，均须遵贴印花，始能作为合法之凭证。兹将条例中所举应贴印花之四类及其税率，括述于下：

第一类　内有发货票、租赁凭据、贸易帐簿等十五种，贴用印花自一分至一角。

第二类　内有提货单、保险单、汇票、公司股票等十四种，贴用印花自一分至一元五角。

第三类　内有出洋护照、毕业证书、婚书及各项执照等四十五种，贴用印花自四分至二元。

第四类　内有洋酒、汽车、爆竹、酒精等四种，各按特定税率贴用印花，最高者为洋酒，照价值百抽三十（爆竹印花税业已取消）。

民初《印花税法》与《人事凭证贴用印花条例》，区分为二，上述暂行条例，将人事凭证贴用印花税办法，汇入第三类之内，以求化散为整。至第四类所举各种及《化妆品印花税特税暂行章程》所定等项，均系特税性质，不过借用印花手续以征之耳。且另制特种印花，以与普通印花税票有别，故在租税种类之区分上，实不宜目之为印花税也。吾国印花税之法规，自民元以来，叠加更改，而税目之种类，亦叠加扩充。初时所有税目仅三十六，继增至五十六，现行条例，则增加为八十七种矣。增加税目，固欲以期公平与普及，然过于繁杂，足滋商民之怨嗟，而于国库收入，亦未必遽能有巨额之增数也。

印花税在欧西各国，推行已逾二百年之久，其历史可谓甚长，而其在财政上之地位，自各国近年之收入观之，亦颇重要。1929年，法国印花税为一千八百九十三百万法郎，占全国总收入百分之四;1929 年至 1930 年,英国印花税为三千一百万镑,占全国总收入亦约百分之四;1928 年至 1929 年,日本印花税收入为七千九百万日元,占总收入百分之四点六八。吾国印花税,为新兴之税,民国二年,始先后推行于各省,是年收数,仅五万七千余元。三年各省相继仿行,增至四十四万七千余元。四年收入激增,计共三百六十四万七千余元。迨袁氏称帝,西南兴师,或自印税票,或截留租税,中央收入,日就短少。自民八以后,北京政府之财政,紊乱已极,所有印存之印花税票,用以抵借零星内债或抵拨机关经费,虽其中有由财政部收回者,但押款而未经收回及因期满而由债权人自由处分者,为数亦巨。因此滥印税票,信用败坏,以致解数益少。民十以后,各省报解之数,每年仅三百万元零,西南各省,俱未报解。若以所缺各省计之,每年收入总额,实远逾是。

国民政府定都南京之后,各省印花税收,亦未能完全报解中央,究竟全国收入若干,殊无确数可稽。据十八年会计年度报告,除未报者外,各省税入,共八百六十六万余元。兹附表于下:

十八年度各省印花税收入表

省　别	收　额
江　苏	1,304,962
河　北	871,783
广　东	1,812,225
湖　北	1,364,671
湖　南	421,962
江　西	213,911
安　徽	204,384
福　建	320,601
浙　江	782,574
山　东	813,792

省 别	收 额
河 南	234,876
山 西	168,190
察哈尔	61,430
热 河	85,019
总 计	8,660,380

近据财政部报告,十九年度为6,111,114元,二十年度为4,796,950元,尚少于上表所列之数,此亦由于各省截留未报之故。使连各未报之省计之,当超逾一千万元以上。印花税在吾国采行仅十余年,而增加甚速,年来经整理之后,税收颇旺。最近财政会议(二十三年五月)议决,将此税划归各省政府,以作废除苛税杂捐之补助,现已见诸实行。自兹以后,印花税改为省税矣。

第四节 印花税之归著

印花税为课于行为及经济交通之税,其负担之能否转嫁,视被课物件之性质而异。使其课税之标的物,为人事凭证,如婚书及毕业证书之类,则其税负之不能转嫁,至为明著。使其为商事性质之凭证,则其转嫁与否,自通常情形言之,视税率之轻重而不同。税苟甚轻,经商者或即自负而不举之以转移于人;反之,苟为重税,则必思所以转嫁其税负。第有时因惧经济交易之减少,亦有自负其一部分者。故印花税重,其结果常足以妨碍经济交通而有害于国民之经济。

印花税虽有征收简便及收入颇丰之利,然就税负分配方面观之,其弊有三:第一,印花税不以人之负担能力为标准,殊无当于公平，且当事人为绝无能力者，亦往往强其担负。第二，一物经济交易之次数愈多，则其负税亦愈重。课税物件如必需品之买卖，较多于奢侈品，故税负有重于贫民之嫌。第三，课税之税率，不能有确切之标准，例如按定额课税法以为课，其不公平固易见，盖同样课税之物，其价值有相去倍蓰者，征之以同样之税率，殊不免有轻重失平。即引用从价课税之原则，无论关于人事凭证各项，事实上不能采用；即就其能按价课税者言，亦多未能公平，盖使一票据所载之数，其中大部分系借贷而来，则按价课税，被课者必感其重，而持之以与非负债之票据相较，显失负担之平也。以上所述，为印花税之缺点。一种税制，有其利必有其弊，欲求其弊害减少，是在斟酌采用者之去其泰甚耳。

参考书

贾士毅：《民国财政史》（前编及续编）。
戴蔼庐：《印花税之理论及其实际》（见《银行周报》第十三卷）。
Sharras, Public Finance, pp. 393—394.

第十二章　营业税

第一节　营业税之性质

营业税者为对于营业之课税,非对人或财产所课之税也。所谓营业,即以收益为目的所经营之事业,故凡以营业为标的所课之税,即可谓之营业税。现代各国关于营业税之立法,各有不同,有课一般营业税者,如法国战后之贩卖税(Sales Tax)是;有注重公司税者,如美国现行之公司税(Corporation Tax)是;有另设特种营业税者,如苏俄营业税中之奢侈品营业税是;有具有营业税之性质而无营业税之名者,如吾国旧有之牙税当税是。诸如此类,名称虽异,而就性质言,均可谓之营业税。

营业税之种类不一,上已略及,根据亚当士之分类,综括为四[①]:(一)执照税(License Tax);(二)特权税(Franchise Tax);(三)公司税(Corporation Tax);(四)国产税及关税(Excise and Customs Taxes)。执照税为一种营业之特许税,人民获此特许,始得营业,纳税之时间,每年一次,数目按营业之种类而定,如车行执照税等是。此种特许税,与特许费之仅交一次者有别。特权税为征于

① Adams, H. C., The Science of Finance, p. 377.

一种专利营业之税,如一电车公司,得在一城内享有开驶之专利是。凡关于专利事业之营业课税,均属此类。公司税为课于有公司组织之企业之税,在工商业发达之国家,此为营业税内之最重要者。国产税及关税,为课于物品之消费税,此二者就课税标的物言之,不属营业税之范围以内。盖营业税之课税物件,为公司商店;而国产税及关税之课税物件,则为消费货品也。亚氏对于营业税之分类,似有未当。吾人就各国现行之营业税,从性质上观之,其征于非公司组织之个人或合伙经营之企业者曰普通营业税;其征于各种由股份组织而成之工商业者曰公司税;此外征于营利职业如医生、律师及会计师、建筑师之类,则有准许税,此其大概也。

第二节 营业税课征之标准及方法

课征一税,须有一定之课税标准,始可据之以计算应课之税额。营业税课征之标的物,为各种营业。因各种营业性质之复杂,故课税之标准,亦极不一致。按诸各国之立法例,有以营业总额为标准;有以营业财产值为标准;有以营业资本额为标准;有以营业收入为标准。数者之中;究以何者为最善,抑或宜视营业之性质而异,此为吾人讨论营业税时所应研究之问题。

自税负分配之原则言,营业税之课征,应合利益说及能力说之原则而兼用之。盖营业于某一地者,其财产及财产权,须受当地政府之保护。政府维持秩序及治安,亦为营业发达之必要条件。故自其所获之利益言,政府应课之以营业税。且税负之分配,贵能普及，各种营业，以牟利为目的者，不论为个人为合伙为公司，均宜课税。惟课税之时，为公平计，宜注意其税源之厚薄，纳税能力之大小，而斟酌其课取之多寡。故较善之营业税，必求能兼合于利益及能力之原则。

在现代工商业发达之国家，营业税在财政上，已占不可漠视之地位。惟课征之方法，至为繁多，塞里格曼氏讨论公司税时，分析甚详①，非本章所能罄述。且其中多数已不重要，亦无须详及。兹就各国通常采行之标准，分析言之。

一、以营业财产值为课税标准

根据营业财产之价值，以为课税标准，此与一般财产税之性质相同。此种标准，实行上之困难甚多。盖财产之价值，估计至非易事，欲求估计近于实际，必须有多数洞悉工商业情形之技术人材，以任估计员之事。估价之手续既繁，又须逐时为之，始能与实际相符。此事需费至巨，殊甚易见。且估计之事，即令洞悉工商业情形者为之，亦须赖实际市场，以为指导。但事实上许多财产种类，杳无市场可言，结果所至，依赖估计员之判断力甚多。课百千巨万之税，仅凭于估计者之判断力，不第易启弊窦，且甚难期其准于公平也。

除上述实行上之困难外，财产价值，在今日工商业繁兴信用制度盛行之时，实亦不能视为测视纳税能力之标准。综括言之，其缺点之著者有二：第一，收入有产业收入及勤劳收入之别。课征财产税，只能课不动产及动产二种，而不能课以营业为目的之勤劳收入。即动产因难于调查之故，亦多匿漏。结果被课甚重者，仅一般有不动财产之商业而已。第二，公司营业财产之大小，不能根据以

① Seligman, E. R. A., Essays in Taxation, Chapter Ⅶ.

断定其营业之盈亏，盖财产之价值大，不必能营业兴盛，利润甚厚；反之财产之价值小，亦不能遽决其利润必薄也。即此二点，亦足征财产之价值，不足为营业税之课税标准。

二、以资本总额为课税标准

采用资本总额之标准，即课税于一营利事业所有证券之价值。通常采行之法，有按股本额之市价为标准课之；有按其票面额为标准课之；有按股本额与公司债二者之市价为标准课之。方法不一，兹分别讨论之。

按市价之股本额为课税标准，虽有时似足以代表股本之价值或公司之产业，然而其弊有二：第一，课税时苟仅以股本为标准，而忽于公司债性质之种类，则公司债多者可以逃税。例如甲乙二公司于此，甲有股票十万元，乙有股票五万元，债券五万元，总数实相同，而乙公司所应纳之税，则仅及甲公司之半，殊失公平。第二，即使两公司同为无公司债，亦不能免于不公平之弊，盖因股票之市价，在能付红利之时，随之高涨，固有时可为获利能力（Earning Capacity）之表征，但在无红利可付之时，股票市价，全视证券经纪人之操纵及投机而定，殊不能恃之以为课税之标准。

就股本之票面额为课税标准，缺点尤多。盖股票之票面额为一百元，有时实际上之收入能力远超过之，有时则远不及。不第如是，且易启逃税之弊。盖因公司为避免税负计，可发行极小之股本额，而以极高之溢价，售之股东，使市价高出于票面额数倍。约言之，股本之票面额，不能用以测视公司之富力及获利能力，故不能资之以为课税之标准。

按股本额与公司债之市价以为课税标准，较之仅以股本额为标准者稍胜，但亦有其困难之点：（一）一公司证券，不能在市场上有定期之交易,即间有少数零散之售卖,亦不能据之以测视此公司证券之真正价值。且公司证券之市价,往往受金融市场及投资情形之影响而有动摇,故有时尤不可靠。(二)公司债之市价,不仅以利率之高低为转移,而此种债票之期限之短,亦有关系。故同一利率之公司债,可因期限长短之不同,致市价高低不等。市价不同,于是所付之税额,将因之而异。(三)股本及公司债随市价以为定者,不尽能作为收入能力之指数表。综括言之,按市价之股本额加公司债,虽胜于前二者,要亦非完善之课税标准也。

三、以营业收入为课税标准

一公司之收入,足以为其财产价值证券价值及纳税能力之标准,自无疑义。从理论方面言,营业收入,实为测视价值及纳税力之唯一真实方法,且亦较简单而易行。惟收入有总收入及纯收入之别,究应以何者为标准,殊属一可资讨论之问题。

(一)总收入(Gross Earnings)　以总收入为课征营业税标准,其利有三:第一,一公司之总收入,为一确定之事实,容易自簿记中查得之,不易发生争执之意见。第二,决定总收入,殊极简单,无所谓减少或免除之繁难,故征收手续甚易,行政经费亦甚少。第三,漏税及匿报之弊端,易于查出,且较难发生。因此三种利益,故讨论营业课税者,率主采用此种方法,美国各州多用之。第此法虽有收入确定及行政简易之利,然亦有其缺点,盖所谓营利事业之总收入者,即所获之收入中尚未除出费用之谓。营利事业费用之大小,彼此不必相同,苟按总收入以为征,则同一总收入,其费用大者纳税多,费用小者纳税少,殊有不能代表真实收入能力之弊。

(二)纯收入(Net Earnings)　按总收入为标准,自税负分配观之,既不易达于公平,故多有主采纯收入以为课税之标准者。以纯收入为标准，足以代表营利事业之真实收入能力，揆诸财政上公平之原则，自最适宜。但实际采行时，亦有困难之点二：(一)决定纯收入，必除去各种费用，欲免其有逃税及不公平之弊，则对于各营利事业之簿记，审查必详。此种诘查，不第手续繁难，且足以激生营业者之烦厌。(二)必纯利而后课税，则营业不振之事业，无纯利可言者。国家遂不能课之以税，是得全免于税也。各种营利事业之进行，国家予以便利与劳务，虽营业有盈亏，而所受国家之利益实同。苟因无纯利而尽免于税，则国家之费用，将何所资？故营业税之课征，一方面固须注意其纳税能力之大小，以求税负分配之公平；另一方面，又不宜因营业之无净利，而遂为税所不及也。

除上述三种标准外，尚有以营业总额为标准者。此法之粗疏，殊甚易见，盖营业总额与营利事业之收入能力，不一定成正比例。采用此法，易使负担分配失平。故税制进步之国家，已多弃而不用。

综括上述，营业税之课税标准，在财产价值资本总额及营业收入三者之中，自以营业收入为最善。营业收入之中，从原则上言，自又以纯收入为比较良好之标准。按之现代各国之税法，课营业税以纯收入为标准者颇多。第营业税宜求普及于一般营业，纯收入之标准，只能适用于一部分之营业，非凡以牟利为目的者，俱可采而用之。且纯收入之查定，繁难异常，倘以此为一切营业税课征之标准，不第难期普及，即征课手续，亦将有不胜其繁者。故纯收入不易查定之营业，通常多采用总收入或资本额为标准，有时且兼用外标法以为之补助焉。

外标法者，系从营业资本及外形环境所设定之标准。其设定之方法，普通根据下列四点：(一)营业之种类，例如营业在市场位置之重要或性质之是否独占是。(二)营业之环境，例如营业地点之适中，及间接增加销路之要素是。（三）营业设备之情形，例如雇员之多少及采用机器之程度是。（四）房屋租赁之价格，营业如物品贩卖业之类，其收入能力，有时与此种外形之环境，关系甚巨，如课税时，不易查定其收入，或查定手续太繁者，自可兼采此项外标法以决定之。第外标法甚粗率，不能测视实际收入能力，同时不可不加审慎耳。

此外特种性质之营利职业，如医生、律师及搬运者之营业等。既不易查定收入，又不能根据外标，则各国多采行准许税之法，此法对各准许营业，按类课以有定之税额，按年缴付，不问其营业之盈亏得失何若。自租税原则观之，固多可訾，然对于特种营利之职业，亦尚可适用也。

第三节　各国近年营业税之概况

营业税之征课方法，已加论列。兹就各国近年之营业税制，约略言之，以资参正。

一、日本

日本营业税，有国税及地方税之别，国税肇始于明治十一年，当时仅有数种个别营业税，如酱油税、船车税之类。地方亦有营业税，疏漏与国税同。迨至明治二十九年，始创设国家营业税。现行之制，中央与地方，对于营业，同时课税，中央所课者，曰营业收益税；地方所课者曰营业税。营业收益税及营业税，又均有附加税，而此二者之附加，皆为地方税。以下就其课税范围、课税标准与税率略述之。

（一）课税范围　依日本营业收益税法之规定，分纳税人为法人及个人两种。法人除渔业及演剧兴行外，不问所营何业及纯益几何，概须课税；个人营业，则以列举之十九类为限①，其纯益金额不满四百元者得免税。至地方营业税课征之营业，分为两种：第一种与国税所课个人营业之十九类同，第二种则另为敕令规定之十一类②。此十一类，只纳营业税而不纳营业收益税，至上述十九类，则似有重复课税，实则已纳营业收益税者，不复课地方营业税；其纳地方营业税者，则皆为国税所不及者也。营业法人，既概课营业收益税，自无再课地方营业税之余地，故日本地方营业税，只及于个人营业而已。

（二）课税标准 日本营业收益税，以营业纯益为课税标准；地方营业税，则因调查纯益，手续繁重，且地方纳税人，大率为小营业者，有宜采用他种测定收益之外标法，较为简便易行。故由法律规定数种标准，而任各地方政府斟酌情形自由选择之。规定之标准如下：（一）营业纯收益；（二）营业收入金额；（三）资本金额；（四）营业用房屋租金；（五）从业员人数；（六）定额赋课；（七）其他标准经内务大臣及大藏大臣核准者。

（三）税率 营业收益税之税率，法人依营业纯益，税百分之三点六；个人百分之二点八。地方营业税，各地所用之课税标准③，

---

① 十九种：一、物品贩卖业，二、银行业，三、无尽业（即摇会），四、金钱贷付业，五、物品贷付业，六、制造业，七、运送业，八、仓库业，九、请负业（包工），十、印刷业，十一、出版业，十二、写真业，十三、席贷业（娱乐场），十四、旅人宿业，十五、料理店业，十六、周旋业（介绍），十七、代理业，十八、仲立业（经纪人），十九、问屋业（整卖号或行）。

② 十一种：一、运河业，二、栈桥业，三、船舶停业场业（码头），四、货物陆扬场业（起卸），五、两替业（兑换），六、汤屋业（浴堂），七、理发业，八、寄席业（供人借用为演讲、开会之用），九、游技场业，十、游览所业，十一、艺妓置屋业。

③ 参考金国宝《日本之营业税》，见《经济学季刊》第二卷二号。

既不相同,而税率亦因营业之种类而异。按日本银行所编该邦经济统计,1929年综国税地方税及各附加税共计之,总数在一万三千万日元以上,兹附录于下,以示各类收入之实数。(单位:千元)

营业收益税	53,785
营业收益税附加税	58,302
地方营业税及附加税	20,828
合　计	132,915

二、法国

营业税起源颇早,昔时各国征于营利事业之准许金,即为营业税之性质。嗣后工商业渐渐发达,于是准许金制度,渐扩充而成为一种营业税之制。法国在十八世纪末,即将准许金制度改为营业税。1893年时,又予以修正。现行之营业税制,可分为二:

(一)地方征收之营业税　此税征之于一切工商营业及自由职业如律师、医生、建筑师等类。关于工商营业之营业税,分为两部:其一为固定税,系由征收机关,根据其雇员之多寡,坐落区域之情形,及生产工具之设备而定。其一为比例税,系根据营业者之住宅房租及其营业机关之房租而定。二者相加,本为从前中央之营业税(地方加征营业附加税),后自中央实行一般所得税,此税即划归地方矣。

(二)1920年起中央政府所征之贩卖税　此税征收范围甚广,除农人自己售卖农作物及自由职业者出售劳务外,其余贩卖商品,大都包括在内。吾人细加分析,可分为三:(一)一切物品贩卖之总收入税,税率为百分之二;(二)一切物品代理买卖者之总收入税,包括回佣、利息、手续费等在内,税率亦为百分之二;(三)奢侈品贩卖税,税率分三等,即百分之四、百分之十二及百分之十三是。此外尚有替代贩卖税之生产税四种[1]，其收入亦归入贩卖税。

法国之贩卖税，为战后财政困难之产物，其优点在税收甚丰，足以救济财政之难关，而其违反租税公平之原则，亦甚显著。兹将近年税收增涨之情形，表列于下：（单位：百万法郎）

年别	收数
1922	2,295
1923	3,028
1924	4,101
1925	4,544
1926	7,480
1927	8,620
1928	9,295

就上述数字观之，法国在1927年，贩卖税收入共8,620百万法郎，占是年租税总收入（36,515百万）百分之二十三。换言之，占全体收税五分之一强，1928年又增，可谓为数甚巨矣。

三、德国

德国营业税之实行，始于1916年。当时所施行者，为对于商品售卖之课税。换言之，即以各营业之售卖总额为课税标准。初课之税，率为千分之一，1918年，增至千分之五，同时于奢侈品则课以百分之十之贩卖税。1919年，其税率提高至千分之一五，对于奢侈品，提高至百分之一五零。1923年，税率复提高至千分之二十，至奢侈品，则依旧为百分之一五零。嗣后历年续有变更，迨至1927年，则减低为千分之七点五，盖因德国在战后财政困难已极，故不得不重征此项营业税以谋挹注。1927年后，财政渐上轨道，于是乃有此减轻营业税之举。

---

① Haig, The Public Finance of Post-War France, pp. 347—349.

德国此项营业税之课征，范围甚广，凡物品及劳务之出卖，皆在被课之列，自1925年以后，始将出口及食物等免税。税率高而课征之范围复广，故收数殊甚可观。兹将其近年之收数，与租税总收入比较，表列于下，以资印证。（单位：百万马克）

年别	租税总收入	营业税收入
1925	7,322	1,799
1926	6,856	1,338
1927	6,685	974
1928	7,750	900
1929	8,692	1,050

按上表，1925年，营业税收入，占全租税中百分之二十五，即次年亦达百分之二十一。自是以后，因税率锐减，故只百分之十零耳。

四、苏俄

苏俄现行之营业税法，为1926年所颁布。其采行此税之目的，一为增加国库收入，一为加重资本家阶级之负担。初时收入颇微，嗣后逐渐增加，遂成为重要税收之一。

苏俄之营业税，非依营业收入之查定而后课，其内容由两税合成：一为特许税，一为均衡税。

（一）特许税 此为由营工商业者于营业年度开始时缴纳，依其事业之性质而赋课。此种负担，商业与其他营业有别。苏俄之营业税，课征之时，分营业为若干种类，如分商业为六种，其他营业为十五种是。对于各种营业之赋课，不第因种类有轻重之分，即同一营业，其负担亦随所处之地域而异。大概言之，个人单独之小营业，其特许税轻，具有十五人以上之雇员之营业，其特许税重；开设于繁盛之城市者其税重,开许于僻壤之地者其税轻[①]。此苏俄特许税之特征也。

（二）均衡税　苏俄均衡税之目的,在补特许税粗疏之缺,其内容分商业为五十八种。大抵小商人之负担,较大商人重,例如课大糖商以每年售卖额百分之一,小糖商百分之一点五是。此外复将商业及其他加工制造业,分为百种,课以异率之均衡税。

除上二者外,关于奢侈品,复有奢侈品营业税之加征。奢侈品类,均系列举。对于奢侈品制造业,按照特许税率,加课百分之五十;对于奢侈品之交易,课大商业以售卖额百分之四,小商业百分之六。

其他欧洲大陆各国,如比、捷、奥、意、匈等,大战以后,亦莫不采行此税[②];而以比、捷、奥所征之营业税,收入尤巨[③]。近十余年来,营业税在欧西各国发达之情形,略述于上,其所以有此发达,则由战后财政上需要迫切之所致也。

第四节　吾国营业税之沿革

商税之课征,在吾国权舆甚早。汉武元光六年,初算商贾,元

① 例如在莫斯科之单独商人一年须纳二十五卢布之特许税,至在偏僻之地方者只须纳六卢布耳(参阅阿部贤一著,施复亮译,《新财政学》,第三三七至三三九页)。

② 比之营业税法,一九二一年八月通过,十一月施行;捷之营业税法,一九一九年十二月通过,翌年一月施行;奥于一九二三年四月,采行营业税;意之营业税,施行于一九二一年九月;匈之营业税,施行于一九二一年九月。

③ 比营业税收入,在一九二六年,占总税收百分之二一;捷营业税收入,在一九二二至一九二六年之中,约占总税收百分之二十;奥营业税收入在一九二六年,占总税收百分之二二点一。

狩四年，初算缗钱，此即与现代之营业税及资本税相似。唐宋元明以来，相继有商税之课，惟所含性质，往往兼营业税及通过税而有之。清代税制中，有牙税、当税二种，此则纯与现代营业税之性质相同。民国二年冬，因财政窘绌，朝野主张创办营业税，于是初行烟酒特许牌照税之制。国民政府定都南京以后，整理税制，又相继颁布《交易所税条例》及《银行业收益税法》等，兹分别略述之。

（一）牙税　牙税为课于领帖营牙业者之税[①]。采行较早，至清季时，弊端迭出，帖捐年税，率归官吏中饱。民国三年，财政部拟定整顿大纲八条，通令各省实行。按此税分帖费及年捐两种，前者为领牙帖之手续费[②]；后者则为经营牙业之年税。牙帖分有等级，应纳之牙税，随等级而定。其课税之标准，有依资本额者，有依赢利者，牙帖等级之多少，各省不同。例如河北分为六等，帖税自一百六十元至二十元不等，江苏分为长期、短期两种，浙江因区域之繁盛或偏僻分为上、中、下三则等是。领帖之有效期间，各省亦不一致，例如河北以五年为限，江西以十年为限，其他如江苏、安徽等，又有长期、短期之分，长期江苏以二十年为限，安徽以十年为限，短期则均以一年为限。有效期间既满，即须换取新帖，一帖不能分设多行，亦不能兼营数业，限制甚严，违则科罚。民初历年实收之数（除川、桂未报，广东无牙税外）约在二百万元左右。民十七年，财政会议通过，牙税划归地方，于是为地方税，自各省举办营业税后，牙税遂归并于营业税之中矣。

（二）当税　当税为课于当铺业之税，创自前清康熙三年，初

① 牙商为交易经纪人，牙税即课于交易经纪人之税。

② 见“行政收入”章，其性质近登录费。

办时,《户部则例》,规定每当铺按营业规模之大小,年纳银五两、四两、三两、二两五钱。至雍正六年,始设典当行帖规制。凡民间开设典当,应呈明地方官领帖营业。光绪时,户部以当商得利甚厚,改为每铺按年纳税五十两。民国成立后,财政部又重新厘定税率,区别等则,所订年税税额,多系采用累进税法,有课数百元者,有课数十元者。等级各省不一,与牙法同。其课税及分级标准,有为赢利多寡者,如河北是;有为营业多寡者,如吉林是;其他如山西、安徽各省,则以资本额为分级之标准;湖南、甘肃等省则以地方繁盛或偏僻为分级之标准。领帖之有效期间,有五年者,有十年者,有长期至二十年或三十年者,其间各省互异,亦与牙税同。当税收数殊微,就民六、民七、民八各年观之,平均不过三十余万元耳。民十七年,财政会议通过,当税亦划归地方,故今亦归并于各省所办之营业税。

(三)烟酒牌照税　烟酒牌照税,为课于营烟酒业者之税,故为营业税之一种。此项税征,始于民国二年,财政部颁布《贩卖烟酒特许牌照税条例》,规定烟酒营业,分为整卖与零卖两种。整卖营业,每年定额纳税为四十元;零卖营业,分为甲、乙、丙三种,甲种每年十六元,乙种八元,丙种四元。收入实数,在民十左右,约一百余万元。

十六年春,国民政府财政部颁行《烟酒牌照费暂行条例》,营业之分类沿旧,惟税额略有增加。是年十一月,财政部又重加修正,对烟酒两类,采分定规章之制,颁行烟类及华洋机制酒类两种《营业牌照税章程》。征收照费,改用按季计算。烟类整卖营业,分为一百元、四十元、二十元三等;零卖营业,分为十二元、八元、四元、二元、五角五等。华洋机制酒类,批发牌照,分五十元、十元两种;

零售牌照，分十元、五元两种。十八年烟酒整理委员会，以上述之烟类及华洋机制酒类之《营业牌照税章程》，尚称妥善，惟普通酒类牌照税，沿用前北京烟酒署之旧章，税率失之过轻，乃拟订《酒类营业牌照税章程》，亦改用按季计算。整卖营业，分三等定额纳税，甲等每季三十二元、乙等二十四元、丙等十六元。零卖分为四等，甲等每季八元、乙等四元、丙等二元、丁等五角。

营业税自十七年财政会议议决后，划归地方。烟酒牌照税，为营业税之一种，自亦应归地方。第中央为便于考核计，仍保留发照权，对于牌照收入，则拨归各省市，仅留十分之一以允征收费。最近财政会议，又将此税划归地方矣。

（四）交易所税　交易所之设立，所以调剂金融平准物价也。政府定交易所为特许营业，课之以税，盖欲藉是以厉行监督及矫正投机之弊。日本课征交易所之税有二：一为交易所交易税，系对于交易所买卖经手费而课之税；一为交易所营业税，系对于交易所法人而课之税，二者均定为国税。吾国交易所，在民国九、十年之交，发轫于沪埠。嗣后津汉等埠，亦多有之。北京农商部曾先后颁布证券交易所课税条例，及交易所交易税条例两种，与日本之立法相类。公布之后，因商民纷纷抗议，迄未推行。

国民政府定都南京后，财政部颁布交易税条例，多袭旧制。其课税方法，系按营业之种类而分税率之轻重，课税标准，则皆以经手费为比例。条例公布之后，沪埠交易所以税率过重①，屡请减免，财政部乃将原有条例，改为《交易所税条例》。以交易所每年结帐

① 证券买卖及商品买卖属于定期者，照经手费总额征收十分之一，属于现期者，征收二十分之一。金银买卖，属于定期者，照经手费定额征收十分之二，属于现期者征收十分之一点五。

赢余之多寡，定税率之高下，凡赢余总额，在一万元以下者免税，一万元至五万元以内者，课百分之七点五。其余每增五万元者，税率加课百分之二点五，至超过三十万元以上者，则概课以百分之二十五。计算赢余总额，须扣除其营业费。所谓营业费者，指营业一切之必需费用而言；若股息、红利、公积金等，则不在扣除之列也。

（五）银行业收益税　吾国现行之银行业收益税法，公布于二十年八月，凡属股份有限公司组织之银行，均应按之纳税[①]，税率以纯收益为标准，分为四等：凡纯收益额不满资本额百分之十五者，征收其百分之五；合资本额百分之十五至不满百分之二十五者，征收其百分之七点五；合资本额百分之二十五至不满百分之三十五者，征收其百分之十；合资本额百分之三十五以上者，征收其百分之十五。吾国银行业，近十余年来，颇形发达，故有此营业收益税之课征，以裕税收。与银行业收益税法同时颁布者，尚有银行兑换券发行税法。此项发行税，课之于政府特许发行兑换券之银行，税率以保证准备额为标准，定为百分之二点五[②]。其现金准备之部分，则免课发行税[③]。按兑换券发行税之征课，欧西各国亦有之，然多就各银行在规定现金准备额以下所发行之钞票，课征溢额发行税，以示限制。吾国现行兑换券发行税，以保证准备为课税标准，与各国溢额发行税之征课稍异。此盖因吾国政府，既有中央银行，操发行兑换券之权，则采用此税，实限制私银行发行钞币之法也。

---

①　中央政府及地方政府设立之银行，免征收益税，但官商合办之银行，不在此限。

②　二十一年十月十五日《兑换券发行税法》，经立法院修正，税率（依实际保证准备金额数）定为百分之一点二五。

③　银行发行兑换券，规定应有六成现金准备，四成保证准备。

第五节　新营业税法与各省现行之营业税

厘金裁撤之后，各省征收营业税以资抵补，此为民国十七年财政部召集裁厘会议所议决之征收《营业税大纲》所规定者也。故实行裁厘之后，各省即纷纷举办营业税，按诸《营业大纲》第四条之规定，税率应照课税标准用千分法计算。至多不得超过千分之二；但关于奢侈品及含有应行取缔者，则属例外。又据《补充办法》第九条之规定①，以资本额为标准者，最高不得过千分之二十。各省于创办营业税之初，前无依据，以致歧异纷出。且对于奢侈营业及取缔性质二者，标准亦未能确定，遂有税率过重负担失平之弊。

上述《营业税大纲》及《补充办法》，均未经立法手续。立法院财政委员会，认二者不甚妥当之处至多，乃另订《营业税法》②。凡《大纲》及《办法》中之内容，有可以采用者，均予采纳。第对于征收之琐碎问题，决定让由各省营业税征收条例内自定，税法中仅自原则上予以规定耳。兹将税法之内容钩要述之：

（一）课税范围　营业税定为地方收入，所谓营业，指以营利为目的之一切事业（农业在外）而言。第在各省及直隶行政院之市内营业者，如已向中央缴纳出厂税之工厂及缴纳收益税之股份有限公司组织之银行等，则不在此限。此盖欲保留出厂税，作为中央之税源，根据一业一税之原则，自不能使地方政府对此种工厂及银

① 财政部因裁厘后各省举办营业税，恐有滥行征收不能划一之弊，乃于《营业税大纲》九条外，又颁布《补充办法》十三条。

② 公布于二十年六月。

行，再有营业税之征课。

（二）课税标准及税率　规定下列三种课税标准，任各省市政府按照本地营业性质及状况酌用之：

甲　以营业总收入额为标准　征收其千分之二至千分之十

乙　以营业资本额为标准　　征收其千分之四至千分之二十

丙　以营业纯收益额为标准

税率分下列三级：

1. 纯收益额不满资本额百分之十五者，征收其百分之二至不满百分之五；

2. 纯收益额合资本额百分之十五至不满百分之二十五者，征收其百分之五至不满百分之七点五；

3. 纯收益合资本额百分之二十五以上者，征收其百分之七点五至百分之十。

（三）免税额之规定　营业总收入年计不满一千元者；营业资本额不满五百元者，营业纯收益额不满一百元者，均予免税，此外如中央政府及地方政府之公营业，亦均免征，但官商合办之营业，则不在免税之列。

关于征收方法，亦从原则上略有规定：（一）营业税得按年按半年或按季征收，由各省市政府斟酌情形自定，短期营业，并得按月征收。（二）营业税不得征收附加税。（三）营业税应由委任机关征收，不得采他人承揽包办之制。

上述各点，为新营业税之概要。各省在此法订定之前，已先后举办营业税，课税标准，多采用营业额及资本额二种，就江浙二省言，营业种类，江苏分为十二，浙江分为十一，税率遵部颁《大纲》之规定，用营业额作标准者，征课千分之一至千分之十；用资本额作标准者，征收千分之二至千分之二十。湖北、江西之营业税条例，税率限度，亦大约与上举相同，惟营业分类稍多耳。此外亦有课税标准不同，税率稍重者，例如广东，分营业种类为二十九，其课税标准有五：（一）以资本额计算者，自千分之三至千分之三十；（二）以报酬额计算者，自千分之四十至千分之七十；（三）以营业额计算者，自千分之三至千分之三十；（四）以铺租额计算者，自千分之四十至千分之七十；（五）以从业人员计算者，每人自三元至九元。自新营业税法颁布之后，各省多依据改订营业税征收条例，而以江浙所有者较为妥善。兹举《江苏营业税暂行条例》之课税标准营业种类及税率表列于下，以资参证。

营业种类	课税标准	税率
1 物品贩卖业	营业总收入额	千分之五 千分之八 千分之十
2 转运业	营业总收入额	千分之五
3 交通业	营业总收入额	千分之五
4 包作业	营业总收入额	千分之五
5 电气业	营业总收入额	千分之五
6 酒菜茶馆旅馆浴堂理发店业	营业总收入额	千分之五
7 租赁物品业	营业总收入额	千分之八
8 照相业	营业总收入额	千分之十
9 交易所之经纪人业	营业总收入额	千分之十
10 证券业	营业总收入额	千分之十
11 娱乐场业	营业总收入额	千分之十
12 物品制造业	营业资本额	千分之五 千分之八 千分之十
13 印刷出版及书籍业	营业资本额	千分之五

14 文具教育用品业	营业资本额	千分之五
15 货栈业	营业资本额	千分之十
16 铁庄业	营业资本额	千分之十
17 保险业	营业资本额	千分之十

观上表，江苏营业税之课税标准，为总收入与资本额二种，税率为千分之五、千分之八、千分之十三种。施行以来，税收甚微，二十年度，所收不过四十万元，仅敷征收费耳。二十一年度，亦只一百六十万元，与是年原列预算六百万元之数相较，尚不及四分之一。此项营业税，创办伊始，近年来，又值苏省水灾战祸洊加，故税收短绌遂至如此。

浙江之营业税，包括普通营业税、牙行营业税、屠宰营业税、典当营业税及箔类营业税五种。普通营业税系就一般贩卖及制造营业而征收，其课税标准，为营业资本额及总收入额二者，税率与江苏营业税所有相似。至于牙行、屠宰、典当等营业税，则均系就本省原有之牙帖捐税、屠宰税、当帖捐税分别改征。办法虽略有改进，税率则多仍旧贯。依浙省二十二年度概算观之，经常岁入总额为21,865,638元，其中租税收入为一千五百四十九万余元，占岁入总额四分之三，而租税收入中，营业税占五百五十六万余元，当租税收入总额百分之二十六。若与岁入总额相较，则约占四分之一强，其在省财政上之地位，于此可见一斑，兹将近年浙江营业税之概算收数及其在岁入总额中所占之百分比，表列于下，以资参证。

年　度	营业收入额	在岁入总额中所占之百分比
二十年	4,577,468	21.11
二十一年	5,439,792	25.86
二十二年	5,562,000	21.44

此外各省所有之营业税,亦多按新营业税法,以总收入额及资本额为课税标准,税率则各省所用不同。例如山东之营业税,以总收入为标准者,税率自千分之二至千分之十;以资本额为标准者,税率自千分之四至千分之二十。河南之营业税,课税标准,亦为总收入额与资本额,但税率则均定为千分之十。至营业税在各省财政上之重要,亦因各省之情形而不同,就二十一年度各省预算观之,河南营业税收入,占岁入总额百分之十六,安徽占百分之十一,湖北占百分之十四,广西则仅占百分之五耳。

各省现行之营业税税率,大率系以货品分等级,似颇公平,实则此中困难之处甚多。盖各营业税率既有不同,则何者宜重,何者应轻,殊不易定,仅凭诸分类者之判断而已。加以分业征收,在通商大埠,工商界营业之资本较大,一种商店,往往注重一种商品,即兼营数种者,亦易察定其以何种为主要。分业课税,尚属易行。至于内地商店,则因销路不广,资本额小,往往有一商店兼营数十种商品者,在此情形之下,欲定其何者为主要,何者为附随,殊大难事。定之不当,不第易生争执,且易启商人避重就轻之弊。《山东营业税征收章程》第十一条规定:“凡一户兼营数种营业,其税率轻重不一者,其营业税额之计算,应依营业之主要部分决之;如主要部分不易分析时,应将各种不同之税率折中规定之。”《湖南营业税征税细则》第六条规定:“应纳营业税之营业人,以一户而兼营数种税率不同之营业者,其营业税额之计算,应依其营业之主要部分以一种或种数分别决定之。”此种规定,事实上仍有困难不易行之处,故就税率规定言,除性质有显著之不同者外,自以舍繁就简为得。但不问营业之性质,而以均一之税率行之,则亦非平允之法也。

第六节　营业税之归著

营业税之能否转嫁及转嫁之难易，大半视乎课征时所用之课税标准而定。兹分别略论之：

（一）依营业总额而课之税负归著　课征营业税时，不问其有无赢利，第就其售卖额或生产额而课之税，则此税之负担，其势必多全部转嫁于消费者。盖获赢之多寡，不一定视乎售卖额之大小，使货物售卖额与生产额愈多，其所纳之税即愈重，则与其加多售卖与生产，转不如增高物价之为愈。物价增高，虽市场之需要减少，然较之需要多而物价低者，纯利可以相同。纯利无损而纳税少，商人固甚乐为。故依营业总额课税，在竞争情形之下，通常多全部转移于消费者。使为专卖营业，则视需要之弹性如何为转移。如物品为必需品，不易因物价之高低而变异，专变者自可举税负加之售价上，而转移之于消费者。反之，使需要易因物价高低而变动，则此税之全部负担不易尽行转嫁也。

（二）依营业收入而课之税负归著　课征营业税，以营业总收入为标准，在竞争情形之下，足以增加生产费最高者之成本；换言之，足以影响边际生产者。使边际生产者，在课税之后，尚能维持其地位，则必思举而加之价格以转嫁于消费者。至转嫁之多寡，则视需要与供给之伸缩力比较如何而定。至于专卖营业，通常亦然，盖因物价增而需要落，总收入虽不如课税前之大，然产额减而成本少，总收入减而税额小，专卖者之纯利，仍可不致较前短绌也。第有时专卖者，因需要之伸缩力大，以自负租税为有利，故亦有不加物价以谋转嫁者。

课税于各种营业之纯收入上，其税负之归著，就通常情形言，即在营业者，盖因课征纯利，不能影响价格也。专卖营业之价格，常定于消费者愿付之最高价格，使再增加，则消费必趋减少，消费减则专卖者之赢利亦必减，故课于专卖人之纯利，更无转嫁之可能。

除上述营业总额及营业收入各标准外，尚有依定额而课之准许税，此税不问营业额及赢利如何，均按已规定之额课税。就常情言，课于专卖业者，其税必归专卖之利润负担。即在竞争情形下之营业，亦大率不能转嫁，盖大生产者宁自负之而不欲增加价格以减少其售卖额，则小生产者即欲加其税于物价，亦不可得。此外营利职业如医生、律师等之执照税，因有习惯上之价格，尤不易发生转嫁也。

参考书

Seligman, E. R. A., Essays in Taxation, Chs. V, VII, VIII, Incidence of Taxation. Part II, Ch. V.

Bullock, C. J., Selected Readings in public Finance, Chs. XVI, XVII.

Mills and Starr, Readings in Public Finance and Taxation, Ch. XVII, Section 42.

贾士毅：《民国续财政史》。

第十三章　田赋

第一节　田赋之种类

历代田赋制度之变迁,已于本编第一章讨论租税沿革时,粗述其凡,兹从略。清代田赋一项,包括之种类甚多,民国成立以后,各省田赋名目,均经按其性质,陆续归并。兹举其主要三种,分别略述于下:

(一) 地丁　地丁名称,由地赋与丁赋合并而成,始于前清之康熙雍正年间。原清初地与丁分,厘定直省钱粮,一仍明万历时勘丈核定之数以为标准,迨后康熙年间,关于丁赋,规定以现征钱粮册内之有名人丁为常额,新生者谓之滋生人丁,永不加赋。按丁与地二者,虽为各别之税,然因课征丁税,须有调查精确之丁数,否则易有变为田赋附加税之势;假使按一定之丁数(如康熙时之规定),以为税吏征课之标准,则病故逃亡灭绝者,将无以处之,办理极为困难。故康熙末年,遂有所谓丁随地起之法,将地赋与丁税并征。至雍正年间,又以各邑丁粮,均派入各邑地粮银内征收,著为通例,相沿至今,此即所谓"摊丁于地"之制也①。此种地丁,为规定之正

① 见第三编第一章。

赋,正赋之外,尚有各种带征,推其性质,似手续费。依历来之习惯,于征取田赋时,无论实物或银钱,皆有额外之征收,盖人民纳税州县,州县依次输入国库,于其输送期间,遂假定有若干之损失,故以谷类缴纳者,则因不免有雀鼠之侵蚀,乃设"雀鼠耗"名目,以为抵补;以银两缴纳者,则因征收官厅,镕铸人民纳入之银,使之成为整块,其间亦不免有减耗,故设"火耗"以为填补。此种名目,均为填补损失而有之加征,故总称为"耗羡"。继此而起,又有"秤余"及"串费""票钱"等名目,前者为征收田赋银时天秤上之盈余[①],后者则为附加之征收费也。昔明代征收正赋之外,亦有耗银、解费、部费及免役费等项,至清初则悬为厉禁。迨后逐渐恢复,至雍正年间,乃将耗羡归公,定为正供。民国以后,此等附课,均将其列入岁入预算,悉以之充国库之收入,与各国之征收附加税以供地方政府之需用者不同。

(二)漕粮　漕粮即田赋之一种,与地丁稍异者,因地丁向系征银,而漕粮则由地粮内派征本色,依水运之便,输之京师,以之为供养中央官吏兵丁之用[②]。按漕运之制,始于两汉,而盛于唐宋,明时转输之法,率用民运,清始改为官收官兑。漕米通例,贮藏于通州及北京之仓库,而以户部所属之仓场衙门管理之。其直接运至京师者,谓之"正兑",运至通州者,谓之"改兑"。另加漕耗,随正入仓。惟因漕运之际,每以地方官吏之费用,年有增加,经费浩繁,足以减少实物之缴纳,咸同以后,各省渐次改征折色,以实物折合

---

① 秤余起于四川,官吏于征收赋银时,将戥头暗中加重,有每两加至一钱以上者,后遂于火耗羡余外,每百两提解六成,名曰秤余。

② 派征之本色中,其未起运而存留本省以供兵粮之用者,谓之"南米",迨录营兵裁撤,始改征折色。

银两，由官吏自购米粮。故是后以实物缴纳者称为本色，以银钱折合者称为折色，又称“漕折”。按诸事实，实物缴纳之制，既已改征银两，则运送之费，似已失其依据，然以银钱代纳者，仍须纳运送之费，谓之“漕项”。照例征解，无异正供。迨至清光绪之末，其尚纳本色者，仅江苏、浙江两省，江苏为六十万石，浙江为四十万石。民国成立，江浙漕粮，亦悉废除，而改以银元代纳矣。

（三）租课　租课者，即公有之地，租给人民后所收之佃租也。此种公地，考其沿革，有系国家固有之地，有系公家买卖之地，有系因事因案查出而收没之地。此项佃租，就性质言，实为公产收入，不得谓之地税也。自昔相沿，包括于田赋之内，故本章亦仍之。此项土地之种类及名目，各省往往互异，繁杂至不可胜举，简括言之，其中以官租、屯租、学租、湖租、沙租、芦课、渔课为最要。按其性质，与地丁漕粮异，故特名为租课以示区别焉。

以上三者，为田赋中之要项，各省田赋内所有者，要非此三者所能概括。其他尚有所谓差徭者，为古代力役之遗制，民国以来，各省多已废止，虽陕西尚有差徭之名，亦久已折收银元。又有所谓垦务者，即由新垦土地而征收之数，第仅行于东省；西北一带之垦务入款，大率列于官产项下，而归于田赋者，实为例外之情形。此外尚有杂赋及附加税二种。所谓杂赋，如例解、贡品、折银之款等是；附加税之征，如清末各省举办新政时所附征之自治费、警察费及学校费等是。此为吾国田赋所含种类之大概也。

综括上述，吾国田赋之性质，虽与各国之地税相类，然翔实察之，殊有区别：盖吾国田赋之中，包括丁赋及租课两类，前者为人丁税，后者为公产收入。故约言之，田赋一项，实为包括地税、人丁税及公产收入之一种并合税也。

吾国历代所有之田地总数，鲜有确数可稽。就从来见于文献者考之，约如下表①。

	顷　亩
夏	930,602,400
周	9,004,000
西汉	8,270,536
东汉	732,017,080
隋	55,854,041
唐	1,430,386,213
宋	524,758,432
元	19,000,000
明	850,762,368
清（顺治十七年）	519,402,830
清（乾隆七年）	735,219,839
清（光绪十三年）	911,976,606

各省区之田额，非经全部之正确丈量，亦无由悉其实数。兹据前清《户部则例》所载，揭录如下。

	亩
奉天	1,877,538
吉林	1,439,556
直隶	68,841,064
山东	98,472,846
山西	53,285,401
河南	71,820,864
江苏　分江宁及苏州等属	

① 参考《经界三书》（一）。

	亩
宁属各县	40,203,229
苏属各县	24,551,501
安徽	34,078,633
江西	46,218,727
福建	12,848,285
浙江	46,388,126
湖北	59,443,944
湖南	31,340,273
陕西	25,840,212
甘肃	23,536,621
四川	46,381,939
广东	34,390,309
广西	8,960,179
云南	9,317,709
贵州	26,854

上述统计，对于黑龙江、新疆、热河、绥远、察哈尔、川边等处，均未包含在内，且对于官庄田及陆续新辟之土地，亦未列入。此外如禁止开垦之地，即先圣先贤庙墓祭田及祠墓寺观等，亦均除外，故就实际言，我国目前田额之数，远逾于此。且清代土地之台帐，系以明代之鱼鳞册为根据，随其必要，而加以修正，其数额不确，殆可无疑也。

吾国田赋收入，向为国家主要之税源。民国以来，历年收入之数，因各省报部未齐，多缺而不完，殊不足以窥其全豹。民国初年之收数约七八千万元之谱[①]；民十以后，愈益不完，尤不足据。国民

① 参考贾士毅《民国财政史》及晏才杰《租税论》。

政府定都南京后，划田赋为地方收入，概归外销，而中央财政报告中，遂无田赋收数可稽矣。

第二节　田赋之积弊

吾国田赋，发达甚早，自秦汉以迄有清，田赋之制，改革频仍，按其实际，大率为补偏救弊之计，虽能行于一时，而历久弊生，徒增重人民之负担。纵观数千年之田赋制度，其变更之际，多系举额外之税征，加之田赋，以为清理之方。而不久额外苛征，又复滋生，陈陈相因，弊端愈繁，卒致无可廓清之时。似此征课累增，收入宜为数甚大，而稽其实数，年仍止七八千万元之数，殊不甚巨。以吾国田地面积之广，其税收之数止此，实半由于税制组织之繁乱，半由征收方法之多弊。故吾人欲明了田赋之现情，以谋将来之改革，必先洞悉其积弊之所在。本节特就税制、税率、丈量、征收各大端，分别讨论之。

（一）税制　税制之中，有地丁、漕粮、租课、差徭、垦务、杂赋及附加税等项，上已言之。其分类之繁，已不易汇举。而地丁之中，又有正款及附款之别；地丁之外，又有加耗及秤余之目。漕粮之中，分折色与本色两种；漕粮之外，又有漕耗及漕项之缴纳。至租课之种类，以十数计，且其性质亦不一，除主要之官租、学租、屯租、湖租各项外，尚有酒课、盐课、茶课等类。上述各类名目，既甚繁碎，而近年附加税之加征，尤为积弊之薮。

原附加税之征，始于前清末叶，当时因各省举办新政，遂以田赋附加为筹款之计。民国成立，沿袭成法，元年十二月，袁世凯氏咨行参议院厘定国家税及地方税法，参议院以田赋为国税，由各省代征转解中央，地方政府得有征收附加之权，但规定不得超过正税百分之三十。后山东、直隶两省，因濮阳河治水，需用工费，即加征附加税。民国四年，中央因收支预算不敷，令各省仿直鲁先例，一律加征附加税，以补收入之不足。五年预算中，所载此项附加税，已达七百八十余万元之巨。此后附加名目，间有增加，然尚不甚多。迨至国民政府成立，田赋划归地方，地方政府遂得任意加征附加。民十七年十月，财政部乃颁布《规定加征附捐限制办法》八条，规定“田赋附加之总额，不得超过正税，正附总额，不得超过现时地价百分之一。凡超过者，酌量核减”。此种限制，实等具文，民十七后，逐渐增涨，裁厘之后尤甚[①]。二十一年八月，又重申前令，然事实上不第各省多未遵行，且仍时有增加，遂致名目繁伙，农民之负担奇重。

就各省之现情，举例言之，江苏田赋附加种类，就各县所有，计有一百零五种之多，名目纷歧，县各不同。再自苏省各县言，丹阳有附加税十五种，常熟与淮安各有十九种，崇明则有二十三种。附税之重，有超过正税数倍至十余倍者，甚至有超过二十六倍者[②]，可谓繁重已极。江西之田赋附加税，据省府经济委员会所调查之三

---

① 据江西省经济委员会调查：十七年江西各县之丁米附加税额，加以自治附税，不过正税百分之三十；二十二年地丁附加总额之高者，超过正税三四倍以上。

又据最近调查之所得，河北某县近三年来附加之递增如下：

二十年　　1. 警款　2. 学款　3. 区经费　4. 区团费

二十一年　增加：1. 建设局经费 2. 财务局经费 3. 临时费 4. 保卫团经费 5. 救济院经费 6. 度量衡检定所经费

二十二年　又增一自治经费

② 海门附税当正税 26.03 倍，灌云当 21.45，崇明当 17.75，其他各县亦均有四五倍或十余倍以上。

十三县，加以统计，附加税之名目，即有九十余种之多，就各县论，如丰城、永修等所有之附加税，均在十种以上，同一用途之税，而各异其名，例如教育，有教育附税、教育经费、教育捐、丁米教育附税、教育费、民众教育捐、串票带征教育费等名目。同一性质之税，而重叠带征，例如都昌县既征公安经费，又征警察附税，既有教建附税，又有教育经费，因此重叠征敛，故附税之重，高者亦逾正税四倍。其他如浙江之鄞县，附加超过正税之三倍，湖南之武冈常宁，附加超过正税之七倍。诸如此类，不可胜举。总括言之，近年以来，各省之田赋附加，增加日多，举凡一县之行政经费，如公安、教育、保卫、卫生、筑路、建设、公益、测量等，几无不取给于田赋附加，而举办之初，率假名新政与公益，迨至征收之后，则又往往移作他用矣。此外乡区自治公所，又有附加，省县发生临时事故，复有摊派，繁杂苛碎，杳无系统。按附加税之制，初非可议，贵能厘定成制，具有一定之系统，规定增加限度，使能与正税保持适当之比例，则纳税人即不致有负担过重之苦。吾国田赋，自划归地方政府后，省县交征附加税，连年增涨，漫无限制，重叠剥削，病民实甚，此最近整顿田赋之声，所以甚嚣尘上也。

（二）税率　吾国田赋分则标准，为类不一，据历来之规定，系依土地之肥瘠，产物之种类，收获之多寡，分为三等九则。而考其实际，科则纷纭，歧异百出，甚至有田相同而分至数十余则者。且各种科则，多沿自古昔，虽明定上田赋率若干，中田若干，下田若干，然按诸实际，多不适用。盖因历时已久，沙滩变为沃壤，肥地沦为瘠土，上田下田之分，殊不足仍为依据也。且任取数省之赋额，与其地积相比较，则税率差异甚巨，似无标准可言。例如山西下田每亩征银一厘七丝，米一合五勺；江苏下田，每亩征银九厘，米一升四合七勺，相差已逾数倍。然此犹可诿为南北土地，肥瘠及气候不同。若河北、山东，皆黄河以北之地，而河北下田，每亩征银八厘一毫，征米一升；山东下田，每亩征银二毫，征米二勺。安徽、江西，皆大江以南之地，而安徽下田，每亩征银一分五厘，征米二合一勺；江西下田，每亩征银一厘三毫三丝六忽，征米一合七勺，相差亦逾数倍。甚至同一州县之内，同一性质之土地，往往亦多无一定之科则。税率不均，殊与人民负担均平之原则相戾。

以上所举，仅就原有之赋额而言；试再就附加税观之。各省附加税征收之标准，通常所用者有四：

（一）按原税征课，采行此种标准，有按两者，如浙江江山地丁除蝗捐每两一角；有按斗者，如四川芦山县修志局经费每斗收钱四百文；有按担者，如江苏高邮漕米义谷捐每担带征一元；有按元者，如安徽涤县常平仓每元附加二分。

（二）按亩征课，例如江西南康之亩捐，每亩年征二角，广东广宁之学费附加，每亩年征一分八厘。

（三）按串票征课，例如广东开平之仓捐，每张收银二分，江西乐平之丁米附加串票，每张收银二分。

（四）按户征课，例如浙江新登地丁串捐每户一角一分。

上述各种征收附加之标准，其违反公平原则之处，固甚易见，无待费词。且征收之时，任意规定数额，漫无一致，以致轻重尤多悬殊。此外尚有可注意者，即加征附加税之时，多以县为单位，换言之，以各县附加之所入，供各县行政之用。县之贫富不同，而所需之政费粗相似，且有时贫县公益费用之所需，较富县且巨者，尽责之以取给本县，结果贫县人民之负担，常较富饶之县为重。

综上所述，田赋税负之不均，已可见一斑。加以兵祸频仍，熟地变为生地，则有粮无田者有之；户口增加，荒田辟为垦地，则有田无粮者亦有之；不仅此也，卖田之家，于其出卖田亩时，未能照田额出粮，结果田售罄而粮犹存；又有于卖田之时，逾额出粮，遂致田尚有而粮已出罄。后者为有地无粮，前者为有粮无地。有粮无地之民，无力缴纳，初为民欠，浸假遂且变为例欠。凡此种种，亦足使田赋之科则，愈益失其平衡；人民之负担，愈益轻重不均。

（三）丈量 吾国田赋之征课单位，通常以亩计之。然因国家无一定之尺度，及无全局之丈量，以决定亩量之大小宽狭，故各省征银征米之数，为轻为重，实无由资之以为推断。有清以来，关于田赋之丈量，非无规定，然未尝举一州一县或一省之全部，予以施行，故此种规定，徒为具文。即间有地方官偶然行之，亦辄因人民之反对而止。按乾隆十五年之上谕，各省之弓尺，参差无定，虽由部颁定弓尺，以五尺为弓，以二百四十弓为一亩，然因不欲以变更扰民之故，使从前原有弓尺参差不齐之田亩，仍沿其旧，毋得再议增减。惟嗣后有新涨新垦升科之田，则须遵部颁之弓尺，以为之丈量。原有参差不齐之弓尺[①]，差异甚巨，因尺名不一，故弓法不齐，弓法不齐，故亩之大小宽狭，遂不一致。且亩法之中，不第因弓尺之不同而生歧异；尚有其他之特别情形，如《河南通志》所载，有以二亩为一亩者，有以三亩为一亩者，陕西宜川县，有以四亩为一亩者，奉吉等省，有曰日曰向，单绳双绳，为六亩十亩之区分者。举此尺度不同之地亩，苟非采用划一之弓尺，为全局之丈量，虽欲为之

① 就尺言之，有库尺，有营造尺，有鲁班尺，有部颁之尺。积尺而为弓，则有三尺二寸之弓，有三尺八寸之弓，有四尺五寸之弓，有六尺五寸之弓，有七尺五寸之弓。积弓而为亩，则有二百六十弓之亩，有三百六十弓之亩，有六百弓之亩，有六百九十弓之亩，有七百二十弓之亩。见乾隆十五年上论《皇朝通考》。

改革税率，均平负担，亦不可得。民国以来，朝野人士，多以清丈为根本之国，亦即在此。

（四）征收　田赋征收之方法，各省极不一致，征收之弊端，尤多不可数。按征收田赋，必须有征收图册可凭，始可按图索骥，杜遏弊窦。今日吾国田赋之最大弊源，即在于无完全之田赋图册，缺乏稽征田赋之根据。盖自明洪武时，曾造鱼鳞册登记全国土地，递至清代，鱼鳞册逐渐散失，而东南各省，因洪杨之乱，官应粮册，多荡焉无存。自鱼鳞册散失以后，各县经征官吏，均无各户之实征底册可凭，于是征收田赋之权，逐渐移于粮书。粮书承征，或凭诸私藏遗传之簿；或因年久谙熟之故，补造以资居奇。遂致因缘为弊，莫可究诘。试举数例言之。第一，粮书之簿册，仅有每户地亩及应完之粮之总数，至于田土之坐落，则杳无记载。因之粮户迁徙他处，即无法追查，亦无从没收，结果逃粮之弊甚多。第二，“飞洒诡寄”[①]，沿之而生。盖因民间买卖产业，须向粮书推收过户，粮书以此为利薮，任意诛索，稍不遂欲，即于编造征册时，不为推收过户，以致户粮混淆，发生有地无粮及有粮无地之情形。有粮无地者，因官厅之催追，常央粮书为之开除；有地无粮者，则因管业失据，辄贿粮书飞他户之粮以为已有。至所谓洒者，则以已收之钱粮，饱入私囊，而以其数分别加诸其他各户，以补其不足。此外以熟田报作荒田，轻灾报为重灾，则谓之诡。以已征钱粮侵蚀入已，而报为未征，例如田在甲区，户住乙区，甲区已完之户，匿而不报，寄之乙区未完之户名项下，则谓之寄。第三，产杖移转之时，人民申请推收过户时，普通多用堂名或某某记字样，又有沿用祖若父之过去户名，以

① 参考马寅初《田赋改革之必要——经济论文集》。

致征册之内，姓名常不易知。因之粮户欠赋，查追甚难。粮书久事征收，知之甚稔，故此种户名不实之弊，亦往往予以把持舞弊之机会。上述仅就其荦荦大者言之，其他侵蚀匿报之弊实，殊不易一一罄举也。

再就征收机关，时间，及手续言之，按前清征收田赋旧制，多以州县官署为征收机关，且多于大堂设一粮柜，凡纳税之人，合计每年应纳数目，令其自封投柜，此为“署征”之法。然县地辽阔，近者数十里，远者数百里，零星小户，因些许之税，必赴城中缴纳，所费不赀，此署征之不能无弊。后有于县之各乡，分设收饷之局，虽足以便人民之就近缴纳，然于正杂各赋之外，又须增抽局费私费，故“乡征”之法，民亦苦之。民国初年，大率沿清之旧。国民政府成立后，颁布《县组织法》，于县政府之下，设有财政局，以任各税收经征之责，但事实上近年以来，仍多属县署也。

田赋征收之期，向分上下两忙，然因立限甚宽，民情玩视，上忙应征之数，往往延至下忙，尚未征齐，本年下忙应征之数，则延至次年上忙尚未征齐。结果催符频出，里井为之骚然。吉林、黑龙江各省，采用一忙征收制，征取于秋收冬藏之后，似较便民，然人民纳税之迟延，书吏催忙之骚扰，与两忙征收之省复同。综括言之，征收时期，宜体察各省收获迟早之情形，缩短征收之期限，则人民将按时完纳，或不致因限久生玩也。

征收手续之不善，约言之，可分为胥役舞弊及官吏中饱二种：胥役舞弊之最甚者，为柜书与催役。柜书之职，主管核取银数，填写串票，乡民上城投纳，悉听柜书核算，溢额取盈，米则零升以斗计，银则数钱以两论。粮票上之升合字目，皆故作大草，使人不能辨识，藉以作弊。地丁正银及附加捐款，每两折价，本有定数，若辈于银钱价值，辄故意低昂以渔利。此外尚有任意浮收之事，其敢于公然出此者，亦以串票只载正银，不戴杂项，虽有溢取，官亦无从复核也。至于催役，则开征之时，揭票下乡，向粮户征收，供给酒食外，每票勒索钱数百文，甚者至数千文，如愿相偿，即可央缓，稍不遂意，辄曰抗粮。故民之畏之，且甚于书吏。以上两弊，民国成立以来，各省虽逐渐改良，然因积毒甚深，涤革殊不易也。

至官吏中饱，则其弊尤甚，按田赋征税之实权，由县官操之，收入之数，县官留用者，称为留支，即为该县之行政经费。更以其余额，附以说明书，而送于所隶之财政厅，称为起解。县官挪移亏蚀，往往捏报不实，仅将所征之一部，报解于上司，即足以塞责。其余留支之额，则听其自由使用。上司虽偏以增加为务，而县官每岁之所解者，常设其他口实，藉以肥私。其尤甚者，更借他种名目，加征附捐，以从中渔利。凡此皆弊害之最普遍而显著者。

综上所述，田赋征收方面之根本癥结，在无完全之实征底册，因缘而弊窦滋生；纳税手续，不能明白揭示，遂致纳税人易为书吏所蒙蔽；金库制度，未能严厉实行，遂致税款不能按期解库，县吏得以侵蚀。因此种种弊实，田赋实收之数，遂以日趋减少。就浙江二十年度之田赋而言，其应征额为20,343,000元，而实收之数，为3,923,013元，仅止五分之一，其匿漏之情可见。湖北年来，田赋之收入尤少，仅一百万零，此固由于匪祸灾荒者半，然弊端未除，催征不力，亦为重要原因。此外尚有预征之弊，民国以来，各省常有预征至数年者，而近年四川之田赋，如南充县已征至民国四十九年。二十二年度双流县在十月之内，被征收九年粮税，尤属骇人听闻。苛敛如此，民力何堪？今后非厉行改革，不第不足以苏民困，靖匪患，且剥肉及骨，税源亦将有日濒枯竭之虑矣。

第三节　民国以来关于田赋之改革

民国初年，财政当局，对于田赋之整理，业已规划施行者，约有数端，虽支离破碎，漫无系统，然补偏救弊，亦有足述者。

（一）改用银元征收　清代赋制，纳银纳米，错杂纷纭，地丁银以两钱分厘计算，漕粮兵米，以石斗升合计算。就地丁言，银钱折合，不第省与省办法不同，即县与县情形亦异，征收官吏，勾串为弊，勒价贴平，折零合整，辗转增重，徒苦纳税之民而无补于图计。就漕粮言有改折银两者，有征收本色者。因粮价随地不同，粮色各地互异，遂至勒扣挑剔，情弊百出。民国三年，财政部通令各省，完纳地丁漕粮，一律以银元计算，在币制未颁行以前，所有折合办法，由部酌定施行。自此以后，各省征收，始多改用银元折算。

（二）规定征收费用　田赋正额之外，在前清已明定者，有秤余火耗等名目，而乡征各县，又有所谓局费私费，推其由来，大都始于官吏书差之额外私取。相沿日久，继续增添，朘削民财，其弊不可胜言。民国成立以后，此项规费，稍稍革除，然办法即极参差而吏胥又复别图弥补，于是旧费既归正赋，新费又有增加。民国三年，财政部乃通令各省，明定征收钱粮，准于正额之外，附加百分之十以内之征收费，于是征收费亦为田赋之一部。

（三）减轻偏重赋额　东南赋重而徭轻，西北徭重而赋轻，此固昔人立法之意。然清代赋额轻重，漫无标准，甚至在一省之内，各县所用税率，往往相隔倍蓰。即以江浙而论，浙江一省，昔时辖道凡四，县七十五，而钱塘道属之粮额，较之其他各道属远重。其他各道属所辖各县之地丁银，最重科则，每亩不过五分余，而钱塘道属，乃自一钱至一钱九分不等；其他各道属所辖各县之漕粮，最重科则，每亩不及一合，而钱塘道属，乃自八九升至一斗三升有奇。故合浙省每岁额征银二百二十三万两，米八十七万石，内钱塘一道，应纳银八十八万两，几占全省百分之四十；纳米五十五万石，计逾全省百分之六十。数百年来，相沿未改。人民困于重税，每至不能负担时，辄多滞纳。民国九年，政府因绅民之请，允予减轻。先就科则最重之嘉兴等县，减征银不逾一钱，征米不逾一斗，其余科则次重各县，则俟实行清丈后厘定等则，一律施行。嗣后苏省绅民，亦以江南苏、松、太等属赋重为请，政府援照浙西减轻成案，略予变通，分为三等减征。每亩征米在一斗以上者减至一斗；九升五合以上者，减至九升五合；九升以上者，减至九升，仍以每亩银米并计，不逾银一元五角为限。

（四）筹议清丈经过　我国田赋之情形，已略述如上，其负担之不公平，租税之不正确，均由于顷亩之大小不一。且无粮黑地，所在皆是，各县赋额，沿袭旧制，不第国家之收入，因此大受影响，即人民税负之分配，亦久失其均平。欲为根本解决之图，惟在实行清丈全国之土地。前清末年，因格于祖宗永不加赋之令，搁置未能举办。民国成立以来，谭理赋者，莫不以清丈为急要之图，政府方面，亦力图整理，注意于厘定经界，故于民国三年，设立全国经界局于中央。嗣后于京兆地方，设经界行局，复于实行测丈各县内，设立经界事务所。其办理之程序，以测量为始基，清丈为中权，登记为结果。并于民国四年，拟定调查田赋整顿赋额办法大纲，函商各省，嗣据各省陆续陈复，复经部定修正调查田亩办法大纲，函寄各省切实筹办。其时奉天、吉林、黑龙江三省，业已实行清丈，热河亦已着手清查，嗣因受时局之影响，于民国五年奉令将清丈及清查田亩各事宜，暂行停止，于是全国经界局暨京兆经界行局并各县分局，先后裁撤，惟黑龙江全省暨江苏宝山等县之清丈，仍照旧进行。至民国九年，政府复设全国经界局，旋以近岁战事发生，又被裁撤，自兹以后，全国经界事宜，遂致延未兴办。此民国初年历次筹办清丈及清查之梗概也。

（五）最近各省田赋之改革办法　田赋划归地方政府后，财政部虽有限制附加之规定，然各省实未遵行，以致附加繁重，上已言之。附加税之急宜减轻，已为举国上下所共认①。最近浙江拟定核减各县田赋附税甲、乙、丙三种办法，兹揭述如下：

甲　就标准内（即正税一元只带征附税一元）充分加收附捐，以百分率支配各种事业经费，将原有各种附捐名目，一概取消。

乙　依附加数目之轻重，事业经费之缓急，而定核减方针，计各种附捐亩捐，可以酌量减免者，例如无匪区之保卫附捐，可以从缓，无虫患之治虫经费，可以豁免等是。

丙　限令各县编造地方事业全部收支概算，严格审查，将各项开支，尽量紧缩，再定核减附捐之标准。

上述三种办法，浙省财政当局，拟择而行之。浙省附税之重，据报载有已超正税二三倍至五六倍以上者，今骤欲一律就标准内加收附捐，事实上恐不免发生收入短少之困难。较善之法，自宜先

① 减轻田赋附加办法，据本年五月之财政会议决议，在土地科则未改订以前，暂采四种限制标准。（一）田赋附加，不得超过正税总额，其在正税科则原属轻征之区，以正附并计，不得超过地价百分之一为限。（二）自本年度起，各省县不得以任何急需或名目，再增田赋附加。（三）禁止各县区乡镇之临时亩捐摊派。（四）附加带征期满，或原标的已不复存者，应即予废除。

采用乙丙两种办法，盖欲减轻地方附捐，必先减少县地方经费之支出，否则即欲减轻亦不可能。同时附加数目之太重及事业经费之非需要者，自应予以核减或免除，固无可迟疑之余地也。

江苏财厅最近拟定整理田赋计划，共分三项：第一，查编田赋征册。查编方法，于各县中，就其未办清丈而册籍散失之区域，先行举办土地查报。第二，整理田赋附税。整理之法，注重统一名称，另定百分支配比例；审核用途，核减过重税率。第三，改良征收制度。苏省此种整理方案，期为全部之改革，苟能付诸实施，其成效必有可观者。处吾国今日而言整理田赋，固应同时注意此三方面，实非局部之补偏救弊，所能大效也。第办理清丈与土地陈报之事，浙江及湖南诸省亦已行之，大率取费过多①，民甚苦之，功未见而怨已贾。故今后各省之办理土地陈报，实宜以免取费而不扰民为先决条件②。

民十九年六月，国府公布土地法，其中规定之土地税，分为地价税及土地增值税两种，将来如切实推行，则田赋将有全部之更革。关于土地税之规定，于下章中详述之，兹从略。

参考书

晏才杰：《租税论》、《田赋刍议》。
贾士毅：《民国财政史》（前编及续编）。
《经界三书》：（一）。
《经济旬刊》：《江西之田赋附加税》（第一卷第九期）。

① 湘浙两省土地陈报费，规定每亩洋一角二分，其不及一亩者，以一亩计算。

② 本年五月财政会议，关于此点，规定举办土地陈报，一律不征手续费，陈报后即行改订科则，编造正式征册，并改进催收及征收制度。

第十四章　地价税

第一节　地价税之性质及理论的根据

地价税为近代新兴之税,发生于十九世纪之后半叶。其发生之主因,简言之,由于下列两种情形:(一)近世纪来,各国地方政府之经济及社会建设事业,日就发达,因之地皮之价格,随之暴涨。政府一方面为免除垄断及投机之弊,一方面为弥补增加之支出,乃有此税之课征。(二)新造之国家,若澳地利亚、加拿大等,鼓励人民之移殖,其地价增涨甚速,为阻止土地集中于少数人手,自宜有地价税之征课。且同时新辟之国,他项税收无多,财政方面,亦须赖地税以资供给。

地价税之特点,不仅在征课土地之实际卖价或资本价值,且须课之在其未加人工改良之价值(Unimproved Value)上,至地基上之房屋或其他改良物,则予除出,易辞言之,地价税者,即课诸土地之一种区别税(A Discriminatory Tax)也。此税虽为近代产物,然发达甚速,现有之种类,已甚复杂。试就各国曾有此税者之种类言之,澳地利亚之地价税,课诸未加人工改良之地基价值,而免除其上之改良物;加拿大西部之地价税,对于地基上之改良物,有全部免税或仅免税一部分者;德国所有,其形式为土地增价税(Value-increment Tax)。英国之地价税,种类甚多,包括土地增价税、租地归还税(Reversion Duty)、未改良地税(Undeveloped Land Tax)及矿地权税(Mineral Rights Duty)四种;胶州昔为德人租借时,其地价税制度,有土地增价税与原价税两种。就此各种不同之种类,地价税复杂之性质,可以概见。

地价税因具有区别之象征,初行之时,各方对之之批评不一。英国贵族,率谓地价税之征,为侵袭人民之私产权。德儒瓦格涅氏,则认其为阻止财富集中之工具。美国一般之见解,多目之为单一税之易形。各就其所见而为之说,解释悬殊。吾人自上述各国之地价税种类观察之,固不仅征课方法不能尽同,即理论方面亦多差异。为明了其意义计,须自其原则方面研究之。地价税制,自租税观点研究,含有下列两种原则:第一,各种土地,无论其利用与否,产有地租与否,均须对其全价征课。此种价格,由专门家用科学评估方法估定之。第二,根据此税之理论,地上之各种改良物及房屋,均须免税。此二点为地价税之精义,至实际之征课方法,俟下节讨论各国之地价税制时详及之。

地价税在理论上,有下列四种根据:

(一)伦理方面　地价上涨,为不劳而获之增加(Unearned Inerment),课征地价税之伦理的根据,即本于此。按"不劳而获之增加"一名词,穆勒氏即尝用之;穆勒氏用此,本诸吕嘉图之地租说。嗣后主张单一税者,亦相继用之。近时经济学家,用此名词,意义稍有不同。盖以地价之增加,由于人口增加,经济发达,及文化事业兴办之力量所产生,其土地所有人,不须何等劳费或行为,故论正当之理由,应属于全社会所有。且土地为天惠之物,其价之腾踊,既不属于个人之力量,使个人得据为己有,则就伦理言,似有未当。故地价税之主张者，在区别由社会之力量所产生者，及由私人之力所获得者而为之征课。

（二）经济方面　地价中所以有不劳而获之增加者，实因土地供给缺乏所致。盖土地有限，故人得垄断之以为投机射利之目的，课之以税，所以控制也。加拿大之课未改良地税，其目的即在阻止拥地以作投机事业者。使拥有空地之地主，毫无涓滴之收入，而须受租税之担负，则必相率利用之；否则亦必转售诸人，决不能任其长此闲置也。

（三）社会方面　大地主及不在地主制（Absenteeism），均为社会之问题，加拿大及澳地利亚之地价税，其采用之主要目的，实欲以阻止大地主及不在地主之发达。又如城市之地，宜为建筑之用，使投机者搁而不用，以待善价，则易发生住宅缺少之问题。且就近世社会化之趋势言，政府之公共事业及社会福利之举办，均以减少社会中之经济不平为要务，故地价税之课征，亦为应时而生之方法。

（四）财政方面　各国采行之地价税，除上述各原因外，尚有财政上之目的。至地方政府采行是税者，则尤以增加收入为主要。新辟之国家如加、澳等，因移殖之人民，源源不断，故土地之价格，继长增高；而土地又为主要之财源，故为收入计，非课此不足以资挹注。且课地价税，较之课资本税为优，盖新造之邦，资本缺乏，鼓励积蓄，殊为发达企业之要着也。

第二节　地价税之种类

自税务行政观点察之，地价税可分为有定期及无定期两大类：

有定期之地价税，每年在规定期间内，按通常征税之法课之；无定期者，则仅在产业之移转时，如售卖租佃及所有人死亡等时，始能课征。此二类中，又有采用比例制及累进制之不同。

（一）有定期地价税　有定期之地价税，有一般的与特别的之分。所谓一般者，即每年用划一之税率，课之于各种土地。澳地利亚及加拿大之地价税，为其地方政府所课者即属此种。特别税各国所已有者，如林地税、闲地税及未改良地税之类是。以上多属比例税；至澳地利亚联邦政府及各邦政府所征课之地价税，则多属累进税。第课时之方法，有于普通税率之外，增以附加税；有无普通之税率而即以此为主要之税征者，亦不一致。

（二）无定期之地价税　无定期之地价税，如英国之土地增价税，租地归还税等，皆为其例。前者课之于产业移转之际，后者课之于租期终结之时。其所征之数，为课征时之价与前次被课时之价之比较差额，其所用之税率为比例制。至德国之土地增价税，则为累进制。此税起源于德，就征课进行上之方法言，与有定期者不同：第一，有定期者为按年份征，此税则仅征课一总数于产业移转之时；第二，此税仅征其增加之价，而不及其全部之资本价值。

自上述之简单分析，即可见此税种类之复杂。兹为简明计，表列于下：

- 地价税
  - 有定期的
    - 一般的
    - 特别的
      - 未改良地税
      - 闲地税
      - 林地税
  - 无定期的
    - 租地归还税
    - 土地增价税

地价税与其他土地税之区别,其枢要在于归著问题。根据租税归著之理论,土地税之课诸地租者,其负担不能转嫁,如是者其惟地价税。最初地税之制,以面积为估值之据,于土质之优劣,地租之多少,辄形忽略,显失公平。嗣后以生产之多寡或肥瘠之程度分征课之等级,土地种类甚多,不易尽情分等,亦未能尽善。吾国之田赋,自昔因壤别田,具有等差,是采肥瘠与生产为根据之制。此与地价税之性质,显然不同。即今日各国盛行之财产税(Tax on Real Property),其所具之特点,与地价税异者有三:(一)课征财产税,对未用之地,评估其价,较已改良之地为低,是予拥地作投机事业者以便利;课地价税则与之相反。(二)财产税之估税方法,多甚粗疏,鲜能及于实际市价;地价税则较正确远甚。(三)社会愈发达,地价增加愈速,财产税因估征未尽之故,多漏遗土地增值而未之税;地价税则不第税及增值,且能重课。就上三点观之,二者之区别甚明。

此外尚须注意者,即地价税与单一地价税之异同。单一地价税,为乔治氏(Henry George)所主张。氏为美人,因美为新造之国,地价增涨甚速,具有不劳而获之增值,故主张课征单一地价税,而尽废其余各税。此与本篇所论之地价税,在方法上固有相同之点,例如二者均主张用专家价值,计其实价而为之征,均赞成对地基上之改良物,予以控除。至于主要目的则不同,盖主张单一地价税者,其意非在以此税足为地方收入之税源,而在运用此税以为达到其理想社会之工具。故乔治派之单一税主张者,其最后目的,在于土地国有,而其建议之征课方法,则为百分之百的地价税。且谓国家既得此巨大之收入,无事乎他税之课征,故主张尽豁他税。至本篇之地价税,税率较为轻征,其采行半为收入增加,半为社会改良,绝非以此税为唯一之税源也。

地价税制，上已抒及，兹再附述此税采行之历史。此税始于加拿大。1873 年，加拿大之西部哥伦比亚省，制立荒地税（Wild Land Tax），课之于未加改良之土地。次为纽西兰，1878 年通过一法，课征未改良地税，嗣复废除，1890 年后，又复采用。自此以后，澳地利亚之各城市，多有是税。1910 年，澳之联邦政府亦采用之。德国各都市 1820 年以后所行之土地移转税（Umsatzeuer），即可谓为增价税之胚胎。1898 年，德人采行地价税于山东青岛。其本国都市，初征是税者为 Frankfurt am 始于 1904 年。1911 年时，地方政府已有者，约六百余，是年其联邦政府，亦采行是税。英国自 1910 年，地价税始成为税法。大战以后，世界各国，已多先后采行此税。吾国民十九年六月公布《土地法》，其中对于地价税之征课，规定甚详。下就各国地价税之制度，略加论述，以资参考，而以中国之地价税制殿焉。

第三节　各国已实行之地价税制

（一）澳地利亚之地价税　澳为新辟之国家，无习惯相传之制度，为之桎梏，故各种进步之社会立法，得以先后试行，地价税即为其中之一种。此税始行于澳，实应需要而生，盖澳为新国，初甚鼓励人民之移殖，对于土地之所有权，杳无限制，大地主及不在地主之制，渐渐发生。因之要求征课大地主之声，自 1870 年后，即已甚嚣尘上。1878 年时，纽西兰曾制定此税，虽不久即废去，而其后 1910 年联邦政府之通过此税法，仍以分散土地所有权之集中为目的，故澳之采行地价税，在联邦及各州政府方面，实以此为主要之原因。此外财政上之困难，亦为促成此税之一因。盖自十九世纪中叶后，各州之财政，窘绌异常，综其要因有二：（一）各邦因各种公共改良之进行，国用日趋增加，以致负债累累；（二）昔时给予人以土地，可获基金之收入，迨土地既尽为人有，则此项收入亦止。在此项情况之下，其出于征课直接之地税，殆为事势所必然。

至地方政府之采行地价税，则纯以收入为目的，因在 1890 年以前，地方政府之支出，大部分仰赖各州政府之津贴，故无征税之必要。第自 1880 年后，各州之支出，增加甚速，而同时收入不能为同样之增加，故各州相率减少地方政府之津贴；而地方政府之用度亦日增，又不可以少，于是各州遂相继予地方政府以课征地税之权。

除上述各原因外，澳之采行地价税，单一税主张者之宣传，亦与有力。乔治氏尝游澳洲，讲演宣传，影响甚大，其著作多为人所引用，即议院中，亦采之为讨论之资。此无足怪，澳洲土地之投机及独占，均已成熟，而政府之土地政策，又已失败，固予单一税主张者以绝好宣传之机会也。

关于税法内容，各州、地方及联邦政府所有，往往互异，兹举澳地利亚州及纽西兰税法以为例：

澳地利亚州现行之税法，系根据 1915 年、1918 年及 1920 年之地税条例而成。课税标准，为未加改良之地价，税率为每镑为半便士。对于二百五十镑以下之土地所有者免税，在此数以上者，每加一镑，减去免除额一镑，至五百镑时为止。其属学校公园等公共使用地，及非营利之运动竞技使用地，一概免税。

纽西兰之税法，其税率之规定有四：（一）普通税率。土地之买卖价格。除改良物及抵押产外，每一镑，课以一便士。但地之估征价值，未超过一千五百镑者，可得有五百镑之豁免额。使价值超过一千五百镑而未达二千五百镑者，在其一千五百镑以上时，每加两镑，减去免除额一镑，至二千五百镑时为止。此外如系病废或年老者，尚另有减免。（二）附加税率。除普通税外，复有累进率，课诸价值在五千镑以上者。最低者不足百分之一，最高者为百分之二点五。（三）课不在地主之税率。如系不在地主，附加以特别税，税率为百分之五十。所谓不在地主者，即离其地逾两年者之谓。（四）抵押产税率，计算普通税之时，抵押产之价值，减去不征，运用附加税率时，则包括之。然抵押产之得免于普通税，非豁除之，盖另有抵押产税之课征，惟其税率，不若普通税率之高耳。

澳地利亚及纽西兰各地方政府之地价税，其制度之制定，纯示以收入为主要之性质，非如各州所有者之多立差别。至联邦地价税，根据其 1910 年之税法，则与各州所有者相类。对于不在地主及地主之在澳者，所适用之税率不同；且后者享有五千镑之豁除额。其他如租有地、公司所有地及抵押地等，又各适用特别之课征，情形甚为复杂。概括言之，联邦与各州之地价税制度，甚相类似；而与地方所有者，就税率之差别言，则极殊异，盖联邦与各州所用者为累进税率，对于小地主，有减除额，对于不在地主，均课以较重之税率。地方之地价税，杳无此项差别之象征，所用税率为比例一般税，即豁免之法亦无。

估价方法，为实行地价税最重要之问题，盖地价税之性质，在课征未加改良之地价，必须得出土地除其上改良物外所实有之价值，始可资之以为征。在澳洲各州中，通常估价之根据，凭诸纳税者本人之报告，惟此法易生不准确不公平之弊，于是遂有各种对校之方法；例如以卖出时之登记册等，为对校之资料是。然此种制度，尚未易阻遏低报之弊，于是又规定政府保有照价收买之权。使纳税者报价太低，又不满征课委员所估之价，则政府可以照纳税人所报之价收买。在纽西兰，如人民以政府所估之价过高，并可要求政府照其所估之价收买。此种规定，可使人民不敢报价过低，同时又足使政府官吏，不致为过高之估价，颇近完善。至估价之方法，普通有二：第一，从卖价中减去改良物之价值；第二，直接估计地基价值，而不计其上所有之改良物。第一法较简易，第二法自理论方面言，较为正确。按诸第二法，估价者应确定三种价值：（一）不计改良物之地基价值；（二）改良物之价值；（三）其地之实际卖价或资本价值。估值者既有此三种价值，则可用以对校其所估之价。假使所估计之（一）与（二）之值，不能与实际卖价或资本价值相等；或改良物之值，不能为（一）与（三）之差额，则应再加以调节。照此法计之，其所得之估价，自较第一法为确。纽西兰估价部之所用者，即为是法。关于估价之期间，有每年估价一次者，如新南威而丝州（New South Wales），有每五年一次者，如南澳地利亚（South Australia）。此外尚有二年、三年、四年者，极不一致。至纽西兰之规定，每年须提出报告，但实地估价之事不必年有也。

以上为澳洲地价税之制；下再就加拿大及日本之制附述之。加拿大之荒地税（Wild Land Tax），始于1873年，实为地价税之权舆。现有之地价税，大率系用土地之资本价格为课税标准；惟西部所有者，为按未加改良之地价课税。其估价方法，亦采土地与改良物分别评估之制，而以土地买卖登记为主要之参考资料。日本之闲地税案，颁布于1923年。此税之课税标准，系按闲地之普通买卖价格。税率因土地面积之大小而有差别，自最低千分之二至最高千分之二五不等。其税法中所谓闲地，指下列之范围而言：

(一)一年以上无建筑物之土地。(二)有建筑物之土地,自其面积中减去建筑地面积之三倍后所余之部分;但在商业区域及工业区域只减去其建筑基地之二倍。(三)国家或公共团体所使用之地,公园或类似之设施等,得不课闲地税。

(二)德国之土地增价税　德国土地增价税未采行之先,即有土地移转税。增价税之起,就德国各邦之税法观之,初多为土地移转税之附加税。增价税与移转税异点有二:(一)增价税只以增值为课税之基;所谓增值者,即前次买价与现在卖价之差额。(二)只课诸土地之增涨价值,而不计其上所有改良物之价值。至于征之于土地所有权移转之际,及以卖价为估计之根据,则为二者所同。

德国在普法战争以前,为一农国,自1870年后,美国与澳洲所出之农产物,渐输入欧洲市场。美澳所产,价较低廉,因有此竞争之故,德国农业之生产,遂渐衰减。恃农业为生之农民,情形日趋困窘,而尤以大地主制盛行之东部为甚。德国因此农业之衰落,遂产生发达工商业之趋向。自普胜法后,德国统一,工商业之发展益速。昔时之乡村,浸假多变为城市及工业之区域。城市人口,增加甚速,故租金之上涨,尤呈飞腾之势。据德人Mangoldt之估计,柏林一城已占之地,其租金在1830年,仅十七百万马克,1870年,即增至五百三十百万马克;迨至1898年,则达二千一百一十八百万马克。在此种地价飞踊之情况下,使无税以为之控制,易生两种弊害:(一)促进人民之拥地投机;(二)城市人口日增,将发生住屋问题。且德在1860年至1870年之间,拥城市之地以作投机事业者,已甚活跃。1871年后经济上既有变迁,益助长土地投机之发展;而投机者又相率组织公司①,操纵房屋建筑之事,以致住屋缺乏。因此种种弊象环生,于是私人享有地价中不劳而获之增值,自伦理方面言,遂多非难。主张单一税者,固以土地权私有,宜完全废弃;同时主张以社会法规限制之工具者,亦以城市土地之所有权,宜加限制,俾全社会得共享三十三点三课之。此税施行之结果,自收入方面观之,因人民不多,地价甚低,及转售较少之故,虽不甚丰;然就土地政策上言,则成绩甚著。土地之增值,因地方情形而异,故为地方之课税,较为利便,且亦易于成功也。

英国之土地增价税法,系根据1910年4月之财政法而制定,其采行原因,按财政大臣路易乔治在议会之说明,乃为政府扩张海军,并采养老年金制度,所以财政上有设定此税之必要。在上述之财政法中,关于地价税之规定,除土地增价税外,尚有租地归还税,未改良地税,及矿地权税三种,前二者为无定期税,后二者为常年税。兹分别就其性质说明之:

(一)土地增价税 当土地或关于土地之权利发生买卖时,因所有人死亡而土地移转时,及十五年所有权无移转时,就其增价额,课以税率百分之二十。

(二)租地归还税 在二十一年以上之土地租佃契约期满后,其土地归还于佃主时,政府就其租佃期间增高之价格,课以税率百分之十。

(三)未改良地税 课于农地以外之空地之资本价格。每年向其所有人或五十年以上之佃主征之,税率约千分之二。

① 德国各都市施行土地增价税之时,大地主为逃税计,组织有限公司,将其土地以高价售之公司,希图脱税。嗣后辄不卖土地而卖股份,以免受土地增价税之课征。此为德国实行增价税时一种可注意之现象。

（四）矿地权税　以矿地租人或自行开采时，政府就采矿权之租佃价格，课以百分之五。此盖因英国大部分之矿山，多系租人经营，故政府就矿地所有主之不劳获得，课之以税。

上述四种之中，如土地增价税及未改良地税，均行之未久而即废止[①]。前者废弃之主要原因，为收入之微及因租税法规复杂所生之繁难与纠纷；后者则亦因不满人意而废止。故地价税在英实行之成效，殊甚浅鲜。

日本之土地增价税案，颁布于1923年，其采行之主要目的，系以此税为都市计划事业所需之财源。税法中所谓土地增价额，须由土地之现价中，减去下列两种：（一）土地之原价额；（二）在土地原价额决定时期以后，为土地之改良而用去之各种费用。课征时期，为土地所有权移转之际[②]，如为法人所有者，于十五年以上无移转时课之。税率最低为百分之五，最高为百分之三十，得由都市于限内酌定之。日本之土地增价税，规定为地方税，此就土地增值与地方财政之关系言，实甚为得。

第四节　吾国之土地税法

吾国土地税法之订定，系以《民生主义》之平均地权为基本原则。《民生主义》第二讲中所述平均地权办法，包含下列四点：

---

① 土地增价税依1910年8月4日之财政法而废止，未改良地税，则中止征收于1914年。

② 按《日本土地增价税法》第三条，土地增价税，在土地所有人为有偿之移转时，则课其前所有者；在其他情形之下，则课其现所有者。

(一)照价抽税与照价收买;(二)税率为值百抽一;(三)土地之增价,完全收归公有;(四)豁免一切杂税,即人民所用自来水及电灯之费用,亦由政府负担。以此四点与现有之土地税法中所规定者相较,可见其修正之处甚多。土地税法中,规定土地税分为地价税及土地增值税两种。兹分别概括述之。

一、地价税

(一)估价方法　土地税法中所称地价,分为申报地价及估定地价两种,前者为人民自由之申报,后者为政府所加之估定。但每年征收地价税时,概以政府所估定之价为标准;至人民所申报者,不过以之供估计时之参证而已。此种方法,与照价抽税及照价收买之制稍异;而其所以有此更改者,盖因照价收买,在实行时具有困难,故不得不改用估定地价,以杜遏地主少报之弊。关于估计时限,每五年一次,但因地价有重大变更时,则不在此限。

关于地价之估计,地政机关,应将所辖区内之土地,就其地价情形相近者,分划为若干区。估计地价时,应于同一地价区内之土地,参照其最近市价及申报地价为总平均计算①,依此总平均计算所得之地价数额,即为标准地价。课征时因土地地位之特殊情形,得按其标准地价数额,为相当之增减;其增减数额,以不超过该地所属地价区之标准地价三分之一为限。

(二)税率等级　土地税法所规定之税率,系采累进制,分有等次,与《民生主义》中所主张之值百抽一稍异。兹分举各级税率于下:

---

① 因财政需要或经济政策之必要,得就同一地价区之土地,最近市价或申报地价,择其中地段价值之最高者,为选择平均计算《土地税法》第二章第二百四十二条。

（一）市改良地　以其估定地价数额千分之十至千分之二十为税率

（二）市未改良地　以其估定地价数额千分之十五至千分之三十为税率

（三）市荒地　以其估定地价数额千分之三十至千分之一百为税率

（四）乡改良地　以其估定地价数额千分之十为税率

（五）乡未改良地　以其估定地价数额千分之十二至千分之十五为税率

（六）乡荒地　以其估定地价数额千分之十五至千分之一百为税率

就上各级税率观之，除乡改良地之地价税为值百抽一外，其余均定有法定税率之范围，得由地方政府经中央地政机关核定之后，依照各种税地之实际情形，分等征税。且地方政府并得因地方财政及社会经济之需要，依法定程序，在地价税之法定税率范围以内，增减税率。按此规定，地方政府支配是项税率之权殊甚大。

二、土地增值税

（一）征课之时期　土地增值税征课之时，规定于土地所有权移转，或于十五年届满土地所有权无移转时征收之。但乡地所有权人之自住地及自耕地于十五年届满无移转时，不征收土地增值税。

（二）价值实数额之计算　土地增值税之征收，其税率系根据土地增值之实数额而定。第欲说明此种实数额，必先知土地增值总数额之标准。此种标准，系依下列之规定：

（一）申报地价后未经过移转之土地，于绝卖移转时，以现卖价超过申报地价之数额为标准；

（二）申报地价后未经过移转之土地，于继承或赠与移转时，以移转时之估定地价超过申报地价之数额为标准；

（三）申报地价后未经过移转之土地，于十五年届满时，以估定地价超过申报地价之数额为标准；

（四）申报地价后曾经过移转之土地，于下次移转或于十五年届满无移转时，以现卖价或估定地价超过前次移转时之卖价或估定地价为标准。

上列前三项之申报地价及第四项之前次移转时卖价或估定地价，概称为原地价。凡土地增值之总数额，市地在其原地价数额百分之十五以内，乡地在其原地价数额百分之二十以内者，不征收土地增值税。其超过者，只就其超过之数额，予以征课；而此超过数额，即所谓土地增值之实数额也。

（三）税率之累进 土地增值税之税率，为累进制，兹举其各级，分列于下：

（一）增值实数额，为其原地价数额百分之五十或在百分之五十以内者，征收其增值实数额百分之二十；

（二）增值实数额，超过其原地价数额百分之五十者，就其未超过百分之五十部分，依前款规定，征收百分之二十，就其已超过百分之五十部分，征收其百分之四十；

（三）增值实数额，超过其原地价数额百分之一百者，除照前款分别征收外，就其已超过百分之一百部分，征收其百分之六十；

（四）增值实数额，超过其原地价数额百分之二百者，除照前款分别征收外，就其超过百分之二百部分，征收其百分之八十；

（五）增值实数额，超过其原地价数额百分之三百者，除照前款分别征收外，其已超过百分之三百部分，完全征收。

地价税法及土地增值税法之大略，约如上述。此二税均经规定为地方税，惟中央地政机关，因整理土地需用经费时，得于此项税收中指拨，但为数亦不得超过税款百分之十。此外关于地上之改良物，照其估定价值，按年课税，最高以千分之五为限。不在地主之土地，则除改良物外，递年增加其他价税率，以促进土地之改良。吾国土地税法中之规定约如是。就税率言，市地之税率较高，乡地之税率较低，而市地乡地之中，未改良地之税率，较改良地高，荒地之税率，又较未改良地为高。此种差别，实于斟酌负担能力之中，寓有鼓励改良与利用之意。惟税率规定未免过高，按日本之闲地税，自千分之二至千分之二十五为限；增价税最高级亦止百分之三十（增价额超过百分之四百者）。英国采行增价税时，税率仅为百分之二十；即以最高之胶州湾土地增价税率而言，亦止百分之三十三点三。新税初行，定率过高，必将多扞格难行之弊。

最近上海市开征地价税，暂行税率，为按照估定地价征课千分之六，衡诸土地税法中之所规定，仅及其半。估价方法，按《上海市地价税征收章程》第六条之规定，应先由土地局察核地形及其时价，并参酌业主报到地价，划分地价区，送经地价税土地估价委员会复核后，再行公布，业主对于公布之地价，如有异议，得于规定期限内，向土地局申请，提交公断员公断之①。此项估定之土地价值，每三年修正一次。征收时期，分为一月七月两期。地价税之课征，困难在估价方面，如能使估价问题，得有适当之解决，则在人口众多地价增涨甚速之城市行之，其将有裨于收入无疑也。

① 关于公断员之推举，参考《土地法》第二百四十九条之规定。

参考书

Scheftely, The Taxation of Land Value.

Seligman, E. R. A., Essays in Taxation, Ch. XVII.

东京市政委员会编:《各国地价税制度》。

Shirras, G. F., Public Finance, pp. 328—331.

第十五章　所得税

第一节　概论

近世纪来，欧西各国，因财政上支出之膨胀，恒苦于岁入之不足，补救之方，相率趋重于直接税之课征；而直接税中之最要者，即为所得税。按所得税之采用，权舆近代，初为战时救济之策，殊无永久之性质。迨后迭废迭兴，遂浸渐成为有统系且具有永久性之税制。大战以后，支出膨胀，需要巨大之收入，以为挹注，因之人民之税负，增加甚巨。为求公平赋课计，于是不得不进而研究课税之方，以衡其利害。故财政学之一般理论，日就阐明；租税制度，亦随之而逐渐改善。普通一般，对所得税之采用，鲜有持怀疑及反对之态度者；即所得税是否良善之争难，亦成为过去之事实。时至今日，世界税制改善之国家，所得税大率占其收入中之重要位置，而英、美二国，尤以此税为主要收入之源，远非其他税项所能及也。

测定纳税之能力，必须有一适当之标准，资产、费用，及生产三者，均不足资之以为测视，前已言之。惟采行所得税，足以顾及各级不同之纳税能力，已为一般所共认。盖一种健全之税制，虽须具有驳杂之性质，以期普及；然处民治国家之中，欲促进人民关心国家之财政，应以直接税为主要，而直接税中之最要者，莫如所得税。

此就整个税制言，其优点一。国民纳税之能力，随贫富而不同，使各种税课均采比例课税法，则富者担负较轻，而贫者担负反重，结果富益富而贫益贫，殊与调齐贫富之社会政策相戾。采行所得税，则易行累进制，可使富者之义务，稍予加重，以抵补其他比例税之缺点，此就税负平均言，其优点二。普通各税，大率仅及一部分之国民，如地税限于地主，房税仅课住户，至所得税，则较能普及，除不及纳税标准外，凡一般国民，随其所得额之大小，皆有纳税之义务。此就普及原则言，其优点三。善良之税，尤须富有伸缩力；所得税之征课，纳之者率为中流社会以上之人，当无事时，宽其税率，足以增进富力，一遇紧急之际，稍增税率，即足弥补需要。且能自随人民之富力增加而加多，尤非他税所能及。此就伸缩原则言，其优点四。所得税因具有上列之优点，故浸成为各国税制之中坚；而资产、消费等税，渐退居于补助之地位。然第就所得额之多少，以为测视能力之标准，亦必疏阔无当，必须对于所得之性质及获此所得人之情况，加以考虑，始可期于公允。本编第三章中关于此点已稍论列，下节讨论课征所得税之原则时，当再附及，以求详尽。

第二节　所得税课征之原则

课征所得税，因各国所采用之制度不一，故无一定之最善方法可言。本节所述，特就所得税法中所必具之各问题，揭示予以讨论，至其解决之方法，则视其所采用之所得税制而异。

（一）课征之范围　课对人税，欲免重复税之弊，则不能不对于被课者之范围，予以缜密之考虑。美国全国租税委员会，曾对此问题，有一建议，以为所得税之课征，应以在一国领域内之居住者为限；换言之，即应以居所为标准。此项建议，固为甚善之方法，第事实方面，不易推行。按英国所得税法，关于课税范围之规定，一为在英国内，获有所得而无居所者，就其所得之数，负纳税之义务；一为在英国内有居所者，不问其所得之得自何地，均有完纳所得税之义务。美国联邦政府之新所得税法，凡属美之公民及在美有居所者，均应纳所得税，惟美公民侨寓国外在六月以上者，而其在国外所获为劳动所得，则可免除税征。至在美无居所之外人，其所营企业或所有财产，亦均须完纳所得税。就英美二国之所得税法言，其课税之范围，均非仅以居所为标准。英国注重于居所及所得之产生也；美国则于二者之外，并注重公民资格。大陆各国，则多趋重国籍，据德国欧战后厘定之所得税法，凡在德国以外之德人及继续在外国居住一年以上者，均仍有纳税之义务；但同时外国人民，继续留居德国六月以上执有职业者，亦皆课之。因此各国课税之范围不同，复税之弊，遂为一困难不易解决之问题。此后所得税之采用，愈益广播，实际解决之法，如世界各国，能一致对于在其国内无居所之人民，弃置不课，则固可以免除斯弊。第各国因顾虑经济上之利益，殊不易采用此一致之标准耳。

（二）所得之意义　欲决定可税之所得，必先明了所得之意义。“所得”二字，骤视之，似甚明显，然因经济组织之复杂，及特别情形之不同，故亦成为可研究之问题。第一，所得有总所得与纯所得之别，总所得不足以表示相对之纳税能力，故课征所得税，应以纯所得为标准。第二，为求租税负担之平等起见，纯所得固较总所得为适宜；然使二人所获为同一纯所得，又往往因其情况之不同，而负担之能力迥异，故各国所得税法中，对于可征所得之规定，必须自纯所得中将纳税者之家庭及其一己所必需之费用，予以扣除，始行课征。普通减除者，为下列二项：(一)最低限度之生活费用；(二)扶养近亲之费用。减除此数之后，所余之数，即为可征所得；至所得之甚小者，则率予完全免除税负。此种豁免，实为斟酌收入之需要及行政之困难两方面所产生之调协结果，盖所得税之主要为对人税，免除之范围，自宜从小，以期负担之普及；但自另一方面观之，微小所得，苟均在应征之列，则课税之范围既广，应征之人数必众，结果行政上之困难问题，亦将因之而滋生。且征收费用，为数甚巨，微小所得之征取，徒以供其行政之支出而已。

第三，所得又有勤劳所得与财产所得之别，二者之性质不同，则课取之方法，亦当因之而立异。规定所得税法，宜为之差别，使此两种性质不同之所得，不致受同等方法之赋课。现今各国之税法中，对于勤劳所得，均有减额之规定，所谓勤劳所得，即所得之数，均由个人之劳力所致，而非由资本或财产权之收入之谓也。英国对此两种所得，征课时加以区别，始于1907年。按1925年修改之税制，对于豁免之限制中，有完全为勤劳所得，减征所得税六分之一之规定，但因此而减少者，每人不得超过二百五十镑。美国则自1924年，始正式采用之，唯根据其现行之法，凡在五千金元以下者，不问其得之之方，均目之为勤劳所得。但收入在三万金元以上者，无论其如何获得，不得目为勤劳所得。此英美区别课征之例也。

第四，经济学家，对于所得之定义，有时兼及心理方面，如自物品所得之满足等类。例如甲乙二人各有一屋，甲则以之供自居，乙则以之租于人，前者之所得为享受，而后者之所得为租金。易辞言之，前者为心理所得，后者为金钱所得。税其一而免其他，似非持平之道;若并税之则,心理所得,有时不易测视,欲为之课,殊无所资以为据。故此种定义之观念。宜于经济上之分析,而不甚适用于所得税之目的。第英国所得税法,对于屋主自住其屋,年值若干,亦认为可征之所得。若美国则与之相反,屋主之自居其屋者,其得享用,不以之为所得而课之。综括言之,课征所得税之所得,自原则方面言,应指每年有定规之收入。各国因解决互异,故同项有形之收入,甲国税之,乙国则往往不视之为所得;同一无形之收入,丙国税之,丁国则又举而摈诸课征之外。此盖因所得性质之观念,立法上所受宪法之限制,以及政治经济上之审度。与风俗习惯各方面之情形,彼此不同,有以致之然也。

(三)征课之方法　所得税之征课方法,亦为实行所得税时一大问题。假使征收之法不能完备,则所得税之条例,将等于具文,而事实上之弊病,且不可穷究。夷考各国之成例,综其征收之法,均可分下列三种:

甲　估定法(Assessment by Presumption)　此法根据纳税者各种外标之情况,以估定其纳税之能力。例如房租一项,尤多用之以为根据之资,因假定房租之多少,与其人之纳税能力,具有一定之比例故也。此种征课方法,虽无稽查扰民之弊,然任意为之估计,其不公平,尽人能知。就决定纳税能力言,较之其他征课法,实远不及。

乙　课源法(Assessment by Collection at Source)　课源法者,就所得之来源所在而课税也。此法征收所得税时,征之于给付之人,而非征之于收受所得之人。凡一人给付所得于另一人时,必先扣除其应负之所得税,纳之政府。采用此法,亦无须纳税者之报告,其报告者为给付人,可杜欺诈及逃税之弊。且征之于收受所得之时，纳税者亦无事后不能缴纳之困难。此二者为此法之优点。英国所得税之征收，即用此法。近世学者，多津津称道之。惟所得之种类甚多，如农业及商业之利润，则不能尽用此法以征之。即在英国，亦只能运用于第一、第三、第五三类所得，至第二、第四两类，则仍有赖于直接征收①。

英国运用此法之成功，一由于所得性质之分类，一由于行政方面之效率，使无此二者以为之基，徒羡其成功而抄袭其法，未有不流于失败者。1913 年，美国亦尝采用之，嗣因其结果不善，业已大半弃之。且运用此制，对于税率之累进，困难甚多，盖所得税之累进，必根据纳税者自各源所获之总所得，枝枝节节以取之，甚难采用累进之方法。使多取之于民，有余则以退还，如英国现行之法，亦不但行政手续滋多，且足以烦扰人民，增其负担也。

丙　申报法（Assessment on the Taxpapyer's Declaration of His Income）　此法由纳税者将其所获之所得额，自行报告。此种自行报告之法，足以启欺诈逃税之弊，虽行政上之监察周密及严厉查考，亦不能遏之使绝。欲其成功，须有最著之行政效率，同时所定之税率表，必求其不足以助长逃税之利。采用此法，最便于适用累进之税率，且根据纳税者本人之申报，对于税之免除及减额之决定，必较公平。德国所得税之征收，用此法已甚久，其成绩亦甚著。今世各国所用者实以此法为最广，惟细节各有不同耳。美国亦适宜于采用此法，故课源法曾一度试用，即已弃之。现美国除采用是法外，又设有另一方法，以为之对校，谓之税源报告法（Information at the Source）。此法规定，凡薪金利息及其他各项所得，由给付者

① 详见本章第四节。

在付交之时,报告税征官吏。征税官吏,即利用此项报告,以对校纳税者本人所具之申报,观其是否属实。苟有情伪欺诈,则可藉之以为纠正之资。故合申告及税源报告法而用之,实一可行而有效之征课方法也。

(四)税率　可征之所得,既已确定,则进行课征之时,必须有一适当之税率表。在构成此种税率表之时,所宜注意者,即税率不可太高,昔穆勒氏有言曰:“一切税率均不宜规定过高,过高是予以逃税之动机,非普通防止之法所能禁之也。”[①]穆勒氏此语,实为制定税率之重要原则;盖最高负担,至何程度,不致引生逃税之弊,吾人尚不能确定,故与其失之过高而至于漏逃,转不如较低之为愈也。

所得税率之制定,不外用比例与累进两法。英儒柏斯特布尔氏,以为所得税之税率,为求获得税负分配之真正比例起见,应用累进法。盖因所得之甚小者,当其纳消费税及其他同样间接税时,负担较之所得大者为多,故课所得税时,则予以免除或减额,所以使之趋于均平。且纳税能力之增加,较所得之增加为速,尤宜于累进。惟累进之方不一,吾人尚无应用之方法,可以测视税负总积之相对重量,因之累进之程度,亦不易为之决定。第自收入观点及求人民与税吏合作方面言,允宜采用缓和之累进。因累进甚峻,操之过切,足以滋长逃税之弊,不第不能增加国家之收入,且往往有因之而致缩减者。美国联邦政府所得税率增至甚高,而收入反形减少,即足资为证印也。

现代各国之所得税,已多用累进制。英、美二国之所得税,均有通常税率及超过税率两种,前者除免额外,适用于一般人民之所

① J. S. Mill, Principles of Political Economy, Ashley edition, p. 871.

得;后者则仅课征所得在一定限度之上者,其范围较狭。若法国之所得税法,则规定各种不同之所得,适用不同之税率,就性质而为之差别,轻重不同[①]。此项分类税率既课之后,又有一般所得税(最高税率为值百抽三十)之课征,是即所谓综合所得税也。与英国普通所得税之附加税颇相类。

(五)行政　所得税之行政问题,殊甚繁杂,兹分为三方面略述之:

甲　行政机关　关于行政机关方面之问题,可分为二:一为用人,一为组织。就二者之重要而言,用人较组织尤甚,盖使用人方面,不能以才能功绩为标准,而其任用之条件,又不足以安其心意,则组织虽善,终不能获显著之效率。用人问题,包括任用之方法,报酬之多寡,任期之有无一定等。影响行政效率,实以此项问题为最重要。向使任用之人,具有政治之背景,而非以其才能或功绩,则易损勤劳任事者之精神。即使无因政治背景用人之事,而缺乏各种任用之条件,如薪金之优裕,任期之有定,升迁之机会,养老金之设置等,亦不足以使之安于其位,而具独立任事之精神。故欲求用人问题,得一相当之解决,实宜兼顾任人之标准及任用之条件。

至于组织方面,就职务言,亦可分为二部:一为受理税民之控诉,一为执行征收之任务。前者为受理之官吏;后者为征收查核之

---

① 1926年法国所得税之税率如下:

1. 商工业收益	15%
2. 农业收益	12%
3. 不动产及证券利息所得	18%
4. 自由职业所得	12%
5. 俸给工资年金	12%

(参考 Haig, The Public Finance of Post-War Finance, pp. 316—317。)

官吏,如查帐员复核员估价员及征收员等。二者应完全划分,各自独立。假使一种组织,负执行之任务,同时又兼理税民之控诉,无论其不足以保持判断之公平无私;即使能之,亦难尽释纳税者之疑窦。人民对于税吏,既不能无疑,则欲求其合作,必不可得。税吏与人民不能合作,其足以影响行政方面之效率,自必甚多。

乙　行政上之进行　征收所得税之方法与步骤,不能一一恃所得税法之规定,盖因各种个别之情形,其类不一,非国会制立之税法所能周及。故近世各国,因其需要,多采用行政机关之执行命令,为之补救,而在税法中,仅规定其大纲及原则;至分别运用于各个别之情形,则一委之于行政官吏,惟以不失立法者之原意为归宿而已。

行政方面之职务,就其性质,可区别之为二,即行政与执行二者。前者之职务,为规定详细原则及宣布行政方针,而以命令出之。后者则奉行此项命令,担负实行之责任。惟实行之际,应授其权于各级执行之人,故所得税之真正行政问题,即在如何使执行者对于估价、审查、复核征收等项之进行,趋于一致,不致呈分歧殊异之状态。就普通各国之情形而言,所得税行政上之进行,欲使其能趋于一致,方法有四:(一)举行政上之进行,委之于各级执行之人,而不集权于在上者之手;但令各执行者,时时受巡行检查员之监督。(二)执行员吏均任用富有学识与经验之人,凡须迅速解决之税负问题,以执行之权委付之,使其能为自由之决断。以上两种,苟能采而用之,均为健全之制。盖所得税征课之情形复杂,非一二在上者所能遥度,运用上述两法,则不第可获效率与弹性,且可求迅速与公平。(三)关于行政上之一切进行,均在税法中规定,各级执行之人,第按成法而行,不许有自由抉择之余地。此法之弊,固甚易见，盖一切事宜，均应按照税法，其进行之笨滞可知；且变成机械，缺乏弹性，不能斟酌损益，迅速处理，尤为健全租税行政之所忌。（四）采用集权制度，无论何事，均须取决于中央机关。按集权中央，行之得当，固未始非根本之图，惟集权亦有止限，使过于集权中央，则负执行之责者，虽毛发细故，必待在上者之指示，始能处理，其弊反足以减低效率，滋税民之烦怨也。

丙　税法与行政之关系　税法之规定，稍为复杂，在善良行政之下，足以实行成功，固较之在行政不良者为可能；但使过于复杂，则无论行政之组织如何，均不易推行无弊。至所得税法之性质，果为繁难抑或为简易，则视其中所包括关于计算所得及规定税率之各种专门问题而定，例如估价基础，资本获得，以及折旧、耗损、累进、差别之类，均足以影响行政。制立税法者，欲求其不过于繁杂，简便易行，则慎择所定，实为要着。

概括言之，凡一税之成功与失败，泰半决之于其行政，故往往课征一税，虽按之原则，不甚适当，然赖有效率显著之行政，遂因之而减少纳税者之怨声。反之，即所课之税，极合租税之理论，有时因行政之不良，而亦致完全失败者。租税行政之重要如是，足值吾人注意，而所得税之征课，因经济事实之复杂，问题滋繁，其行政善否之所关，尤非他税可比也。

第三节　吾国采行所得税之沿革

一、所得税法

前清末叶，国用困乏，预算不敷，几二千余万元。当时朝野均主创办所得税，曾拟定税法，提交资政院，院议未决，而国体已变矣。民国成立后，财政支绌，益甚于昔，岁出经费，远浮于岁入，计非增加新税，无以资挹注而达收支适合之目的。乃于欧西各国之税法中，择其能增多额之收入，而深合于租税之原则者，仿而行之。故民国二年财政部拟有《推行所得税提案》，并拟定《所得税法草案》二十八条，旋于民国三年一月明令公布。

此项所得税条例中，关于课税范围之规定有二：(一)在民国内地有住所或一年以上之居所者，依本条例负完纳所得税之义务；(二)在民国内地虽无住所或一年以上之居所，而有财产或营业或公债社债之利息等所得者，仅就其所得负纳税之义务。

税率之规定，分为两种：第一种内又分为：(一)法人之所得，课以千分之二十；(二)除国债外，公债及社债之利息，课以千分之十五。第二种内包括凡不属于第一种之各种所得。第一种系用比例税，第二种则用累进税。累进方法，其免税额为五百元以下，超过五百元至二千元者，按照千分之五课税，凡所得增多，每逾一级，其超过之额，即按五增加，递变其率，如百分之十、百分之十五等是。

计算所得额之方法，因类而异。有由各事业年度总收入金额内，减除本年度之支出金，前年度之赢余金，各种公债及保险金，责任预备金，而以其余额为所得额者，计算法人所得及财产所得等用之。有以利息之金额为所得额者，计算公债社债之利息等用之。有于一切总额内，减除由已课所得税之法人所分配之利益，公债社债之利息，及经营各种事业所需之经费，与各种公课等，以其余额为所得额者，计算上述之第二种所得用之。惟议员岁费，官吏俸给，及其他从事各业者之薪给放款或存款之利息，与由不课所得税之法人所分配之利益等，则以其收入之金额为所得额。

关于报告之方法，凡属第一种第一项法人之所得，由纳税义务者于每事业年度之末，报告主管官署。第一种第二项社债、公债利息之所得，由发行公债之地方团体或发行社债之公司，于给付利息之前，报告于主管官署。其余属第二种者，则由所得者于每年二月预计全年之所得额，报告于主管官署，至二月以后新发生之所得，应随时预计其全年之所得额，报告于主管官署。

上述各点，为民三《所得税条例》之概要。迨至民四之初，又以此项条例，课税范围至广，手续较繁，同时举办，事实上困难甚多。故分为数期，逐渐推行，遂拟定第一期施行细则，规定应纳所得税之种类，为当商、银行商、盐商及由官厅特许或注册之公司行栈，即条例内第一种之法人所得。又议员岁费，官吏俸给，年金给予金，及从事各业者之薪给，则系条例中第二种法人以外之各种所得也。属于前者之所得，用申报方法，由所得委员调查报告，以期计算详明。属于后者之所得，用课源方法，由主管官署，审定通知、以期扣支便利。至从事各业者之薪给，虽属后者，但此项人员，非官吏可比，课源较难，故亦用申报法。按此施行细则，实与各国特别所得税之制相似，初拟俟第一期办理就绪，即将课税种类扩张，施行第二期所得税，以符普及之原则。乃逾时未久，复以推行所得税，应由受国家之给与者，先行提倡，乃将第一期施行细则，酌予修正，缩小范围，以受有国家之给与者为限，同时为收数稍增计，税率亦予修正，较前加高。厥后民国八年，复经财部详加讨论，佥以开办新税，税率贵能从轻，遂主撤回修正案，根据原条例办理。并于民国十年一月，复草拟施行细则公布，即于是月实行征税。当时苏、浙、鲁、鄂各省，亦均认定数目，惟官厅虽积极开征，而各省议会则电请缓办。财部不得已，准予展缓三月，施即实行。此北京政府时代举办所得税之情形也。

国民政府定都南京后，财政部于十八年一月，将民三之《所得税条例》，重行修正公布，兹将其修订之要点述之：

（一）法人所得改用累进制　依据旧所得税条例，法人所得，按千分之二十征税，系采比例课税法。新制改用累进税法，盖以所得税之精神，重在累进故应按赢利之多寡，用累进方法课之。

（二）国债所得一律征税　旧条例对国债所得，免予征税，原系当初奖励之方，今则巨额国债，多在资本阶级之手，故改为与其他地方公债及公司债，同按其利息之数，一律征税千分之十五。

（三）免税额之提高　旧条例定为五百元以下者免税，因欲减少征收之费用及维护低级人民生活之健全，胥有赖于免税额之提高，故新制改为二千元以下者免税，以谋祛除所得小者纳税之痛苦。

（四）改定个人所得之计算法　旧条例关于个人所得之计算法，规定甚欠周密，故新制对所得不及六千元者，并得扣除负债利息、人寿保险及扶养家族三项。

上述为改正《所得税条例》之要点。除此修正条例外，同时复将《所得税施行细则》，按照修正条例之要点，分别改订，较之四年八月及十年一月所公布之《所得税施行细则》，远为周详。

二、所得捐征收条例

十六年夏，中央党部以党员抚恤金，需款甚殷，遂倡服务人员所得捐之制。按其性质，似与所得税制内之官吏所得相类。其课税之范围甚狭，仅以国府以下各机关之人员为限。条例中所载之免税额，为月薪在五十元以下者。其在五十元以下者，征百分之一，在百元以上者，征百分之二，此外月薪递增百元，捐率亦递增百分之一。

所得税为现代最良善之税，已成英美各国税制之中坚，吾国自民三公布条例后，嗣因国内战争未息，屡行屡辍，迄未成立。国民政府统一后，财政部虽将条例加以修改，然亦未实行；现所行者，仅一种过渡办法之所得捐耳。民十八年，甘末尔设计委员会，对于吾国采行所得税问题，曾提出一说帖，谓中国在目前之状况下，不可采行一般所得税，即特殊或局部之所得税，亦难适于采用，其见解盖基于三点：一为所得税之性质，一为中国私人帐目之现状，而其主要部分，则以行政性质为根据。按所得税在吾国筹议举办，历有年所，而讫不能成立为一重要之税收，上述各点，实为其症结之所在。然此后欲谋改革税制，终须逐渐推行，就目前情形言，宜自各大商埠之公司所得税入手，盖公司之资本额收益额，较易检查，事实上推行所得税，尚无巨大困难也。

第四节　英美之所得税制

所得税课征之原则，及吾国举办此税之情形，均已分别略述。兹再就英美现行所得税制撷要言之，以资借镜。英制历史甚久，成绩昭著；美制与英制多异，亦具有其特点，比较观之，殊足供研究所得税制之一助。

一、英国所得税制度

（一）沿革　英国所得税之创办，始于1789年，时值英法战争，首相比特（Pitt）因国用匮乏，创设一种新税，名为三部合成捐（Triple Assessment)①,初与今日之所得税悬殊。课征之时,以纳税者先年之所完纳为根基,其收入在六十镑以下者免税。嗣因漏税甚多,杳无成绩可言。次年,乃改变为所得税,其法收入在六十镑以下者,免除纳税义务;在六十镑与二百镑之间者,采差别率;在二百镑以上者,则概课以百分之十。根据人民之报告,以为课征。1802年,此税废止。1803年,因战事复起,又将所得税法,予以修正,重行采用,此即为英国现行制度之基础。此次税法中,将所得分为五大类,又引用课源法,税率减低为百分之五,而其收入与1799年用百分之十者粗等,足征实行之有效。1816年,又被取消。此为英国所得税屡废屡兴之时期。

1842年,财长比尔氏(Peel)始复采用,此次所采用者,大部仍1803年税法之旧,惟稍加以修正。税率每镑为七便士,其免除之限度,规定为一百五十镑。自此以后,继续至1862年,所得税法,虽时加修正,然仍带暂时之性质。国会通过之时,或以一年为期,或以三年为限,徒以国用不足,无机撤消,政府当局,犹时承认其为一时救急之计,未敢公然宣言,谓之为永久继续之税。1851年,曾组织一委员会,研究对于暂时收入及永久收入之差别税率,结果无所建议。自1862年后,所得税之税法,渐趋完备,其中虽亦曾有撤废之议,然不果行,其后废止之说,遂不复起。1906年,又有一委员会,建议关于采行累进,差别,及超过税之方法。1907年即采用勤劳所得与财产所得之差别法。1910年之财政案,又采取累进方法,及增设超过税(Super Tax)。后者加诸所得在五千镑以上之人,其税率每镑为六便士,第此超过税,仅征于超过三千镑以上之部分,

① 参考 Seligman, The Income Tax, 2nd ed., p. 65.

非及于全数也。1918 年将所得税法,汇集于一案,名之为所得税案。自是而后,英国之整个所得税法,均在此所得税案中。至每年之所得税率,或增或减,须按年在财政案中通过,而税法本身不变。此亦英制之特点也。

(二) 课征范围　英国所得税被课之人,大别之可分为二:(1)居住于英国境域之内者,其所得全额,应负纳税义务;(2)在英国境内无居所之人民,惟其所得之部分,发生于英国之境内者,应负纳税义务。使居住英国境内,不满六月,且所为系暂时之目的者,则其在外国所获之所得,不课以税。至于范围,纳税者不仅为个人,公司亦在被征之列,惟公司不课征超过税。公司之住址,视其管理处及操纵公司之一切进行者之所在为定。合伙营业,课征时不以之为实在物(Entities)而税之,第就各合伙者之所得,分别赋课耳。

(三) 所得　课税之标的物为所得,英国税法,对于所得与资本之界限,划分甚严,而课征则只以所得为限。惟有时收入中,常含有资本之耗损及资本之偿还,亦非能仅课及年入之所得。按英制,为便于计算及课征计,分所得为五类:

第一类为收入之来自财产者,如田地、房屋之类,及来自数种商业者,如矿业、铁路及煤气事业之类。

第二类为各种利益获自占有之土地中者,如农民所得之类。

第三类为各种利息由公共收入付出者。

第四类所课,包括由商业,职业,利息(第三类以外者),国外财产所得与债券,以及其他杂项之收入等。

第五类为各种公职之俸给,雇用之工银,以及年老之养老金等。

关于所得减免额之规定,使完纳所得税者为个人,其可征所得(Taxable Income)之决定如下:首从各个人之纯净所得总额中,如为勤劳所得，减除六分之一，但此项减除之数，不得超过二百五十镑。减除之后，其余数为可计所得（Assessable Income），在此可计所得之中，如纳税者已婚，又可减少二百二十五镑。假使其妻所有之收入，为勤劳所得，则其起首五十镑中，又可获十分之九之减除。此外有子女之负担者，第一小孩可减少三十六镑；嗣后继生者，每一小孩减少二十七镑。如纳税者为未婚人，则在可计所得之中，亦可减去一百三十五镑。除上述外，如尚有依赖人须扶养者，每一人可减去二十五镑。另雇有当家人者，又可减去六十镑。各纳税人之纯净所得中，减去以上各规定之数，其剩余者即为可征所得。

（四）税率　英国之所得税，严格言之，殊不包括超过税，第指通常或标准税率之所得税言之耳。按英现制，在可征所得中，其起首二百二十五镑，税率每镑为二先令；其余之数，每镑为四先令，后者即所谓标准税率也。

超过税课诸纯所得在二千镑以上者，现行之税率，如下表①：

超过	未达	税率	
镑	镑	先令	便士
2,000	2,500		9
2,500	3,000	1	0
3,000	4,000	1	6
4,000	5,000	2	3
5,000	6,000	3	0
6,000	8,000	3	6
8,000	10,000	4	0
10,000	15,000	4	6

① Spaulding, H. B., The Income Tax in Great Britain and the United States, p. 20.

超　过	未　达	税　率	
镑	镑	先令	便士
15,000	20,000	5	0
20,000	30,000	5	6
30,000		6	0

（五）估计年度（Year of Assessment）　英制以本年四月六日至次年四月五日为估计年度。课征之时，不一定以估计年度之所得，为计算是年之税之基础。盖英制有两法，一以实际所得为根据；一以平均所得为根据。详言之，计算税课之时，有以本年之所得为标准，例如财产年值及经税源扣税之利息、股利等是；有以前一年之所得为标准，例如未经税源扣税之利息，及煤气、自来水、盐井、铁路、桥梁等事业之类是；又有以前三年（例如商业制造雇佣及国外之财产），五年（例如煤、锡、铅、铜、铁等矿），或七年（例如采地之租金及他项意外之利益）之平均所得为标准①。至课征超过税，其计算所得，则以前一年所完纳所得税之所得为标准。此项所得，多系经过平均之后，与前一年之实际所得，实不相同。

（六）课源法　课源法为英国所得税所具有之特征，此法征收所得税于给付所得之人，使在给付所得时，即将收受所得者应有之税负，预为扣除，英国所得税中百分之七十，采用是法。其不遵依是法允许扣除者，则科以五十镑之罚金。第各种不同之所得，非可尽用此制以课之，上述之五类中，惟第一、第三、第五三类，以此法为主要。第二、第四两类，则主要仍用直接征课之制。盖溯源为课，以利息、租金、股利及薪金等为最宜；其他如农民之所获及商业

① Spaulding, H. B., The Income Tax in Great Britain and the United States, p. 211.

之利润等项,则不易采用。课源之税率,就普通言,概采标准率税,即每镑为四先令。假使所课,超过其应负之数,则纳之者得请求政府退还。故每年请求退还者甚多,1922 年至 1923 年,退还之数,共占此税全收入百分之十七。手续繁杂,诚为课源法实行上之大困难。

退还过取之税,须赖有纳税人之报告,以为依据,盖因勤劳所得,税率稍低,家庭负担,例有减免,均恃此项报告,以查悉各纳税人之全所得额,始可酌定其应退还之数。不第是也,即课超过税及未能用课源法征税之所得,亦需此项报告,以为估征之依据。故英制各教区均有通告,规定纳税人报告送入之时间。然使报告中所载不实,或缺而不报,则由行政官吏在可能范围内,酌为估计,以资征课。

(七)行政　英国所得税之行政,效率甚著,为其成功主要原因之一。兹就其行政组织,分中央与地方两方抒述之:

甲　内地税收委员会(The Board of Inland Revenue)　此会负管理所得税之责任及操纵其行政上之事宜。共有委员五人,总机关设于伦敦,为一中央组织。各委员均由财长委派,向之负责。关于所得税之行政方面,此会有制定法令条例,颁布征课方式之权。凡各项新立之法律属于所得税者,此会应随时通知地方官吏。在委员之下,有具有专门技术之检查员(Inspector)若干人,及助理员若干人。在理论上,英国征收所得税之工作,在其地方各委员会之手,内地税收委员会之检查员,不过负查察之责,使国家之税收,不致受无形之短亏而已。实则事实与理论不符,英国所得税行政上之实际工作,大半操之检查员,其他各委员会,率不过名义上之控制耳。而英国所得税法之执行,能收一致之功效,亦实此会之力,有以致之。

论英国所得税者,莫不知检查员为其行政制度之中坚。按英制每一检查员担任一区,向内地税收委员会负责,皆为有薪给之官吏。其职务之大者,为检查税民之报告,决定税负之多少,以及考核会计,咨询实况,解决疑难,征集情报等项。即纳税人关于税项之上诉,亦多递之检查员。就英国普通情形言之,多数案件,率由检查员和平处决。检查员既有斟酌损益之权,非富有训练之人材,不足以任此,故英国甄拔此项人材,不第均由考试,且取录之后,须加以训练,因升迁以达此职,近年以来,以大学生任此者尤多。

乙 特别委员(Special Commissioners) 特别委员共七人,亦均为有薪给之官吏,其主要之职务,约为下列数端:(一)因税民之请求,得管理第四类所得之课税(按英制,第四类所得,本由地方之增额所得委员征课);(二)因税民之请求,得受理关于征课第四类所得之上诉案件;(三)管理超过税之估计与征收;(四)征课英国境内之铁路及任铁路职务之官吏;(五)征课在英国境内交付之国外及殖民地之股利;(六)管理所得税过征之退还数额。

以上二者,为中央方面之组织,以下再述属于地方方面者:

丙 所得委员(The General Commissioners) 所得委员为不给薪之地方官吏,与内地税收委员会不相隶属。产生之法,由地税委员会(Land Tax Commissioners)推选而出。英国三岛,共分为725区,共有所得委员5,600人。此会在理论上负估计与征收所得税之责,规定之职务亦甚多。但按之实际,此项职务,多转移于检查员之手。除形式上之动作外,所得委员之主要职务,多系司法性质;然严格言之,亦只形具。盖就1920年皇家委员会(Royal Commission)之报告观之,在23区之中,关于征课之上诉案件,共67,796,而实际为所得委员所受理者,不过1,263,其余66,533,则均为检查员所处决。所得委员之职权,既日旁落,然尚能存而不替者,则因所得委员为地方人,乃人民之代表,其存在足以使人民心理,对于纳税方面得有保障也。

丁　增额所得委员(Additional Commissioners)　各区之增额所得委员,为所得委员所委派,亦系无薪给之职,其职掌专在课征第四类之所得。考其实际,此项工作,已多潜移于检查员之手,增额所得委员,不过名义上有其职权而已。

戊　估计员(Assessors)　估计员亦由所得委员按年委派,其定规上之职权,包括下列各种:(一)颁发第一、第二、第四及第五各类报告之格式;(二)编制第二、第五两类应有纳税义务人之名单,(三)考查第一、第二、第五各类之报告;(四)如第四类纳税人缺乏报告时,估计员得酌定其利润之估计。然自实际进行上观之,估计员之职务,亦渐流于形式方面,实际工作之需要判断力者,率由检查员取而代之。故皇家委员会对于估计员之职,曾有撤废之建议,其重要性之微,即此可见。

己　征收员(Collectors)　各教区之征收员,在昔时每年由所得委员委派;但使每年五月三十一日以前,尚未委派,则内地税收委员会即可为之代委。按诸现情,征收员五分之四,由所得委员委派,其余数则属之内地税收委员会。征收员之职务,第按估定之数目征收之,殊无增减损益之权也。

二、美国所得税制度

(一)沿革　美国联邦政府之采用所得税,远后于英国,始于1861年内战发生之时。初行之法,凡居住美国之人民,每年年获所得在八百元以上者,不问其所得之来源及得之之也,课以百分之三(惟收入获自美国政府所发行之债券,只课以百分之一点五)。至美国人居住外国者,其在美国所获之所得,则课以百分之五。1862年予以改正,略用累进方法,在六百元以下者免税,自六百元以上至一万元课以百分之三;一万元以上课以百分之五。1864年又通过改正案,其改正之要点,在增高税率,扩张累进主义。凡六百元以上五千元以下之所得,课以百分之五;五千元以上一万元以下之所得,课以百分之七点五,一万元以上课以百分之十。对于利息、薪金、股利三者,渐引用课源法。1865年税率又增,五千元以上课以百分之十。1866年课税之范围增广,凡在美无居所而有营业贸易及职业者,均在课征之内。1867年,废弃累进法,各种所得在千元以上者,概课以百分之五。1870年之改正案,税率减低,免除额加高,凡所得在二千元以上者,概课以百分之二点五。1872年,所得税遂被废止。此战时所得税之废止,实因人民之反对甚力,而其所以博人民之厌恶,则由税法之多疵及行政之不善。此为联邦政府第一期所行之所得税。

第二期所得税之采行,始于1894年。新所得税法,除少数重要点外,多仍战时所得税之旧。其税率凡所得超过四千元者,课以百分之二。至被课者之范围,规定凡美之公民及在美有居所者,均有纳税之义务;无居所之人民,则课其所得之获自美国境内者。公司在美国以获利为目的者,其纯净所得,亦应课征。并规定采用课源法,第仅限于政府所给官吏之薪金。此法制定之后,不久联邦政府最高法院宣布其不合宪法,故始终未获实行。其不合宪法之理由,即因所得税之征课为直接税,按美宪法,征课直接税,应按各邦之人口以为分配。征课所得税而须按人口配赋,其结果必至于不均,故所得税遂不能见诸实行。

此后历时十余载[①]，至1913年，修正宪法，联邦政府，始得不采配赋之制，课征所得税。是年税法，又引用双重税率之制，一为通常率（Normal），一为超过率（Surtax）。自此年后，继续至今，所得税在美租税中之地位，日趋重要。大战起后，美国加入战争，所得税率，增加甚高，每年所收入之数亦甚巨。此美国所得税沿革之大概也。

（二）课征范围　按美国1926年之所得税法，凡属美之公民[②]及居民，均有纳税之义务。若为在美国无居所之外人，则只课其所得之获自美国境内者。使为美之公民，而其所得获自美国之殖民地，则税法待之，与在美无居所之外人同。公司税率，较通常税率之课于个人者为高，但不再受超过税率之征课；惟股利之在股东手中者，则须课超过税。合伙营业，就各合伙者之所得，分别赋课，不以之为实在物而税之，与英制同。

（三）所得　美国自宪法修改允许课征所得税以后，国会方面之限制撤除，惟所征只限于所得；至各项之是否为所得，则取决于最高法院之定断。法院规定所得之定义，为各种自资本劳力或二者合并之获得，并含有由变易资本所获之赢利。按1926年通过之税收案，课征纯净所得，应由总所得减除下列各项：

（一）普通必需费用，包括为事业目的所付出之租金；

（二）各种债务须付出之利息；

① 自1909年至1913年之中，联邦政府曾采行一种公司税，凡纯净所得在五千元以上者，课以百分之一，虽未明认为所得税，实则即公司所得税也。

② 凡美国之公民，侨寓国外在六个月以上，而在国外所获为勤劳所得者得免征。

（三）美国各税（除所得、战时赢利及过分赢利各税外）；

（四）因维持商业而致之损失，因交易而致之损失，及由天灾人祸而致之损失；

（五）无偿还希望之债项；

（六）折旧；

（七）耗损（如矿穴及煤井之类）；

（八）慈善费用。

此税收案中，所禁止减除者有四：

（一）个人生活及家庭之费用；

（二）新屋宇建筑及改良之费；

（三）回复其资产时所费之数；

（四）人寿保险预交之费。

除上述八项减免后之纯净所得，课征通常所得税时，尚须豁除下列数项：（一）自国内公司及某种国外公司（已在美国完纳所得税者）所得之股息，（二）自美国政府债券所获之利息；（三）纳税人为未婚者，减去一千五百元，如系家长或已婚者，减去三千五百元；（四）如有未满十八岁或残废之依赖人，每一人减去四百元。此种减免，惟通常所得税之课征时有之，至被课超过所得税者，则无此利益。自1924年起，美之所得税法，对于勤劳所得与财产所得之征课，始立差别。按1926年通过之收入案，一人之所得在五千元以下者，即非由勤劳而得，亦可认为勤劳所得；但目为勤劳所得之额，无论如何，不得超过二万元①。如一人之所得全数在二万元以下，均为勤劳所得者，则课征之时，可减少其应纳之数百分二十五，

① 1928年之收入案，规定可认为勤劳所得之额，无论如何，不得超过三万元。

但亦不能逾此减额也。

（四）资本获得(Capital Gain)与资本损失(Capital Loss)

按诸美之所得税法，二者均包括于所得之内。例如购置一地，为价若干，售出时所多获之价，即为资本获得；苟不能如原购时之值之多，则为资本损失。美之税法，对资本获得征课所用之税率，以百分之一二点五为限。关于资本损失，亦有减除。英国所得税法，以资本获得为偶然利润，不课以税，而于其损失，亦无减免可言。此英美税法之不同点也。

（五）估计基年　被课之所得，为各历年(Calender Year)之所得，或各会计年度(Fiscal Year)之所得(凡纳税人账簿非用历年记者)。应纳税者，须有一全年之报告。其用以为计算所得之年，名为可征年(Taxable Year)。纳税人本年所纳之税，系按其先年之所得计算，例如1926年之所纳，系按1925年之所得计算是。

（六）税率　美国税率，分通常超过两种，与英国同，按1926年之收入案，通常税率，对各种纯净所得(除去一切减免外)课征时采累进制。首四千元课以百分之一点五，次四千元百分之三，其余则为百分之五。超过税率，运用于所得在一万元之上者，自一万元至一万四千元，课以百分之一，此后按次累进，其最高率，为百分之二十，此则用以课诸所得之超过十万元者。公司所得，自1926年起，课以百分之一三点五，无累进制。

（七）课征法　美国所得税之课征，多用申报法。课源法自1913年后渐弃之，现尚留用此法者，惟限于不在美居住之外人及外人合伙营业所获之有定额与有定期之获益，利润，及所得等。属通常税率者，课以百分之五(最高率)。如系付交外国公司(不在美营业及在美无营业机关者)之所得，课以百分之一三点五。关于此项税额扣除之报告，须于每年三月十五日以前送入，而税项之付交，则须在六月十五日以前也。美国又兼用税源报告之法。按此制，凡在可征年中，利息、租金、薪金、工资、年金、报偿等，及其他有一定之获益、利润与所得，满一千五百元或超逾者，给付人在给付时，须有一报告，以为政府对校税民本人报告之用。此项报告之送入，规定为每年之三月十五日以前。

（八）行政　美国所得税之行政组织方面，似较英国为完善。兹略述之于下。

甲　内地税收局（The Bureau of Internal Revenue）　美国所得税之行政，操之内地税收局。此局为联邦政府财政部之一部，负实行所得税法之责。局长一人，由总统得上议院同意任命之。局长秉承财政部长之指导，有管理各税之估计及征收权。总局在华盛顿，局内除办事员等外，尚有专门及法律之官吏甚多。

乙　征收员（Collectors of Internal Reveunue）　美国全国分为六十五征收区域，区域之界限，多按诸各州之境界。第有时一州分为数区，亦有一区包括二三州者。每一征收区域，有征收员一人负责，此外尚有代理征收员一二人。各征收员，均由总统得上议院同意任命之。征收员之职务，为接受税民之报告，及负征收之责，惟估定税额，除微小数目外，率由华盛顿之内地税收局局长定之，故征收员之责任甚轻。

丙　查察员（Revenue Agents）　内地税收局有查察员多人，向局长负责，其职务甚为重要，且多为有训练之人材。凡关于税民之漏而不报，及报而不实者，查察员可以查究。其已报者，查察员得审查其帐簿，验其是否与税法相合。故查察员之时间，大半用于稽查个人及公司方面之帐，因之税民，常有不胜烦扰之苦。

丁 税务上诉受理会(The Board of Tax Appeals) 英国关于税务之上诉案件,即由课征之机关受理,以一组织,兼任行政司法之事,此英制之缺点。美则不然,课征之组织与受理上诉之组织,截然为二,不相隶属。美国税务上诉受理会,创立于1924年。按1926年法,包括十六人,均由总统得上院之同意任命之。所受理之案件,率为内地税收局之所处决者。主管机关,在华盛顿,受理案件时,或由十六人同出讯理,或由主席分为各组审讯之。审讯之地点,不限于华盛顿,其判决亦非终结,可上达于巡游裁判官(The Circuit Court of Appeals),或哥伦比亚区之上诉审判厅(The Court of Appeals of the District Columbia)。此会为类似司法之机关,受理时采公开态度,其各种报告,亦须按时刊布。

三、英美所得税制之比较

英国所得税之采行,历史甚久,其始也人民反对甚力,浸假而反对之声浪渐息,浸假而认此为不可免之税,予以赞成。至于今日,所得税收入,占总岁入百分之三十以上,已成为税制中之主干。溯其所以致此变迁之原因,实半由租税的社会功用之进化;半由税法方面及行政制度之改良也。

英制之成功,要点有四:第一,能兼顾地方利益及国家收入。按英制,地方方面,有所得委员及增额所得委员为人民之代表,人民之利益,自以为有代表为之保障;同时政府方面,有内地税收委员会为之主持监督,亦足使国家之收入,不致有短欠之虞;第二,能利用专门人材。英国管理所得税之特别委员及检查员,均为富有经验之人材,且能久于其位。授有训练有经验之人以斟酌处理之权,而不为说法所拘束,则其成绩自易至于著。第三,税法甚简。税法甚简则易行;无繁杂之解释,则无所资以为弊。且委检查员以随事处分之权，可以专职责而不致有胶附成法之弊。第四，税率适中。税率不甚高，可免启逃税之心，且较能普及，免致重累于少数人。此皆英所得税制之优点。然其征课与受理诉讼，归于同一机关，所得委员负受理上诉之责，而鲜法律之学识，则其制度上之缺点也。

美国所得税之制度，似甚完善，然实行成绩，转远逊于英。推其所以，由于下列之缺点：（一）税法过于繁杂，立法者制定之时，务求其详，而不顾行政方面之能否实行。加以解释纷繁，不第实行困难，狡黠者且易资之以为弊。（二）美国所得税行政方面之用人，不若英国之富有经验，且不易久于其位。（三）美为大国，版舆甚广，税额估征，除极微之数外，多须取决于华盛顿之内地税收局。且各种因税征而起之争执，不问其有关人之居于何处，亦须取决于此，行政方面，殊失于过重集权之制。

综括言之，美之所得税制较完，而失于行政方面之缺点；英之所得税制，虽有陈旧可议之点，然因注重用人方面，予税吏以相机处理之权，故行政之效率，仍甚显著，且为其成功之要因。此种异点，自两国采行所得税之历史观之，亦无足怪，盖因英之所得税行政制度，由百年来之变革演讲而成，而美国所有，则仅止十余年耳。采行未久，不易得富有训练与经验之官吏，故分权之制，初不易行。要之，采行所得税时，行政方面之重要，证诸二国之成例，可以窥一斑矣。

参考书

Lutz, H. L., Public Finance, 2nd ed., Chapter XIX.

Spaulding, H. B., The Income tax in Great Britain and the United States, Chap-

ters Ⅱ, Ⅲ, Ⅳ, XV, XVIII.
Shirras, G. F., The Science of Public Finance, Chs. XXI and XXII.
Seligman, E. R. A., The Income Tax.
贾士毅:《民国财政史》(前编及续编)。

第十六章　遗产税

第一节　概论

遗产与遗赠之事实，为私产制度之一种象征，由来已久。今日各国采行之遗产税，虽主要为近代民主政治之产物，然其滥觞之时，实可溯诸往古也。昔罗马时，即有遗产税，课遗产百分之五，以供战士之养老金。中世纪时，封建之制行，则有 Relief 与 Heriot 等项之课征，为继承人获得继承财产权之报偿。前者为借地人死后，其嗣子因欲继承产业而付于领主之金；后者为佃户死时，其继承人对于地方所纳之租税。此即中古封建时代之遗产税。近世欧洲大陆各国中之遗产税，有以之为继承人获得继承权之偿付者，足征其受有中世纪思想之影响。英法各国，现行遗产税中，犹有一部分为昔时所课移转费（Charges on Transfers and Transactions）之遗。即遗嘱注册费（Probate Duties）之名词，在英美各国，至今尚多用之；且有举各种遗产税概括于印花税或遗转税之中者。第自近世纪来，此种思想，多被摈弃，对于遗产税之观点，要以课诸收受遗产人增加之纳税能力为论据，固不在税其移转之财产也。

继承遗产之权利，有谓为天赋之人权（Natural Rights）者，有谓为国家授与之公权（Civil Rights）者，意见不一。第据近世经济及法律学者之意见,多侧重于后说。本诸后说,继承权既认为国家所授与,则国家征之,自无不可。故遗产税在今日世界先进各国,已相率先后采行;而在民治发达之国家,采行尤力。此盖因近代民治发达之趋势,倾向社会主义,而遗产税之课征,则足以利用为均平财富分配之工具也。即不赞同社会主义说者,仅按税负分配而言,在善良税制之下,亦宜涤除税民不均之担负,以期实现公平之原则。是二说任取其一,即足为遗产税采行之依据,此其所以日就发达也。

第二节　遗产税之理论

遗产税之性质,各学者对之意见不一,有目之为特别财产税,有目之为财产移转税,有谓为所得税之一种,各就所见而为之说,初无一致。欲明遗产税之理论的根据,必先对于遗产税之各种理论,稍悉厓略。兹就其著者,分述于下①:

(一)没收无遗嘱之财产说(Doctrine of Intestatee Escheat) 此说为边沁氏(Bentham)所主张。按边氏之说,无遗嘱之财产,惟最亲之亲属,国家承认其有继承权;否则其财产即须由国家没收。盖边氏所持之见,否认此为租税,以为纳之者无负担之苦。因就常理言,凡人不希望得之之物,或按照法定自知无得之之希望者,其失而不得,殊无困苦之可言。故继承人自度有继承全部之财产权者,国家第取其一小部分,而于法定不应得之者,则国家有之可也。

① 参考 Shultz W. J., The Taxation of Inheritance, Ch. XI; Seligman E. R. A., Essays in Taxation, 9th ed., Ch. V.

且边氏之意，又以为家庭意识之终点，甚难推定，为公平计，直系近亲之继承者，国家只宜取其一小部分，其关系愈疏远，则国家继承之部分，亦当随之而愈大。换言之，即按亲疏之远迩，以定累进之税率。故边氏之说，虽自身否认其为税，然实则其所主张，即为按亲疏而定之累进税。边氏对直系子嗣，主免除之，祖父母、叔婶、侄子女继承财产者，则主取其百分之五十，无遗嘱之财产，则直没收之为国有。此边氏没收无遗嘱财产说之大概也。

与没收无遗嘱之财产说粗相似者，尚有共同承继遗产权说(The Theory of State Co-heirship or Co-partnership)。此说为德国法理家布兰齐里(Bluntschli)所主张，谓无论有无遗嘱之财产，国家均有继承一部分之权。瓦格涅亦力赞是说，于其1880年出版之《财政学》中，可以见之。财产之继承，为各个人间所有之关系，以国家为共同继承人，似与论理不洽，即在以国家为有机体之政治哲学下，亦甚牵强。且根据是说，遗产税仅能为总遗产税，累进之税率，必不能适用矣。

（二）规费说（Cost of Service Theory）　此说以遗产税为一种规费，盖因国家设立遗嘱检验之机关，岁需费用甚巨，而检验遗嘱之举，为继承人之特别利益，继承人既获此利益，即当负担国家为之执行之费用，此所以宜有遗嘱检验费之课取。第按此说以为征，则不能谓之遗产税，只能谓之规费。规费之取，以能敷检验遗嘱之费用为止。使所取过于所费，则失其所以为规费之性质。且根据此说之理论，则是项税征，不第不能适用累进法，即采比例税亦不能，其结果必出于累减。盖遗产之数目虽有大小，然一纸遗嘱之检验，其手续之繁简，费用之多少，固无不同也。即使按照遗嘱内所包括数目之大小，而稍异其手续费之征收，要亦不能尽免累减之弊。

与规费说相近而较为重要者，有继承权利说。此说不以遗产税为偿付政府检验遗嘱之费用，而以之为继承获得此项利益继承权之代价。盖因继承之权，为国家所赋与，当继承权授受之时，索取报偿，自甚正当。且此说于适用方面，亦较具有伸缩力，非若事务规费说之固定也。

（三）追税说（Back-tax Theory）　此种理论，产生较迟，而其为说之论据，则以课征财产税时，纳税人往往设法逃避，其一生所逃避之税，为数必多，故其死后，就其所遗之财产，为一次课征，以作其生前一切逃税之追缴。按是说，遗产税者，乃税死者之财产，非课继承人增加之纳税能力也。此说之疵点，殊甚显著。盖因遗产数额与逃税总额之关系，甚难求出，暗中摸索，必滋不公平之弊。且采此税，必仅限于动产，因平时逃避者，多为动产，不动产易于诘查，逃者绝少。夫既无脱逃之事，则不应再有追税也。

与追税说相似者，又有一次所得税说（Capitalized Income Tax）。此说以遗产税为政府在人民死亡时向其遗产所抽之一次所得税。其与追税说不同之点，一在注意死者生前之逃税，一在注重死者生前之漏税而已。惟因死者生前脱漏应纳之税，故于其死亡时，课此以为补苴。但纳之者为尚生存之继承者，故亦可谓之继承者预付之一次所得税。此说在理论上，亦多可议。试问各国现行之税制，果能直及于生存税民之所得或财产乎？如能直及税民之所得或财产，则此种一次所得税之课征，实有复税之弊。假使不能直及，则亦非公允之法，盖因两人之财产即同，而寿命长短则互异，课以同样之税，是长者纳税之次数少而税率低，短者纳税之次数多而税率高也。

（四）均富说（Diffusion-of wealth Theory）　主张此说者，以为国家之职务，应运用租税权为平均财富分配之工具，及阻止财富集中于少数人之手，故又谓之社会说。是说之起，非始自社会主义派，盖穆勒氏已尝言之矣。穆勒主张限制遗产，谓继承之人，不应获得巨额之遗产，多于其相当独立生活之需要①。按穆勒氏之见，固非本诸社会主义之立场，意者为反对家庭财产说（Family Theory of Property）而出②。盖氏尝承认边沁之说，且加推演，以为承继遗产之权，不必须与私产所有权相连括，故对于无遗嘱之财产，否认直系子嗣，有继承权；至于旁亲更无论矣。惟主张均富说，以社会主义者为多，而其所持之论据，则不外以用租税权平均财富为国家之职务。且不第遗产为然，凡人民所获之财富，数额过巨，有集中少数人之手之倾向，国家均宜加以限制，俾不致呈贫益贫富益富之象。社会主义者之立论，或有不以之为然者；而其结论之归宿，则多为今日一般所共认。终点既同，则立论前提，固不妨他求也。

（五）能力说　此说以遗产税为对人税，课之于获得遗产之继承人，与上述之以之为对物税者稍异。课对人税，宜以能力为标准，已为今世财政学者所共认。继承人获得遗产，其纳税之能力增加，实为显著之事实。惟测视纳税之能力，有主张以费用者，有主张用储蓄者，而要以主张用所得者为多。遗产为特殊之收入，与普通有规则有定时之收入不同，宜为特殊所得税，而不宜与普通所得税同征。盖一同征收，累进之税率，虽可以实行，而亲疏之差别待遇，则不易采用。塞里格曼氏谓遗产税采行之理论的根据，可用偶

---

① Mill, J. S., Political Economy, Book V, Chapter 17.

② 此说谓人之取得财产，泰半系备他日留为子孙之计；且为子孙谋，应当如是。本此则财产继承之要求，实有合理之根据。

然所得税(Accidental-income Theory),而辅之以继承权利说(Privilege of Inheritance)。因如此不第累进之采用,有正当之论据,即亲疏之差别,亦可获合理之解释。此种理论,较为平允,实为今日普通一般所承认也。

第三节 遗产税课征之方法

根据上述之理论,遗产税在租税原则上有极强之依据,已无疑义。而在今日民治发达之国家,此税之采行,又为极普遍之事实。第征课之时,问题甚多,兹就税率逃税及重复税各方面讨论之。

一、总遗产税与分遗产税之比较

课税遗产之法有二:第一,就死亡人之遗产总额而课征,不问继承人之多寡及与死亡者之亲属关系;第二,按继承人所分得之遗产的一部分而课征,就每继承人对于死亡者之关系而有差别。为区别计,前者可谓之总遗产税(Estate Tax),后者可谓之分遗产税(Succession Tax or Inheritance Tax)。

总遗产税之课征,自财务行政方面言,远较分遗产税为简单便捷。第一,采行总遗产税,税率可以单纯化。第二,对于继承人之多寡及与死者之关系,不须有查察之烦。第三,课总遗产税,易立即决定其可征之额,可节省时间与费用甚多。总遗产税虽具有上述行政上之便利,然有显著之缺点二:(一)税率累进,率仅按遗产总额之大小为标准,对于继承人与死者之亲疏,未能顾及;(二)同额之总遗产,课以同额之税,而不问其继承人之多寡,殊与能力原则相背戾。

分遗产税在行政上固多复杂问题，然自理论上言之，较为公允，盖因课分遗产税，对于继承人与死者之亲属关系，率加以区别，近亲与远亲，各适用不同之税率。且按各继承人分得之部分而为累进，亦较能契合能力之原则。综括言之，总遗产税，具有行政上之便利，分遗产税，较符遗产课税之理论，二者各有其长短，第证之各国现行之遗产税法，分遗产税之采行，实远较总遗产税为多也。

二、税率问题

遗产税之税率，在今日采行各国，多为累进。采行累进所依据之理论，第一为能力说与牺牲说，盖因遗产数额之大者，其纳积之能力亦大，故应课以较高之税率。然即使按照比例课税，其边际牺牲犹低，故须采行累进之税率，以期负担之公平。第二为抵补间接税之不平均说。世界各国现有之税类中，贫民负担，多较富民为重。不第各种间接税，其性质为累减，即欧美之财产税（General Property Tax）其性质亦类是。故对遗产税，采用累进率，实所以求负担之平均，而补偿间接税对于穷民累进之失。第三为限制遗产说。政府为遏止财产集中少数人之手，应有遗产之限制，而累进主义实为达此目的之便利方法也。

遗产税之税率，既须累进，其累进率所根据之标准，普遍采用下列二者：第一，以遗产数额之大小为标准。遗产数额之大者，税率较高，小者税率较低，按纳税之能力以示等级之差别。第二，以继承人与死者关系之亲疏为标准。继承人与死者之关系愈亲者税率愈低；愈疏远者税率愈高。此种区别，即所以承认家庭在社会之重要，及其限制之范围。就常理言，直系近亲之继承人，依赖遗产以为支持之计弥切，而其所以希望得之者亦弥殷，故税率宜低。疏远者既非预期以此为供用之资，而得之之时，实往往出于望外，故宜课以较高之税率。

意人李格洛于其《遗产税之社会主义》书中[1]，提议以遗产转移之次数（The Number of Transfers）为标准。按李氏为国家社会主义者，以为国家宜在积极鼓励人民勤俭心之范围外，废止遗产权或私产权，故提议用此项时间累进（Progression in Time）之标准；其课征各种遗产之方法如下[2]：（一）课于死亡者自身勤俭所积蓄之遗产，税率不宜高于现在所有者。（二）课于死亡者直接从父所继承之遗产，税率为百分之五十。（三）课于死亡者间接从父（即从祖父至父从父至身之谓）所继承之遗产，税率宜更高，或竟为百分之百。李氏以为采此种累进率，可免除各部遗产分类繁琐之弊，而同时不致阻止人民自身勤俭之积蓄心。简言之，李氏之意，即按相对之年代及转移之次数，以上下其税率也。

此外尚有以继承人之年寿希望（life Expectancy）为标准者，如继承人已老，享受遗产利益之时少，课率较低，反之为壮年人，寿望甚长，则享受遗产之利益多，课率较高。英国课征遗产税时，估计不动产，即以此为标准。

课税遗产，除采行累进率外，尚有减免额之问题。免税规定，实为一种差别之待遇，大概言之，继承人愈为近亲，则免税额愈高；愈为远亲，则免税额愈低。故就欧西各国已有之成例言之，凡属直系者，免税之额较多。所谓直系者，包括子女、孙子女、曾孙子女、父母、祖父母、曾祖父母而言。属旁系者，免额较微，甚或无免额之规定，盖因旁系亲属之获得遗产，本为意外之财，似不应再享受免

① Rignano, E., The Social Siginficance of The Inheritance Tax, Chapter 1.

② 同上书，pp. 21—22。

税额之利益；即有之，亦只为极微之数而已。

三、逃税问题

遗产税之税率，既采用累进制，增加甚速，故逃税之动机，亦随之而愈强烈。逃避之方法甚多，有由继承人自图逃避，有由授产人助成继承人之逃避。关于前者，如呈报不实，及贬估遗产价值之类。此项弊端，颇易诘查。惟关于后者，则较为复杂。试举例言之：（一）死亡者在生前故意增加遗产之负债数额，例如先将所有之财产，送给继承人，复向其购回，以原产为抵押，一转移间，使财产负债甚巨，以为遗产税减付之地步。此种弊窦，现今各国之遗产税法，率有严密之规定，以为防制。例如法国之遗产税法，对于遗产之负债，须真实者，始得免除。此外尚有不予免除者。（二）生前以财产作赠遗之物，死亡者在生前预将财产作遗赠之物，以图逃避税负。关于此项之补救方法，即为赠给税之课征。按美国联邦政府赠给税（Gift Tax）之规定，凡关于财产上之赠给，课之以与遗产税相同之税率。在每年三月十五日以前，赠产者须将其先年所赠给之总额，完纳赠给税。惟赠送于宗教、教育、慈善各机关及各级政府者，得免除之。第使遗产人为逃税计，以长期之时间，作分配之赠给，则较为困难之问题。故遗产税之逃避，其补救之法，只能冀其减少，殊难期于湔除也。

四、重复税问题

自世界经济发达，私产权愈趋复杂，人民之财产，往往散布于各国之内，有身居甲国，而其产业在乙国或丙国者，死亡之后，其遗产之课说，遂成为一困难之问题。故遗产税在租税中，最易犯重复税之弊。

今世欧西各国之遗产税法，彼此歧异，甚难得一概括之原则。

惟不动产之课说，在各国境内者，不问死亡者之国籍住址如何，一以所在地为标准，此则为各国所同；然此要非谓不动产之在国外者，各国均弃置不课也。至于动产则极无一致。兹就各国关于遗产之税法范围相类似者，分为四类讨论之①。

(一) 注重遗产之所在地者　采用此种标准之主要代表，为法、意及西班牙诸国。凡各种财产（动产或不动产）在此三国之内，具有实际所在地或归属所在地（如无形之动产）者，不问所有者之国籍或住址何若，均受其遗产税之征课。法国对于抵押品、公司股票、债票以及政府之债券等，如其债务人在法，则即认法为其所在地。意制亦大约类是。

然此三国非以所在地为唯一之标准，不过税其境内之物时，采用此耳。西班牙对其国民死亡者之动产，不问其在国内与否，均课以遗产税。法、意二国，对于在其国内有住址之死亡者，虽免除其在国外之有形动产，而无形之动产，如外国公司之股票、债票及外国政府之债券等，则须受遗产税之课征。惟不动产之在国外者，免除不课，则为三国所同也。

(二) 注重死亡者之永久住址者　采永久住址为主要标准者，为荷兰、丹麦及比利时诸国。此项原则，甚简易。凡死亡者有住址在其国内，则遗产之全部，无论为动产或不动产，在国内抑在国外均课之以税；否则第课不动产之在国内者而已。

(三) 兼采所在地及住址者　德、奥及瑞典三国，为采用此种原则之代表，试举 1923 年德国之遗产税法为例。此税法中，采用

---

① 参考 Proceedings of National Conference on Inheritance and Estate Taxation, pp. 48—56, published by The National Tax Association.

所在地为标准者，有下列各项：（甲）在国内之不动产；（乙）在国内之动产，如耕耘及营业之资本等；（丙）各种无形之产权，例如本国公司之股份等，其移转须经德国之簿记登载者。以上三者，即死亡人在德无住址，亦须受德国遗产税之课征。其他各种财产，则按住址之原则税之，此即谓死亡者在其死亡时居住德国，其全部遗产，须在德完纳遗产税；但其产业之在国外已纳税者，得减除之。如他国关于税项，与德国有特别条约者，则此种规定，得稍更易也。

（四）兼受死亡者之财产所在地及其住址国籍者　英国之遗产税法，即兼采此三者，凡关于死亡者在英国境内之财产，无论为不动产或动产，概以所在地为标准。至财产之在国外者，则合用住址与国籍为标准以课之。例如死亡者为英人，且在英有住址，而其财产又隶属英之殖民地，则其遗产全数（包括国外之不动产）均须受总遗产税之课征。第在各殖民地政府已完纳者，得减免之，以免在大英帝国之内，发生重复税之弊。假使死亡者为英人，且住于英，其财产不属隶于英之殖民地，则仅国外之动产受遗产税之课而已。又如死亡者为英人，但其死时，不住于英，则一切国外之产，均免于税。

综上各国之遗产税法观之，其不能免于重复税之弊，固其显著。且不止重税已耳，同一财产，实有被税三次之可能。盖因各国之制定遗产税法，均以其本国之利益为前提。而产业发达有先后，经济利害各不同，一种原则，利于此者，未必利于彼，此重复税之弊，所以不能免也。

重复税之征，违背租税公平之原则，故近世各机关及学者纷纷提议补救之法，以期免除此弊。兹先就瑞士及英国国内解决之方法言之，然后再进而抒述各种提议之补救方法。

1874 年,瑞士联邦政府,得宪法允许,有遏止重复税之权。联邦委员会,对此问题之判决甚多,多数汇集于 1885 年之法。按此法,不动产归其所在地之州政府征课;动产则由死亡者住址所在地之州政府课之。1894 年,英国曾通过一法,以图免除英国与其殖民地间之重复课税。按其法,凡英人财产在殖民地者,其在英完纳总遗产税时,得减除在殖民地政府所已完纳之数;第须殖民地政府对于殖民地人民之财产在英者,亦允予以同样之减除。此为英、瑞二国国内解决之方法。至于美国各邦之间,其全国租税委员会,主张不动产以所在地为标准,动产以住址为标准,惜未能一致采行也。

关于免除国际间重复课税之提议,1897 年,世界国际公法会(The Institute of International Law)曾指派一委员会研究国际间之重复税,后委员会主席 Mr. Thomas Barclay 有一报告,提议世界各国,一致采用所在地为原则。1921 年,此会在罗马开会,关于遗产税之重复课税,又有一报告,其建议如下:(一)不动产及与不动产相联之动产应由所在地之国家课之;(二)固定及流动资本,用于农地或商业工业者,应由农地或工商业之营业所在地之国家课之;(三)不动产之抵押品,应由不动产所在地之国家课之;特许权等,应由此种权利行使所在地之国家课之;(四)其他财产,则宜以住址为标准。此种建议,嗣后对欧洲各国之租税条约,颇有显著之影响。

其次,如国际商会(The International Chamber of Commerce)亦甚注意此问题,主张以财产之所在地为标准。第如有国家以住址为标准,则所在地之国家,应对纳税人偿还重复税之损失。观此足征其虽主以所在地为标准,然亦著重住址也。此外如国际联盟会之经济财政委员会,对于重复税,讨论尤详。1923 年之报告中,其结论以为不动产(包括不动产之抵押品)及其相联之动产如农具、机器等,应以所在地为标准;至其与不动产无关联之动产,特别其无形者,如公司及政府证券之类,应以死亡者之住址为标准①。自1921年以来,国际间订立租税协定,以图避免彼此间遗产重复课税之弊者殊多。惟此种租税协定,在经济状况不甚相上下之国,固易进行,然使经济利害,相差太远,则殊不易有此项协定也。

课征遗产税之标准,征诸以上所述之提议,足见其相同之处甚多。简括言之,其原则不外两点:(一)不动产与其抵押品以及与不动产有关联之动产,应以不动产之所在地为标准;(二)各无形之动产,宜以死亡者之住址为标准。遗产重复课税问题之解决,其趋势约如是。

第四节　中国前后拟办遗产税之条例

遗产税在欧西各国,业已普遍采行,且为直接税中主要税之一,而在中国,则仅有拟议之条例,尚无税法之订定也。民国四年夏,总统府财政会议,订有《遗产税条例》十一则②,综其内容之要者如下:

(一)课征范围,凡无子立嗣者,其嗣子承受所后者之财产时,应依本条例缴纳遗产税,以为承受财产确定权利之证。

(二)关于税率,凡承受数逾一千元之遗产,应纳百分之五;数逾十万元之财产,应纳百分之十。至嗣父之债项及丧葬之费,得先

① League of Nations, Report on Double Taxation, pp. 43—44.

② 参考贾士毅《民国财政史》上册。

酌量扣除。

（三）免税规定，凡承受遗产不满千元者免税，其遗赠财产于公共善举或合族义庄者亦同。

（四）凡本条例规定应税之财产，在本条例颁布后承受者，若当事人隐匿不报，并不贴用印花照章呈验，所立继书、遗嘱、承继议约或分家书等，均无效力。若呈报不实，其隐匿之部分为无效。

上述条例中，有一特征，即为免除天然之遗传，只税无子之承继。关于此点，在制定条例者之意，盖欲求其易见推行耳。美国各州采行遗产税，初亦仅课旁亲之承继，税及直系子嗣，实始自 1891 年纽约州之遗产税法。嗣后各州相继仿采，始渐普遍。吾国民四之《遗产税条例》，虽规定极求简易，然终以新税推行困难，未能见诸实施。十七年国民政府召集财政会议，财政部赋税司提有《遗产税暂行条例》，曾经议决举办。十八年一月，复修正《遗产税暂行条例》，其修正条例之要点有五：

（一）亲生子女、嗣子、养子或亲朋承受遗产时，应依照本条例缴纳遗产税，以为承受财产确定权利之证。

（二）划分承袭人为六等：以妻及亲生子女为第一等；兄弟之子为第二等；从兄弟之子为第三等；同宗兄弟之子为第四等；抚养异姓之子为第五等；亲戚或朋友之承受遗产者为第六等。

（三）遗产税之税率，采累进制。在五千元以下者得免税，其在五千元以上者，又分为数级，每级随承袭人之等次而差异其税率。最低为百分之一，最高为百分之二十。

（四）遗产人具有确实凭证之负债及其丧葬费，与夫承袭人（如未成人）应需之教育费用，得先酌量扣除。

（五）凡将遗产捐赠公共善举，及公共事业或合族义庄者，得免课其遗产税。

此次修正条例所载，与民初之遗产税条例不同者有四：（一）亲生子亦在被课之列。旧条例关于天然遗传，免除课税；修正条例，则改课以较轻之遗产税。（二）妻女与亲生子同等。旧条例关于妻女未有规定，新条例则列妻女与亲生子同为一等承袭人。（三）课税之等级，按承袭人之亲疏为标准。旧条例关于承袭人亲疏之规定极简，新条例则分为六等，规定甚详。（四）免税额提高。旧条例在一千元以下者免征，修正条例则改为以五千元为征税起点。此外关于征收手续等项，财政部另有施行细则之规定，兹从略。

就中国目前情形言，课税遗产，尚为一可资讨论之问题。甘末尔设计委员会之《税收政策意见书》中①，谓欧西此种税课，乃以西方各国之家族财产与其继承为根据。中国之情形，与西方异，父母死亡后之孤子，无论其对于此项财产之依赖程度或管理与使用，其身份并不因父母死亡而有所变更。在欧西各国，通常引为课征遗产税之理由者，即由继承人一旦骤增产业，其纳税之能力增加，按能力原则，自可课之以遗产税。第在中国，尚无此种情形，即或有之，亦不过极少数而已。此种意见，固甚切当。就国情言，遗产税在中国目前，殊不易行，盖因：（一）吾国政府对于私人产业，素乏调查，未办登记，而民间习惯，又对于遗嘱，尚少实行，继承人亦未尝易户改名向官厅登记。在此种情形之下，欲推行遗产税，困难殊多。（二）课征遗产税之初，如免税额规定颇低，则将扰及乡民，结果征收之费巨而有裨于国库者甚微。又如税率规定颇高，则城市富室大贾，将以其动产潜存外国银行，结果调查困难，逃税必多。

① 财政部印行《甘末尔设计委员会拟税收政策意见书》。

因此种种，推行颇难，即勉强为之，亦必鲜成效可言。第遗产税为善良之税，且足以矫正社会遗产之弊害，终须徐徐推行。窃以创始之初，宜用较轻之税率，课征财产之移转，为日稍久，浸成习惯，始可步西国之成法，按能力原则征课也。

参考书

Seligman, E. R. A., Essays in Taxation, 9th ed., Ch. V.
Lutz, H. L., Public Finance, 2nd ed., Ch. XXIII.
Shultz, W. J., The Taxation of Inheritance, Part II.
贾士毅:《民国财政史》(前编及续编)。

第四编　公债

第一章　公债之性质及用途

第一节　收支不能适合之弥补方法

国家之财政，在寻常之情形下，理财者系以收支均衡为根本之原则，使国家之支出，浮于所入，则理财者，宜设法增加经常之税收，俾足以相抵而不致短少，始得谓为健全之财政。第原则虽如是，然按之事实，各国之收支，往往有不能吻合之事，或收浮于支，或出超于入，各因其财政之情况而不一。且综理国家之财政，欲求其出入常完全适合而无差，亦实难能而不易经见，盖因国家之财用，取给于租税公业及其他资源，虽岁有常供，然使收入稍差或支出稍增，即有亏短之虞。亏短情形之发生，或基于商业萧条及祸乱发生，以致税收有不可预知之窘绌，或因非常之事变如战争，及不可抗力之灾害如水灾、地震，以致支出有猛烈之增加；或由于大规模之公共建筑；或由于支出之浮耗滥费。诸如此类，皆足以使收支不能适合；而非常事变发生之时为尤甚。此种收支不能适合之事实，其弥补之方法宜如何，殊为财政学上之重要问题。就通常用之者而言，约有下列三种：(一)以储有之非常准备金充之；(二)增加经常之收入；(三)募举公债。

国家储蓄有余之财为准备金，以供不时之需，苟能顺应缓急，似非可厚非之事。惟国家以现金蓄之府库，不第损失利息，减少此种现金在社会之流通；且足以影响工商业之发达。盖大批现金储于府库，则足以低抑物价；物价低抑，则为工商业发达之阻碍。而其猝然用出之时，又足以发生不良之影响。故近代信用制度发达之国家，此种储蓄，遂无存在之余地。假使所储之财物为抵押品，虽可获得利息之收入，然遇非常事变产生之时，大批抵押品之销售，实足以破坏市场之金融。且利在急售，其价必低，即能脱售，亦必蒙巨大之损失。在昔上古及中古之世，信用制度及国民经济尚未发达，此种储蓄，固足为不时需要之财源。近世各国，已多弃之，此盖因一国财力之强弱，系乎国民经济之发达与否，国家处无事之时，收入有余，则宜轻其租税，以纾民力，发达工商业，以增民富，一遇意外之需，则易获挹注之源，固无须先事预储也。

非常准备金之储蓄，既非应付支出短亏之善法；进而思其次，则为采用增加税收之法。此法虽有时可行，要亦困难甚多。盖税收制度，既已有定，因岁出之短亏而骤加修改，以期收入增加，有时殊不易实行。虽政府握有强制之租税权，可以课诸人民，然处非常事变发生之际，而政府亟亟于增加人民之税负，似亦非所宜出。且新税非立谈间所能奏效，必须经较长之时期，始可产生巨额之收入。假使仅增加旧有之税，以求速效，则是举非常事变之负担，加之于少数现有之税所能及者之肩也。分配失平，甚非所宜。况近代之战争，需费甚巨，非少数人民所能担负，故第加旧有之税以求济，实有时为事实所不许。尤有进者，一种税课，在人民既经惯习之后，甚易相安使骤加以改变，增加税率，易致阻滞生产。国家处紧急之时，宜思所以维持人民之生产能力而不使之降落，凡足以发生阻碍之影响者，均应力事避免，此增加税收时所宜注意也。若使国家增加之支出，非为紧急之事变，而为公共之建筑或其他较大之工务，则恃加税以取给，普通亦为一般意见所反对。盖因负担之分配，不易得其均平，而加税之影响所及，又多滋生弊端故也。惟苟能使国家之税收制度，蓄含甚阔，增加收入之力（Productive Capacity）亦高，平时低其税率，即足供济国用，紧急需用之时，不待于仓卒之间，另觅新税，第稍更易税率，即可获得增额之收入以资弥补，如英国所用之所得税是；则不第为应付支出亏短之良法，亦募举公债之最好基础也。

以上二法，业已稍加抒论。非常准备金，既成为历史上之遗物，不足重视；增加经常收入，虽有可行之外，要亦不能尽恃此法以取足。且税制不善之国，甚难适用，故支出短亏之补注，最要之法，厥维公债（Public Debt）之募集。现代国家之宝藏，在于工商业，而恃为启此宝藏之扃镉者，则完善之信用也。吾人论收支不能适合之应付，以讨论公债为第一要着，而其他俱非今世重要及常用之法。本篇各章所论者，均为关于公债之问题，故即举以名是篇，而于其他则从略焉。

第二节　公债之性质

公共信用，为信用中之一种，故使用公共信用时，应以普通关于信用之规定及原则裁制之，初不可因政府经济之地位特殊而立异。政府募举公债，系依借贷行为对于经济社会所负之债务，凡债务必须偿还，故此种收入之性质，与其他公共收入不同。他种公共收入，政府于获得之后，不须偿还，而公债则在原则上，必须如期偿付本利也。自财政方面言,公债之募集,虽足资一时之补注,然从久远视之,收入付出,终必两抵无遗,故只能谓之特别收入,而不能谓为真实收入。

吾人所谓信用者,即以现在所有之财物,与将来之允许偿付相交换之谓。信用之基础,在于信任对方对于债务偿还之能力与善意。政府恃信用以为借贷,其信用之根据,亦视乎债权人对于政府偿付能力及善意之信心如何以为定。制国用者,往往以政府之借债,不须拘泥于私人借贷之规束,此实谬误之见,因政府之信用一有爽愆,则他日举债,必将鲜起而应之者,其弊与私人信用破产同。要言之,信用之保全,偿还之有定,及借债能力之限度,此政府与私人借贷时所宜同守也。

第三节　国家为债务人所具有之特点

政府之经济,具有其特异之征,与私人之经济稍异。因之政府之借债,亦沿之而有其特点。此种特点,足以揭示私人借贷与政府借贷之区别。兹分别抒述如下:

(一)私人收入之源,在于财产之孳息及能力之获得;国家之收入,则可用强制之租税权取得之。公债之债务人为国家,故亦可利用强制权以举债。第此种特点,惟有主权之政府能运用之耳,低级之政府,则鲜能用此。即有主权之政府,亦必在紧急存亡绝无他法之时,始可利用此项强制权以举债,故现代国家,罕有滥用此法者。

(二)国家之用度,较难因收入之不敷而骤减,盖因国家之用人行政，平日苟无浮耗冗滥之弊，决不能一遇经费支绌之时，即遽行大事撙减。虽国家之某种活动，有时可以暂停，某种员吏，有时可以裁汰，然要不若私人需要之具有伸缩力也。故国家之支出短亏，多须借债，而不能以裁减国用为弥补之法。

（三）国家为债务人，因法律地位之不同，其偿付与否，可由其自决之。换言之，使负债者为有主权之国家，则可以充其债而不偿。第此点虽属可能，然关系国家之信用；且使为外债，不第信用丧失，亦足以召债权国之干涉。即使为内债，虽不致因此而召纠纷，然丧失此后所以资为借贷之信用，亦殊足为财政前途之窒碍。故现代国家顾全财政上之信用者，亦鲜出此。

（四）国家财政之状况，毕具于公开之记载，有储蓄之意者，可易藉之以窥国家之财政情形，而斟酌其出贷之条件。至私人借债时，则对于其事业之经济实况，多秘而不宣，出贷者亦不易窥测其涯矣。是以募举公债，率以无担保品为原则，而私债则多反是。

以上四点，因公债债务人之性质不同而产生，而公债与私债之差异，亦其于此。国家为继续不断之组织，人民买受公债，固较私人之债为稳固；然无法律之机关，为之保障，则又似较私债为危险。故政府能保全信用，则募举公债，人将乐应；使仅为便宜之计，滥募公债，而摈而不偿；则人民之受害，将非浅鲜也。

第四节　公债之起源及其增加甚速之原因

信用制度，沿用已久，政府藉信用以为借贷在欧洲中世纪时，即已数见不鲜。考其权与，尚先于此，惟古昔君主之借贷，大率系乎君主一人之信用，而非以国家之公共信用为依据也。募举公债，以公共信用为根据，且恃人民之财源以为偿付，如今日各国之所为者，不见于中世纪，盖始于人民初获参政之时。故讨论公债之起源与发达，须自经济及政治两方面之情形察之[①]。

（一）经济方面　公债募举之第一要件，即为金融市场之存在，盖自信用经济发达，交易之中介，已多由货币而移于信用。所谓金融市场者，其售卖之物品，即为信用，而其用以购买此信用之物，则为剩余之游金。故金融市场之存在，应包含数事于其内：第一，金融市场之成立，必先有发达之工商业为之基础，盖因有较进步之工商业，始可有经济剩余之存在；否则政府虽欲募集公债，必无游金，足以吸收此项信用者。且近世公债之募举，大率在其他财源不能应付之时，其为数额之巨，亦非社会少数富实之资本家所能担任也。第二，金融市场之成立，应有资本聚集及证券转售之机关，为之推销，此中最重要者，为银行及证券交易所之类，盖银行为金融界之枢纽，不第可以自买公债，且如能以公债为放债之担保，则公债之需要，即可以增加。至证券交易所之设立，可使持有公债者得随时转售他人，不致令买受公债者之资金，陷于固定，此亦足使公债之需要，趋于增加。此二者皆商业上之要件，亦大批公债之推销所资赖也。

（二）政治方面　人民对于公债之乐于购买，以国家财政上之信用为第二条件。而人民对于国家财政之信用，果以何者为根据？据亚当士之见解，公债制度，因立宪政府之产生而始发达。征之英国公债史，自 1688 年革命后，民权案通过，人民对于政府之财政，

① 参考 Adams, H. C., Public Debts, pp. 6—10.

稍有控制之权，于是公债之募举，始渐盛行。故氏谓人民对国家财政信用之依据，即在此立宪主义之发达；而其所以如是，则因在立宪政体之下，人民得有参政之权。证之历史事实，初得此参政权者，实为少数握有财产之阶级。此少数握有财产之阶级，借债于自身享有参政权之政府，故肯出其有余之财以购公债，此公债之所以渐就发达也。

柏斯特布尔氏谓近世国用之增加，实予政府以借债之动机，而资本阶级之兴起及其势力之及于政府，则为公债易于募举之原因。且谓代议制度愈进步，人民之参政权愈大，政府举债，其供给之来源亦愈多。第氏又指出此点之不可过于重视，盖因法国在十八世纪中叶，俄国在十九世中叶时，皆君主专制国，然其举募公债，亦未闻无起而应之者。足征仅有立宪政府，未必即能举债，而无此亦未必不能举债也。公债之募举，尚须于政治情形之外，具有富有经济剩余以供储蓄之阶级，始可济事。近世立宪政体之演进及公债之增加，所以若合符节者，实因近代政治及经济两方面均有急剧之进展所致，非仅由于资产阶级之握有政权也。

上述经济及政治两方面之情形，为募举公债所须有之条件。有此条件，国家发行公债，始可易收募集之效；然此要非近世公债增加甚速之原因也。近世公债增加甚速之原因，简言之，由于公共支出之膨胀。盖因公共支出，膨胀甚巨，理财者不欲尽取给于税征以贾民怨，乃时采借债之法以为补苴。而各公共支出中之增加最巨且多赖借债支应者，尤为战争费及工务费二者；其他如近代公营业之发达，亦为借债之一因。本书第二编，讨论公共支出增加时已翔言之。故兹不复赘焉。

参考书

Lutz, H. L., Public Finance, 2nd ed., Chapter XXV.

Bastable, C. F., Public Finance, Book Ⅳ, Chapter Ⅰ, Ⅱ.

第二章　募举公债之原则

第一节　概论

自来财政学家及理财者，对于公债之经济利益一问题，赞成反对，分为敌对之两垒。反对者如亚丹斯密、吕嘉图、塞氏、格兰斯顿等，以为采用募举公债之法，足以促进奢用；足以鼓励战争；足以使其国内产生不利之经济情形。赞成者如第策尔（C. Dietzel）及其他德国学者，主张以借债方法供给非常支出之用。其所据之理由，则以国家为社会无形资本之一部，凡为国家之非常需要而支出，其性质皆属储蓄也。本诸此见，则借债之事，将为国家财政上所常有，而无所谓不利及不公平矣。

以上两说，皆为极端之见，不足为训。吾人欲知公债之有益与否，须视其所以用之之目的为转移，不能概括论定也。就常理言，募举公债，非直接产生财物，不过政府藉是以获得购买力供目前之用，而以将来之允许偿还为交换耳。政府使用举债之法，集巨额之购买力以供支配，其影响之为利与否，一视其用途如何以为定。政府之支出，与私人同，亦大率用为购买物品及劳务之用，假使政府使用募债之所得，其结果足以致物品及劳力用于不生产或浪费之途，则对于全社会之资本无增，其所支出，将为财富及生产力上之损失。反之，使能以所举之债，购买资本货物，以之为生产事业之用，则不过以私人之款，供公家之用，其经济上之弊害甚微。至公共工务及公共建筑等项，苟政府以借贷所得，为之经营，虽未能得直接之报偿，然自社会方面视之，固为生产与利益。故募举此项性质之公债，有裨于社会财富，在有定之限度以内，其所能实现之社会利益，足使人民担负之增加，认为正当也。

公债之功用，非可恃之为供给之财源，只能用之以补经常收入之不足；而其募举之时，尚须视其时之情形以定之。当紧急需用之时，非巨额收入，不足以资应付，则募举公债，因为补济收入之良法，且足使此种负担平均分配于较长之时期。第事实上往往有不尽然，理财者率以举债之法，为避免目前加税之计，而非注意于其负担分配之平均；甚至有不欲以经常收入为偿付之支出，而肯以公债之所得付之，此则因后者得之较易，故遂用之稍滥也。募举公债之原则，要点有三：（一）募举公债之标准；（二）募举公债之限度；（三）募举公债之用途。兹于下三节中分别讨论之。

第二节　募举公债之标准

政府虽为公共组织，其性质与私人或私人经营之公司不同，然当其以公共信用为依据，向金融市场举债之时，其立场实与私人或私公司之借贷相同。故政府募举公债所采用之标准，亦宜与私人商业上所常用者一致，而不可因其性质稍殊之故而立异。就常理言之，凡借债之人，因欺诈、抵赖、拖欠，而失其信用者，则其嗣后欲有所借贷，除轻信易欺者外，必相率望而却步。政府亦然，苟于所举之债，不能以时偿付其息利与本金或不肯履行其原有合同之条件，则社会中之拥有经济剩余者，亦必不肯再投资于此途。所谓私人商业上之普通标准者，即对于债务之偿还，具有诚意，守时，及真率态度之谓。政府处债务人之地位，苟无偿还诚意及真率态度，则易采用他项行动，使其影响足以反映及于公债，如滥发纸币及更易铸币之重量及成色等是。此种方法，均足使政府之信用低落，有一于此，他日政府募集公债时，必将因之而多阻碍也。

第三节　募举公债之限度

举债能力之大小，视乎收入源泉之大小以为定，此亦政府与私人所同。私人借债之数额，以其可资利用之收入，足供本利之偿付者为限；政府收入之源，虽较私人所有者具伸缩力，要亦有其一定之限度。所谓政府收入之较有伸缩力者，即因政府握有强制之租税权，可以重课人民，以供偿债之计，不若私人之财产与能力之具有固定性也。然人民所能负担，为社会收入所限，过此亦有竭泽之虞。故政府虽有强制征课权，亦未必能充分利用，逾越限度，以求达其偿债之目的。假使采强制举债之法，迫人民为之供给，则所谓公共信用者，必已丧失净尽，其所得之于民者，殆与夺取私人之财富以供公家之用无以异。约言之，政府募债之数额，应依据收入之大小为转移，凡国家之税收愈大者，其举债之能力亦愈大；租税权之行使愈困难者，其债务之担保力愈低，而其能募举者亦愈少。

举债之时，指定特种收入以为偿付本利之用，此在公债历史之初期时多有之。现代国家，采用已少，惟财源有限及政府动摇不定之国家，尚多用此。吾国内外各债，多指有特别收入，以为担保，一若非如是不足以资号召而集巨额，此盖由政府之责任心不著故也。

第四节　募集公债之用途

政府募举公债，只宜用之以补助经常收入之不足，上已言之，第所谓补助经常收入，亦须在一定之情形下，始能认为合法与适当。换言之，必其情形，自财政原则上观之，足值采用借债之法者始可。学者关于此问题之意见，多不一致，其所主张以为宜于借债之情势者，亦往往各有不同。使吾人假定政府之支出为正当，则此种公共之需要，必设法为之供给，已无疑义，其所谓问题者，不过为租税与公债之选择耳。

租税与公债二者之选择，大半视应用之便利以为定夺。然使税负之增加，已达相当之高点，不易加重，则二者之中，实无选择之可言；供给之法，厥惟募集公债是赖。吾人现假定公债与租税之间，尚有选择之余地，则在何种情形之下，始可举债，即为应加讨论之问题。兹分为四点述之。

（一）以借债为弥补暂时之短亏　估计时之预算与实行时之预算不能吻合，固为常见，盖因许多原素，杂入于计算中，有非制国用者所能控制也。即就收入言，直接税如地税及所得税等，虽较可恃，然间接税则多视一般商业之盛衰为转移。此种不稳定之原素，为编制预算时所不能涤除。至支出方面，其不易控制之情尤甚。盖政府之支出，往往因政策之更易而致增加。此项增加之需要，又须急于筹措以资用。假使所增加者，为此后按年必需之数，则最善之法，即为加征税收以弥补；但第一次急切之需要，非加征所能及，则仍不能不乞灵于借贷也。向使所需者非此后经常之支出，则举债以为供给，而徐图偿付，较之课之于一年之税征者，其足致扰乱工业之影响必远小。故预算之收入估计，不敷实际支出之时；或公共政策变易，致有急切之新需要发生时，就便利及经济上言，实以募举短期之公债为得。

预算之估计与实行，既不易获得吻合无差，则欲免平时之暂时亏短，似可于预计之时，采浮估支出及低估收入之法，因如是即预算稍有差异，其所多者足资抵补而有余。此种方法，虽可使预算常有剩余，然就财政上言，是否为一健全原则，殊属疑问。亚当士氏深信有继续之短亏，为最适合财政之原则。其所持之理由①，以为一有短亏，则可使财政机关，慎重于需要之增加；可使立法机关，得有二次审查用款之机会；尤可使一国之工业，不致受货币数额变动之影响。亚氏又谓吾人苟承认短亏为制国用之要务，则须赞成以募举短期公债为弥补之法，惟所宜顾虑者，不可使暂时债项，改变为永久之担负耳。

国库储蓄余金，藉供偶然之需要，已不适用于今日，且多积余存，常足激励政府奢用之动机。昔时美国国会，因联邦政府之余剩，辄易于增加支出，致使亚当士教授相信以年有亏短为原则。亚氏之见，殊未免有矫枉过正之弊也。要而言之，寻常收入之数，如不足供付支出，则不宜长此以借债为补注之计，宜增加税入以抵之。短期借贷，只能以之济编制预算时所不及料之短亏耳。如年有之短亏，尚恃借债以为用，是直以假贷为收入之源，非制国用者

① Adams, H. C., Public Debts, pp. 31—32.

所宜出也。

（二）以借债供给国家意外之需要　使用借债之法，以供给国家意外之需要，亦为财政原则所许。所谓意外之需要者，如战争之发生，天灾之流行，及其他不可预知之祸患等是。此项事故发生之时，不第需巨额之购买力，且须得之于立谈之顷，在此情形之下，自两方面观之，均宜于公债之发行。（甲）意外需要之性质，既甚迫急，行政方面，决不能徐待新税之收入，以为支应。即使所增加者为旧税而非新税，则亦需时稍久，始能达于最高效率之点。（乙）政府采用其他方法，以备意外之需，其沿之而生之弊害，常多于举债。所谓其他方法，征之往事，不外非常准备金及加征税课二者，而二者之弊端，上章业已论之。且近代战争，需费绝大，率非区区之准备金及加征税课所能济。昔时采用非常准备金之制最著者为德国，大战以前，曾储有 120,000,000 金马克[①]，此区区之余存，其有裨于实际之应用甚寡，事实上已经表现。以加征旧有之税供战争之用者为英国，英国之所得税率，富有伸缩力，稍为提高，即可得巨额之收入。然实际察之，大战时英国各种增加之税收，对于战费之全数，亦不过约四分之一耳[②]。至其他各国，在大战时，其非常支出，纯恃借贷以为用，盖初不意战事之扩大及延长若是，故多未能采用加税方法也。

非常及紧急之需要发生时，借贷以借目前之用，实为唯一易行之方法。第使此种需要有延长之趋势，则理财政者，亦不可纯恃借债政策以为支应。故筹备战费及其他严重意外之需要，最善之方，

① Lutz, H. L., Public Finance, 2nd ed., p. 566.

② E. L. Bogart, War Costs and Their Financing, pp. 317—318.

厥惟合借债与加税二者而并用之。二者分配之比例,则视此种负担之轻重及久暂而定。大抵事故发生之初,借债之比例宜大,在此期中,即应更易税制,迨至税法之改变完成,收入之数额增加,则依赖借债之处宜减。向使意外之需要如战费,日就增加,则租税之担负,亦应逐渐增加。盖政府之税收渐增,不第可减少借债之数,且可使政府之信用,日趋巩固,不致迫于财力之匮乏,发行不利条件之公债也。

(三)以借债供给政府经营之公业 政府宜否举债以经营可获充分补偿之公业,须视其公共管理之效率及其他情形为定夺,盖因政府经营企业,其助成成功或失败之原因甚多,例如公共行政之效能,定率与取价之政策,以及此种企业经营下之情形为独占或竞争等是。使仅就财政方面言,则各种公业之收入,足以偿付资本之利息及折旧之费者,即可用借贷之资金以为经营。第政府有时为政策计,经营某种商业,不计其费用何若,自公共利益点观之,亦甚正当。惟此种政策,不可扩之太甚,因亏折须赖一般纳税者为之负担,而一般税民之纳税能力,固甚有限也。关于此项营业,最健全之政策,即为采用财政上足以自给之原则。其财政上不能自足,而政府为消费者之利益必须经营者,则只宜以特别及不经见之情形为限。

(四)以借债供给公共改良之支出 公共改良支出,以一般社会利益为前提,而无所谓财政上之直接补偿,如道路、教育、卫生及慈善事业、娱乐设备等是。政府为人民之公共组织,固应负举办之责,惟利用借资以兴办,是否适宜,则为极费推敲之问题。吾人欲讨论此点,宜先对于此种活动之经常支出及资本支出,加以区别。除不可预料之暂时短亏,及意外紧急之需要外,政府不宜募举公债，以供经常费用。惟经常支出与资本支出二者，有时界限不易分划，粗率为之区别，则视各种支出所获得者之有用时期之长短以为定。凡其有用时期，能达到某一最低之限度者，谓之资本支出，否则即目为经常费用。

道路、学校、医院及其他永久设备等之资本支出，应否取给于借债，赞成与反对之意见不一。赞成借债政策者，以为此项支出，取给于借债，其须课诸税以供将来本利之偿付者，与不借债而以重税一次取之于民者，对于纳税人，其损失之轻重，足以相抵。若使此种公共改良之支出，为数甚大，赖税征以为支应，足以阻碍工商业之进展，则是项赞成借债之论据，甚中肯要。盖公共信用，本为补助经常收入不足之法，可使人民之负担，分配于较长之时间；因此均匀分配，实际上往往足以减轻纳税人之负担。

反对之者，其所持之理由有二：就实际方面察之，亦极重要。第一，政府所借之债，将来须课诸税以供本利之偿付者，固属有定，但税民保有此未纳之税，其能否储蓄获利与之相等，则殊无定。此点惟在无储蓄机会之情形下或然，要之可能之性甚少。第二，使一国采用借债之法，以供给各种改良之计划，取之不已，则其可利用之信用财源，必将罄竭。国家平时，既用竭其信用之源，一遇真正意外紧急之需要，则将无所资以为用。此说甚可注意，盖信用既非无限之源，自宜保存以备非寻常收入所能支应之意外需要，苟常以之充应属经常之支出，则是自去其财政紧急时之保障也。要而言之，政府以借债之所获，供公共改良之用，其性质实为非常支出[1]。故就财政原则言，政府举债以供非常支出之公共改良，固无不合；

① 非常支出及经常支出之区别，见本书第二编第四章。

第亦须斟酌其情形之不可缓者始为之，而不可自竭其信用之财源。

在上述四种情形之下，政府使用借贷之法，以为挹注，均与财政原则不相背戾。第实际用之之当否，尚须视运用者之斟酌权衡为转移，不能一一胶附原则也。

第五节　募集公债之影响

一、政治及社会的影响

财用为经国之要政，一切政务之执行，胥赖资财以为用，此操纵国家财用供给者，所以握有控制政务之权也。政府采行信用制度，苟无适当之规定，则不肖之官吏，易利用借贷，以掩蔽其所欲为，而不使民众得悉其真相。此种弊端，殊足为实现民主政治之阻碍。此就通常之内债情形而言；向使所借之债为外债，而借债之国，又为小国或弱国，则其政治上之影响尤巨，往往足以招致外人干涉，甚至且丧失其国之独立与自由。故就政治方面言，内债之影响，足以妨害民主政治进行之效率；而外债之影响，使其运用失宜，国势甚弱，则足以损害其自主之权。

再就社会的影响言之。社会之趋势，表现之方法有二：第一，使社会已有之各阶级，发生变迁；第二，使社会已成立之阶级，得以永久。据亚当士氏之说，公债之发行，其影响社会之趋势，即为后者。是说有时殊然，盖饶有资力之人民，藉购买公债，以为投机之事业，因而益富，此固为恒有之事；惟人民得以此法致富，亦实为政府不稳定，财政管理不完善之所致，此种情形，第能谓之例外而已。假使公债之发行及管理，均能按照健全之财政原则，则此项投机之事,必不易生。亚氏又谓人民不因拥有公债票而富,惟已富之人,为储蓄之完全起见,喜投其资于政府。是说诚然,故发行公债,对于社会方面之影响,亦有可令人注意者。

二、经济的影响

政府募举公债,其经济之影响如何,随情形之不同而异,非在各种债款募集之时,其影响常有一定也。影响发生,既视情形而异,则吾人讨论之时,亦当对其各种情形顾及之,庶可稍期详尽。

(一)债额之大小及利率之高低 举债之时,其债额大小及利率高低,实决定其经济影响之要素。假使所举之债额甚小,所用之利率与普通同,则是项公债之所吸收者,必为市场之游金。此种游金,固在寻觅投资之机会,政府得之以为用,不第可阻资金外出,且可防利率之下落。对于工业物价及其他经济情形,影响甚微。假使政府所需要之数额较大,所用之利率较高,则应募公债之源泉,必多为节省支出之储蓄,及投于无利产业之资本。人民节省支出,以所储为购买公债之用,则减少货品之消耗;货品之消耗减,则劳工之用以生产是项货品者,亦必因之而减少。此种需要之变迁,其于劳工之损害及工业之影响,殊甚易见。至投于无利产业之资本,虽有时不易动移,然使政府所出之高利,足以填补其因变易而生之损失,亦必为之,其结果亦足以影响劳工及生产。然使政府取得之后,用于生产事业,则劳工之需要,不致减少,各种经济上之弊害,或可较小。倘用之于不生产事业,则不但减少产业之范围,缩小劳工之用途,即市场利率,亦将因之腾踊也。又假使所募举之债额甚巨,所用之利率绝高,则工商业中所用为维持与添置资本设备之基金,及一部分低利产业之资本,均将为所吸收。影响所及,弊害尤烈。大凡一国家在意外事变发生之初,其国内之资本设备,在健全之状态中者，就暂时言，固无须维持及添置之基金，即可进行如常。但使为时稍久，无资金以供维持及增添之用，则至其终时，必受双重之损失。盖资本设备之物，久不添置，将流于敝坏而不可修理；而政府将来所资以为收入之源，亦必将因之而濒于枯竭。

政府当意外事变发生之时，需用甚巨，得之之法，欲不使工商业受其弊害如上述所云，而又可以获得适如需要之购买力，即为银行信用及他项信用之发行。因如是，政府所资为用者，不必须一一出自人民收入中之实际储蓄也。惟采用此法以供给债款，影响何若，则视政府信用发行与商业信用减少相衡之程度如何为转移。使商业上之信用，因战时工业发达之狂热而未减，则政府所发行于银行之债票所得者，为新增之信用；信用扩充，物价必高，一般物价之上涨，即足使全国产生经济上之变动。假使此种变动之步骤，所及甚远，则信用膨胀之害，即将实现。结果所致，政府虽欲为之阻止，而恢复平时金融之价，亦不可得。战后德国纸币之低落，即其例之最著者。

总结言之，政府以高利发行巨额之公债，其经济影响，足以妨害工商业，毋庸置疑。向使所举之债，基于膨胀之银行信用，则其影响所至，较诸得自人民之实际储蓄者为害尤甚。盖因信用膨胀，购买力增，其结果足使物价暴涨；惟政府所得者，均由人民个人或商号之所供给，而未使全社会购买力之总和趋于增加，则不致影响一般物价之涨落。即需要方面，发生转换，亦不过移私人之所用，以供政府之所用而已。如政府举债时，所用之利率不高，用途得宜，则于劳力及资本之分配，殊无显著之利害可言也。

（二）公债之用途　政府募债之所得，必将有以用之。用之之途，不外生产与不生产两种。所谓生产之支出，必其能使国家获得直接之报偿者；否则即发达一般社会的利益，间接地增加国家之财富者也。不生产之支出，其为耗费无疑，初不因其所用之款系得自借贷而稍异。而自长期观之，借贷之款，虚掷于无用之途，其为耗损，较之课自租税者为尤甚，盖因用款得自借贷，除应偿付本金外，尚须支付长期之利息也。以国家有限之财力，偿付耗损之费之孳息，此至可议之事。第吾人就寻常事实观之，政府之某种支出，其当否往往可疑，而因其供给之数，系得自借贷，遂易为人所忽视。且借贷之款，其用之之效率，往往反低。重视政府租税收入之用途，而不注意于其借贷所得者之使用，似殆成一种经见之情形。此种情形，即因人民忽视公债用途之影响所致也。

社会利益之支出，有时与耗损之支出，不易分划。譬如军备，以之为防卫国家维持治安之用，固属有益社会；然使以之供侵略及黩武之用，则显为一种耗损。故二者之分划，就实际言之，须视其情形以为定夺。吾人对于各种社会利益之支出，认为不宜赖借贷以资经常供给，业已屡及，其例外之情形，可以采用举债之方法者，亦已揭论于上①。

政府以借贷之资金，供生产事业之资本设备，此即转移私人之资力以供政府之支配，固无经济上之损失可言。在此情形之下，主要问题，即视政府管理之效率，较之私人为何如。使政府管理之效率，远逾私人，则此种资金之转移，对于全社会，具有经济上之赢获；反之，则为损失。至于用之以供公共改良之支出，虽足以促进一般社会之利益，然无直接财政上之报偿可言。自理论方面言，各种公共改良，足以促进社会之利益者，其最后即足以增加国家之财

① 见本章第三节。

富，举债为用，似无不可。第此种获得，杳无定限，多少若何，亦难确定。而其播散之利益，尤罕能与分担之税负，资之以为偿付本利者成比例。易辞言之，举债以资公共改良之用，其所能获得者迟缓而不易确定，而待之为偿之税入，则为有定之数，急切之征。此使用借债之法，以供是途之用，所以尚多可疑也。

以上两端，系概括言之，此外各种不同之公债及其偿付，所有之经济影响，本节多略而不备。下列二章，讨论种类及偿还时，当附及之。

参考书

Lutz, H. L., Public Finance, 2nd ed., Chapter XXVI.

Mills and Starr, Readings in Public Finance and Taxation, Ch. XXII.

Adams, H. C., Public Debts, Part I, Chapters II, III, IV, V.

第三章　公债之种类

第一节　公债之分类

公债之发行,在现代各国中,已极发达,故其种类及募集之方法,纷歧不一。本节先就公债之分类述之。

一、按举债之方法为标准而分类者,有强制公债、爱国公债及普通公债三类:

(一)强制公债　强制公债者,即不问债权人之愿意与否,国家利用强制权以借贷私人资金时所负之债务也。其强制之形式,有直接及间接之分,就各个人财产之多寡,强制分摊,即为直接强制公债;如强迫人民供给政府某种物品,而以证券偿其代价,则为间接强制公债。此种强制方法,在公债史初期中,固数数观。现代各国之举债,已不复用此法,盖因藉强制权以起债,不第剥夺人民自由之意志,亦易致负担之失平。且既云强制,殊无信用交易之可言,固不得谓之公债矣。第此外尚有一种具有强制公债之性质而为现代所频见者,即为不兑换纸币之发行,盖不兑换纸币,强制通行,政府虽不允兑现,而终须有收回之时,是无异政府对所有人负有票面之债务,故宜属于强制公债之列。

(二)爱国公债　利用人民之爱国心举债,在国家有事之时,固未尝不可偶一为之，要使以此为举债之政策，则非善法。盖人民之情感及爱国心，虽足以支配其行为于一时，然不能维持于永久。故发行公债，宜用私人举债之标准，以求适合人民之利益心为前提。今日各国发行公债，大率皆依赖人民之利益心，以达募集之目的，鲜有利用爱国心者。且以诉诸爱国心为举债之方法，殊不足邀国外投资者之顾盼；即募举大批公债时所需要的金融市场，亦不易以此种情感动之也。

（三）普通公债　政府运用商业上之原则，以募集人民之资金，此为举债之较善方法，普通所谓公债，即指此类而言。惟采行此种举债方法，政府应注意以如何之条件，始能吸引多数之投资。第所谓条件，不仅在利率之高低而已，因政府处借贷人之地位，系与私人工业争获社会之游资，故尚须有其他条件足以动储蓄人之经济利益心，始能易达募集之目的。

二、按偿还之期限为标准而分类者，有有期公债及无期公债二种：

（一）有期公债　（有短期及长期之分）：

甲　短期公债　短期公债，又有称之为流动公债（Floating Debt），政府发行此项短期公债之时，大率因一时或一会计年度之不足，资之以为挹注，偿还之期限甚短。其发行之条件，如金额利率偿还期限等，率可由行政上自由变更。短期公债，又因起源之不同，有行政公债及财政公债之别。行政公债者，即行政官署执行行政事务时所生之债务也。例如流用官吏缴纳之保证金，承揽工程人之保证金，以及邮局之储金，官吏薪俸之余额等是。此种债务产生之时，纯出于行政上之便宜，非用以谋收支之适合。严格言之，殊不宜包括于公债之中。财政公债者，国库因一时之不足所发行

之公债也。此项短期公债,重要之种类有三:

(1)银行借款 依短期偿还之约定,向银行借款。

(2)纸币 政府发行纸币,或许国立中央银行在准备额外发行纸币,此二者均属短期公债之性质。

(3)国库券 国库券(Treasury Notes)发行之原因,通常有三:第一,当收入与支出不能适合之时,发行国库券,以谋收支之均衡;第二,因临时之事变,以致支出增加,发行国库券,以应急切之需要;第三,当政府欲发行长期公债之时,因金融市场之利率甚高,故先发行短期国库券,徐待他日发行低利长期公债,以图转换。在此三种情形之下,通常均认为宜于发行短期公债,第亦不能太多,盖因恃借资以供经常之用,为财政原则所不许也。今日世界各国,因财政上之需要,而发行之短期公债,最多者即为此类。

乙 长期公债 政府发行长期公债,以十年或数十年为限,依一定之时期方法偿还本银,英国之"Consolidated Debt",法国之"Rentes"即属此类。在政府有如期必偿之责任,在人民有收回本银之确信,且为期甚长,政府年付利息,不须急急偿本,可免失信之弊。长期公债,因偿还法不同,可分为下列三类:

(1)一期偿还公债 所谓一期偿还者,即发行后固定某年某月全部偿还之谓也。此种方法,今日已罕用之者,盖因指期偿还,金额不大,财政上尚不致感若何之困难;若金额甚巨,则遥指一定之时期,而不计及届时之财政情形,则到期必难于履行。为维持信用之计,乃不能不以重利借债偿还。且偿期一定,则期限前即有利率下落之时,亦不能另募低利公债,以图转换。故此种偿还方法,殊于国库为不利。即各债权者一时得多额之资金,亦感不便,且非维持金融之道也。

(2) 分期偿还公债　分期偿还,系为定期定额按次偿还之法。此法虽不致若第一法之难于履行,及使财政上发生急剧之变动;然偿还之期间金额,均有拘束,财政之缓急,转换之自由,皆未顾及,亦不能无缺。

(3) 随时偿还公债　依此法,在所定之期限内,政府可斟酌财政上之情形分别偿还。今日信用稳固之国家,所发公债,多采此种随时偿还之法。美国及日本,尤多用之。此法之优点有二:①政府对于公债,往往怠于偿还,发行之时,苟有一最后之期限为之牵制,则平时不得不预为偿还之计,故可免使公债遗留于后世之弊。②随时偿还公债,当金利低落之时,政府得以低利公债转换之。惟随时偿还之法,既可迟早随意,则易有延搪之事,迨最后偿还之期一至,政府虽处于财政窘迫之境,亦不能不用重利借债以偿,是则不能无弊也。

(二) 无期公债

无期公债,在欧洲各国,谓之永久公债(Perpetual Debt),英法各国均有之。此种公债发行之时,未定还本之期限,平时仅有利息之偿付,但政府之财政有余裕时,得随时在市场中卖销。自政府方面观之,不受偿还期限之拘束,又无届时因财政上之困难,致有另发重利新债以偿旧债之弊;而同时在债权人方面,亦可随时售卖,以取回资金。就此种种,永久公债,似甚有利。然因偿还之期限不定,致债权人常受公债价格变动之影响,而在政府方面,亦往往因无期限之拘束,遂致有遗为后世子孙负担之弊。

三、按本息偿还之方法为标准而分类者,有普通公债、有奖公债及年金公债三种:

(一) 普通公债　此种公债偿还之时,利息别于原本,定期支付，最后之期限届满，始偿回其原本。通常发行之公债，即属此种。

（二）有奖公债　有奖公债，大抵于偿还时行抽签法，得之者付以额外之奖金，不得者仅退还其本银，非若普通按期付息也（亦有付微息而以其余利给奖者）。此种方法，纯在利用人民之投机心，驱之趋于侥幸，非政府所宜用。且发行时虽可收低利募集之效，然付交时财政上往往发生困难，故现代采用之者渐少。

（三）年金公债　年金公债（Annuities），即合计本息于一定期限之内，逐年平均偿还之公债也。按此又分为终身年金及定期年金二种：第一，终身年金者，即债权人终其身得按年取领平均之定额之公债。此种年金，不能转让或买卖。此外尚有一种终身年金公债，为意大利银行家 Tonti 所发明，故亦有谓之 Tontine 终身年金公债者①。其法分债权人之年龄相若者为若干组，政府每年以各组之金额，分给于各组内生存之人。若其中有死亡者，则以死者应得之年金，分配于同组现存之人。其寿愈长者，其所得之年金，逐年愈多，故此种公债，利息虽低，而应募者如能不早死，即可以获利。第二，定期年金者，即在一定之期限内，债权人得逐年领取其平均额之公债。此种年金，与债权人之生命无关，故得自由买卖或转让。要言之，年金公债之制，手续繁杂，鼓励怠惰，缺点甚多，虽曾盛行于十七八世纪之交，然嗣后即渐被摈弃，时至今日，保险储蓄事业，日就发达，年金公债之制，益无复存在之余地矣。

除上述三种分类外，尚有就发行之市场（国内或国外）而为之区别者，如内债及外债之分；就担保品之有无而为之区别者，如有担保分债及无担保公债之分。此外又有因公债用途之经济结果，

① Shirras, G., The Science of Public Finance, p. 476.

分为生产公债及不生产公债者。分类之法，至为繁多，殊不易毕举靡遗也。

自上述各种公债观之，国家举债，应如何分配于各类，殊为一可资讨论之问题。就通常言，苟能善用长期及短期二种而合行之，似为起债之最善方法。至二者之分配，则视财政上之情况，市场上之吸收，以及紧急需要之性质如何而定耳。

第二节 公债募集之方法

公债募集之方法，通常用之者有三：

（一）一般募集法 由政府自任募集之事，直接以一定之价格，分卖债票于一般应募者。此法在人民富力甚厚勇于应募之国，尚易济事，第在资金缺乏之国，则甚难用此法得巨额之数，以供急需。且政府对市面情形，类多隔阂，零星售卖，欲得预定之收入，实际上殊不易易。

（二）委托募集法 委托募集，系国家委托银行或交易所代管发行之事务，而与以相当之报酬之谓。采用此种方法，国家与银行之间，为委托代卖之关系，故国家须付经手之费。银行受此委托，只负募集事务之责任而已。欧洲各国，多用此法，此法之能否成功，须视储蓄人民对于政府新债吸收之习惯如何而定。

（三）包办募集法 此法由银行或银行之组合，接受政府公债之全部，包办募集。依此法，国家与银行间为买卖之关系。银行卖出之后，可得买卖价格之差额，为其获益，政府无所谓经费之给与也。向使银行不能卖出，则须自行承受其余额 。故采用此种方法，国家可在预定之期日以内，获得定额之收入，较之以上两法，便利远甚。第银行方面，既负有包办之责，则其接受时，自不能不思取得较优之条件耳。政府欲募集巨额之公债，以供急切之用度，势必采行此法。而于募集外债时，尤不能不以包办之方式行之，盖因能洞悉债务国之财政情形之债权国之金融情形，惟银行业，故欲募债国外，亦必惟银行业是赖也。

第三节 公债发行之方法

公债发行之价格，与其利率之高低，有甚密切之关系。普通发行公债之价格，有平价发行（如票面额百元即实收百元）、高价发行（如票面额百元实收一百二十元）及低价发行（如票面额百元实收八十元）三种。兹分别略言之。

（一）平价发行 公债发行之利率，与市面普通之利率一致，政府实收金额，亦与票面之金额相等，此即为平价发行。此种发行法，所吸收者，多为金融市场之游金，不致对于产业，发生有害之影响，前章已详论之。且将来偿还之时，其额与实际收入之数相同，亦不致令政府或人民有不利之感觉也。

（二）高价发行 采用高价发行之公债，其利率必较市面之普通利率为高，政府实获之金额，亦高于票面金额。采行此法，如实际上利率高于市场所有，虽易募集，然其吸收产业上资本及维持事业之基金，亦足以阻碍工商业之进展，弊害甚巨，前章亦已言之。加以利率过高，使政府负高利之累，甚非得计。此项弊端，政府虽可另发低利公债以转换之，所虑者人民获低额之偿还，而未能久享高利之利，则恐不免滋生反感耳。

（三）低价发行　低价发行之公债，其利率较低于普通利率，而政府所实收者，亦较票面额为少。此法因将来之偿还额，高于实际借入之额，故募集亦易，且此种公债，系分年抽签偿还，使应募者幸获早偿，则可得应偿价格与票面价格之差，因之人尤乐购。但政府所负偿还之额，既大于实收之额，若使为短期之债，则因节省而获得之利息，不足以偿补其相差之额数，殊非国家财政方面之利。故凡有定期之公债，不宜轻用低价发行之方法，即间用之，亦非为期甚久远者不可。英国之固定公债，多系低价发行，利率为百分之二点五。采用低价发行之公债，有时政府亦不致全负实收价格与票面价格之差，盖因此项低利公债，其市价必多低于票面，政府如富有盈余，固可自市场中买销也。

以上三种发行方法，除第二种外，均为今日所常用之法。二者采用之利益，则视其时市场之情形为定。至国家先后所举之债，其票面所记之条款（如利率等），是否宜求一致，亦一问题。据亚当士氏之见，以为求一致为事实上所不能，在各种不同之情形下，不妨稍有异同，第不宜太甚。盖政府发行公债，其地位为一售卖人，在不违背财政原则之条件下，自可具有差异，以迎合购买者之所好也。

此外关于公债之发行，尚有数点，亦宜注意者。第一，发行公债，对于面额大小之规定，宜加斟酌，盖欲使一般民众有应募之机会，则面额不宜太大；然使面额过小，则付息偿本之时，又不免手续繁琐。第二，发行之公债，如应募者所订购之额超过募集额之时，普遍采用比例分配之法，即按订购额为比例而分配之之谓。又有所谓高价先取少额先取之法，即对高价应募及少额订购者，予以全额,其余则以比例分配之谓也。第三,公债付息之时期,宜年分数次,以便收调和金融之效。普通每年分为两期或四期,自债权人观之,年分四期固善,但使公债之面额甚小,年分四期付息,似不免近于繁琐也。

参考书

Lutz, H. L., Public Finance, 2nd ed., Chapter XXVII.

Bastable, C. F., Public Finance, Book V, Chapter VI.

Adams, H. C., Public Debts, Part II.

陈启修:《财政学总论》第四编。

第四章　公债之偿还及转换

第一节　公债偿还之重要

政府运用借贷之方法，以取得资财，应负有偿还之义务。一种借贷事件，苟无偿还之举，则其事件之处置，似为缺而未完也。欧洲各国，如英法等，多有永久公债，初无偿还之定期。美国公债，大率为有偿还定期者，与英法稍异。

永久公债之募集，世之赞成者，谓其为利有二：第一，政府每年对于公债之负担较轻，盖为永久公债，只需按年付息，无提存基金以供偿债之必要；第二，政府所募集者，为永久公债，则无偿还之期限，政府可不致有失信之虞。以上二说，均未尽当。就第一说言，近世公债增加甚速，使无先后偿还之法，则借款之本银，积累甚巨，其每年之利息亦必多，结果仅就付利而言，政府亦恐有不能负担之虞。且政府举债之时，须计及将来偿还之定期，则对于所举之数额，亦必较为慎重，不致若无须偿还者之无顾忌也。第二说较第一说稍为重要，盖因永久公债，政府可随时以剩余之资金，自市场中买销，此于国库殊有利。且偿还与否，既可任意，则偿之足以减息，不偿亦无失于信，似为甚得。惟亦不能无弊，盖因当政府有剩余金时，往往宁以之作为减税或他种事业创设之用，而不愿举以偿还无期限之公债，故结果所至，偿还甚缓。杨希顿氏研究英国之财政制度，对于此点，尤著重言之①，即足资为例证也。

法国学者亚理士（Allix）谓国家为永久存在之物，债权人对国家之永久公债，不生疑虑。采行此种方法，对于国家另具有显著之利益二：（一）金银之数量，逐渐增加，以后之货币价值，则必逐渐低落，故公债搁延偿付，实为有利之举；（二）国家之产业，日趋发达，国富亦随之而增，政府所有之公债，迟迟偿还，则将来公债之数额虽同，而就其对于国富之比率言，则已减轻。以上二者，均为缓偿国债之利，且谓不仅使此项国债，将来较易偿还，即逐年之利息，实际上亦有减轻之趋势。此说殊多未审，柏斯特布尔氏尝力辟之②，谓货币低价，固为债务人之利，但如上涨，则为债权人之利。国家为债务人，乃以希望货币低价为减轻债负之法，无论货币之价格低落，不可操券，即能亦非所宜出也。至国富增加之说，就各国已往之事实观之，固为吾人所承认，但即承认此事实，亦不能持为缓偿公债之论据。盖募举公债，以供应财政上之急需，所以代过重租税也，此项财政急需，仍应由课税偿还之。且偿还公债，可以增高国家财政之信用，便利将来之募集，并可自此以后，减少国库支出之利息。国库利息，系为经常支出，假使经常支出缩减，则租税亦可随之减轻。尤有进者，一时代有一时代之需要，使负债不偿，是居今日而预加后世之负担，则后世需财之时，果将何以为继？由此而言，可知国家之富力，即使逐渐增加，债偿仍不可以缓，况国家之经济发达，能否顺次前进至于永久，终非可逆睹不爽也。

---

① E. H. Young, The System of National Finance, Chapter Ⅺ.
② 参考 Bastable, C. F., Public Finance, 3rd ed., pp. 708—810。

自上述讨论观之,足证有偿还期限之公债,较无偿还期限者为善。亚当士氏云"政府偿付公债之本银,不致使国家穷乏,亦不致阻碍一国之物质发达;反之,使一国常保有所负之债,而仅以时付息,则殊足以挫害其国民之生产能力"①,亚氏之见,自极正当。为国家永远利害计,偿还国债,实所宜出。惟亦有例外之情形,例如政府为营经济企业而借之债,纯为一种资本储蓄,只要此项资本储蓄,足以自偿,则无早事偿还之必要。此外如政府之财政情形艰窘,欲为偿债计,胥赖课征重税,则偿还与否,应视二者利害之比较而定。向使增课之税,将产生显著之恶劣影响,自不宜急急采用;第税课仅为增加之负担,则不能以此为反对偿还政策之口实也。

破弃(Repudiation)不偿,亦为消灭公债之一法,大战后之苏俄尝行之。当俄国在1917年革命时,计共负内外债32,300百万卢布,苏俄政府,均声明予以破弃不偿。此种方法,违背债务者之义务,蹂躏债权人之利益,足以丧失信用,非国家所宜轻出也。

概括言之,公债固应偿还,且宜于募集之后,力图速偿,因此种结果,获之愈早,则工商业得免于重税之负担,亦可愈速。永久公债之利,纯属幻影,徒使政府积债甚巨,不能偿还,成为人民之永久负担耳。

第二节　公债偿还之方法

公债偿还之方法,通常有三:

---

① Adams, H. C., Public Debts, p. 243.

（一）买销法　买销法者，政府以剩余金按照时价，自市场中收买公债而消灭之之方法也。采用此种方法，如公债市价在票面价格之下，对于国库甚有利。英国偿付其国债"Consols"之法，即为买销，大率在市价低于票面价格之时，但市价超过票面金额时，亦许收买。日本采用买销之法，只以市价低于额面者为限。政府在公债价格低落之时，按价收买，似有妨于公债所有人之利益；实则不然，盖因必有自愿出卖者而后政府始能收买。当价落之时，得政府在市场收买，不仅无害于公债持有人，且足使是项公债之价格，趋于上腾。

（二）按规定计划偿还法　此法即政府以岁计上之剩余金，按照一有规则之计划，提充偿还公债之用。此项计划，普通自公债发行时即已预定，且为国家与债权人所定契约中之一部。兹举数种此项预定偿还方法以为例：

甲　减债基金　减债基金（Sinking Fund）之制度，始建议者为英人布莱士（Richard Price）①。氏见复利法之利益，故主张运用此项原则，以为逐渐偿还公债之法。按氏之论据，基于复利之生产力，其法由政府每年提出一有定之金额，作为减债基金，以时价收买公债，其已经买入之公债，仍付以定额之利息，归入基金。故采用此法，可资为买销公债之财源有二：一为政府每年所提支之定额，一为已买销各债之利息之增积。此法在十八世纪末叶，曾经流行，英相比特（Pitt）亦尝一度试之②。按诸事实，此项复利累积之说，自数理观点言，固为甚健全有利之方法，但一付诸实际行政，则

① 参考 Bullock，C. J.，Selected Readings in Public Finance，3rd ed.，pp. 863—871。

② Known as Pitts Sinking Fund.

所谓复利之利益，遂不能如所预期也。综括言之，此法之缺点有三：第一，此法为强制偿还，不问国家财政之情况，每年必须提出一有定之金额，实有缺乏伸缩性之弊。第二，逐年收买，其价格必至继长增高，政府欲以一定金额收买预定公债之计划，实际上亦有时甚难实现。第三，政府已收买之公债，仍须按定额付息，是政府继续任此负担，似无若何获得也。

减债基金一名词，现代所用者，其意义与百年以前所用者稍异。现代所谓减债基金之法，即每年政府提出一有定额之资金，指定作为偿债之用，无所谓积储利息也。通常所行之法，大率即用此提拨作为减债基金之款，买销或偿还公债。若使所应偿者，为按年有偿还定期之公债，则此项拨为减债之款，所存留于政府时，仅自征收之日至债期成熟之日耳。

乙　**定期抽签法**　政府发行公债时，即指定此项公债之偿还，采用定期抽签法（Periodic Drawings）。此法不问其号码及订购时之先后，惟中签者得获先收回其本银。吾国政府所发之内债，其属定期偿还者，大都采用分期定额抽签偿还法及分期定额摊还法二种，而以前者为尤多。此法在欧洲各国，颇为流行，且有时附以有奖之方法，以引起投机之心理。实则是项有奖之公债，对于国库无多利可言，盖中奖者尚须自国库中付之。且巨额投资者，不第不因有奖之故而争购，而往往因其具有投机之性质，反不肯多购也。

丙　**比例偿还法**　此法即每年偿还本银若干分之谓。例发国债总额，为一千万元，每年规定偿还百分之一，则每年所偿还者为十万元。又如募举一种公债，当其发行之时，即按此规定分期偿还之法（Installment Plan），例如此公债为一百万元，每年偿十分之一，以十年为偿还期，则每年应偿为十万元，亦有逐年递增其偿还额者。按用此法偿债，固可免延搁缓偿，惟未能顾及财政上之情况，难免有发新债以偿还旧债之弊耳。吾国所有各外债，其偿还大率系用此法。

丁　按次偿还法　政府发行公债之时，按其号码之先后，固定偿还之期，是后每年按其次序，偿还其到期之部分，此即谓之按次偿还法（The Retirement of the Issue According to Serial Maturities）。此种方法，缺乏伸缩之自由，固甚明著。政府当意外事变发生之时，不宜募集此项公债，亦易显见。第此项公债，宜于为地方政府采行，现美国各州关于公债之条例，大率规定各级地方政府所举之债，须用此法偿还。按地方政府采行是法，可迫其于举债之时，即为后日整个偿还之计，且使之知增加税课，以供届时偿本及付息之资。有谓发行此项公债，售出时之条件，不能如长期公债之有利，以为投资者多喜为长期之投资，而不欲时有所更易。实则此种公债，到期之先后不一，有在后者，有在前者，喜为长期投资之人，自可购买到期较后者，而欲其资金常处于流动状况之人，则又可购其到期较早者，随投资人之所欲而皆可以应之，固无不利之可言也。

以上四种，因其皆具有规定偿还之计划，故谓之按规定计划偿还法。凡在举债之时，规定有将来偿还之方法而循之以进行者，均属此类。上述四种，不过为其最经见之例耳。

（三）课税偿还法　偿还公债，按照一定之计划，以政府之剩余金为之，需时当久，且为一较滞缓之手续。采用课税偿还法，即重征一次产业税（A Capital Levy），以其所获偿债，俾公债之总额或大部分，得以一次税征销却之。此种意见，产生甚早，吕嘉图及穆勒即尝以之为偿理公债之法①。吕氏尤盛称之,穆勒氏则谓如事实上可能,即可用之。大战时及战后,此种建议复起,各国立法中有实地采行之者,如波兰、捷克斯拉夫、意大利、德、奥等国。瑞士亦曾提议采用,因被人民复决否认而止。此项偿债之法,其可博反对之处甚著,盖因公债为整个国家所负之债,非仅少数有产业者之所负也。假使藉课征一次产业税以销债,则是举此整个偿债之负担,加之于有产业者之身,而其他人民之收入,非得自产业者,则可逍遥于负担之外。就事理言,殊不免有分配失平之弊。

1927 年,英国加尔温委员会(Colwyn Committee),讨论国债与租税一问题,其少数委员,曾对于课征产业税偿债之原则,予以赞成,但建议采用课特别附加税于储蓄所得(Investment Income),以替代一次产业税之课征。此项建议,虽在 1927 年为工党所批准,然迄未付诸实施。吾人就形体上言之,此种计划,乃采课特别分期税以供偿债之方式,实与一次产业税迥异。

以上各法,各有利弊,行之如何,纯视理财者之运用是否得当,苟能因时制宜,则可易于收效,若必固守一法,亦不能无缺也。

第三节　公债之转换

公债之转换(Conversion)者,即以一种新公债换替一种利率及条件不同之旧公债也。此种转换,普通所指者,为以低利新公债换

① D. Ricardo, Works, p. 149; J. S. Mill, Principles of Political Economy, Ashley edition, Book V, Chapter Ⅶ.

取高利旧公债之谓。但有时亦有以高利之新公债换之者，此惟在财政艰窘之时，为保全国家之信用计，不得已而出之则可耳。至以低利换高利，则可以减轻国库之负担，增加财政之信用，只要在适当之情形下，政府即可进行为之也。

公债转换之事，所以发生颇多之故，盖因国家当非常事变之时，如战争或天灾之类，需用煎迫，政府有发行公债之必要；而此时市面之金融，异常紧逼，非以重利发行，则不易收募集之功。在此情形之下，政府惟有忍受不利之条件，以发行公债。迨至事过境迁，平时之状况恢复，则低利之公债，自易募集，且变故既去，产业逐渐发达，资本之蓄积增加，金利必日形低落，尤足使易于募集。故在此时，政府宜采行转换之法，以自释高利之负担。第关于公债转换，有应注意之情形甚多，下列四点，为柏斯特布尔及亚理士（Allix）所提出者，兹逐一略言之[①]：

（一）转换之实行宜在产业兴盛时期之初　转换之目的，既在减轻利息，故以在市场利率低落之时，为第一条件。市场之利率，在产业兴盛时期之初，因资金较多，比较低落。发行低利新债，以此时为最宜。且持有高利公债者，因市场利率下落，投之他途，所得无多，亦乐于换取新债以谋储蓄之安全。

（二）公债之本银额不可因转换而增加　转换公债，所以谋利率之减低，若转换时，又增加本银额，则徒加重将来之负担，而未能实收转换之效力，殊非计之得者。且经此转换之后，减低利率，并须担保在若干期日以内，不再转换，庶换取者，不致有不稳定之虞。

（三）旧公债之利率愈高者则愈宜于转换　旧公债之利率愈

① Lutz, H. L., Public Einance, 2nd ed., p. 666.

高,其所留之余地以供转换者亦愈多。低价低利发行之公债,因无转换之余地,故多为人所反对。

(四)宜在旧公债价格超过票面额之时　公债价格上涨,超过票面金额以上,即足为政府信用巩固之征,此亦为发行新低利公债之要件。

此外进行转换之时,尚有须注意者。政府发行之公债,如系永久公债,或随时可以偿还之有期公债,则转换可以随时为之,不受拘束。债权人或换取新债,或受其偿还,均无不可。如系为有偿还定期之长期公债,其发行时定有若干年后始能偿还,则在此发行后至偿还开始时之期限中,政府不得任意强制转换。必此年限过后,始可行使转换之方法。若使当转换之时,债权人要求偿还原本而不欲换取新债,自事理言,政府亦宜允许。盖偿还之期已届,政府固负有应偿之责任,若必强其承受新债,则殊与国家之信用有碍也。

采用转换之方法,以减轻国家之负担为目的,通常用之之时,多在偿期未到之先。一种公债,已届偿还之期,政府处此情势,迫于偿付之无资,与债权人另商新债以供替换,英文谓之"Refunding"。此种方法,实即转换之一种,私人营利公司,尤多用之。第政府运用此法,亦宜具有限度,盖使所借之债,系充再生产事业之用,其性质为资本储蓄,则采用此种替换之法,自属正办。倘所借之债,非用诸生产目的,则常替换而不清偿,实为一般所反对。

吾国自民初以来,政府偿付公债,其采用换发新债之法者,计有民国十年将元年八年公债,另行换发整理六厘公债及整理七厘公债,民国十九年,发行关税公债,换回湖北金融公债等。大率因原有之债,还本付息,均已愆期,故换发新债,以为整理。国民政府近年所举之债，偿付之法，多系借新还旧，然只期勿失信用，未能顾及借贷之条件，殊不足语于转换也。

参考书

Lutz, H. L., Public Finance, 2nd ed., XXVIII.
Adams, H. C., Public Debts, Part Ⅱ, Chapters Ⅳ, Ⅴ.
Bastable, C. F., Public Finance, Book Ⅴ, Chapter Ⅶ.
陈启修:《财政学总论》第四编，第 19—26 页。

第五章 吾国公债之历史及现情

吾国公债之募集，分内债与外债两种，滥觞于前清之末叶。通常因管理之区别，又分为财政部经管及交通部经管两类。下二节所述内债与外债，就其属于财政部者而言，其他属于交通事业之债务，则另有专节述之。

第一节 内债之沿革

吾国内债发行之历史，约可分为三期：

（一）前清末叶之内债

吾国昔无募集内债之举，前清光绪二十四年，发行昭信股票，募集商款，始略具公债之形式。当时风气闭塞，人民不识公债为何物，视购买债票与输捐无异，而经募人员，又多采取苛派手段，故成效甚鲜。戊戌维新，此项股票，亦遂停止。计实收之数，为一千一百余万两。宣统末年，复募爱国公债，年利六厘，以部库之入款为担保。当时定额为三千万元，而认购之数，止1,646,790元。民国十年整理公债，此数已完全偿付矣。

（二）民国成立后之内债（民元至民十五）

民国成立后，政局不定，财政混乱，中央历年之收入，不敷支出,当局穷于应付,乃频年以募集公债为唯一补苴之方法。因基金未能完全确实,而公债遂因确实担保之有无,分为有担保与无担保两种。民国十年以前,政府所负之内债,除担任清末之爱国公债外,其他计有军需公债,元年公债,三年公债,四年公债,储蓄票,五年公债,七年短期公债,七年长期公债,八年公债,整理金融短期公债等,债额合计约四万二千三百余万元,以上各债,虽各指定本息基金,而实际除七年短期有延期赔款确实指抵,三年、四年公债指定常关收入及德俄停止赔款以为偿本付息之基金外,其他各债,不第抽签还本,时有愆期,即利息亦往往无着。财政部遂于十年举以前所发公债通盘筹算,分别整理,将元年、八年公债,另行换发整理债票(即民国十年所发整理六厘及整理七厘是)。自十年起,每年确实基金,以关盐烟酒等税二千四百万元,为偿本付息之用。自经此次整理,北京政府乃续发十一年八厘公债一千万元,偿还内外短期八厘债券(即九六公债)九千六百万元①,十四年八厘公债一千五百万元。此外复有教育,治安,使领等库券,约计一千二百六十万元,系分别指定德、奥、俄等赔款项下余额,作为担保。

此外基金虽经指定而并不确实者,为数尚多。统计民元至十五年北京政府财政部所正式发行之债券,共二十六种,发行债额,逾六万万元。除无确实担保者不计外②,现仍由国民政府继续负责偿还本息者,约如下表③。(单位:千元)

① 九六公债,除日金部分(39,608,700)付过本息数次外;其银元部分(58,391,300),自付息一次后,迄无办法。

② 无确实担保之债券如九六公债56,391,300元,九年赈灾公债1,610,220元,秋节库券3,000,000元,一四库券3,500,000元等是。

③ 根据浙江兴业银行调查处所编《国民政府内债本息统计表》(二十三年四月底止)所计算。

债　　别	发 行 额	现负额(二十三年四月底止)
1. 七年长期	45,000	22,950
2. 整理六厘	54,392	32,635
3. 整理七厘	13,600	8,160
4. 十四年公债	15,000	5,400
5. 春节库券	8,000	8,000
6. 治安库券	2,000	2,000
7. 二四库券	2,400	1,728
合　　计	140,392	80,873

上表所载，仅就国民政府继续偿还之债券而言，若合无确实担保者计之，现负总额，当远在一万万元以上。而自实际言之，为数犹不止此，盖北京政府时代，除正式发行债券外，尚有其他各种证券及短期借款。据财政整理会之核算，截至民国十四年底止，所欠各种国库证券及短期借款之本息，共约 168,964,453 元。兹附表于下①以供参考：

1. 国库证券	55,614,384 元
2. 短期借款	
（甲）盐余借款	44,112,388
（乙）银行短期借款	38,904,282
（丙）各银行垫款	30,333,399
总　　计	168,964,453

（三）国民政府成立后之内债

国民政府在广东时，发行有奖公债，计先后发行额一千七百万元。除已偿五百万元外，现尚负债一千二百万元。武汉国民政府

① 千家驹：《中国的内债》，惟表中所载，不无遗漏。据贾士毅《国债与金融补遗》所述，短期借款项下，尚有 3,444,009 元。

发行湖北金融公债二千万元，国库券九百万元，前者已于民十九年发行关税公债，全数收回；后者则尚属本息无着。自十六年秋奠都南京之后，因战事频起，入不敷出，悉赖借债维持，故连年举债之数甚巨。观十九年度及二十年度之财政报告，即可见近年借债情形之一斑。

年　度	举债总额（单位：千元）	占支出总额之百分比
十七年度	80,000	18.4
十八年度	101,000	18.7
十九年度	217,000	30.4
二十年度	130,000	19.0

上表所载，为政府实收之数，若按其发行实额计之，殊远逾是。表中所载二十年度之债款，募举时均在上半年度，下半年度则未举一债。故就二十年（历年）一年而言，政府发行之债额，在四万万元以上。政府发行之债额，既如此之巨，故辽变以后，各种债券价格即暴落，迨至上海事变发生，债市顿失流通，国难当前，财政奇绌，于是遂有债券整理案之采行。整理案之重要点有三：第一，减少付息，大体以长年六厘为标准。库券每月付息者以月息五厘计；公债三个月付息一次者以年息六厘计。第二，延长还本期限，除十七年金融长期公债不变外，余悉减少每年还本数目，延长年限，约一倍以前。第三，每月由总税务司在关税收入项下，拨八百六十万元于国债基本金管理委员会，以为偿付所有债券本息之基金。自此整理案实行，政府还本付息之数，减少甚巨①，故二十一年得未另募新债。及入二十二年以后，因填补国库及救济战区，遂于三月间发行

① 民二十一年还本息总数为213,977,779元，整理案实行，减少95,468,666元，约占百分之四十四点六零。

爱国公债二千万元，十月间发行关税库券一万万元，十一月间，发行华北救济战区公债四百万元。二十三年一月，又发行关税库券一万万元。总计国民政府在最近七年之间，发行内债，计共十二万万三千万元。其中除已偿者外，现负债券，尚有二十六种，债额821,027,815元①。若连北京政府所发行之内债现为国民政府所继续偿还者(见435页)计之，共为901,880,815元，此即财政部现负有确实担保内债本金之数额也。

第二节　外债之沿革

吾国募举外债，始于清末。同光之交，先后借外债凡十二次，以关税为担保，约近四千万两。债额无多，利息轻微，十余年间，除德款一部分外，余均如额偿清，尚无若何特殊之政治关系。是为吾国外债史之第一期。

甲午战后，日本要索甚奢，战费支应既多，又复益以巨额之赔款，岁计不足，于是乃募外债以资挹注。政府于五年之内，举外债七，约三万七千万两，担保税源，除关税而外，复加以内地厘金。是为吾国外债史之第二期。

庚子拳匪乱作，认赔各国损失，本息兼权，达银九万八千余万两之巨②。嗣于光绪三十年，复以此项赔款，发生镑亏之争执，政府

① 根据浙江兴业银行调查处所编《国民政府应付内债本息统计表》(二十三年四月)所计算。

② 庚款原额为四万万五千万两，年利四厘，以三十九年计算，利息一项，亦在五万万两以上，故总额合计为982,238,150两。

又订汇丰新借款一百万镑，以资弥补。宣统二年，清廷思改革币制，因与英、德、法美银公司订立币制借款，计英金一千万镑。以只交垫款款十万镑，合同旋归无效。是为吾国外债史之第三期。

民国成立，因军旅迭兴，财政困难，外债之募举益多，如华比借款英金一百二十五万镑；克利斯浦借款英金一千万镑；善后借款英金二千五万万镑；狄思银行借款英金四十万镑。或以铁路田赋为担保，或以关税盐税为担保。是为吾国募举外债之第四期。

以上所举各时期之借款，系就财政部有确实担保之外债而言（所谓确实担保品，大率为关、盐两税）。其无确实担保者，尚不在内。所谓无确实担保之外债，当初所立合同，亦各有担保品之规定，然或因有自始即等于虚设，或因事实上之变迁，始有效而终无着，遂致本息偿还，常有愆期。截至民国十四年底止，据财政整理会之计算，将所有债额按照金价未甚腾贵时之汇兑价格折算，约四万万零七百余万元①。若结至现在，其为数当远巨于此。

至有确实担保品之外债，除已偿者外，据中国银行经济研究室之清算，截至民国二十二年底止，折合国币，计有612,133,232元。此项外债中，其由关税担保者为英德续借款及善后借款二种，由盐税担保者为英法借款湖广借款及克利斯浦借款三种。又据E. Kann与J. Baylin《中国政府有担保之外债》一文所载②，债种稍多，就其数字而加以折算，约合国币848,817,000元，殊远巨于上述数字也。

---

① 根据贾士毅《国债与金融》第三编第五章。又按关税特别会议，各国代表团，开送财整会之债款数目，较财整会数，计多一万五千七百余万元。

② 参考Chinese Government Secured Foreign Loans, by E. Kann and J. Baylin in Finance and Commerce, January 10, 1934。

吾国外债,包括各借款及庚子赔款二类,以上所述,仅就借款而言,且只限于财政部现负之各借款。关于各国庚子赔款,就现状言,除西班牙,瑞典,挪威数国仍照旧偿还外,余均大部退还,或尚在继续进行准备之中。概括言之,可分为四:(一)俄德奥部分,政府得自由使用;(二)英美部分,限充建设及文化事业之用;(三)法比意部分,指定作为债券担保基金。(四)日荷部分,尚在准备退还中。就上情形观之,各国庚款,虽已有百分之九十以上,系充吾国之用,然除德俄奥三国部分政府得自由使用外,余尚须由国库直接支出也。截至二十二年底止,各国庚款,折合银元,计共有783,441,115元[①]。

国民政府成立以来,初末正式募举外债。民国二十年,因江淮流域,水灾惨重,政府乃向美国贷购赈麦四十五万吨(价款总额美金9,212,826元),以供赈济之用。此种贷购,实即变相之外债。二十三年六月又由宋子文氏在美签订五千万美金棉麦借款,以供生产事业之用。据最近经济委员会第一次会议宋子文氏之报告,此项棉麦借款,已自五千万美金减至二千万矣。吾国外债之数额,就现状言,约略如以上所载,第此种数字,只能揭示梗概,挂漏处殊不少也。

第三节　交通事业之债务

吾国交通事务创办之初,承甲午庚子两役之后,库藏空虚,资

① 《中行月刊》第八卷第三期(二十三年三月份)。

金筹集甚难，除京奉、京汉两路及电政初办时，曾由国库支拨少数官款外，其余多由借款办理。路电两项之资金，自始即感匮乏；而各借款条件，又甚偏苛。对于建筑管理购料，束缚多端，其还本期限，复极迫促，故不第不能根据吾国政治经济之需要，为统筹之设施，且常因款项不敷，妨阻事业之进行。加以所有维持之费，扩充设备之需，还本付息之数，以及赎路之支出，购回水线之支出，商路收归国有之支出等，为数极巨。以幼稚之事业，任巨额之负担，遂致常处于支绌之境，而不能确立健全发达之基础。

交通事业之债务，亦分为外债与内债两类。债款用途，多属于路、电二项，而尤以路政借款为最巨。兹分将外债与内债之沿革略抒之。

（一）外债 募举外债，以供交通事业之用，以前清光绪二十四年至宣统二三年间为最多。路政项下，如京奉、沪宁、沪杭甬、广九、津浦、汴洛、正太、吉长、道清、湖广及汇丰、汇理等借款。电政项下，如大东大北公司预付报费借款，及烟沽正副水线借款，均于此时成立。借款利息，在建筑时代，虽由借款项下支付，但一入营业时代，即须由其进款项下筹拨，而还本期限复极迫。路工甫竣，或行车不久，营业尚未发达，设备尚未能臻于完善，急需付息还本，致未能以营业赢利，供充分设备及改良扩充之用。有时因财力支绌，遂复继续借款，重增负担。且所借款项，多系约略估计，往往筑路未竣，款已用罄，尚须赊欠工料，或另借短期借款以资接济者。至若电政，其创办基金，较路政尤为缺乏。所有建设之费，率皆系挪移而来。因此种种，路电经济，自始即常处负债地位。民国以后，又订立陇海、同威、浦信、钦渝、宁湘、沪枫、四郑、四洮、株钦、滨黑等借款，暨中日实业公司、马可尼公司、东亚兴业会社等电话电线借款。其间有仅发行一部分债票者，有只交付垫款者，且有时非全充路电本身之用，而其本息则仍由路电二项负担者。债负益增，因之偿付愈难。

路政项下之外债，可分为正式发行债票各款，材料债款，及各种垫款借款三种。电政项下之外债，无正式发行债票者，仅有材料借款，及各种垫款借款而已。除上述外，交通部尚有其他各垫款借款三种，不在路电用途之内。

(二)内债　清光宣间，各省绅商，恐借款筑路，有损利权，力倡招股自办。一时各省，多设有商办公司，从事兴修。嗣因集款为难，纷纷停辍。除苏浙外，余无成绩可言。民三陆续收为国有，所有商股四千余万元，均由政府担任偿还。初议商路收回，借款续办，所有商股，即由借款项下偿还。嗣以欧战发生，计划未行，遂至今延欠未偿。此为交通部内债之起因。各路经济，在民三年，每年应付之债款本息，计一千八百万元，或由借款项下支应，或由余利付交，调拨尚易。民三以后，因欧战发生，外债来源断绝，所有各路应付借款本息，以及扩充设备及维持营业等费，不得不赖发行债票及向国内各银行短期借款以资应付。此亦为交通部内债之起因。

路政项下之内债，亦分为正式发行债票各款、材料各款及各种垫款借款三类。电政项下者，则仅有积欠各商号材料债款之一项。此外内债部分，尚有交通部借换券八百万元，及交通部向各银行短期借款之二种。

关于交通事业营业之情形，本书第三编第三章已略述之，不赘及。兹据交通部之报告，截至十四年底止，将内外债款所负本息总

数,表列于下[①]:

债别	外债	内债	总计
路政借款	520,907,121	73,988,780	594,895,901
电政借款	39,616,506	162,016	39,778,522
其他债款	1,444,137	13,207,825	14,651,962
合计	561,976,764	87,358,621	649,326,385

上表所表,关于路政外债部分,系按民国十四年金价折合银元之数,若以近年之汇价,改折银元,又加上数年来欠付之本息,为数之巨,即当在十万万元以上[②]。电政借款,在十九年底,按交通部旧电信借款总表,将外币折合银元,计共 191,423,127 元,若结至现在,亦当在二万万元以上。

国民政府成立以来,交通事业之债务,复有增加,有由交通部发行者如十八年及十九年之两次电政公债;有由铁道部发行者如十八年之收回广东粤汉铁路公债,十九年之北宁铁路机车设备公债;有由建设委员会发行者如十九年之电气事业长期及短期公债。上述各种,均系内债,综合计之,发行近五千万元。最近铁道部又决定分期发行铁道建设公债,第一期拟募举一千二百万元,此项公债条例,俟立法院通过之后,即将见诸实施也。

第四节 吾国内外债之特征及影响

先就外债言之。募举外债于资本充盈之国,以供生产及交通

① 参考贾士毅《国债与金融》第四编《交通债务》。

② 国有各路外债,将外币折合银元,截至二十年底止,共欠本利 973,875,162 元——贾士毅:《民国续财政史》(四),第 252 页。

事业发展之用，利息轻微，对于本国之工业基础，不致发生影响，固甚为有利之举。然亦不能无害，盖因大宗现金输入，易致金融膨胀及物价腾踊；且对外国须逐时支付本息，现货流出过多，亦往往足使内地感通货之缺乏。吾国昔时募集外债，在同光时，为伊犁及西北用兵，所募之额无多，为一时融通之计，尚无大害。甲午战败后，大借外债，以为军费及赔偿之资，其用途纯为耗费。庚子以后，又加以巨额之赔款，分期摊还，改为借债形式。自是以后，复有各种虽有担保而不确实之零星借款，及补偿地方发生事故损及外人生命财产之赔款。积累愈多，整理愈难，而稽其用途，几尽为不生产之支出。负巨额非生产支出之外债，而年须付息，其为耗款，尤非寻常可比也。

吾国之外债，不仅为不生产之耗费（除交通事业所负者外），且有种种特征与弊害，沿之而生。兹举其荦荦大者两端言之。

第一，欧西各国彼此借款，大都无担保品，吾国募举外债，则必须指有担保品。以某项税源作担保者，其某项收入，外人并要求有若干管理权。例如善后借款二千五百万镑，以盐税作抵，关于盐余收入，北京设有稽核总所，由外人经营，所有收入，存之外国银行。以财产为担保者，又有种种特权，例如以铁路为抵押，则关于该路之购买材料，建筑铁路，委派总工程师及总会计，及实行路成后之监督，债权人享有特权①。此外尚有借款国之优先权，及势力范围各种弊害，因缘而起。

第二，外债之发行，还本付息，概归外国银行经理。其确实担

① 京奉及沪宁铁路之借款，即属此类。

保品，多为关盐两税，因之关、盐两款，概存入指定之外国银行。各外国银行既得经手之费，复掌握巨额之现款，因此本国市场，缺乏现金，银根甚紧；而外行得利用此项存款，以发展其本国在华之商业，此尤与吾国之工商业，影响非浅也。

再就内债言之。吾国内债之发行(除国库证券及各借款外)，在北京政府时代，发行逾六万万元，国民政府于近七年之内，发行逾十二万万元。一国之财政，赖借债以度日，连续募举不已，其足减低公债之信用及增高公债之利率，固意中事。此种高利公债，不第吸收社会上之游资，且将多种不易获利之工业资本，吸收净尽。结果所至足以阻碍一国工商业之发展。吾国内债利率之高及条件之不利，为世界各国所罕见。试举例略言之，国民政府年来发行之债，大多数为年利八厘①。低价募集，折扣甚大②，持债票人所获之利，实多在一分以上，甚至有在二三分以上者。至北京政府昔时所向各国内银行之借款，利率尤高。通常月利多，在一分七八九，又加以预扣月息及汇水等利益，总和计之，多在二三分以上③。利率若是之高，折扣若是之大，又加以各种不利之条件，故国内银行风起云涌，新设之数激增，且有专与政府交易而设之银行。影响所及，生产事业之资金，几尽为公债所吸收。吸收过多，以致市场之流动资金，周转不灵，市场利率，因之腾贵，而工商界经营事业之取资，亦遂因之而愈难。

公债之用途，按照公债法原则第四条之规定，以充下列四种用途为限：(一)充生产事业上资金的投资，但以具有偿付债务能力而

---

① 现行利率稍低于此，系根据二十一年二月之新条例所改。

② 债券价格，通常高时为八十余元，低则在六十元以下。

③ 参考贾士毅《国债与金融》，第42—43页。

不增加国库负担之生产事业为限（如修铁路与水利及开发富源等项）。（二）充国家重要设备之创办费用，但以对于人民，有长久利益之事为限（如大规模之国防设备教育设备卫生设备等类）。（三）充非常紧急需要（如对外战争及重大天灾特别事变等类）。（四）充整理债务之用，但以能减轻负担为限。

第吾国年来所举内债之用途，除少数用于生产事业及整理金融与赈灾外[①]，百分之八十以上，系为军政及债偿之费。举社会上生产事业之资金，以供政府常年之军政费用，而使国内之经济状况，陷于困穷，此吾国内债之至可病者也。

第五节　地方公债

地方公债之发行，近数十年来，在欧西各国，增长甚速。其增长甚速之主因，即为地方政府职务之膨胀及生产事业之经营。同时现代工商业之发达，及金融市场之兴起，亦实使地方政府易走入募集公债之途。夫募举地方公债，以供生产事业之用，其本息偿付，可自其年获之赢利中取给，则此项债负虽增，要于地方无显著之弊害可言。苟募之以充不生产之用，而又无确定偿还之计划，则积累愈多，地方财政，必将陷于窘迫而不易爬梳。故现代各国，对于地方政府之募债，均有相当之限制，使不致趋于滥发而贻累将来。

① 如十七年两次金融公债，十八、二十年赈灾公债，二十三年之救济战区公债，及海河公债与江浙丝业公债等是。

吾国各省之募集内债，始于前清之末，当光绪三十一年时，袁世凯以北洋陆军扩张需费，遂募集地方公债以资应用，债额为四百八十万两。嗣后宣统年间，湖北、安徽、湖南相继举债，惟额少期短，率已按期偿付。同时各省中亦有借用外债者，如宣统年间，鄂省向英国汇丰银行所订借之外债，苏省之维持市面借款，粤省之周转市面借款等，即为其例，亦均如数偿清。民国成立后，地方公债之发行渐多，民六以还，政变频起，军人割据，省自为政，中央无法监督，各省遂得自由募集。就年来各省发行公债之原因观之，约可概括为四：第一，因地方灾歉事故而发行，如河北、山西、安徽、浙江之赈灾公债，江苏之灾歉善后公债等是；第二，为建设或救济生产事业而发行，如各省之建设公债，江浙之丝业公债等是；第三，为财政金融之整理而发行，如江苏之增比债券，江西之币制公债，云南之整理金融公债等是；第四，为支应军政费而发行，如河南之八厘公债，湖北之地方公债以及各省之军需公债等是。以上所述各因，骤视之除第四种外，似尚未可指摘，实则仅凭各省发行公债条例所载，以决其用途，必多不实，盖借新政之名以举债，而移其所得之一部分以充军政费，此各省财政上所数见不鲜者也。迄至现在，各省所负之债额，为数若干，材料多缺而不完，故从略。

募举外债之事，民国以来，各省亦多有之，据凌文渊氏《省债》一书所载，在民国十四年前，积欠外债而未能清偿者，有冀、鲁、皖、闽、苏、赣诸省，数额自数十万至数百万元不等。国民政府成立后，中央初未采外债政策，故各省所举之债，亦仅国内公债库券及银行借款三种而已。

近年来，地方政府举债之额，为数殊巨，就二十一年言之，各省发行地方债券总额，共一万零八百万元，即广东一省，计五千万元。

发行此巨额之数，其用途大率为不生产①。且其募集方法，多为按县摊派。派募之标准，率以财产。此种方法，实为强迫勒募，非以吸收工商业寻觅投资之游金为目的，弊害所至，易损及经营事业者之活动资金，其仅有不动产而为无余金者，且将变卖或借贷以应募。政府募集之后，用途又未能公开，偿还亦多无确定计划，即空泛指有税收作抵，实际上偿本付息，仍多衍期也。今后欲整理各省之债务，有急需注意者四端：第一，严禁募债以充经常之费用。盖经常政费，应取给于经常收入，而不可以借贷为供给之源。关于此点，公债法第三条，已作原则上之规定。即使地方政府因财政之需要，必募举短期公债，亦当有发行数额及偿还期限之限制，庶不致流于积累。第二，偿还之方法，宜规定采用定期定额之法，按次清债，偿还之基金，宜设立基金保管委员会，使能稳固。至借新替换之法，则宜予以禁止。第三，地方政府募举公债，宜准备偿还之能力；换言之，所募债额，应增加年入税收，俾具有偿付本息之能力。第四，中央政府应有监督地方政府借贷之权。关于此点，吾国公债法第七条规定："省政府非经中央政府核准，不得募集一百万元以上之公债；县市非经上级政府核准，不得募集五万元以上之公债。"此种规定，固为控制之方，第除此外，中央政府对于地方政府之募债，如认其发行条件有不当者，尚应有强迫其修正之权。上述各点，就其要者言之，苟能厉行，亦今后防止地方政府滥发公债之法也。

---

① 就各种用途占总额之百分率，表列于下：

1. 购买军器	41.6%
2. 整理财政及弥补军费	21.3%
3. 维持纸币市价	28.7%
4. 剿匪资金	4.2%
5. 救济丝业及地方事业资金	4.2%

参考书

贾士毅:《国债与金融》,《国债与金融补遗》,《民国续财政史》(四)、(七)。
金国珍:《民国财政论》。
Lutz, H. L., Public Finance, 2nd ed., Ch. XXIX.

第五编　财务行政与立法

第一章　预算

第一节　概论

本书以上各编中所讨论者，概括可分为二：一为各种岁入之获得，一为各种岁出之使用。在此收入与支出之间，含有一种重要问题，简言之，即为财务上之行政与立法（Financial Administration and Legislation）。

财务行政与立法之内容，包括预算（Budget）之编制与批准，岁出之行政与监督，以及公款之保管与赋税之征收等。关于此方面之问题，始注意研究者，为德国之官房学派。官房学之目的，注重在国家财产之收入及管理方法，故是派之著作中，以讨论此方面为最多。然以之为近世财政学之一部而论之较详者，实始于斯泰因氏（Stein），盖在氏以前，研究财政学者，大抵仅注意于财政之经济方面，自氏则始注重其法律方面。故从兹以后，财务行政及立法，遂成为财政学范围内之一部分。法国学者斯脱姆（Stourm）著有《预算》一书，关于财务立法方面，讨论尤详。惟英美财政学者，多将此项问题，于所著财政学之末，约略述其大概或一部分，鲜有加以详细论列者。

财务行政之重要，殊甚易见，一公司中，其会计之准确，基金之分配，及支出之控制等项，就重要言，仅次于公司之政策问题，国家亦然。关于财务行政之结构，各部彼此之关系，及各官吏之权限与职务，此固视乎政治组织；但行政构造及有效率与否，对于财政之影响甚巨。故政治组织，虽可随国情而异，而健全财政，有共通必守之原则，此则各国所同也。例如现代国家，必有预算，此为财政共通之原则。至预算制度之内容，彼此不无差异，此则基于国内之特殊情形。又如预算必由政府提出，提出之后，必经立法机关之议定，此亦为各国所同；而政府对于预算之责任及立法机关议决预算之权限，则甲国不必与乙国同。本章仅就财务行政及立法之概要，分别述之，至于细密及个别之情形，俟下章抒述英美两国之预算制度时再详及焉。

第二节　预算之发达

预算制度之成立，自史实观之，实在立宪政体发达之后，盖在古昔时代，租税尚未发达，为君主者多以己之所有，供己之用，无公私之分，自然无预算之制可言。即及近古专制时代，财政收支及财政监督之权，均操之元首，亦无提出预算之必要。虽国家之岁出岁入，未尝无所计划，然此系内部之概算，与今世之所谓预算者，固性质大异也。迨后租税发达，人民以参政为纳税之条件，于是民权遂因而浸渐发达。人民既获参政之权，于是对于政府岁出岁入之财政计划，渐渐予以监督及控制。英国为近世立宪政治发源之地，故预算制度之采行，亦首在英国。柏斯特布尔于其财政学中，对于英国预算制度之发达，言之颇详，并指出 1688 年以前所有财政之控制，尚属发育不全之性质，自是年革命后，国会始有实际监督及控制之权，嗣后相继演进，遂成熟为此英国现有之预算制度。

预算一名词，用之之意义不一，此名词在英国，通常即指财长送至下院关于来年收支之财政说明书。实则其所含意义，尚较此为广，盖所谓预算，包含每年之整个财政计划，初由行政机关编制，继由立法机关议决，然后付诸行政机关施行，施行之后，其决算报告，尚须经审计机关之审查。故就其过程言，所经过之步骤甚多，第一步预算之形式为岁出入之拟定预算；此种拟定预算，送至立法机关之后，第二步遂成为预算案；预算案经议会通过后，一至会计年度开始时，即发生效力，故第三步即为由出纳机关施行支出与收入；最后第四步，为会计之审查。合此整个之经过步骤言，即所谓预算制度也。

卫努比氏（W. F. Willoughby）对于预算一名词，予以定义如下："预算为一文件，藉此文件，行政长官负实际之责任者，赴经费允许之机关，详细报告其过去一年行政之情形及国库目前之概况，本诸此项事实，并拟出来年工作之计划，及提议此种工作将来财政上之供给方法"。[①] 根据此种含义，一完全之预算，为一财政报告书，包括过去之工作，现在之情况，将来需要之预测，以及此种需要供给之方法。此项报告，先由实际负责之行政长官编制，然后提交于代表人民之议会，议会为人民之代表，对于行政长官将来之工作计划，得有赞成或否认之权。

自上述观之，预算制度之发达，实与代议政体发达，有不可分离之关系。自正当之预算进行上言之，立法机关之功用，应为复查

① The Problem of a National Budget, p. 4.

与批评，及对行政长官所拟财政计划，表示赞成或否认。故现代之国家，所以岁必编制预算者，实缘国民有监督财政之权而生；而议会之控制预算，遂成为强迫行政长官向人民或人民代表报告过去工作及要求赞成将来计划之有力工具矣。

在近代国家政务膨胀之情形下，预算之必需施行，尤为重要。除上述民权上之要求外，尚有理由三端：第一，国家为公共团体，组织复杂，政务繁剧，苟无收支之预定计划，则支出与收入，必不能期其适合。故施行预算，所以谋收支之适合。第二近代国家，政务日增，支出之缓急先后，必按一有定之标准，统筹全局，始能分配得宜。第三，国家之支出，其效果多属无形；施行之者，又皆无直接利益之关系，故易发生奉行不力及不正当行为之弊。采行预算方法，所以明办理收支者之责任而限制其行为也。

第三节　预算之编制及种类

编制预算，必依一有定之会计年度，且必须具有详尽之性质，能包括一会计年度之一切岁出与岁入，故于讨论预算编制之前，先略述会计年度之制。

会计年度（Fiscal Year）者，即政府对于财政上之收支计算，规定若干时日为一定之起讫期间，以便结束之谓也。会计年度，为便于会计上之假定期间，故不必与历年相同。考各国会计年度之制度，关于时期之长短，亦不一致。有以一年为一会计年度者，今日之英、美、法、意、日及中国等采用之；有以二年为一会计年度者，美国之各州政府多用之。就二制利弊言，自以一年制为优，盖会计年度，以一年为期，则时间既短，预算与实际收支之间，差异必不甚巨，且行政机关，每年须提出预算于议会，则议会监督财政之责，亦易实现。尤有要者，国家财政制度，应日趋于改良，采用一年制，则可使国家之财政，多得改革之机会。二年之制，主张采用之者，谓其利有二：（一）期限较长，足使政府与议会得免为预算决算，岁费编制讨论之劳；（二）行政费用之定额，经时较长，始行更变，则国家经费增加之速度，亦较徐缓。此二点多可议处，故现世各国，大都采用一年制之会计制度。

采行一年制之国，其会计年度，果应于何时开始？简括言之，宜取决于两种条件：第一，必择国库收入多而支出少之时，因在此时开始，则政府在财政上不致即刻发生困难之现象。第二，宜使预算议决之期与实施之期，紧相联接。盖因相距太远，则政治上社会上之事变，易使议决之预算，与事实不相应合，其结果必致提出追加预算，使财政上发生弊端。然亦不可与议决之期相距太近，因太近则预算尚未议决，而年度已开始，又将适用临时预算制或延长上年度预算制，是亦足以损坏正式预算之效力。考各国会计年度之开始期，约可分为三种：（一）以历年之一月一日为开始者，如法、比是；（二）以四月一日为开始期者，如英、日是；（三）以七月一日为开始期者，如美、意及中国是。上举三种开始期间之良否，各视其国会开会之时期及其租税收入与支出多寡之时期如何而定，不易以概括之词，断其优劣也。会计年度，上已略及，以下就预算之编制讨论之。

（一）预算编制之机关　编制预算，须由行政机关负责，实为事实上之要求，因行政机关，实地任收支出纳之事，可本诸过去之事实，编制来年之预算。且预算贵能实行，由立法机关编制，则不第弊害甚多，即秉公为之，亦必多扞格而不易实施。故求责任专一而且能实行起见，自宜由行政长官编制。第政府之职务，日趋繁剧，欲主要之行政长官，如美之总统及英之内阁总理，任此收集编制之事，自不能周知详及。故所谓行政机关编制预算者，实际工作，如收集材料及编制，普通由一行政机关或另设预算局专任，而其编成预算之责任，则由行政长官负之。盖行政长官，有控制其下各部之权，故其特定机关，代负编制预算之责者，亦可有斟酌损益之权也。

预算由行政机关负责编制之原则，在英厉行已久。按英制，每岁由财政部移文各部，使各部总长编制经费概算，送至财政部；财长乃根据此项经费概算，斟酌核削，并参酌全国收入之状况，编成一总预算，提出阁议。内阁通过之后，财长即以内阁名义提出国会。美国之制，在1921年以前，每岁由各部总长预计其来年所需之经费，以公文送至财政部，财部不加削改，照原案编成财政说明书，送之国会，国会设有各种专门委员会，遂各依其职司，编成经费指拨案及收入案，合成为总预算案。自1921年以后，预算制度，大加改革，设立预算局（Budget Bureau）。于是每年由财政总长编制预算报告，送交大总统，总统乃举而交之总统府附设之预算局，由是局详细审查之后，始由总统送交国会。法国从前预算之编制，不属于一特定之行政机关，关于收入之预算，由财政总长单独编制；关于支出之预算，由各部总长分编，财政总长汇集各部之预算，不加修改，同时附以收入预算，遂成为总预算，送至国会。此种制度，财政部无整理修正之权，易有浮估经费分配失宜之弊。1927年后，法国添设预算部，专司中央预算编制事宜，尤注意于岁出方面之编制。上述三种制度，虽不尽同，然均系由行政机关编制。惟美国各州中如 Arkansas，尚有由立法机关收集各部之事实，预拟行政方面之计划者。此种方法，使责任无专属，实远逊于行政机关之编制也。

（二）预算编制之时间　编制预算，欲求其与实行时之事实上不致发生困难，则预算开始编制之时，与开始实行之期，不可相距太远。按英国之制，系每年十月着手编制，翌年二月，提出国会付议，四月施行，相差只六个月耳。法国议会开会之时，为十二月，会计年度开始于一月一日，故法国预算之编制，率在施行期十四五月以前。时间甚长，预算之功用易失。

（三）预算编造之方法　预算为一文件，所以揭示一有定期间之支出及其挹注此项支出之方法，故第一要着，贵有完全计划。陈述之法，不仅须揭示政府所进行之职务，且宜兼及实地任此职务之机关。盖因吾人固欲知政府之支出，用于教育事业者若干，用于建设事业者若干，用于卫生事业及保卫治安者若干；同时并欲知教育建设各部或其他机关任教育及建设事业之支出者，其负责之程度为何若。故编制之时，宜采按职务分类及按机关分类之法而兼用之，盖前者可表现一种政策之所费，而后者则可揭示任各种支出者之责任也。

预算内所包括之事实，分科宜详尽，俾分析之时，不仅可知政府之政策及支出之机关，且可藉之以对照行政方面之效率。例如政府支出之用于教育及铁路者，吾人固欲知之；而此种支出之按物分配及性质如何，亦为吾人所欲知。前者如建筑铁路时所购之物品及劳务；后者如经常费用，固定费用，购置产业，及偿还公债等用途之区别。约言之，预算中之分科，愈详密明白，则财政之真相及行政之效率，愈易表示。向使所分之科目甚粗疏，则实际财政之状况，几无由知，立法机关之监督权，自必因之而受限制。但分科过于细密，亦有徒增劳费而无实补之弊。

编制预算在理论上，只宜有一概括者，第事实上种类颇多。兹按通常之分类，分别说明其意义与利弊。

（一）总额预算与纯额预算　此种分类，系按岁入之性质为标准，前者为包括岁入总额之预算，后者于岁入总额中除去征收及行政之费用，仅记载纯收入额之预算。纯额预算，有缺点二：第一，采用纯额预算，则人民之负担总额，无由得悉，结果使各种税目之取于人民者，往往易生不公平之弊。第二，采用纯额预算，则租税征收费之多寡，无从得知，即欲选择行政上较经济之税源，亦苦无标准可循。且征收费用，缺而不载，则财政上之监督，将受限制矣。因上二弊，故现代国家，均采用总额预算制。

（二）总预算与特别预算　凡与一般会计分离而为独立之收支者即名为特别会计。关于特别会计之预算，即谓之特别预算。所谓总预算者，即除特别预算外之全体出入之预算也。预算贵统一，盖因类别甚多，则易掩蔽财政之真相，破坏预算之统一，故特别会计之制，不能无缺。然特种事业，亦有宜于用特别会计者，例如为特定目的而设者，如公债偿还基金之特别会计；为特定事业而设者，如铁路及邮政之特别会计等是。但亦不宜用之过多，过多则不能无弊也。

（三）临时预算与追加预算　一会计年度，有其岁出入之总预算，在此总预算尚未议定之前，而年度即已开始，其编制暂时预算，以行于总预算未施行之前者，谓之临时预算。在此情形之下，有不用临时预算而延长上年度预算者。在总预算送交立法机关之后，为补总预算之不足，或为新发生事实所添加之预算，谓之追加预算,如英国之补充预算(Supplementary Estimates)及信任预算(Vote of Credit)是。自理论方面言,二者皆足以破坏预算之功用。临时预算制及上年度预算延长制,均为预算未议定或不成立时之临时救济方法,各国有行之者;至追加预算,则各国率不能免。盖意外之事,非事前所能料,总预算编成之后,使复发生新需要,则势不能不提追加之预算,以为支应。然此法易生弊端,因政府当岁出膨胀之时,虑不能得立法机关之承允,乃不悉揭其额于总预算,而留一部分编为追加预算,以冀掩蔽财政之实况。美国在预算制度未改良前,常有追加预算(Deficiency Bill)之提出,即可资为例证。吾国新预算法,关于提出追加经费预算之情形,规定有五:第一,机关因不可避免之障碍,不能依限送达其拟定预算时。第二,机关依法律增加其职务或举办新事业,致费用增加时。第三,依法律增设新机关时。第四,所办事业因发生重大变化致支出超过法定预算时。第五,上年度未清偿之债务转入本年度时。此外若国家临时发生有大宗支出之必要时,如国防紧急设施,重大灾变及重大工程等,并得办理非常预算。此种规定过多,将易使行政机关藉口提出追加经费预算,以滋流弊。要言之,追加预算之提出,只宜用之以应意外之需要,而不宜以之售欺,欲免此弊,须赖有严密之限制,及立法机关方面之查察。

(四)总纲预算及详细预算 总纲预算即指记载大体之预算,可一见而明了财政之全局,所以供立法机关之议决也。详细预算,即详记细目之预算,如各部预算或岁出岁入之说明书等项,所以供立法机关之参考也。吾国预算法,规定预算应备总预算,机关别之预算及基金别之预算三种,即所以期其详明。按诸各国之制,亦大率首列总纲预算,而以各详细预算附之。

第四节 预算之议决

预算议决之权，在于立法机关，此为立宪政治之原则。惟国家实行两院制者，其议定预算之权，是否两院应相等，殊不易言。第按之现代各国之事实，预算之议定权，率畸重于下院，虽其畸重之程度，不必相同，然要之宪法给与下院之权，优于上院，则几为各国所同。

(一) 议决之范围 议决预算中岁出岁入时，有议决全部与议决一部分之不同。兹就各国之制分别言之：

甲 岁入方面 岁入之议决，有仅议决其一部分者，如英、美所采之制是；有议决其全部者，如法、比所采之制是。依前者则岁入中曾经法律规定之款项，立法机关不得议定，故增加之预算不能成立时，而政府仍可依旧日之制度以取得财源。依后者则全年度之一切收入，均须求立法机关之议定，苟预算一日不成，则一切租税及其他收入，皆不得征收，而政府之财源立竭。举上述二者较之，自以前者为优，盖预算与税法，本属两事，政府关于岁入所编之预算，不过预计其收入之多少，使与岁出对照。实则收入之基础，根据税法，既有税法存在，则不容再有反对之举。惟增加之数，则立法机关可以斟酌赞否耳。英、美预算之岁入中，皆有所谓永久性质之收入。按诸英制，一般收入，皆不必逐岁议定，苟非至变更税法，则其施行之效力，无有穷期，惟茶税、砂糖税及所得税，则须岁岁经议会之议定。美制则一切收入，皆有永久之性质，其效力之继续，以至变更税法日为限。日本之制与美同。吾国预算法规定立法机关审议岁入案时,亦以拟变更或设定之收入为限。租税制度,无岁岁变更之必要,且岁岁变更,足以损害国民之经济,故自宜以使之具有永久性为得也。

乙　岁出方面　关于岁出之议决,英、美采议定一部制,法、比采议定全部制,与岁入同。所谓议定一部者,即政府所提出之岁出预算,立法机关所能削减废除者,只限于一部分,其具有特殊或固定之性质者,则不得而更动,例如英之固定经费(Consolidated Fund),及美之永久经费(Permanent Appropriations)是。吾国岁出案之审议,对于原有继续经费及恒久经费,亦非依法律不得变更或废止之。至于法、比所采之议决全部制,则一切岁出款项,立法机关皆得有任意削减或废除之权。此法固足以牵制政府,使之必得议会之信任;然国家生存之经费,多有根据从前之法律而与现内阁之政策无关,苟议会得并此而否决之,则是反对国家之生存矣。故预算中之岁出,其具有永久继续之性质而与现在之施政方针无关者,固可仿英、美之法,定为固定或永久之费,不心岁岁受议会之议决也。

(二)议决之方法　议决预算之方法,有总额议定与分科议定(Lump-sum and Specific Allotment Appropriations)之别。采行总额议定之法,则立法机关,无从行使其财政监督之权,其失甚著;但如分科过多,则又失之细密,使行政方面,太受监督之拘束。现代各国之立法机关,为实行其财政权之监督计,故对于预算之议决,均用分科议定。且自过去观之,分科已有进于详密之趋势。征之法国,预算中所分之章,在1831年,共164;1882年,增至482;1913年,则为数几达一千。英国预算上分为各款(Votes),每款代表支出中之一小部分,分开受议会之议决。就现状言,预算约有一百五十款左右。每款之下,分为各项。每项经费之分配,不甚固定,各部得财政部之允许，可将甲款下甲项之经费，移作乙项之用，但不能移出甲款以外也。国家庶政，均有应需之经费，动用经费，宜有应守之范围，若预算内各款之经费，可由行政机关任意流用，则不第费途错乱，且易紊轻重缓急之序。然使矫枉过正，对于预算中各款之经费，概不许政府有挹彼注兹之权，则行政机关编制预算时将预留余地，结果易生经费膨胀之弊。故关于议决预算时之重要问题，在如何使立法机关可充分行使其监督权，而同时又使行政机关，获得相当之自由，不致损害其效率与经济。得之之法，宜使立法机关分科议定，固无待言；但各款以下之细目，则宜任行政机关有流用(Transfer)之权。惟流用之时，须受外部机关之监督，同时并须举其关于流用之数之会计，送之立法机关，附以说明，以详其所以流用之理由，如是庶行政机关，可获伸缩之利，而立法机关，亦不失其监督财政之权也。

立法机关议决预算时，是否具有增加预算之权？按诸各国之现行制度，殊不一致。例如英国国会，对于预算，只有减削之权；法、美议会，则兼有增削之权。就事实言，法、美之成绩，远逊于英。吾人就事实立论，则立法机关不应有增加预算之权。概括言之，理由有三：第一，政府之编制预算，必谋保持出入之均衡，各种收入之估计，及各种支出之分配，均须统筹全局而为之。若使立法机关得提出增加岁出案，则政府所定之财政计划，必为所破坏；而国家经费之膨胀，亦难期收支之适合。第二，立法机关议决预算之功用，在复查与批评，所以杜支出滥浮之弊害。故政府提出预算之后，须由立法机关加以削减，向使立法机关亦得提出增加预算，则无复查与批评之机关，结果必滥浮甚多。第三，议员代表地方，若予以增加岁出之权，则必假此济私，以博其选民之欢心。其为党派活动者,尤足以激生党派竞争之弊。就此三点观之,增加预算之权,似宜以专属之行政机关为得。

第五节　预算之实行

会计年度开始之日,其年度施行之预算,即发生效力,由出纳机关,施行收支之事务,此即为预算之实行(The Execution of the Budget)。兹就关于预算实行之问题略述之:

(一)决定岁计所属之年度　岁出、岁入之事实,际于两会计年度之间者,为划清界限计,应属于何年度,稽诸各国之制,亦各有其依据之原则。通常决定岁入所属年度之方法有二:(甲)纳期一定之收入,属于其纳期末日所属之年度;(乙)临时收入,如须发纳税通知书者,以发通知书之日为其所属年度,如不须发者则以现金收领之日,为其所属年度。决定岁出所属年度之方法有五:(一)有定期之岁出,属其应支出之日所属之年度;(二)官俸、旅费、工资等,属其支给所依据的事实之发生日所属之年度(例如官俸以就职之日为定,旅费以出发之日为定);(三)应发还及填补之费,属其决定发还填补之日所属之年度;(四)官署杂费、土木建筑及购置物品等费,属其契约订结日期所属之年度;(五)不属以上四项之岁出,属其发支付命令之日所属之年度。

出纳事务,在事实上实有不能与会计年度同始终者,故各国多于会计年度终结之后,划出相当时期,继续出纳,以便整理或完结上年度未了之事务。此项期间,谓之出纳整理期间(Fiscal Period),但亦有合会计年度及此整理期间而谓为 Fiscal Period 者。惟整理完结云者，非必须一一了结，其事实上在整理期间之终日，尚不能完结者，即只得移入次年度矣。此项整理期间之短长，各国不同，法为八个月，比利时为十个月，日本为四个月。吾国新预算法中规定，每一会计年度岁入岁出之出纳事务，整理完结之期限，不得逾其年度终了后三个月。会计事务整理完结之期限，不得逾其年度终了后六个月。大概言之，出纳整理之期间愈长，则流弊愈多，盖出纳之清结，其期既迟，则决算之提出于立法机关，其期亦迟，经时既久，立法机关监督之力，自必因之而薄弱。

各国政府会计制度，用实收实付会计制（Cash Basis）者，如英、美各国，会计年度终结，即可办理决算之报告，无须划一期间以资整理；惟用应收应付会计制（Accrual Basis）者，则赖有出纳整理之期间，为之作一结束也。

（二）收支命令机关与实行机关之分立 关于政府之收支，其命令机关与实行收受与支付之机关，必须分离，已为近代各国所共同遵行之政策。所谓收支命令机关者，即发征收命令与支付命令之机关也。普通课征租税，大抵由经征官吏下命令于纳税人，令其照章完纳；但亦有特别税种，由国家委托地方团体代发命令征收者。发施支付命令之机关，其在各国，大抵为各部长官及其委任之官吏。所谓实行收支之机关，即任实际征收收纳及支付之机关也。现代各国，皆采用独立金库制度，一切收入，皆使金库收受，而不寄存于一般官署。一切支出，届其需用之时，由当局长官发支付命令，受者持此命令至金库，金库验明之后，始给与现金。但此外尚有所谓现款预付之制，现代各国亦多用之，此制即先以现金与之，不必待需用之时，始行求发支付命令，其所以有此例外之制，或因其需用之地，距金库甚远，或因其款数少而名目多，为免除烦琐之计，故予以预付现金之便利。自财务行政方面言之，收支之命令机关与实行机关，宜于完全分立，因如此可免以现金储之官署，阻碍金融之流通，且滋生中饱之弊端也。

（三）金库制度　金库为国库金出纳保管及处理之机关，其对于国家财务行政上之重要可知。兹就各国之金库制度，分为三种，分别略述之：（甲）统一金库制。此制即指国家之一切出纳，皆掌于统一金库，官署不得各自为政。（乙）复合金库制，此制于统一金库之外，对于特殊之收支出纳，如企业行政之类，则设有特殊之金库。（丙）官署金库制。此制即各官署得自置金库以保管其出纳之款项。此三制中，以统一金库制为最善，而以官署金库制为多弊。现世各国所采用者，多为统一金库制，然企业行政如邮电路矿之类，往往有特设之金库，故亦不得而尽废也。

现代各国，既多弃历史遗物之官署金库制，而采用统一金库制，此就国库组织之变迁上观之，固为显著之改进。统一金库之制，又可分为三种：（甲）国家自设金库制（Independent Treasury System），此即由国家自设金库，保管公款，使官吏司其收支之事务。（乙）委托保管制（Custody System），此制国家不自设金库，举所有之收入，委托中央银行保管，代行国库之事。（丙）银行存款制（Depositing System），采行此制，即举一切收入，以存款之名义，交之中央银行，俟政府需用时，再发支票，向银行支取之。此制现行于英国，其与委托保管制不同者，国库之公款与银行之资金，不须分别管理耳。综括言之，国家自设金库，以保管现金，不第政府年需费用；即一收一支之间，其通货增减，亦足扰乱金融市场。惟银行存款制，则可使国库之款项，置于活地，不致死藏库中，其有裨于经济界自巨，实为金库制中之最善者。

第六节　预算之监督

预算之实行，须有监督之方法，始可免财务行政官吏之滥费或舞弊。苟第有预算而无监督其实行之机关，则预算将等于具文。吾人研究英国之财政制度，即可见国会控制财政权之成功，不在其初得是权之时，而在其获得监督实际岁出之后。故欲谋预算之施行无弊，立法机关应有监督预算实行之权，此决算之制所以发生也。行政机关，提出决算报告于立法机关，所以确定预算上各收支之实行。换言之，此即立法机关对于预算之监督。

关于预算监督之方法，自理论言，应有行政机关审计机关及立法机关之三种监督。大概言之，监督预算之有效方法，在事前须有一行政机关之监督开支，及审计机关之稽核支付命令；在事后须由审计机关，审查账目，制定报告，送之立法机关，以供立法机关议定决算时之参考。按诸各国监督预算之制度，因历史上之沿革，各有不同，下节讨论英美预算制度时，关于此点当详及之。

预算制度在近世已甚发达，其监督预算实行之法，亦已日趋完善，此为现代财政公开之事实，然第有预决算而不公布，则不得谓之财政公开。即使揭布而无普及之工具，则财政公开之程度，亦属有限。故近世之印刷及新闻事业愈发达，财政因之愈可公开，而预算制度，及其监督之方法，亦遂得因之而益进也。

参考书

Lutz, H. L., Public Einance, Part Ⅵ.

Plehn, C. C., Introduction to Public Finance, Chs. 1,2.
Collins, The National Budget System and American Finance.
Stourm, The Budget (English translation 1917).
吴贯因:《中国预算制度刍议》。
陈启修:《财政学总论》第一编。

第二章　英美之预算制度

第一节　英国预算制度发达之历史

英国国会取得议决预算之权，早于世界各国，溯其发动，始于中古时代，而其成熟，则在 1688 年革命之后。际此四百余年之中，国会与君主因争财政支配权而起之冲突，史不绝书，几经革命流血，国会乃始攫得此议决预算之特权。兹先就其历史略述之。

英国宪政之萌芽，始于 1215 年，先是英王约翰（John）常滥用权力，向人民索取其享有之例费（Customary Dues），至是年始为其臣下所迫签定《大宪章》（Great Charter）。宪章最重要之规定，即为非得高级教士及诸侯所组织之会议之允许，不得任意征税。1265 年，国会中除高级教士及诸侯外，又加入每郡武士二人及繁盛城市公民二人。1322 年，国会遂分为两院。嗣后逐渐演进，至亨利第四（Henry Ⅳ）时，下院又争得先提财务立法之权。但自 1485 年至 1603 之间，为都图王朝（Tudor Kings）统治时期，表面虽遵循宪例，不时向国会请求款项，实则因其特权之收入甚巨，有恃无恐，故实际上殊与专制君主无异也。

自 1603 年至 1688 年，为司都活王朝（Stuart Kings）统治时期。此时期中，君主与国会之冲突甚多。当十七世纪初，杰姆斯第一

(James Ⅰ)在位,欲以"神权说"为君主享有绝对权力之护符,又好奢靡,时常请求国会通过经费,国会辄靳之不与,因之冲突时起。厥后往往不经国会允许,胵自征收特权收入,而人民又时起反抗。1611 年,遂因宗教争论,解散国会。迨至 1621 年,对西班牙有战事,始不得已再行召集,请求战费。1625 年,查理第一(Charles Ⅰ)继父统治英国,又因下议院通过预算之不满,解散国会,而以公债付岁出。翌年复召集国会,讨论经费,复因国会对其所提之预算,虽予以通过,而规定正式通过须待会期之末日,似无信任之意,遂予以攻击。国会因此,是后对其经费之请求,概予拒绝。查理第一乃进行强迫公债,以致举国骚然。1628 年,英法失睦,查理第一不得已又召集国会,讨论战费,国会乃乘机提出《民权请愿书》(Petition of Rights),要求签押,查理第一卒从之。请愿书中之郑重声明者有二:一为非得国会允许,不得征课;一为无论何种公债不许发行。1629 年,国会对查理第一非法征收之镑税(Poundage Tax)与吨税(Tonnage Tax)宣布无效,查理第一乃又将国会解散。是后十一年间,遂无国会,卒因强迫征税之故,激动人民之反抗,致有 1642 年之内战。战争结果,查理第一被杀。1660 年,查理第二因人民之欢迎而继位,即位后得国会允许,年给永久经费一百二十万镑,而尽放弃其特权之收入。死后杰姆斯第二继之,骄慢异常,未及三稔,而 1688 年之革命,遂因之而爆发。

1688 年革命发生后,杰姆斯第二亡命法国,英国国会,乃迎立威廉第三(William Ⅲ of Orange)。威廉第三即位之后,又签定《民权法案》(The Bill of Rights)。自兹以后,英国下院,对于财政之支配权,逐渐扩充,英王之私库与英国之国库,完全划分。国会年年召集,所通过之税收,并须支销于国会所通过之用途,不许流用。

英国国会，实际上握有议决及控制预算之特权，实始于此。此英国君主及国会争财政支配权之历史，亦即预算制度在英发达之历史也。

第二节　英国预算之编制及议决

（一）预算之编制　英国预算编制之机关为财政部，其负实际编制之责者，为财政部长。按英制，财政部为一委员会，由委员五人组织之，委员长常由内阁总理兼任，即通常所称为第一财政大臣（The First Lord of The Treasury）。第二财政大臣，即为财政部长，此外三委员为助理财政大臣（The Junior Lords of The Treasury）。内阁总理政务甚繁，无暇顾此，故所任仅为名誉职；助理财政大臣，对于实际之财务行政，亦少接触；故任实际监督财务行政之责者，实惟财政部长一人。其佐助财政部长者，在议会方面，则有财政部之国会干事二人，在行政方面，则有财政次长二人。次长之下，又有七司，分掌其他行政机关之财政监督事务。

财政部虽为编制预算之机关，然对于预算之责任，则由整个内阁向国会负责。故财政部编制预算完毕之后，即须提出内阁会议，内阁通过之后，始能提交议会。假使财长因施行预算之减削，致与各机关之行政长官，有意见相龃龉之处，则亦可提出内阁会议，盖因财政部为代表内阁编制预算之机关，故凡有关于预算之争论，均可诉诸内阁会议也。但内阁对此项争议，在可能范围之内，率皆拥护财长之意见，因为不如是则编制预算之责任，将见破裂。

英国会计年度，始自本年四月一日，终于翌年三月三十一日。

当会计年度开始之前六阅月(即先年十月一日),财政部即代表内阁,通告各收支机关,请其于两月之内,造送来年经费概算(Estimates)。此项通告,直致各收支机关之会计官,其通告中之重要点。概括有三[①]:

甲　编造之方法　各机关编造概算时,应严格依据财政部所定之格式。对于一切预计项目,须有详细之解释,说明其必要之理由,不仅新增者宜如此,即旧有之项目亦然。至于细目有增减时,亦不宜只举出其或增或减之数,并须将应增应减之理由,附带详细说明。此外关于编造概算应注意之规则甚多,兹不备及。

乙　概算之内容　概算中宜将本会计年度过去八月(自四月一日至十一月三十日)预算中各项实际开支,详细报告,以便推测后半年之开支约数。其他如各机关之缺额人员及各特别事业进行之状况,均须于造送概算时,具有详细报告。此外按英成例,来年会计年度未开始前,财政部时有向国会请求临时预算(Vote on Account)之举。财政部请得后之分配方法,大率按各机关本会计年度开始时之实际数例。假使各支出机关,如有特别之情形须顾及,而非旧例所能济应者,则亦可于概算中指明其应需之数额。

丙　造送之日期　各收支机关概算,编制时宜求详尽,须于十二月一日以前,送达财政部。如有特别原故,详细之概算,不及造送,则其大约之数额,必于展限期内送到。但无论如何,各收支机关之概算,及变更概算之书,须于一月初旬时送入也。

各部经费概算送达财政部后,即由各司之概算审查员(Esti-

① 参考 Willoughby, W. F., Willoughby, W. W., Lindsay, S. M., The Financial Administration of Great Britain, pp. 52—55。

mates Clerks)分别审查。使审查员对于概算中有疑问时,可就商于各该支出机关之长官,或转送于其司长。使司长仍不能决,则以次就正于财政次长及财政部长。财政部长有决定减削之全权,如觉某部之支出过多,或预计过滥,则可径削之。此种特权之运用,即足以表示财政部长控制预算之权。使各部长与之相持不下,则最后取决之地,即为内阁会议。

英国预算所包括之内容,分岁入与岁出两门。岁入预算,率置诸岁出预算之前,通常分为租税收入及非租税收入二者。至于岁出,则有固定经费及非固定经费之区别。前者不必由国会年年通过,如皇室经费,法院经费,国债费,补助地方费,以及其他有固定性质之经费等;后者则须年由国会通过,计分四类:(一)陆军经费,(二)海军经费,(三)文治经费(内分土木建筑,文治行政,司法,科学及美术教育,外交及殖民,杂费,及养老金劳工介绍所及社会保险等费七种),(四)收入机关经费(内分关税与产销税,内地租税,及邮政三种)。至各类中,又各细分为若干项目①,列举甚繁琐,故从略。

(二)预算之议决　预算由财政部编制完毕交内阁会议通过之后,即由财政部长提出国会。英国国会召集,率在二月,其会计年度之开始期,则为四月一日,故其预算提出之期,多在二三月之间。按之预算事前议决之原则,国会召集之后,自以早提出为贵。英国之预算,普通在国会开会之始,即行提出。其提出者为财政部长,并对下议院负解答质问之责,但海陆军费为例外,率径由二部部长提出国会。此似足以破坏财政部控制预算之权,实则不然,盖

① Willoughby, W. F., Willoughby, W. W., Lindsay, S. M., The Financial Administration of Great Britain, pp. 75—81.

因二部必先取得财政部长之赞成,始得提出也。

关于财政案之议决,上院与下院之权迥异,自亨利第四时代,下院即通过一议案,将财政案之建议权,属之下院。上院自此时起,即沦于附庸之地位,仅有批评与赞否之权。然上院虽无财政案建议之权,而否决之权自存,仍足以阻挠下院之财政案议决权,因之两院关于此项争执之历史甚长。当1909年《路易乔治预算案》(Lloyd George Budget of 1909)通过下院时,上院以其租税政策不利地主及资产阶级,予以否决。于是自由党之下院,两次解散议会,诉之民众,主张上院不应有更改及否决下院所提财政议案之权,结果遂有《1911年之议案》(Parliament Act of 1911)通过于下院。此议案之要点有二:第一,凡下院通过之财政案,如果在国会开幕前一月送至上院,而上院在一月后尚未照原案通过,则除下院自行撤回或修正原案外,此财政案应立即送呈英王签押公布,成为议会之正式议决案。第二,一种议案之是否为财政案,由下院议长出具证明书决定之。此项证明书,即为最后之决定,不受任何法庭之质问。自兹案通过以后,上院对于财政案之否决权,亦被剥削矣。故约言之,英国之预算议决权,在下院而不在上院。

议决预算之程序,通常有经费之承认及经费之指拨之别。按英下院之财政立法程序,每年下院开会之始,立即指定制用委员会(Committee on Supply)及制入委员会(Committee on Ways and Means)。前者监督用途,后者监督收入。二者之组织,均为全院议员。当财政部长及海陆军部长提出预算于下院大会之后,下院大会,即举而交之制用委员会审查。制用委员会详细讨论,予以表决,报告其审查之结果于大会。大会接受其审查报告,予以赞成,再举而交之制入委员会,讨论拨款事项。制入委员会讨论表决之后，又将其议决案报告下院，以供大会之表决。以上各步骤，其性质为对于经费之承认（Authorization of Expenditures）。自下院正式通过，则为经费指拨案。此案送至上院，由上院再送至英王签署，即成为正式之经费指拨案（The Act of Appropriation）。

经费指拨案，通常分为四部[①]：（一）临时预算案。英国之会计年度开始期为四月一日，而预算送入国会之时为二月中，中间相距，为时甚促，预算之审查讨论议决，自不能于此月余之内完竣。为事实上之需要计，乃有一变通之办法，即会计年度将开始之时，由内阁向下院请求支持数月之临时经费，此项预算，即谓之“临时预算”。但此项临时预算案中所指拨之经费，其用途具有限制，只能用之下院已认许之事业，而不能用之于未经认许之新事业；只能以之供文治方面及收入机关之用，而不能移用于海陆军方面。其通过之期，大率为会计年度开始之前一日。（二）总预算案（Appropriation Acts）。上述之临时预算，系总预算案之一部分，按照议事规程，下院正式通过预算案，在八月五日或以前。故在八月五日国会未休会之前，下院须通过一分款指拨之总预算案，以供本会计年度之总支出。（三）追加预算案。在特种情形之下，各主管机关如有不敷，可先请求财政部之允许，由意外准备金中（Civil Contingency Fund）拨给增加之支出。拨给后再由财政部提交下院追认通过，即为追加预算。追加预算之提交下院，普通年分春、夏两期，春季大率在二月，夏季多在六七月。（四）信任预算案（Vote of Credit）。当意外之巨大事件发生时，其指拨经费之方法，即为通过信任预算

① Willoughby, W. F., Willoughby, W. W., Lindsay, S. M., The Financial Administration of Great Britain, pp. 126—129.

案。信任预算之议决，但定其总额，至其如何支用，则一任当局者之调度，议会不预为指定也。

经费指拨案，系属于岁出方面之立法，其关于岁入方面者，则有收入案（Revenue Bill），合此二者，即可约括英国下院财政立法之内容矣。

第三节　英国预算实行之监督

英国预算实行之监督，可自行政及立法两方面述之：

一、行政方面之监督

英国财政之健全及其支出之较为经济，行政监督之周到，实为要因。兹就其监督之方法，逐步分述如下：（一）各机关增加支出之新提议，必先由财政部审查批准，始得签支。（二）财政部对于支出机关，得随时向金库发出支付饬书，此项支付命令，非直接交之支出机关，乃系先交于主要会计官，再由其依各支出机关之请求，付给受款人。所谓"主要会计官"者，在英有三种：一为国债会计长（The Comptroller General of the National Debt）及英伦与爱尔兰两银行之出纳主任（Chief Cashiers），接收财部存款以备偿债之用；二为各收入机关之总会计，收入机关如海关税局、内地税局、邮政局等，先以一部分作为机关之日常开支，余款则依合法手续转帐；三为国库出纳总监（Paymaster General），其所负之职责甚大，除国债及收入机关之支出帐目外，其他预算案独立各款（Vote）之出纳，均须由其管理登记也。（三）财政部为谋就地监督实际开支之计，操有指定各机关会计官之权。凡各机关预算案上各款之实际开支，须事前由其会计官审查无疑后，始能向国库出纳总监领支。且预算内各款下项目之实际开支，亦须由各有关之会计官呈报审计总监审查。因此各支出机关之会计官，地位殊甚重要。（四）各支出机关对于各款预算间之流用，须先获得财政部之批准。惟同款以内之各项目，则行政长官，得有自由流用之权限。但此有一例外，即海陆军部各款预算间之流用，可由该部自由酌夺，毋须先行获得财政部长之允许也。

除上述监督方法外，尚有三机关，佐助财政部长监督各支出机关之开支。第一为工务处（Office of Works and Public Buildings），其职责不仅监督各行政机关之土地建筑经费，且兼及其设备，房租，及购买方法等细务。第二为印刷处（Stationery Office），此处之职务，在监督各行政机关之印刷经费及文具图书之使用。第三为各部或部际调查委员会（Departmental or Interdepartmental Committee），此委员会中，财政部率派有专员参加，故对于各行政机关之内幕，洞若观火，因之监督经费亦较易。此行政方面监督之大概也。

二、立法方面之监督

英国下院监督预算实行之重要机关有二：一在院外，为会计审计总监（The Comptroller and Auditor General）；一在院内，为审计委员会（Public Accounts Committee of the House）。前者为一独立之财政监督官，受国会之委托，而不隶属于行政长官，其职务为事前与事后监督经费之支出。后者为下院一委员会，负审查财政部决算报告之责。兹就二者之组织及工作分别言之：

（一）会计审计总监　英国会计审计总监部，系根据《1866年之审计部条例》（The Exchequer and Auditor Department Act of 1866）而设立。部设会计总监一人，副监一人，二人均由英王特任，任期终身，除受两院弹劾外，英王不得免其职。会计审计总监部之办事人员，由财政部委任，但总监得行使其免除之职权。

会计审计总监部之职务，约可分为三类：第一，预算实施前之核准支付命令。英国国库收支之总枢纽，在英伦及爱尔兰两行。国库在各代理国库银行之帐，名为“国库往来帐”（The Accounts of Exchequer）。财政部当未发支付命令于国库出纳总监之时，即须先咨请会计审计总监核准，并请其咨照代理国库银行，由“国库往来帐”下之存款，拨入“支出供给帐”（Supply Accounts），以备出纳总监付给各款预算之领款人。此就固定经费而言；至非固定经费，则除上述外，尚须有英王命令，会计审计总监始可咨照代理国库银行转帐照拨也。第二，预算实施后之帐目审查。预算实施之后，各种帐目，均须经会计审计总监之审查。审查之范围，包括一切中央收入与支出。查核时对下列各点，尤特别注意：(1)总支出额是否与国会所定相符；(2)行政收入是否遵照国会之命令办理；(3)支出款项，有无相当之收据；(4)经费用途，是否遵照法令或国会所规定；(5)各款间经费之流用，是否获得财政部及国会之允许；(6)支出情形有无违反财政部之命令及浪费之弊。审查之结果，如某部司计人员，有违法之事，则可于报告国会书中批评报告之，第不能直接向行政官吏有所驳斥也。第三，规定会计官及副会计员报告各款预算之章程及格式，此种章程及格式规定后，须获得财政部长之同意，始能公布。

（二）审计委员会　国会每当召集之初，即推举十五议员，组织审计委员会，审查决算之帐目。委员会中七人为在朝党议员，八人为在野党议员。委员会之委员长，常为在野党议员，即此，可见英之财政公开，已达充分之境。

关于全国公款收支之决算报告，下院每年可收得者有二：一为财政部之国库收支决算报告，一为会计审计总监部业经审查之国库收支决算报告、下院收到之后，即交之审计委员会审查。委员会之工作，首为审查决算支出额超过预算指拨额之各款预算帐，并决定应否建议国会通过追加预算。次则根据会计审计总监之批评报告。详密审查各款预算之帐目，有时且调阅案卷，及质询有关系之长官。最后则向国会作一报告，建议违法官吏应予之惩罚，国库收支应改良之点，以及官厅会计方法或制度之宜改善等等。国会接收是项报告之后，予以讨论通过。此英审查及议决决算报告之方法也。

第四节　美国预算制度之沿革

美国在十八世纪中叶以前，为英国殖民地，其时英国国会中，无美洲殖民地之代议士，而通过课征美洲殖民地之印花税，以充军费。此种举动，与英人自身所服膺之"无代议士不纳租税"之原则，大相违背，因之殖民地人民起而反抗。且在课征印花税之先，已有《航海条例》及《贸易条例》等，束缚殖民地之经济发展。嗣后印花税虽被反抗而撤消，而英国国会又复通过茶叶进口税之征收，因之，遂激成革命热潮。1774 年，美洲十三州代表会于费城（Philadelphia），议决以武力抵抗母国之暴虐。1776 年，发表独立宣言，与英宣战。十三年后，始获战胜英国，制定宪法。美国之独立战争，其致成之原因，约言之，实为财政权之争。

美国 1789 年之宪法，关于预算，规定：（一）总统有将联邦财政状况之事实报告国会，并将应付此种状况各需要之方法，向国会建议;(二)无论任何款项,非经国会指拨,不得向财政部支领。观此,可知起草宪法者之意,欲举岁出入预算之建议权,属之行政机关,而以立法机关任批评及议定之责。故开国之初,议会之财务立法程序,与英甚相似,有全院制入委员会(A Committee on Ways and Means)及全院制用委员会(A Committee on Statements and Estimates of Appropriation),讨论预算案内之收入与支出。即美国财政部长之权限,亦与英国财政部长之权限相类也。

美国国会财政立法之程序,既仿采英国之制,而其后乃于英国迥异,其故何在?试举其要者言之:(一)美国上院有修改下院所通过之预算案之权;不仅有权修改,且常有增加预算数额之事。上院既有此项财政权,即使下院有良好之财政立法程序,其结果亦将为所破坏。(二)美国在开国之初,内阁阁员,可以列席国会,说明意见。后因国会恐受行政长官暗示之影响,通过一议案,不允阁员列席。因此,财政部长对于预算案,丧失其建议及说明之权。(三)国会制用委员会之数目,逐渐增加,各自独立。在此种制用权分化之会议中,编制预算并议决预算,其弊端自必层出不穷。故往往下院通过之预算,其数额常超于行政机关之所提出,而上院所通过者,又常逾于下院。全国之收入支出,缺乏一有控制之权者,为之谋其适合。因上三者之故,美国之预算制度,初虽似英,而终于与英大异。

此种递演成为议会编制之预算制度,弊害既著,于是改革预算制度之声浪,相继而起,结果乃有《1921 年之预算与会计案》(Budget and Accounting Act 1921),通过于国会。吾人于未讨论美国新预算制度之时,先略述 1921 年前之预算制度。

第五节　1921年前美国之预算制度

1921年以前，美国联邦政府之预算，其编制权，不在行政机关之财政部，而在立法机关之各委员会。行政机关之财政部，只收集材料，提交议会，以供参考，无所谓审查考核修改之权也。财政部收集概算送交议会之后，议会乃着手编制与议决。

美国上下两院，在1917年时，共有分立之委员会二十九。其中上院十五，下院十四。在此二十九委员会之中，其负讨论编制及议决岁出预算之责者，在上院为数八，在下院为数十。举例言之，如农业委员会、陆军事务委员会、海军事务委员会、外交事务委员会之类是。各委员会审查编制其有关系之行政机关之预算，例如农业委员会编制农部之预算，陆军事务委员会编制全国陆军之预算。审查编制之后，予以议决，再提交大会通过。此项委员会，多数与其所支配之行政机关，有相当之好感，故减削其经费之举，甚为罕见，而增加则为恒有之事。例如农业委员会之委员，大都为农业区之代议士，此辈固甚愿农部事业之扩充，以博选民之欢心，尚何有于削减？除此上述两院之编制及议决岁出预算之委员会外，上院尚有六委员会，下院尚有四委员会，所审查及报告者，大率为关于恤金、赔偿及土木建筑之类，例如伤兵恤金委员会及土木建筑委员会等是。综括言之，下院内审查及报告预算案于大会通过之委员会，计十有四，上院计十有五，可谓已极制用权分化之能事。

上院与下院关于审查财政部所提出之收入预算，各止委员会一，在下院者为制入委员会（The Committee on Ways and Means），在上院者为财政委员会(The Committee on Finance)。审查之后,各有报告于其大会通过之权。

就美国1921年以前之事实证之,下院所通过之预算案,其数额常较财政部长所提出者为多,而上院所通过者,又常较下院为多。使下院不同意于上院所增之数,则结果由两院推举代表,开联席委员会以谋解决。此项预算通过之后,其执行与监督之权,则全操之行政机关。盖美国财政部内有登记官(Register)专掌税收,登记收入之现款;有会计检察官(Comptroller of the Treasury),专司支出,副签财政部长所发之支付命令;有出纳官(Treasurer)专司款项之支付。此三人者,皆为财政部所委任,其监督预算之权,亦即由行政长官所给与,立法机关,殊无所谓预算实行时之监督也。

美国旧预算制之弊,其最显著者,约有下列三端:

(一)预算编制及议决之权,全在立法机关,其执行及监督之权,全在行政机关。

(二)总统为行政之长官,而无过问预算之权;财政部长为掌理度支之官,而不予以编制预算及审核预算之权。

(三)议会内审查及报告预算案于大会之委员会,为数过多,缺乏系统,致有狼狈为奸、滥增经费之弊。

第六节　美国联邦政府现行之预算制度

(一)预算编制及提出之机关　自1921年之预算与会计案通过后,具有两点最大之改革:其一为举编制及提出之职权,交之行政首领之总统,总统日理万机,无暇编制,则规定于财政部内设一独立之预算局，直接受总统之指挥，代负编制之责。其二为设立会计院（General Accounting Office），改变昔时隶属财政部之会计检察官，而为一独立之组织，以司审计及监督之责。兹先就预算局编制预算之步骤述之：

预算局为代表总统编制预算之机关，局设局长及副局长各一人，均由总统任命之，预算局依照总统所规定之规程及办事细则，进行预算之编制，具有采集，联络，修正，减削，及增加各行政机关预算之权。其编制之步骤，大约如下：第一，预算局编制预算，一切系秉承总统之意旨而进行，故于未编制之先，必求明悉总统之财政政策为何若。第二，预算局长，对于岁入与岁出之总额，予以估计，以便总统酌定财政政策之伸缩。至关于岁出入之参考材料，则均由财政部长供给之。第三，各支出机关初步概算（Preliminary estimates）之造送。按美国 1921 年通过案之规定，行政机关之长官，应审核其机关之概算，并于每年九月十五日以前提交预算局；如果有不及时提出者，总统得令预算局代为编制合乎该机关所需要之概算，编入预算报告。初步概算之造送，大约在七月中，盖预算局所备之详细概算表格，其咨送于各支出机关，率为六月杪或七月初。初步概算送达之后，预算局即加以审查，大抵各支出机关初步概算之总额，常溢于总统财政政策内所定之支出总额。预算局为谋收支适合计，不得不从事削减，削减之前，必先详细审查。审查决定后，预算局乃通知各支出机关，请其在审查决定之最高额内，重编来年度概算。假使审查最高额决不能敷应开支，则须说明其必须增加之理由。惟国会及最高法院之概算，预算局无审查及修正之权，第收集编入而已。第四，各支出机关修正概算（Revised estimates）之提出。各支出机关之修正概算，必须于九月十五以前送达预算局，预算局收到之后，即由局内之调查员及秘书详加审查。第五，预算局内之概算审查委员会（The Board of Estimates）开会审查。此委员会，由局长、副局长、秘书长及其他秘书六人组织之。审查期间，约两阅月左右，审查结果，即为各支出机关概算修正额之决定。最后，预算局予以编制，成为一整个之预算报告，由总统提出国会。此预算局编制预算进行之步骤也。

总统于国会开会之第一日，即须将预算提交国会。其预算内所揭示者，为来年度收入（按照现行法律已有及新建议者）之预计，上年整个年度之收入与支出，本年度之收入与支出（至十一月），上年度杪国库均衡之情形与本年度及来年度之预测，国债方面之事实，以及其他总统认为有陈述必要之事项。如来年度之收入预计，加本年度完结时支出剩余金之预计，尚不足以支付来年度预算内之经费，则总统应向国会建议新税，公债，及其他应付预计不敷之适当办法。又如来年度之收入预计，加本年度完结时之剩余金，其总额超过来年度之支出预计，则总统应提出其认为公众需要之支出而建议之。

追加预算，总统亦可随时酌夺提出国会。惟提出之时，须基诸事实上之必要，或因预算已送达国会之后，制定新法，因之增加支出；或因为公众利益所需要之新政之经费。故总统提出此项追加预算时，须说明理由，并须揭出所以未列入预算报告内之原故。

预算局在总统指导之下，不仅须编制预算，尚须详细调查各行政机关，以期获得较大之经济与效率。调查时率注重下列各点：（一）各行政机关之现行组织，活动，及处理事务之方法；（二）各机关之经费；（三）特殊活动之分派于特殊行政机关；（四）各种职务之重行分配，应有何种变更。此项调查结果，预算局作为报告，提呈总统，总统得举此种报告之结果，提交国会，并附以应如何处置之建议。

（二）议会议决预算之程序 美国下院财政立法之程序，关于预算，首由各立法委员会（Committees of General Legislation）（如农业委员会、陆军事务委员会、外交事务委员会等是）予以认许之提议。此项委员会，仅能提议认许（Authorization of Appropriation），而无提出指拨（Grant of Appropriation）之权。提出指拨岁出经费之权，自1921年后，即完全属之一指拨委员会（Committee of Appropriation），非各立法委员会所能过问也。

立法委员会提议认许之后，即由指拨委员会提议指拨。此会由下院在开会之始，自大会中互选三十五人组织之。下院接收总统送来之预算报告，交由指拨委员会审查，使总统所提出之预算，包括岁入提议在内，则关于岁入部分之预算，由下院交之制入委员会审查。指拨委员会接收预算之后，即开全体委员会会议，讨论对整个预算报告之意见，并决定来年度岁出之最高额。至于详细审查，则由指拨委员会分为十小组委员会分任之，小组委员会审查之后，即报告审查结果于全指拨委员会。

指拨委员会通过各小组委员会所审查之预算后，即提交全院委员会（Committee of the Whole House）。全院委员会（法定人数为一百），乃讨论并逐条票决指拨委员会之拨款提案。讨论时对于指拨委员会之审查报告，具有增削之权，第就事实言，讨论之时间甚短，其能增删者甚微也。最后，再由下院全体大会，将全院委员会之预算案审查报告，不加修正通过，送至上院。

上院财政立法之程序，与下院大致相同，兹不重述。惟上院全体票决指拨委员会所提出之预算案时，各议员不得在大会席上，提议增加预算,此与下院全院委员会席上,任何议员得有提议修正或增加预算案内任何项目之权,稍有别也。两院对预算案内某项目之意见不一时,仍沿旧法,由两院议长在指拨委员会内派数人开联席委员会,以会商妥善之解决办法。

(三)预算实行时之监督　美国联邦政府租税收入之后,即存之美国独立国库九分库(总独立国库在华盛顿,九分库散布于各州)之一,或联邦准备银行之一。此项存放方法,与1921年以前约同;至于支出方法,则与旧制悬殊。

先就行政方面言之。预算局在编制预算时,即已实施控制之权,上已言之。至实行时,亦有严密之监督,其方法有三:(甲)厉行各支出机关之预备金制(The General Reserve System),所谓厉行预备金制,即由预算局竭力鼓励各支出机关撙节预算,有所储蓄,以备不虞之谓。(乙)严格审查各支出机关之新事业,以避免事业重复之耗费。(丙)设立联络机关(Coordination Agencies),以节省各支出机关之经费。例如设立联邦印刷委员会以联络各支出机关之出版事业;联邦采办委员会以联络各支出机关之采办事务等是。

再就立法方面言之。预算实行之时,立法机关不能实地监督,于是1921年通过案中,规定设立会计院,为监督预算执行之机关,犹之总统不能躬自编制与监督,设预算局为之替代也。

会计院之组织,有会计院长(Comptroller General)及副会计院长(Assistant Comptroller General)各一,均由总统获得上院同意后任命之。任期为十五年,其撤职须由上下两院开联席会议表决。会计院长之职务甚多,其最要者:如(一)检查行政机关之一切关于收入,支出,及公款用途之事项。每当国会开会之初,会计院长须作一审计报告,包括对于审计之必要立法,及其他关于收入支出及公款用途等事项之建议。总统如有请求时，会计院长亦须以书面报告之。（二）会计院长对于行政机关之违法支出及违法契约，须向国会报告。（三）会计院长应向国会报告关于各部行政机关之帐目之行政检查，是否适当与有效。（四）美国政府之债权债务各帐目，均应由会计院结清整理。此外会计院长对于预算局需要经费及会计之参考资料时，应予供给；对于国会任何财政委员会命令调查时，应予接受。概括言之，美国会计院之设立，系仿英国会计审计总监之成例，不过在职务方面稍较繁琐耳。

参考书

Willoughby, W. F., Willoughby, W. W. and Lindsay, S. M., The Financial Administration of Great Britain, pp. 47—234.

Stourm, The Budget.

Collins, The National Budget System and American Finance, Chapters Ⅰ, Ⅵ, Ⅶ, Ⅷ.

Lutz, H. L., Public Finance, pp. 644—648.

Buck, A. E., Public Budget, Part Ⅲ.

李权时:《财政学原理》(上卷)。

第三章　吾国预算之编制及监督

第一节　预算之编制程序及审议

量入为出，以制国用，征诸吾国史实，权舆甚早。然此为制用之概算，与现代预算之制，殊不同也。吾国之办理预算，实始于前清之末。初光绪三十四年，宪政编查馆奏准，在九年立宪期内，自第三年起，试办各省预算。宣统二年，度支部拟订各省预算册式及例言，汇编三年总预算，送交资政院议决颁行。翌年，又续编四年总预算。民国初元，续有编制，第因各省造送稽迟，未列入者殊多。民六以后，各年度之预算，愈亦不全，其能将全国收支汇集成册者，仅八年度预算书及十四年度预算书耳。

国民政府成立之后，各部办理预算，因册报缺略，难于审核，送达迟缓，无由汇编，故按照年度所编造之收支预算，亦只形具。自二十年成立主计处，内设岁计、会计、统计三局，于是举向日由财政部办理全国预算之职掌，移归岁计局。岁计局成立之初，关于预算制度，仍遵十九年国府颁行《预算章程》之要点，略加补充办法，以办理二十年度国家之总预算，经时年余，遂得编印公布。二十一年秋，立法院又议决新《预算法》，已由国府公布。新法虽尚未能切实施行，然有足值吾人注意者，兹先就其编制及审议略述之。

一、预算之编制程序

中央政府主计处于每年七月内，通知各机关，按照规定表格，拟编次年度之概算。此项概算之拟编，须由主计处驻在该机关主办岁计事务人员先依据其主管长官所主张之数额及理由编就，再按科目逐项依据其自已所主张修正之数额签注之。然后由主管长官，送呈上级机关。主计处收集各机关之概算，汇编中央政府总概算，应于十二月十五日以前，呈国民政府委员会，转送中央政治会议，核定其概数。核定期间，为一个月，此项核定之数，即为最高标准额，各机关拟定预算时，不得超过。

各机关依照中央政治会议核定之数，编成拟定预算，主计处收集各机关拟定预算之后，乃编造拟定总预算书。此项拟定总预算书，须于每年三月一日以前，编造完竣，送行政院会议核定。其核定之期，定于三月十五日以前完竣。行政院会议核定时，非有重大新事实发生，不得为内容之修正；如因发生重大新事实而修正内容，亦非经中央政治会议之议决，不得增加数额。行政院核定之后，即由主计处整理，印刷成册，于四月一日前，咨送立法院审议。

二、预算之审议

立法院对于预算案之审议，采议决一部分之制。其审议时，先岁出案，后岁入案。审议岁出时，以岁定经费及拟设定之继续经费为限，对于原有继续经费及恒久经费，非依法律不得变更或废止。审议岁入时，以拟变更或设定之收入为限。总预算案之审议，限于五月三十一日以前完竣。如审议时，因一子案或数子案不能通过①，致总预算案，不能如期审议完竣时，则应于六月五日以前，送

① 岁出按机关单位及基金分为若干子案，岁入以每一种收入为一子案。

呈假预算于国民政府。假预算中,包括下列内容:

(一)恒久经费及原有继续经费。

(二)已经议决之新定继续经费;其未经议决者缺之。

(三)已经议决之岁定经费;其未经议决者,暂依现年度之经费,现年度原无此项经费者缺之。

(四)未经提议变更之原有收入。

(五)经议决之收入;其未经议决者,除系非经常收入外,暂依现年度之收入办法,现年度原无此项收入者缺之。

此项假预算,经国民政府公布后,与法定预算有同等之效力,其有效期间,以至法定预算公布之日为止。

第二节　财政监督制度之概要

财政监督机关,就世界各国现行之制度言,可分为立法监督机关,行政监督机关,及审计监督机关三者。立法监督之职权,在议决岁出岁入预决算及制定财政法规;行政监督之职权,在核实收支及增进效能与经济;审计监督之职权,在依据现行法令及预算,审查国家收支,并作最后之报告,以供立法机关之参考。此三种机关所处之地位,自英美现行之制观之,实非相等。盖行使立法监督之代议机关,其监督财政之权限,不仅限于预算,即对于决算亦行之。审计机关所编之审计报告,尚须交立法机关为最后之议决;而其所任事前之监督,亦系为替代立法机关而出。故审计机关对于立法机关,实不过处于附庸之地位。吾国现试行五权分立之制,所谓立法权与监察权,各自独立,而互相辅助,立法院之监督财政，仅依财务立法及议决预算两事行之，至关于决算之监督，惟监察院有最后决定之权[①]，无须再向立法院报告，此则与各国所有者稍异也。

在吾国五权分立之制下，编制预决算与实行行政监督之职权，应属一超然之主计机关，此为事实上之需要。盖因编制预决算及实行行政监督之机关，如为行政院内之财政部，则是行政院有控制及监督其他四院之权，此似与五院各自独立之精神相径庭。且吾国各院之组织，多甚庞杂，又复时有变更，其所编之概算，有时非予以削减不可。使此种削减之权，出自行政院之财政部，则将易发生争执，故根据事实上之理由，主计机关，应处于超然地位，直隶国民政府，而不宜属于任何一院。稽诸现有之制，国民政府主计处，设有岁计、会计、统计三局。兹将三局职掌之要者，列举如下：

一、岁计局之职掌

（一）关于筹划预算所需事实之调查事项。

（二）关于各机关概算预算及决算表册等格式之制定颁行事项。

（三）关于各机关岁入岁出概算书之预算及总概算书之编造事项。

（四）关于依照核定总概算书编造拟定总预算书事项。

（五）关于拟定总预算书经核定后之整理事项。

（六）关于预算内款项依法流用之登记事项。

（七）关于各机关各种计算之汇编及其报告事项。

（八）关于各机关岁入岁出决算书之核算及总决算书之编造

① 讨论决算，为事后之财政监督权，由监察院监察委员会行使之。

事项。

（九）关于各机关财务上增进效能与减少不经济支出之研究及其报告事项。

（十）关于各机关间财务上应合办或统筹事务之建议事项。

（十一）关于各机关办理岁计事务人员之指挥监督事项。

（十二）其他有关岁计事项。

二、会计局之职掌

（一）关于各机关会计人员之任免、迁调、训练及考绩事项。

（二）关于各机关会计表册、书据等格式之制定颁行事项。

（三）关于各机关会计事务之指导监督事项。

（四）关于各机关会计报告之综核记载及总报告之汇编事项。

（五）其他有关会计事项。

三、统计局之职掌

（一）关于各机关统计人员之任免、迁调、训练及考绩事项。

（二）关于各机关统计图表格式之制定颁行及一切编制统计办法之统一事项。

（三）关于各机关编制统计范围之划定，统计工作之分配事项。

（四）关于各机关统计事务之指导监督事项。

（五）关于调查编制不能属于任何机关范围之统计，及各机关未及编制之统计事项。

（六）关于全国统计总报告之编纂事项。

（七）其他有关统计事项。

自上述主计处各局之职掌观之，果能实地运用，其所能产生之效果有三：（一）会计制度之统一。各机关办理会计之人员，均由主计处会计局任免与监督,如英国财政部之指定各机关会计官。此种制度,可以收就地监督之效,且可使国民政府各院部会机关中之会计制度,趋于统一。(二)统计方法之统一。国民政府各院所属机关之统计,编制时彼此不相为谋,则易致重复参差,系统纷歧。采用各机关统计人员由主计处统计局任免与监督之法,则一方面可杜各机关捏造统计之弊,一方面又可收编制方法统一之效。(三)岁计制度之统一。按诸现有预算法之规定,各机关概算之拟编,主计处驻在该机关主办岁计人员,有逐项依据其自己主张修正之数额及理由签注之权。同时预算法中,又规定主办岁计人员,对于不合法之支出收入契约或营业,应向所在机关主管长官以书面声明异议,并报告于该管主办审计事务人员,及该机关之上级机关。假使不为此项异议,则应连带负责。此种规定,不第能使各院部会之岁计编制,趋于统一,且予主办岁计人员以责任,使其不肯委蛇掩饰而代人受过。主计处对于财政监督方面之工作,已述于上,如能见诸实施,亦可谓已达严密之境。

第举预算实行时之财政监督权,尽由主计处片面负责,虽其组织严密,其所处之地位为超然,要亦不能无弊,盖因主计处所编制之预算,虽须由立法院审议通过,但执行时,立法院则无权过问,故欲为杜弊计,实有赖于监察院之审计监督。吾国现制,审计监督之职权,由监察院内之审计部行使。审计部之监督工作有二:一为审核,一为稽察。所谓审核,即依照预算案,审查全国之岁入岁出,核定各机关之收支命令。为实行事前监督及简省手续计,审计部派审计员常驻各支出机关,以便就地执行审核,此法系仿美会计院派遣审计员分驻各部之制。假使机关长官之支付命令,与预算不符,审计员得拒绝签字,出纳人员无审计员之签字,得拒绝支付。此种就地监督之法,不第可遏止机关长官不合法之支出,且可监视主计处派驻之岁计会计统计人员,使其不易依阿渎职,串通舞弊。至于稽察方面,则审计部有派驻各机关之稽察人员,在书据以外作事实上之调查。处此互相牵制之情形下,自足以遏抑官吏贪婪之弊,惟欲使此种制度,行之有效,今后有特别应注意之点二:第一,须力求金库统一,盖金库不统一,则审计员之拒绝签字,不易发生效力。欲使审计员有实际控制支付之权,必须先有受其监督之统一金库。第二,宜依审计部组织法之规定,先在全国各重要市镇,设立审计处,就地实行事前之监督,免致审计部有鞭长莫及之虞。

自上述观之,吾国之财政监督制度,就行政监督及审计监督言,规定已臻严密。虑各机关长官之虚造捏报也,则有直隶国民政府处于超然地位之主计处,直接控制各院部分及其所属机关主办岁计会计统计事务之人员。虑主计处直辖人员之将徇情渎职也,则有监察院、审计部派驻各机关之办理审计人员及稽察事务人员,为之就地监督。聚办理事务之人及负责监督之人于同一机关,而各保持其独立性,各向其上级机关负责,此不仅在监督上可望周密;即办事手续上,亦可期其敏捷而有效。

虽然,财政行政之问题,不仅在组织方面,用人方面,亦为决定一种制度失败与成功之要素。仅注意于制度,而不顾及用人问题,则立一法,不久即将弊生;弊生又立一救弊之法以防之,辗转加增,日趋繁缛,结果法制愈密,防闲愈周,而舞弊之伎俩,愈将层出而不穷。所谓用人问题,即应注意用人之标准与任用之条件二点。前者宜以才能功绩为标准;后者则指各种任用之条件宜优裕,必如是,始能期其心职而具勤劳任事之精神。夫国家立法,无取虚文,吾国财政监督制度,今后贵能实施,第欲求其行之有效,实非兼顾制度与用人无济也。

参考书

贾士毅:《民国续财政史》(四)——《各种法规》。
杨汝梅:《近代各国审计制度》。

何廉先生学术年表*

1895 年(光绪二十一年)

何廉生于湖南邵阳县硖石口,字淬廉。

1903 年(光绪二十九年)

入家馆启蒙。

1914 年

以第一名的成绩考入长沙雅礼中学读书。

1919 年

自费赴美国留学,入波姆那学院(Pomona College)二年级学习。

1921 年

在波姆那学院结识了余舜芝小姐;同年,决定主修经济学。

1922 年

进入耶鲁大学研究生院,主修经济学、兼修社会学;期间曾在费雪(Irving Fisher)教授的指导下长期从事物价指数的编订工作。

1923 年

加入在美华人联谊团体——成志会。与同在美国学习的方显廷相识,成为莫逆之交。

* 本年表由南开大学杨敬年、关永强撰写。

1925 年

在亚当斯(Thomas S. Adams)教授指导下完成论文:《对于国家行政机构和所得税征收过程的一个比较研究》(Machinery and Procedure in the Administration of Income Taxation: A comparative Study with Special Reference to United States and the United Kingdom)。

1926 年

获得耶鲁大学博士学位,旋即接受南开大学商科的邀请,回国任财政学和统计学教授,开设经济学、财政学、统计学和公司理财学四门课程,从一开始,他就尤其注意在授课过程中将经济学理论与中国素材相结合,使学生能够学以致用。

1927 年

谢绝中华文化教育基金会的邀请,于 9 月 10 日创立南开大学社会经济研究委员会,兼任委员会主任导师。

1928 年

与《大公报》合办《统计周刊》副刊,同时创办英文期刊 *Nankai Weekly Statistical Service*(后更名为 *Monthly Bulletin on Economic China* 和 *Nankai Social & Economic Quarterly*),对外发布社会经济研究委员会的研究成果。同年,开始指导委员会着手编制物价、生活费和外贸指数,后来经过不断地发展壮大,形成了蜚声海内外的"南开指数"体系。

1929 年

1 月,邀请方显廷来南开担任经济史教授兼社会经济研究委员会研究主任,从此开始了他们二十年的亲密合作;此后,越来越多从海外归来的经济学者加盟这里,南开也由此成为了当时中国经济研究的重镇。8 月,何廉与余舜芝小姐结婚。10 月,与张伯苓校长同赴日本参加太平洋国际学会讨论会,获得学会的两项研究资助:东北移民项目由何廉主持,华北工业化项目由方显廷主持,缓解了当时的经费难题。

1930 年

3 月,《大公报·统计周刊》改版为《经济研究周刊》,在 3 月 3 日第 1 期的发刊词中,何廉明确提出了经济学必须实现中国化的目标。5 月,何廉与方显廷合著的《中国工业化程度及其影响》由商务印书馆出版,书中提出要研究中国工业化"非实地调查不为功"。

1931 年

从洛克菲勒基金会获得了第一笔为期五年的资助,此后来自该基金会的拨款一直持续到了 1947 年,成为了社会经济研究委员会(即后来的经济研究所)重要而稳定的经费来源,委员会的研究领域也由此得以扩展到了华北农业经济、乡村工业以及地方行政与财政这三项农业课题,何廉也因此而被誉为中国最早重视农业的经济学家。5 月,受校长张伯苓的委托,将商学院、文学院的经济系和社会经济研究委员会合并组成了中国大学中的第一个经济学院——南开大学经济学院,何廉任院长,同时设立经济学院董事会,邀请颜惠庆任会长,负责筹款。针对当时大学专业划分过细的状况,何廉对课程设置进行了改革,要求经济学院第一年讲授公共课程,第二年介绍经济学基本课程,三年级以后再划分专业;针对当时国内经济学术语使用混乱的局面,何廉又组织经济学院的教授定期会议,集中探讨经济学术语的标准化问题。

1932 年

创办《经济统计季刊》,每期均登载"中国经济概况述要"一篇,总结本季度的中国经济状况，1934 年扩刊并更名为《政治经济学报》。

1933 年

应全国经济委员会邀请，和方显廷一同对浙江省进行调查并提交《浙江省经济状况与问题的报告》。

1934 年

南京教育部国立编译局召集各大学经济学教授，组织成立国家自然科学用语标准化经济学工作委员会，由何廉担任主席，在南开大学工作的基础上，统一中国经济学的术语使用，并编撰了《经济学名词》，由教育部颁布，推广到全国各大学使用。5 月，斐陶斐励学会南开分会成立，何廉当选副会长。夏，受邀赴庐山与蒋介石会谈中国经济状况。9 月，遵照教育部训令，取消经济学院名称，更名为商学院，同时将社会经济研究委员会更名为经济研究所，何廉继续担任商学院院长兼经济研究所所长。

1935 年

2 月，由何廉和李锐合著的《财政学》教科书由国立编译馆出版，由商务印书馆发行，成为其经济学中国化主张的一个重要体现。同年，南开经济研究所与北京协和医学院、燕京大学、清华大学和金陵大学联合成立了“华北农村建设协进会”，何廉任协进会主席，方显廷任秘书长，在山东济宁设立试验县。为配合协进会工作，南开经济研究所于秋季首次招收研究生，由洛克菲勒基金会提供奖学金，他们也就成为了我国自己培养的第一批经济学硕士，到 1948 年，经济研究所共招收研究生 11 届 59 人，他们大都成为经济学名家或财经工作者，为经济学研究和国家经济建设做出了重要贡献。

1936 年

接受国民政府行政院的任命，任政务处处长，受命考察国民政府经济部门的机构设置状况、政府在经济建设中的作用和财政收支状况这三项问题；同时在名义上仍担任南开大学经济研究所所长，由方显廷代理所长职务。

1937 年

5 月，就所考察的三项问题完成详细的报告，书面呈交蒋介石。3—9 月，代理资源委员会秘书长职务。8 月，兼任农本局总经理。10 月，兼任农产调整委员会副主任。11 月，农产调整委员会主任周作民辞职，何廉接任主任。

1938 年

1 月，将农产调整委员会并入农本局统一管理。2 月，鉴于各大学内迁和农本局人员不足的情况，何廉邀请方显廷在重庆共同开设训练班，先后合作招收和培训了数百名大学毕业生，派往各地农本局机构任职。抗战期间，农本局在农产运销、推广良种、开设农业仓库和发放农业贷款等方面取得了很大的成绩。春，华北农村建设协进会南迁至贵州并更名为“中国农村建设协进会”，试验区改到定番（惠水）县，何廉仍为会长。6 月，兼任经济部次长，主要负责农业行政工作。同时，何廉还应邀兼任三民主义青年团执行干事和经济处处长。

1939 年

因志趣不投而辞去三民主义青年团职务，因而也失去了与蒋介石直接接触的渠道。9 月，因抗战而南迁的南开大学经济研究所辗转经长沙、昆明后，在重庆沙坪坝南渝中学内恢复，何廉仍任所长，每周回所一次。

1940 年

西南各大城市出现粮食危机,何廉兼任粮食管理局局长。

1941 年

5 月,由于国民政府内部的人事倾轧,何廉的职务被撤销,改任军事委员会参事,同时每周三天到南开经济研究所从事学术工作。8 月,在汪山的住宅遭日本飞机轰炸,长子罹难,已经搜集的大量农村金融资料也毁于一旦。11 月,赴香港与企业界人士聚会商讨经济问题,决定对西北地区进行考察。12 月,香港沦陷。

1942 年

历险从香港返回重庆,恢复在南开经济研究所的工作。

1943 年

5 月,受邀与蒋介石面谈。12 月,赴甘肃、陕西、青海、宁夏和新疆五地考察西北经济,并撰写了考察报告,认为西北经济的发展不能只依靠私营企业,而更需要政府先投资发展运输和灌溉等基础事业。

1944 年

1 月,就职中央设计局副秘书长,同时邀请方显廷担任中央设计局研究处处长,组织编制《(战后)第一个复兴期间经济事业总原则(草案)》和《中国战后经济建设的第一个五年计划》,对各地区发展分别进行规划,主张采取公私混合的经济体制,有计划地发展国营和私营企业,同时尽量将政府的控制减少到最小程度,由于各种原因,这一计划未能公布实施。6 月,与范旭东、龚饮冰等组建建业银行,任总顾问。10 月,再度担任经济部次长。

1945 年

冬,中央设计局完成工作后撤销在案。

1946 年

6 月,辞去国民政府的全部工作,应邀任金城银行常务董事兼中国协进企业公司总经理。10 月,与方显廷在上海设立中国经济研究所,何廉任所长,方显廷任执行所长。

1947 年

1 月,与南开大学的老同事张纯明在南京创办期刊《世纪评论》。4 月,与方显廷在上海创办期刊《经济评论》。同时,还与龚饮冰等合作在上海组建晨南企业公司,任董事长。7 月,作为联合国社会经济理事会的经济与就业委员会和人口委员会的中国代表,在洛克菲勒基金会的资助下,何廉赴美参加联合国会议并访问各主要大学和重要经济学者。

1948 年

6 月,张伯苓调任国民政府考试院院长,电邀何廉回国代理南开大学校长。10 月 14 日,正式就职南开大学代理校长,募资修复南开大学图书馆,解决学校师生的粮食和冬季取暖问题。12 月,离开天津,经上海抵香港。

1949 年

1 月,举家从香港转赴美国。3 月,赴日内瓦参加联合国人口会议。6 月,接受哥伦比亚大学邀请任客座教授。

1955 年

担任哥伦比亚大学经济学终身教授,此后相继开设了“中国经济结构”、“共产党中国的经济发展”、“中国土地制度”和“日本的经济结构”等课程。

1956 年

应历史学教授韦慕廷(C. Martin Wilbur)之邀,共同主持哥伦比亚大学中国口述历史工程(Chinese Oral History Project, 1958—1976),先后联络采访了十六位民国名人政要,留下了大量的历史研究资料。

1961 年

因高血压症困扰而从哥伦比亚大学退休。

1965 年

10 月,接受哥伦比亚大学口述史研究中心访谈,至 1966 年 8 月完成《何廉回忆录》。

1975 年

7 月,病逝于美国纽约。

财政思想与民国实践的创新性结合

——何廉、李锐《财政学》导读

杨敬年　关永强

何廉（1895—1975），字淬廉，我国近代著名经济学家。1895 年生于湖南邵阳县硖石口。1919 年赴美国留学，1926 年获耶鲁大学博士学位后，归国任南开大学财政学和统计学教授，创办了我国高等学校中第一个专门的经济研究机构——南开大学经济研究所。先后任南开大学经济研究所所长和经济学院院长，在经济学中国化、经济指数编制和工农业经济问题研究等领域都做出了卓越的贡献，培养了我国最早的一批经济学研究生。1936 年以后，何廉进入政界，先后担任国民政府行政院政务处处长、经济部次长、农本局总经理、农产调查委员会主任。1944 年复任经济部次长兼中央设计局副秘书长等职务，同时一直兼任南开大学经济研究所的教职。1948 年任南开大学校长。1949 年转赴美国，任哥伦比亚大学客座教授，期间曾口述《何廉回忆录》。1961 年退休。1975 年病逝于纽约。

李锐（1898—1978），字笔渔，1898 年生于湖南邵阳畲田桥。1926 年考入南开大学，1930 年毕业后留校担任何廉的研究助理和经济研究所的中文秘书。1934 年赴英国伦敦大学政治经济学院深造，1936 年学成回国，任南开大学经济研究所教授。后历任国民政府财政部简任秘书、直接税署署长、湖南省财政厅厅长兼省银行行长。1948 年前后辞官回到学界，历任贵州大学、四川财经学院和成都大学的财政学教授。1978 年逝世于长沙。

《财政学》一书是何廉、李锐在南开大学开设财政学课程时所编写的教材，它既是两位作者多年教授财政学课程经验的总结，也是何廉和他主持下南开经济研究所所秉承的经济学中国化思想的一个体现。作者编写本书的目的在于将财政学的理论与中国的具体情况紧密结合，通过讲授这一课程，使学生能够将财政理论学以致用，开展中国化的经济研究。这正如何廉在引言中所说的，"社会科学之教本，欲期详明，贵能撮述理论之概要，而以实际事实印证之。第实际事实，各国不同，故教本之编著，亦贵能相体裁衣，具有国别"。该书于 1935 年 2 月由国立编译馆出版、商务印书馆发行，为全国各高等院校财经科系广泛采用，成为当时畅销的教材之一，在两三年间就行销了九版。①

书中系统地介绍了财政学所研究的各个领域，包括六大部分：绪论、第一编公共支出、第二编公共收入、第三编租税、第四编公债和第五编财务行政与立法。尽管本书的写作距离现在已经过去了七十多年，但其关于财政收支的基本理论在今天看来仍然没有过时。如果我们将这些理论不是看作教条来记忆，而是当作我们分析问题的方法来看待，那么书中关于财政支出和公共事业经营的限度、中央与地方财政的划分、健全税收制度和募集公债的基本原则与方法、公债转换、预算的编制和审议制度等的理论阐述，对于今天的我们仍然是很有启发性的。同时，本书还详细介绍了清末

① 胡寄窗：《中国近代经济思想史大纲》，中国社会科学出版社 1984 年版，第 451 页。

至国民政府时期的各项财政制度，以便于当时的学生能够将理论联系实际，这些具体的制度虽然与今天有了很大的差异，但对我们当前的财政税收制度建设尚有一定的借鉴意义；书中关于近代中国财政分权、举借公债、预算制度和厘金等税收的介绍和分析，不乏真知灼见，对于经济史研究者来说也是不可多得的重要参考资料。最后，作者在强调财政制度建设的同时，还特别提出要加强专业人员的队伍建设和管理，强调必须使人事与制度相互促进，才能建立起真正高效的财政系统，这也是很值得我们注意的。

一

早在何廉回国就职南开大学之初，就通过各种机会考察了国内十余所名校的经济学教学工作。他发现当时的经济学在中国仍然是一门新兴学科，各类课程使用的大多是英美或日本的原版教材或译本，教师们也都是照本宣科，介绍西方国家的经济情况，而很少去研究中国的具体国情。对此，何廉认为，作为一个受西方教育的洋学者，首先必须经历一个自我教育的过程，深入中国实际，了解国情、解决难题，然后才能引导学生学会应用所学的知识解决他们所遇到的更多的实际问题。因而，何廉在南开经济研究所大力倡导研究与教学的中国化，强调经济研究“非仅明了经济学原理及国外之经济组织与制度，即为已尽能事。贵在能洞察本国之经济历史，考察本国之经济实况，融会贯通，互相比较，以为发展学术，改进事业之基础。能如是斯可谓之中国化的经济研究”①。而经济学的教学“尤宜注意于

① 参见何廉为《大公报·经济研究周刊》1930年3月3日第1期所写的“发刊词”。

中国化……不仅在知经济学上之原则与理论，并须熟稔中国之经济情形、工商实况，始能措施得宜……若仅承舶来之学，而昧实地之事实，特胶柱鼓瑟耳，又何足以言改善？”①。

由何廉主持、李锐担任助理的财政学课程，就贯彻了这种经济学中国化的指导思想。他们在第一年先采用美国学者卢茨（Harley L. Lutz）的英文原版《财政学》作为课程教材，同时通过各种关系甚至求助于北洋政府要员而搜集了很多关于中国税收、国债和财政支出的资料，油印后作为补充教材发给学生，在讲课的过程中也尤其注重探讨中国的财政学和财政问题，指导学生将所学的原理应用于中国的实际情况。第二年就开始以卢茨的教材为蓝本，编写自己的讲义，经过了数年的课堂实践、修改和不断补充之后，最终形成了这本《财政学》大学教科书。

在当时，中国的财政学教材仍以译本为主，比较著名的有美国学者亚当斯（Henry Carter Adams）撰写的《财政学大纲》（刘秉麟译，商务印书馆 1921 年版），日本学者小川乡太郎的《财政总论》（何嵩龄译，商务印书馆 1927 年版）和阿部贤一的《新财政学》（施复亮译，大江书铺 1931 年版）等。但这些译著都只论述财政学的各项原理和欧美日各国的财政政策，而对中国财政只字未提，学生读过之后往往无法获得切身的体会，而只是停留在理论的层面。因此，《财政学大纲》的译者刘秉麟另外撰写了《中国租税史略》作为该书的附录以帮助学生理解，而另一些从海外学成归国的中国学者则开始自己尝试编写财政学教材。以当时比较有名的陈启修

① 参见何廉：《中国今日之经济根本问题》，载《大公报·经济研究周刊》1930 年 3 月 10 日。

著《财政学总论》(商务印书馆 1924 年版)和李权时著《财政学原理》(商务印书馆 1931 年版)为例,二者都对财政学理论进行了深入全面的介绍,也都有了联系中国财政实际的意识,但陈著大多把中国财政资料作为相关章节的附录,而李著则罗列了大量中国财政和历史资料而未加以分析[①],相比之下,何廉和李锐的这本书在财政学的中国化方面取得了更多的突破,只有同年出版的尹文敬著《财政学》在体例上殊堪与本书相伯仲。仔细阅读本书,我们会发现,作者不仅在介绍财政学各个领域的过程中都详细介绍了对应的中国财政情况,而且对当时中国的财政尤其是税收制度进行了深入浅出的分析,还指出了进一步研究所需要的资料来源,为学生研习中国财政问题提供了一个好向导。

除本书外,按照同样的经济学中国化原则,何廉和他领导下的南开经济研究所还出版了《统计学之原理与方法》、《经济学概论》、《中国之工业讲义大纲》和《中国商事法》等一系列经济学教材;同时又编写了《经济学名词》,对经济学术语的使用进行规范化,并通过教育部推广到全国各大学校使用。这种将经济学理论与中国具体国情紧密结合、学以致用的指导思想,即使对于我们今天的教材编写工作,也还是很有启发的。

二

有关财政的思想,可以追溯到中国的先秦诸子和古希腊的色

① 胡寄窗:《中国近代经济思想史大纲》,第 450 页。

诺芬;而财政学作为一门独立的学科,则是近代经济学发展的产物。

1662 年,威廉·配第的《赋税论》对公共开支和税收进行了较全面的论述;1776 年,亚当·斯密在《国富论》中更为系统地探讨了财政学的各个范畴,从而为财政学成为一门独立学科奠定了基础;1892 年,英国学者柏斯特布尔(Charles F. Bastable)出版了第一本以《财政学》(Public Finance)命名的专著。此后,相关的著述日渐丰富,财政学的课程也日益成熟,到二十世纪初时,已经有了大量的财政学专著和教科书问世,经济学界也已经形成了以斯密思想为核心的较完整的财政学理论体系。本书所介绍的理论部分就是这一时期的财政思想,认为人是社会动物,政府为社会组织,个人的发展有赖于政府职能的扩展,而政府要完成其职能又需要拥有相应的资金,财政学所研究的就是政府如何取得、使用和管理这些资金,与此相对应,财政学研究的范围也就分为政府支出、收入、公债和财务行政这四个部分。

需要说明的是,本书写作于 1930 年代初,在此之后,财政学又有了一些新的发展。在二十世纪三四十年代,凯恩斯革命改变了经济学界的传统看法,财政政策常常被作为反周期调节(counter cyclical policy)的政策工具,理查德·马斯格雷夫在 1959 年出版的《财政学原理》(The Theory of Public Finance)中,就重新定义了财政的三大基本职能:稳定经济、收入再分配和资源再配置。到了七十年代以后,随着福利经济学、公共选择理论和计量经济方法的发展,医疗保障、失业保险等公共支出政策和对外贸易、反垄断等政府对经济的管制政策也都被纳入了财政学研究的范畴,政府在经济中扮演的角色问题成为了财政学研究的中心问题,一些教科书也因此而采用了公共经济学(Public Economics)或公共部门经济学(Public Sector Economics)等名称。

但总体而言,这两次变革与其说颠覆以前的财政思想,不如说是从新的角度来探讨财政政策的功能和财政学的研究范畴。因此,尽管经过了这些变迁,本书中提到的财政开支、税收、公债的原则、要素等基本理论,在今天仍然是适用的。具体到财政政策和制度层面,书中内容与今天当然会有很多的不同,有些税收种类已经不复存在,财政开支的门类也有了很大的扩展,但阅读本书,我们仍可以了解近代以来我国财政政策和思想变迁的来龙去脉,进而通过今昔比较对我们今天财政制度的建设起到一些参考借鉴的作用。以下我们就对书中各章节的主要内容及其对今天的意义作一个大略的介绍。

绪论部分包括两章,目的在于厘清财政学的概念、发展历程,并提供主要的参考书,使学生能够对财政学有一个初步的了解。

第一章界定了财政学的定义、基本原则和学科范围。作者首先指出财政学是探讨政府为执行职务所需资财的取得、使用和管理的科学;与之相对应,这门学科在外延上包括着财政支出、财政收入、公债和财务行政这四个研究领域(即本书各编所对应的内容,唯财政收入内容较多,故分为收入和租税两编)。书中还援引了美国学者亚当斯提出的财政三原则:财政收入的征取不能损害私有产业的生产效率、国家的财政应受法律的严格监督、财政制度应与国家的政治制度和组织相配合,这些原则在今天也依然是值得我们认真思考的。

第二章评述财政思想史,并开列出相关的参考资料。作者论述了欧美和中国古代财政思想的渊源,并详细介绍了现代财政思想从法国学者波丹(Jean Bodin),经英国重商主义、德国官房学派、法国重农主义直到亚当·斯密的形成过程,论述了《国富论》对财政学的重要贡献。值得一提的是,作者除了介绍当时中外财政学的名著外,还特别向读者推介了研究当时民国财政最重要的三种资料:北京政府财政整理会的专项报告、北京财政部调查处的各省财政调查以及南京政府财政部甘末尔设计委员会的研究报告。

第一编"支出"部分包括五章,探讨了公共支出的意义、性质、变动趋势和划分等内容。

第一章为公共支出概述,大体上和今天公共经济学中所探讨的政府在经济中的角色问题是相通的。公共支出虽然可以量出为入,但仍应受国民总收入水平的限制,不能超过社会能力的限度,也不能以公共生活损害个人生活,国家支出的增加应当以其所带来的社会效益足以超过私人因支出增加而受到的损失为度。同时,国家的生命可以视为永存,因此公共支出应着眼于长远的收益和影响,可以承担那些私人为利益计而不愿意负担的责任,改善民生,提高私人经济的效率,而私人经济的发展又可以扩大税源,从而形成良性的循环。

第二章介绍了对公共支出进行分类的各种标准,包括按照支出性质、支出单位、购买者和支出目的等。作者指出,只有从各国实际情况出发、兼采众长,才能得出最佳的分类方法,并以1931年国民政府总预算为例,用支出单位和支出目的为主要标准,辅之以支出性质标准对各项支出进行了分类。

第三章探讨公共支出的膨胀问题。如何保持适度的财政规模在当今仍然是十分重要的议题,本章首先通过各国的数据资料提出了各国政府支出在长期均呈现不断增长趋势这一客观事实,分析了造成公共支出不断增加的七大原因,包括军费扩张、货币贬值、人口增加等,提出节制公共支出膨胀有赖于严格编制预算、提高行政效率和限制课税等政策的施行。

第四章分析公共开支的经济影响。亚当·斯密认为公共开支作为国家行为,并不增加财富的价值,因而是非生产性的;而李斯特、瓦格涅等学者则认为公共开支有着经济效果,是生产性的。两者均有其合理之处,因而应当先研究各种开支的用途和效果,然后再具体判定其是否具有生产性。总体而言,公共支出或用于保障社会安全和秩序,或用于改善生活质量,或平抑收入差距,对经济总是会产生直接或间接影响的。

第五章介绍中央与地方财政支出的划分。中央和地方政府的财政分权是财政学中极为重要的一项内容,书中引述的柏斯特布尔关于中央和地方财政分权的三原则,至今仍是很有启发性的:关乎一般人民利益的应归中央,关乎地方利益的应归地方;操作技术和知识要求较高的应属中央,操作需要精细监督的应属地方;行动需要一致的应归中央,行动需要因地制宜的应归地方。本章还从实践层面介绍了法国(中央集权)、美国(联邦政府)和英国(介于两者之间)这三种类型国家的财政分权操作情况以及中国自清末预备立宪以来关于财政分权的演变情况。

第二编"收入"部分包括四章,介绍了除税收和公债以外的三类公共收入:公产收入、公业收入和行政收入。

第一章介绍公共收入的意义和分类。公共收入即政府因供其经济需要所收入的货币总数,其分类方法因时代的不同和学者们的观察角度不同而异。本书将其分为两大类:租税收入和非租税收入,非租税收入又分为公产、公业、公债和行政收入这四类,其中租税和公债分别在第三和第四编中介绍，本编探讨的是公产、工业和行政收入这三种非租税收入。

第二章“公产收入”(Public Domain)考察的是政府通过管理天然财源产业而获得的收入，包括农地、林地和矿山。作者发现，当时英法国家的公产管理不善，因而学界多主张脱售公产，而德国管理较好，因而学界多主张政府保留和经营公产。1926 年前后的世界各国之中以苏俄的公产最多，占到了财政收入的 6%，而英、法、美国都小于1%，中国则约占2.7%。此外，书中还介绍了晚清以来中国政府对屯田、旗田、垦荒和林地的处理情况。

第三章“公业收入”(Public Industries)讨论的是政府通过经营邮政、铁路、电报等产业所获得的收入。书中提出了政府经营事业应满足的三个条件：产业应极为简单，可以用普通一致的法规进行管理；该产业如由私人经营，容易产生对社会有害的结果；该产业不偏于一定地区或特定阶级，而应对社会有普遍利益。这种思想即使对我们今天公共经济学中探讨政府在经济中的角色问题也是很有启发意义的。本章还详细介绍了欧美各国和民国初期国营产业的发展情况，提供了相应的数据资料，为我们了解当时国营事业的总体情况提供了便利。

第四章“行政收入”(Administrative Revenue)主要包括罚款、规费、特许金和特征这四类。其中罚款(Fine)是当私人违反法律规定、损害公益或他人利益时由国家对其施加的处罚；规费(Fees)是政府为私人执行特别行为时收取的报偿，包括司法规费(审判、登记、继承、婚姻等)和行政规费(度量衡检定、证明、护照、商品检验等)；特许金(License)是政府允许经营特定产业而收取的杂捐，如当时的妓捐、码头捐等；特征(Special Assessment)是政府新建或改造设施（如马路、桥梁、街灯等）时，对因此而直接获益者特别征收的款项。

第三编"租税"是全书篇幅最大的一个部分，共十六章，前五章探讨税收的各项原则，以后各章介绍民国政府征收的主要租税种类。

第一章至第三章介绍租税的意义、发展历程和健全税制的基本原则。租税是政府为供给其一般费用而向人民征收的强制性财务分担。按照不同的标准，税收可以分为直接税和间接税，比例税和累进税，或者所得税、财产税、行为税和消费税等不同的种类。书中回顾了中国古代赋税和杂项征收的发展历程，指出西方的直接税晚于间接税，而中国直接税的采用则早于间接税。关于累进税和比例税，学界争论较多，总体而言，从社会公平、边际效用递减、避免垄断和改良社会等角度来看，累进税制似乎更适用于现代社会。对于税收制度，亚当·斯密曾提出四大基本原则，至今仍未改变：平等原则要求所有国民都应根据其纳税能力按比例交纳税赋；确定原则要求租税的课征不能任意变更；便利原则指征税的时间和方法应最大限度地便利于纳税人；经济原则是指征收的成本应降到最低。除此之外，作者提出税制的健全还应注意保障财政的充裕、保持税制的伸缩力和不损害生产力的发展等因素。

第四章"租税行政及租税影响"主要探讨了租税制度在操作层面上的一些问题，包括其在行政上是否经济、在实践中是否可行、欺诈逃税、重复课税等问题以及租税对于生产、生活、居民储蓄和收入分配乃至于资金在各产业间投资分配等问题的影响。

第五章探讨租税的转嫁和归宿。我们将纳税者通过经济交易将自己所应承担的税负转移给他人的行为称为税收转嫁（Tax

Shifting),而税负担经过转嫁后的最终承担者即为税收的归宿(Tax Incidence)。税收转嫁可以分为前转(生产者和销售者将其所纳税额附加于商品或劳务的价格之中,把税负担转移给商品的购买者或消费者)、后转(纳税人或者通过压低商品或劳务的购进价格把税收负担转移给商品销售者或生产者,或者将租税折入资本中,在购买时预先扣除)和散转(又称"消转",通过提高劳动生产率、压低工资等方式,使税负分散转嫁于其他方面)。税收转嫁的程度与产品的性质和供求弹性有关,例如,所得税较难转嫁,而土地、房屋和商品税则可以通过租金和交易的方式转嫁出去。

第六章至第十章介绍消费税。这里的消费税与我国现行的消费税有所不同,书中的消费税是与所得税相对而言的,泛指所有以商品为对象征收的税项,包括关税、盐税和特种物品消费税等很多种类;而我国现行的消费税主要是对那些对环境、健康有害的商品、奢侈品等特殊商品征收的税种,实际只是特种物品的消费税。本书第六章介绍了英国、美国、法国和德国消费税的状况,第七章到第十章则分别介绍民国时期的四种主要的消费税:关税、盐税、烟酒税和厘金(统税)。当时,关税、盐税和统税三项占到了国民政府中央税收的90%以上,烟酒税则为奢侈品税中最主要的部分。今天,增值税成为了我国最大的税种,盐业国营化也改变了盐税的征收方式,但关税和烟酒消费税仍在继续征收,学习这些章节对于我们理解中国税制的演变和推进当前税收制度的完善,仍有一定的借鉴作用。此外,尽管我国已经不再征收厘金(统税),但作为当时的一项主要税收,厘金对近代中国的政治、经济和社会都产生了很大的影响,其产生、分配、演变以及在国民政府时期被裁撤而改为统税的过程,仍然是经济史研究中的一项重要内容。

第十一章介绍的印花税属于行为税的一种，是对经济活动中签立的各种合同、凭证、文件所征收的税种，始于1624年的荷兰，在西方国家有着较长的历史。我国自清朝末年开始制定印花税税则，北洋政府时期正式推行，在国民政府时期已经颇具规模。印花税通常负担较轻，大多不便转嫁，征收也很简便，但由于其以凭证为标的而不以人的负担为标准，因而不利于社会公平，随着交易次数的越多，负税也越重，所以一般民众交易的生活必需品不宜征收高额的印花税。

第十二章"营业税"主要包括执照税、特许经营税和公司税。由于营业性质的复杂，各国对于营业税征收标准的规定各不相同，有的以营业财产值为课税标准，有的以资本总额为课税标准，有的以营业收入为课税标准，我国当前主要以营业额或销售额为计税依据。书中介绍了日本、法国、德国和苏联的营业税政策，以及中国牙税、当税、烟酒牌照税、交易所税和银行收益税的施行情况，对国民政府的《营业税大纲》及其补充办法进行了详细的分析。

第十三章和第十四章分别介绍田赋和地价税。我国已经于2006年全面取消了农业税，但在此前两千多年的历史上，田赋一直是国家的第一大税种。第十二章以清代中后期为例，主要包括地丁（地赋和丁赋）、漕粮（解送京师供中央官吏和兵丁所用）和公有土地的租课；第十三章详细探讨了我国田赋的积弊和民国时期进行的田赋改革的情况。地价税则是近代以来新兴的税种，包括土地原价税（地产税）和土地增值税两部分，前者由地政机关定期对辖区土地估价后计算税额，向土地所有权人征收；后者则在土地所有权发生转移时，对产生的价格增值量进行征收；第十四章介绍了澳大利亚、德国、英国和日本地价税的施行情况以及国民政府土地税法中对地价税所做的相关规定和上海市地价税试点的情况。

第十五章和第十六章分别讨论“所得税”和“遗产税”。目前，企业和个人的所得税已经成为了我国税收的重要部分，遗产税也开始被提上了议事日程。所得税主要有三种征收方法：根据纳税人各种指标情况估定纳税能力、根据所得的来源计算实际税收（英国）以及由纳税者自行申报（德国、美国）。第十五章详细介绍了英国和美国的所得税制度，指出美国所得税制度较完善，但税法过于繁杂和集权，在操作中缺乏效率，而英国则兼顾地方利益和国家收入，重视使用专业的委员和检察员，而且税法简便，因此效率更高。第十六章探讨的遗产税与私产制度紧密相关，可以追溯到古罗马时期。对于遗产税的性质，历来也有着不同的观点。具体到征税的操作层面，主要有两种课税方法：或者就死亡者的遗产总额课征，而不论继承人的情况，或者按继承人所分得的部分进行征收，大多数国家都采用累进制的税率。国民政府所得税和遗产税的正式推行都在1936年以后，本书刊行时，学界正在探讨相关规章制度的设计，这两章也分别介绍了两种税收在当时的进展情况。

第四编“公债”，共五章。

第一章介绍公债的性质和用途。如第一编第三章中所述，公共支出往往不断膨胀而超过财政收入，政府如不愿因此而增加税收，就常常用募集公债的方法来解决财政赤字问题。公债所依托的是公共信用，应当公开透明，必须如期偿付本息。同时，公债虽然用于一时的补充，但从长期来看，财政还是应当保证收支平衡，而不应滥用公债以为供给之财源。

第二章探讨公债募集的原则和社会影响。政府在金融市场上募集公债时，其地位与私人借贷是一样的，因而也应和私人借贷一样诚实、守时;公债的用途应主要限于四个方面:弥补暂时的财政短缺、供给国家意外的需要、用于政府经营的公共事业、供给社会改良的支出需要;由于政府拥有征税权,公债的募集数量比私人借贷更有伸缩力,但也应以财政收入的规模为限,注意利率的设定,避免对国家政治和经济产生不良的影响,否则即有竭泽之虞。

第三章介绍公债的种类和发行方法。按照举债的方法,公债可以分为强制公债、爱国公债和普通商业公债;按照偿还的期限,则可以分为短期公债、长期公债和永久公债;按照偿还方式,还可以分为普通公债、有奖公债和年金公债。政府可以直接以一定的价格出售债券,也可以委托银行或交易所代为发行,还可由银行包办募集;在价格上,根据利率的不同,可以平价发行,可以高(溢)价发行,也可以低(降)价发行。

第四章讨论公债的偿还和转换。公债应于募集之后尽快偿还,以减少税收的负担,所谓永久公债,实为人民的永久负担。公债可以由政府按照剩余价格购回,可以按发行时规定的计划偿还,也可以通过特别课税进行偿还。政府还可以发行新债券以换替旧公债,从而减轻利率的负担。本着这一目的,柏斯特布尔等学者曾对公债的转换提出四条建议:旧公债利率越高越应转换;旧公债价格超过票面额时,表明政府信用卓著,宜于进行转换;转换时机应选择产业兴盛时期之初,从而资金较多而利率较低;转换时不应增加本金额(偿债负担)。

第五章系统分析了晚清以来直至民国早期,中国政府内债、外债以及地方公债的发行情况。在此基础上,作者提出了很多观点和建议,都是很值得我们今天深思的。他们认为近代的外债发行造成了种种弊端,最主要的有两个方面:首先,西方各国发行外债往往不提供抵押,而我国的外债总要以某项税源(如盐税)或财产(如铁路)或特权为担保,从而引发了无尽的问题;外债发行都委托外国银行办理,从而使得其中的经手费用尽为其所得,所借之巨款又存于外国银行,从而导致本国市场银根紧缺,而外国银行则利用这些存款发展该国的在华投资。作者还认为,公债应主要限于四大用途:不增加国库负担的生产事业投资,对人民有长久利益的国家重要设施的创办,战争或灾祸的紧急需要,能减轻财政负担的整理债务之用。对于各省的地方债务,作者也提出四个注意事项:严禁募集公债以充经常性费用的需要,定期定额偿还,地方政府必须具备偿还的能力,中央应对其保有监督的权力。

第五编"财务行政与立法"共三章。

第一章概述财政预算。财务的行政与立法包括预算的编制与批准、岁出的行政与监督、公款的保管和赋税的征收等问题,尤以预算最为重要。在这些方面,德国官房学派的研究最多,而最早采用预算制度的则是英国,这与代议制政体有着紧密的关系,议会通过控制预算,可以迫使行政长官向人民和人民代表报告过去的工作和未来的计划。预算由特定的行政机关根据既定的会计年度,依照规定的方法进行编制,其种类包括总额预算和纯额预算、总预算和特别预算、临时预算和追加预算、总纲预算和详细预算等。

第二章介绍英美两国预算制度的沿革。英国预算制度的产生源于议会对国王权力的限制,1688 年革命以后渐趋成熟。其编制机关为财政部,各机关增加开支需经财政部审查批准,财政部还拥有各机关会计人员的任免权;其会计年度为本年四月一日至次年三月三十一日;预算报告中一般会详细列出本会计年度前八个月的开支以便于推测此后的开支数;每年十二月编制完成,一月送交国会，二月，由国会下院指定开支委员会和收入委员会对其进行审议，上院保留批评和否决权，下院批准后经上院交英王签署指拨。美国的预算制度早期模仿英国，后有了较大的变化，其编制机关为直接受总统指挥的预算局，财政年度为本年七月一日至次年六月三十日（1976年以后改为本年十月一日至次年九月三十日），众议院除了设立各立法委员会进行审议认准外，另有指拨委员会决定增删，参议院和众议院一样，也有修改和增加预算的权力。

第三章讨论国民政府时期的预算编制与监督。国民政府主计处下设岁计、会计、统计三局，由岁计局编制年度预算，财政年度为每年七月一日至次年六月三十日。每年七月，主计处通知各机关按照规定表格拟编下一年度的预算概算，经主计处收集汇总后于十二月呈交国民政府委员会和中央政治会议核定最高标准额；一个月后再返回各机关，按照中央政治会议核定之数，编成拟定预算，经主计处于三月一日前汇总为总预算书，交行政院会议核定，非重大事件不得修改；行政院核定后即由主计处整理成册，送立法院在五月三十一日前审议完成，交国民政府公布；另外，国民政府的监察院另设有监察委员会，负责对决算进行事后监督，而无需向立法院报告。最后，作者还提醒我们，尽管上述制度已经臻于严密，但财政工作的效率还取决于用人，必须兼顾人才和制度两个方面，才能真正做好财政监督工作。

中国文库·哲学社会科学类

（已出书目）

【第一辑】

马克思主义哲学纲要　韩树英主编 …………………… 人民出版社
中国哲学史新编（上中下册）　冯友兰著 …………… 人民出版社
中国哲学史大纲（卷上）　胡适著 …………………… 东方出版社
科学与哲学　张东荪著 ………………………………… 商务印书馆
知识论（上下册）　金岳霖著 ………………………… 商务印书馆
法相唯识学（上下册）　太虚著 ……………………… 商务印书馆
大众哲学　艾思奇著 …………………………………… 人民出版社
中国伦理学史　蔡元培著 ……………………………… 商务印书馆
中国近三百年学术史　梁启超著 ……………………… 东方出版社
西方美学史（上下册）　朱光潜著 …………………… 人民文学出版社
通货新论　马寅初著 …………………………………… 商务印书馆
资本主义的起源　厉以宁著 …………………………… 商务印书馆
改革：我们正在过大关
　吴敬琏著 …………………………… 生活·读书·新知三联书店
发展的道理　樊纲著 ………………… 生活·读书·新知三联书店
价值体系的历史选择　李从军著 ……………………… 人民出版社
汉语史稿　王力著 ……………………………………… 中华书局
音韵丛稿　何九盈著 …………………………………… 商务印书馆
中国修辞学史　周振甫著 ……………………………… 商务印书馆
中国翻译简史（五四以前部分）
　马祖毅著 …………………………………… 中国对外翻译出版公司

【第二辑】

马克思主义哲学史（修订本）（共九卷）
　黄楠森等主编 ………………………………………… 北京出版社
文化与人生　贺麟著 …………………………………… 商务印书馆
中国佛教哲学要义（上下卷）　方立天著 …… 中国人民大学出版社
中国哲学史方法论发凡　张岱年著 …………………… 中华书局
基督教哲学年　赵敦华著 ……………………………… 人民出版社

海德格尔哲学概论　　陈嘉映著 ········ 生活·读书·新知三联书店
现象学及其效应——胡塞尔老生代德国哲学
　　倪梁康著 ································ 生活·读书·新知三联书店
东西文化及其哲学　　梁漱溟著 ································ 商务印书馆
形式逻辑　　金岳霖主编 ································ 人民出版社
论逻辑经验主义　　洪谦著 ································ 商务印书馆
德国古典美学　　蒋孔阳著 ································ 商务印书馆
美学概论　　王朝闻主编 ································ 人民出版社
两汉经学今古文平议　　钱穆著 ································ 商务印书馆
汉代学术史略　　顾颉刚著 ································ 东方出版社
中国资本主义发展史(全五册)
　　许涤新　吴承明主编 ································ 人民出版社
中国官僚政治研究　　王亚南著 ················ 中国社会科学出版社
江村经济——中国农民的生活　　费孝通著 ················ 商务印书馆
微观经济学纵横谈　　梁小民著 ········ 生活·读书·新知三联书店
用辩证的眼光看市场经济
　　董辅著 ································ 生活·读书·新知三联书店
刑法学原理(共三卷)　　高铭暄等主编 ········ 中国人民大学出版社
物权法研究　　王利明著 ································ 中国人民大学出版社
汉语语法史　　王力著 ································ 商务印书馆
语法修辞讲话　　吕叔湘　朱德熙著 ················ 辽宁教育出版社
汉语现象论丛　　启功著 ································ 中华书局
启功讲学录　　启功著 ································ 北京师范大学出版社
中国学术思想史随笔　　曹聚仁著 ······ 生活·读书·新知三联书店
外国教育史(修订本)(上下册)
　　王天一等编著 ································ 北京师范大学出版社
当代翻译理论　　刘宓庆著 ················ 中国对外翻译出版公司
财政学与中国财政——理论与现实(上下册)
　　马寅初著 ································ 商务印书馆
英语史　　李赋宁著 ································ 商务印书馆

【第三辑】

毛泽东哲学著作五篇　　毛泽东著 ································ 人民出版社
胡适选集　　胡适著 ································ 吉林人民出版社
论道　　金岳霖著 ································ 中国人民大学出版社
中国政治史　　周谷城著 ································ 中华书局
中国近百年政治史(1840～1926)　　李剑农著 ······ 复旦大学出版社

中国文化史(上中下册)　柳诒徵著 …………………… 东方出版中心
生育制度　费孝通著 ………………………………………… 商务印书馆
中国文化与中国的兵　雷海宗著 …………………………… 商务印书馆
中国法律与中国社会　瞿同祖著 ……………………………… 中华书局
20世纪西方哲学东渐史(1－4)
　　汤一介主编 ……………………………… 首都师范大学出版社
老庄新论　陈鼓应著 ………………………………………… 商务印书馆
通俗哲学　韩树英主编 ………………………………… 中国青年出版社
晚清政治思想史论　王尔敏著 ……………………… 广西师范大学出版社
中国传统政治哲学　周桂钿主编 …………………………… 河北人民出版社
哲学通论　孙正聿著 ……………………………………… 复旦大学出版社
简帛古书与学术源流　李零著 ……… 生活·读书·新知三联书店
中国反贪史(上下卷)　王春瑜主编 ……………………… 四川人民出版社
中国现代化历程(三卷)　虞和平主编 …………………… 江苏人民出版社
竞争法论　徐士英著 …………………………………… 世界图书出版公司
金翼　林耀华著 ………………………… 生活·读书·新知三联书店
马氏文通　马建忠著 ………………………………………… 商务印书馆
乾嘉学派研究　陈祖武　朱彤窗著 ……………………… 河北人民出版社
科学翻译学　黄忠廉　李亚舒著 ……… 中国对外翻译出版公司
禅宗思想渊源　吴言生著 …………………………………… 中华书局
丝绸之路宗教研究　李进新著 …………………………… 新疆人民出版社

【第四辑】

中国伦理思想研究　张岱年著 ……………………………… 江苏教育出版社
中国古代哲学的逻辑发展　冯契著 ……………………… 东方出版中心
魏晋玄学论稿(增订版)
　　汤用彤著 ……………………………… 生活·读书·新知三联书店
易学哲学史　朱伯崑著 ……………………………………… 昆仑出版社
儒家辩证法研究　庞朴著 ………………………………………… 中华书局
唯物辩证法大纲　李达主编 …………………………………… 人民出版社
郭象与魏晋哲学(增订本)　汤一介著 ………………… 北京大学出版社
逻辑经验主义的认识论　当代西方科学哲学
　　江天骥著 …………………………………………… 武汉大学出版社
中国古代思想史论　中国近代思想史论　中国现代思想史论
　　李泽厚著 ……………………………… 生活·读书·新知三联书店
思·史·诗——现象学和存在哲学研究
　　叶秀山著 …………………………………………………… 人民出版社

中国思想史　葛兆光著 ………………………… 复旦大学出版社
有无之境　陈来著 ……………………… 生活·读书·新知三联书店
中国社会主义经济问题研究　薛暮桥著 ………………… 人民出版社
社会主义经济论稿　孙冶方著 …………… 中国大百科全书出版社
中国经济体制改革的模式研究
　刘国光著 ………………………………… 中国社会科学出版社
农业与工业化　张培刚著 ………………… 华中科技大学版社
财政信贷综合平衡导论　黄达著 ……………… 中国人民大学出版社
非均衡的中国经济　厉以宁著 …………… 中国大百科全书出版社
论竞争性市场体制
　吴敬琏　刘吉瑞著 ………………………… 中国大百科全书出版社
中国奇迹:回顾与展望　林毅夫主编 …………… 北京大学出版社
版权法(修订本)　郑成思著 …………………… 中国人民大学出版社
国际法　周鲠生著 ………………………………… 武汉大学出版社
国际私法新论　韩德培主编 ……………………… 武汉大学出版社
刑法哲学　陈兴良著 ………………………… 中国政法大学出版社
法理学(第二版)　沈宗灵　张文显主编 ………… 高等教育出版社
民法解释学　梁慧星著 …………………………………… 法律出版社
民俗学概论　钟敬文主编 ………………………… 上海文艺出版社
中国心理学史　高觉敷主编 ……………………… 人民教育出版社
心理学简札　潘菽著 ……………………………… 人民教育出版社
冷眼向洋　资中筠等著 ……………… 生活·读书·新知三联书店